dtv

Sind die Argumente der Islamkritiker überhaupt empirisch belegt und schlüssig? Stehen ihre pauschalisierenden Angriffe auf eine andere Religion im Einklang mit dem Ideal einer liberalen und toleranten Gesellschaft, auf deren Verteidigung sich die gleichen Kritiker berufen? Und worauf wollen sie eigentlich hinaus? Patrick Bahners verharmlost nicht die Herausforderungen der Integration, aber er korrigiert die falschen Behauptungen der Islamkritik und zeigt, wie sich unter dem Deckmantel der Geistesfreiheit in Wahrheit zunehmend eine Kultur der Intoleranz ausbreitet. Sein Buch ist der dringend fällige Einspruch dagegen, dass in Deutschland fremdenfeindliche Stimmungsmache beim Thema Islam die Oberhand gewinnt.

»Die furiose Studie beweist: Deutschland schafft sich noch lange nicht ab.« *Die Zeit*

»Patrick Bahners hat ein wichtiges, kluges und längst überfälliges Buch geschrieben.« *Cem Özdemir, Frankfurter Allgemeine Zeitung*

Patrick Bahners leitete von 2001 bis 2011/2012 das Feuilleton der *Frankfurter Allgemeinen Zeitung*. Seit Mitte 2012 ist er Kulturkorrespondent der *FAZ* in New York. Er erhielt den Journalistenpreis des Deutschen Anglistenverbandes und war Fellow am Wissenschaftskolleg zu Berlin. Mit ›Die Panikmacher‹ war er nominiert für den Preis der Leipziger Buchmesse in der Kategorie Sachbuch/Essayistik. Diverse Veröffentlichungen.

PATRICK BAHNERS

DIE PANIK MACHER

Die
deutsche Angst
vor dem Islam
Eine Streitschrift

Mit einem Nachwort zur
Taschenbuchausgabe

Deutscher Taschenbuch Verlag

In memoriam Reinhard Löw

Ausführliche Informationen über
unsere Autoren und Bücher
finden Sie auf unserer Website
www.dtv.de

MIX
Papier aus verantwortungsvollen Quellen
FSC® C019821

Ungekürzte, um ein Nachwort erweiterte Ausgabe
2012
Deutscher Taschenbuch Verlag GmbH & Co. KG, München

Umschlagkonzept: Balk & Brumshagen
Umschlagfoto: mauritius images/Martin Eichler
Satz: Fotosatz Amann, Aichstetten
Gesetzt aus der Sabon
Druck und Bindung: Druckerei C. H. Beck, Nördlingen
Gedruckt auf säurefreiem, chlorfrei gebleichtem Papier
Printed in Germany · ISBN 978-3-423-34721-1

Inhalt

KAPITEL 1

Eine Staatsaffäre.
Gehört der Islam zu Deutschland?

Man wende nicht ein, dass von Priestern einer falschen Religion die Rede sei. So falsch war noch keine in der Welt, dass ihre Lehrer notwendig Unmenschen sein müssen.

Hamburgische Dramaturgie, Zweites Stück

Was ist eigentlich los in Deutschland? Noch nie hat wohl ein Bundespräsident mit einer öffentlichen Äußerung so viel Kritik auf sich gezogen wie Christian Wulff mit der Rede, die er am 3. Oktober 2010, dem zwanzigsten Jahrestag der Wiedervereinigung, in Bremen gehalten hat. Richard von Weizsäcker hatte fünfundzwanzig Jahre zuvor, an einem anderen Gedenktag, die Macht des deutlichen Präsidentenwortes demonstriert. Er stiftete einen neuen Konsens, indem er aussprach, was ein erheblicher Teil des Publikums nicht hören wollte: dass der Tag der deutschen Niederlage 1945 auch ein Tag der Befreiung gewesen sei. Aber in den Tagen nach dem 8. Mai 1985 dominierte Weizsäckers Rede nicht die Schlagzeilen. Die Spitzenpolitiker der Koalition aus Union und FDP nutzten nicht jedes Mikrophon, um an der Wortwahl des Staatsoberhaupts Anstoß zu nehmen, das sie erst vor kurzem ins Amt gebracht hatten. Die Zeiten haben sich geändert. Wer damals Weizsäcker als Präsidenten der Alliierten beschimpfen wollte, fand Gleichgestrickte noch nicht im Internet, sondern musste seine Rundbriefe hektographieren. Der Comment, dass jedenfalls die Inhaber hoher Regierungs- und Parteiämter Äußerungen des Bundespräsidenten nicht kommentieren, wird nicht mehr beachtet, seit Wulffs Vorgänger Horst Köhler darauf verfallen war, die Regierungsarbeit in regelmäßigen Abständen zu benoten. So sagte zur Wulff-Rede jeder Politiker etwas, der den Eindruck fürchten musste, dass Schweigen Zustimmung bedeute. Wenn derzeit die Rede auf den Islam in Deutschland kommt, bricht der diskursive Notstand aus. Wulffs

Kritiker hielten es für zu gefährlich, im Zeichen dieses Themas zur Übung der Jahrzehnte vor Köhler zurückzukehren, dass man Präsidentensätze, die man für unklug hält, ohne Echo verklingen lässt. 1985 traf der Respekt vor dem Amt des Bundespräsidenten zusammen mit speziellen Schicklichkeitsregeln, die sich an das Thema des Nationalsozialismus knüpften. Wer Weizsäckers Formulierungen selbst nicht verwendet hätte, sah doch in der Regel von einer ausdrücklichen Missbilligung ab. Das Wort «Befreiung» zu vermeiden war das eine. Etwas ganz anderes wäre es gewesen, zu Protokoll zu geben, man sei aber nicht befreit worden. So konnte der Präsident sprachliche Tatsachen schaffen. In der Diskussion über den Islam vertreten dagegen heute diejenigen, die sie forcieren, entschieden die Meinung, es seien zu lange Rücksichten genommen worden.

Wulffs Aussagen über den Islam mussten auf Widerspruch stoßen, ganz unabhängig vom Inhalt. Dass er das Thema überhaupt an sich zog, wirkte schon provozierend. Denn alles, worüber der Präsident spricht, verwandelt sich in einen Gegenstand besinnlicher Betrachtungen, die mit Kopfnicken aufgenommen werden wollen, auch das Bundesverfassungsgericht oder das Werk von Günter Grass. Als Wulff für Köhler einsprang, wurde ihm bescheinigt, ihn empfehle die Fähigkeit, mit Unverbindlichkeiten lebhafte Zustimmung zu erzeugen. Was Wulff dann am 3. Oktober sagte, war von einer Harmlosigkeit, die das Nichtssagende streifte. «Der Islam gehört inzwischen auch zu Deutschland.» Man verkenne aber die technischen Fertigkeiten des Redners nicht, der alle Reibungsflächen zu entfernen versteht: Dieses *genus humile* kann ebenso effektvoll sein wie Weizsäckers Kunst, sich durch dialektische Rückversicherung unangreifbar zu machen. Als sokratische List darf man Wulffs Methode charakterisieren. Einer augenfälligen Selbstverständlichkeit sollen die Zuhörer beipflichten, aus der scheinbar noch überhaupt nichts folgt. Mit dem Verb «gehört zu» hat Wulff den Islam und Deutschland in ein Verhältnis gesetzt, ohne dieses Verhältnis irgendwie zu bestimmen. Er hat der Religion der Muslime keine zunehmende Bedeutung zugesprochen und sie keine Bereicherung genannt. Diese absolute, unqualifizierte Zugehörigkeit ist nicht die schicksalhafte Zusammengehörigkeit der Liebenden, Wulffs «gehört zu» ist nicht das «gehört zu» aus Marianne Rosenbergs Hit «Er gehört zu mir». Eher wird man an Familienverhältnisse denken: Der Schwiegersohn gehört zur Familie, obwohl die Schwiegereltern (jedenfalls in Deutschland) ihn sich nicht aussuchen konnten. Um Deutschland ging es, und im Zusammenhang mit Deutschland ist die Formulierung jedem Schulkind geläufig. Wulff hat sich ganz einfach der Sprache bedient, in der die politische Geographie offenkundige historische Tatsachen bezeichnet: Amrum, Sylt, Föhr und Helgoland gehören zu Deutschland. Gerade diese Selbstbeschränkung des Redners, das Absehen von allem Werben und Plädieren zugunsten der schlichten Feststellung eines Faktums, rief Ablehnung und Abwehr hervor. Auch so hatte das sokratische Vorgehen eine aufklärerische Wirkung: Wulffs Kritiker offenbarten, dass für sie das Vorhandensein deutscher Muslime nicht selbstverständlich ist, keine von der deutschen Politik vorgefundene Gegebenheit wie der deutsche Papst. Zu ihrem Deutschland gehört der Islam nicht. Ihr Deutschland ist ein Deutschland ohne Islam.

Schäubles Satz

Mit großem Beifall auf allen Seiten war vier Jahre vorher, am 28. September 2006, im Bundestag die Regierungserklärung aufgenommen worden, in der Bundesinnenminister Wolfgang Schäuble die Ziele der von ihm einberufenen Deutschen Islamkonferenz erläuterte. Schäuble hatte fast dasselbe gesagt wie später Wulff, ja, sogar noch mehr: «Der Islam ist Teil Deutschlands und Teil Europas, er ist Teil unserer Gegenwart und er ist Teil unserer Zukunft.» Teil Deutschlands, nicht Annex: Demnach gehört der Islam nicht wie Helgoland zu Deutschland, sondern wie Hessen. Schäuble hatte sich seinen Satz genau überlegt. In verschiedenen Varianten hatte er ihn schon in mehreren Interviews lanciert, die in den Wochen vor dem ersten Plenum der Islamkonferenz in der Presse erschienen. Das Unverfängliche sollte verfangen. Schäuble tat so, als beschreibe er lediglich die tatsächliche Voraussetzung der von ihm angesetzten Veranstaltung. Die Mengenlehre war bei ihm eine Teildisziplin der Arithmetik: «Wir haben in unserem Land mehr als drei Millionen Muslime, und damit ist der Islam ein Teil Deutschlands.» Der Satz hatte für das Unternehmen der Konferenz programmatischen Charakter, gerade weil er der sprachlichen Form nach kein normativer Satz war. Als Jurist weiß

Schäuble, dass sich eine Tatsachenfeststellung besonders gut eignet, um Verhaltenserwartungen festzuschreiben. Das Normative wird dann als Faktisches behandelt und steht von vornherein jenseits der Diskussion.

Im diplomatischen Setting der Islamkonferenz bezeichnete die Teil-Ganzes-Formel Erwartungen an beide Seiten. Die Muslime sollten nicht als Fremde oder Gäste behandelt werden, sondern alle Rechte von Bürgern genießen und das Vertrauen, das für die Gesellschaft der Grundrechtsbesitzer so etwas wie die Atmosphäre der Freiheit ist. Umgekehrt sollten die Muslime das Grundgesetz nicht als fremde Ordnung ansehen, sondern als ihr eigenes Recht. Mit der Auszeichnung des Islam als Teil des Landeskörpers war gleichzeitig so vornehm wie eindeutig gesagt, dass die Muslime sich einzuordnen hatten. Das war älteste konservative Staatsklugheit nach dem Vorbild des Menenius Agrippa, des römischen Konsuls, der die Plebejer zur Rückkehr in die Stadt überredete, indem er ihnen das Gleichnis vom Magen und den Gliedern erzählte. Wenn man Schäuble über seine Islamkonferenz sprechen hörte, ahnte man hinter der pragmatischen Nüchternheit des gewieften Unterhändlers eine geradezu mystische Hoffnung auf ein Gemeinsames, das sich im Gang der Verhandlungen herstellen sollte, indem beide Seiten ihr Interesse verfolgten. Wie eine hegelianische Zauberformel wiederholte er den bei näherem Hinsehen ja gar nicht evident wahren Satz, nach dem eine Weltreligion Teil eines Nationalstaats sein soll. Bei der Einweihung der Evangelisch-Theologischen Fakultät der Berliner Humboldt-Universität am 11. Mai 2007 gab Schäuble seinem Ceterum Censeo eine Wendung ins Appellative: Der Islam müsse zeigen, dass er zu einem Teil Deutschlands werden wolle. Ungeduld und Geduld sind dasselbe, wenn man weiß, was man will. Schäuble wollte vorankommen, indem er immer wieder dasselbe sagte, etwa im Südwestrundfunk am 6. März 2009 und am 19. September 2009 als Gast beim Berliner Fastenbrechen der Ditib. Dieser muslimische Dachverband ist der deutsche Arm der türkischen Religionsbehörde. Vor Ditib-Funktionären beschrieb der Satz vom Teil Deutschlands eine künftige, erwünschte Tatsächlichkeit, die Schäuble durch den Verlauf der Konferenz nähergerückt sah, wie er in der «taz» vor der letzten von ihm geleiteten Sitzung der Konferenz am 25. Juni 2009 berichtet hatte: «Ditib-Vertreter lösen sich ein Stück weit, sie werden selbstständiger. Das geht voran.» Zufrieden verbuchte er den Zinsertrag seines goldenen Wortes: «Meine Äußerung, dass der Islam Teil Deutschlands ist, die ist angekommen. Das merke ich an den Reaktionen der Menschen. Die haben mitgekriegt, dass wir uns bemühen.» In der Regierungserklärung von 2006 hatte Schäuble die islamische Teilgeschichte Deutschlands erst in der Gegenwart beginnen lassen. Nach drei Jahren Islamkonferenz war die Zeit reif für die Ergänzung seiner damaligen Aussage, der Islam sei ein Teil der deutschen Gegenwart und der deutschen Zukunft. Der Islam gehöre zur deutschen Geschichte, erklärte Schäuble auf dem Symposion zur Vorbereitung des Abschlussplenums vor historischer Kulisse: im Reichssaal des Alten Rathauses von Regensburg. Hier hatten Philipp Melanchthon und Johannes Eck disputiert, hier hatte der Immerwährende Reichstag beraten, dessen Spielregeln der Grundtatsache der neueren deutschen Verfassungsgeschichte Rechnung trugen: der beim besten Willen und mit größtem Scharfsinn nicht wegzudisputierenden konfessionellen Pluralität.

Schäuble hat unbeirrt an der Überzeugung festgehalten, dass das deutsche Staatskirchenrecht den Rahmen bildet, in dem sich auch ein deutscher Islam organisieren kann. Ein Argument für diesen Optimismus ist die Vergesslichkeit, die um sich greift, wenn etwas funktioniert. Man unterschätzt die Leistungen, die das Staatskirchenrecht vollbracht hat, und unterschätzt daher auch, was man ihm noch zutrauen kann. Das Verfassungsrecht des Alten Reiches und das liberale Staatsrecht mit dem Palladium der Bekenntnisfreiheit stifteten politischen Frieden unter Religionsparteien, die keinen Bürgerkrieg mehr gegeneinander führten, aber nicht davon absahen, die eigene Lehre als ewig wahr und die Doktrin der Gegenseite als heillos falsch zu betrachten. Die wechselseitige Verwerfung der christlichen Konfessionen führte zur Ausbildung unterschiedlicher Weltbilder und Lebensformen. Im neunzehnten Jahrhundert, dem Zeitalter der Massenbildung und der Verwissenschaftlichung aller Verhältnisse, wurden diese Unterschiede systematisiert und zugespitzt – auf beiden Seiten. Und tatsächlich lebten Protestanten und Katholiken in getrennten Welten mit eigenen Schulen, Parteipräferenzen und Lieblingsdichtern. Wie tief dieser Riss einmal ging, ist dem allgemeinen Bewusstsein – halb ökumenisch, halb indifferent – weithin entschwunden. Aber dieses Verblassen des Konfessionsgegensatzes ist erst ein Phänomen der Nachkriegsgeschichte, in der es zunächst noch einmal heftige Konfessionskämpfe gab, vor allem in der Schulpolitik. Schäuble hat in der Welt seiner badischen Kindheit und Jugend die Schroffheit des konfessionellen Antagonismus noch erlebt. Sein katholischer Vater wurde von den Sakramenten ausgeschlossen, weil er zugelassen hatte, dass die Kinder evangelisch getauft wurden. Als die CDU ihn Ende der vierziger Jahre als Bürgermeisterkandidaten in einer Kleinstadt aufstellte, intervenierte das Erzbischöfliche Ordinariat. Der evangelische Minister aus konfessionsverschiedener Ehe hat es gelegentlich als Vorteil Deutschlands gegenüber konfessionell einfarbigen Nationen beschrieben, dass hier religionspolitische Lösungen unter Bedingungen der Parität gefunden werden mussten.

Das deutsche Modell lädt die Religionsgemeinschaften ein, ihre Überzeugungen in der Öffentlichkeit sichtbar und hörbar zu machen, auch im Innenraum der staatlichen Institutionen wie Schule und Militär. Die Erwartung, dass sich im Gegenzug diese Überzeugungen unter dem Einfluss der Verkündigung in einem säkularen Kontext zwar nicht im dogmatischen Kern verändern, aber doch in Aspekten anpassen und wandeln, die für das alltägliche Zusammenleben mit Andersgläubigen entscheidend sind, wird von klugen Politikern nur andeutungsweise angesprochen. Ein staatliches Programm religiöser Aufklärung müsste die Glaubensfreiheit tangieren. Die Erziehung des Menschengeschlechts bleibt angewiesen auf die Eigendynamik von Verhältnissen der freimütigen Diskussion und des zivilen Umgangs. Das liberale Kalkül, dass die Gewöhnung an Pluralität in der Kooperation mit dem Staat auf das Innenleben der Religionsgemeinschaften zurückwirkt, wird von Erfahrungswerten gestützt. Die Aufhebung der theologischen Fakultäten an den staatlichen Universitäten wird nicht nur von Laizisten gefordert. Von Zeit zu Zeit lassen sich einzelne katholische Bischöfe zum Spiel mit diesem Gedanken hinreißen, aus Sorge um die Reinheit der Lehre. Aber würde sich eine kirchliche Theologie, die in der Abgrenzung von einer korrupten Außenwelt ihre Identität sähe, nicht erst recht in die intellektuelle Abhängigkeit vom Gegner begeben? Vor entsprechenden Fragen werden auch die Muslime stehen, an die der Staat die Einladung richtet, sich so weit zu organisieren, dass sie an der Auswahl von Professoren der islamischen Theologie beteiligt werden können.

Der Satz vom Islam als Teil Deutschlands sagt nicht, was aus dem neuen konfessionellen Mischungsverhältnis folgt. Er setzt lediglich voraus, dass es nicht folgenlos bleiben wird. Gegenüber den dogmatischen Hygienikern aller Bekenntnisse ist der Satz in robuster Weise neutral. Den Christen, die damit zurechtkommen müssen, dass sie sich den öffentlichen Raum mit Muslimen teilen, kann der Staat nicht helfen. Wenn die Islamisierung Deutschlands unterbleibt oder die Eindeutschung des Islam gelingt, dann wird das ein Ergebnis gesellschaftlicher Auseinandersetzungen sein, zu dem Warnungen und Wünsche des Bundesinnenministers kaum etwas beigetragen haben werden. So stieß Schäubles bei jeder Gelegenheit bekräftigter Satz in der Öffentlichkeit nur auf vereinzelten Widerspruch. Um ihn zu bestreiten, hätte man Deutschland zum christlichen Staat erklären müssen. Doch diese Position des romantischen Konservatismus ist seit der Emanzipation der Juden obsolet. Warum rief Bundespräsident Wulff dann mit dem Satz, der Islam gehöre inzwischen auch zu Deutschland, einen Sturm der Entrüstung hervor? An den Bundespräsidenten richten sich andere Erwartungen als an den Bundesinnenminister. Die Islamkonferenz wurde mit einem sicherheitspolitischen Zweck gerechtfertigt. Schäuble wollte den Muslimen Gründe nehmen, dem Staat nicht zu vertrauen, um Extremisten das Geschäft zu erschweren. Rhetorische Gesten des guten Willens mochten auch nach Meinung von Leuten, die den Islam für undeutsch hielten, in diesem Kontext ihren begrenzten Sinn haben. Während Innenminister die Lage so schildern, wie sie ist, bisweilen vielleicht notgedrungen etwas schönfärberisch, soll der Bundespräsident die öffentlichen Dinge so beschreiben, wie sie sein sollen. Der Satz «Auch der Islam gehört zu Deutschland» wurde als normativer Satz verstanden, als Aufforderung an die Bürger, Muslimen in jeder erdenklichen Weise entgegenzukommen, weil es die Pflicht des Präsidenten ist, Worte für die Ideale der Bürgerschaft zu finden. Die «Bild»-Zeitung gab dem Artikel, in dem sie Protestbriefe an Wulff dokumentierte, die Überschrift: «Warum hofieren Sie den Islam so, Herr Präsident?»

Die Schlagzeile war ein Geniestreich der professionellen Tücke. Sie gab dem Zorn, dessen Zeugnisse die Redaktion auf den Internetseiten des Präsidialamts gesammelt hatte, eine politische Richtung, indem sie nahelegte, der Präsident sei aus der Rolle gefallen. Das Staatsoberhaupt unserer Republik ist aufs Repräsentative beschränkt. Der eigentliche Sinn seiner Äußerungen liegt im Symbolischen. Insofern gelten für den Bundespräsidenten noch die Verhaltensregeln der höfischen Gesellschaft. Wenn Wulff den Islam hofiert hatte, dann hatte er seine um der Würde der Republik willen herausgehobene Stellung freiwillig eingetauscht gegen die Position des Höflings, eines unterwürfigen, jämmerlichen Bittstellers – gegenüber einer illegitimen, fremden und abergläubischen Macht. Mit einer Ergebenheitsadresse an die Muslime hatte er die Souveränität Deutschlands weggeschenkt. Die Politiker haben es heute mit einer neuen Öffentlichkeit zu tun. In Internetforen ballt sich der Unmut von Zeitgenossen, die sich als Betrogene und Ausgeschlossene definieren, weil ihnen der Gang der Dinge nicht passt. Sie sind jederzeit bereit, die politische Ordnung für illegitim zu erklären, und beziehen in ihr Verdikt, der Mehrheitswille werde von korrupten Eliten sabotiert, den professionellen Journalismus ein, im Jargon: die Mainstream-Medien, kurz MSM. Ein Lieblingsbild für die Verkehrtheit der Verhältnisse ist der Kotau der Mächtigen vor den Gewalten einer sinistren Hinterwelt. Indem Deutschlands meistgelesene Zeitung Wulff mit der Anklage konfrontierte, er habe den Islam hofiert, machte sie sich den Verdacht zu eigen, das Gemeinwohl sei bei seinen gesetzlichen Sachwaltern in den falschen Händen. Durch sein unkluges Agieren bei der arbeitsrechtlichen Behandlung des Falls Sarrazin hatte Wulff tatsächlich Zweifel an der Objektivität seiner Amtsführung geweckt. Von Anfang an spielte die «Bild»-Zeitung in dieser Affäre, deren Dynamik die Aufnahme von Wulffs Bremer Rede bestimmte, eine maßgebliche Rolle.

Sloterdijks Manifest

Thilo Sarrazin, Mitglied des Vorstands der Deutschen Bundesbank, hatte schon im Herbst 2009 für einen Skandal gesorgt, als er in einem Interview die große Mehrheit der türkischen Einwanderer in Deutschland als wirtschaftlich nutzlosen moralischen Fremdkörper beschrieb und eine Umstellung der Sozialpolitik nach Erkenntnissen der Vererbungslehre forderte. Einige Formulierungen, über Gemüsehändler und Kopftuchmädchen, wurden schnell zu geflügelten Worten. Das Interview erschien in einem Berlin-Heft von «Lettre International». Diese Kulturzeitschrift bringt auf sehr großen Seiten sehr viel Text in sehr kleinen Buchstaben unter. Scheinbar ist sie in allem das Gegenteil der «Bild»-Zeitung. In einer anderen Kulturzeitschrift, die nicht ganz so lange Texte auf teurerem Papier druckt, dem «Cicero», veröffentlichte Peter Sloterdijk im November 2009 ein «bürgerliches Manifest». Aus philosophischer Einsicht in den Stand des historischen Prozesses leitete Sloterdijk die «objektive Aufgabe» der aus den Bundestagswahlen hervorgegangenen Regierung von Union und FDP ab. Der Rektor der Staatlichen Hochschule für Gestaltung in Karlsruhe verlangte einen Neuanfang der Gefühlshaushaltspolitik: Die «Balance zwischen den Primäraffekten der menschlichen Seele, den gierartigen Regungen auf der einen Seite, den stolzartigen Regungen auf der anderen, griechisch gesprochen: das Wechselspiel von Eros und Thymos», sei in Deutschland «völlig verloren gegangen». Die Koalition habe daher die Pflicht, «dafür zu sorgen, dass der Leistungsträgerkern der deutschen Population sich in Zukunft nicht nur fiskalisch mitgenommen, sondern endlich auch politisch, sozial und kulturell gewürdigt weiß». Sloterdijk kümmerte sich auch um die Bedingungen der Möglichkeit der Aufgabenerledigung. Seinen Meinungen etwa über die Wünschbarkeit einer Umstellung der Gemeinwohlfinanzierung von erzwungenen Abgaben auf freiwillige Gaben stellte er eine Skizze der Landschaft voran, in die er diese Meinungen pflanzte. Und mitten in dieser Landschaft lag ein erschlagener Riese, von Zwergen zur Strecke gebracht, Thilo Sarrazin.

Die oberste Priorität von Sloterdijks philosophischer Politik war der Meinungsklimawandel. Leistungsträgerkerngeschäft: das Agenda-Setting. Sloterdijk begrüßte sein Publikum mit einem Grundkurs in Objektivität. Geschmeichelt erfuhr der «Cicero»-Leser, dass es sich dabei um eine kulturelle Errungenschaft der europäischen Nationen handele. Die Probephase habe im frühen achtzehnten Jahrhundert begonnen. Das Experiment des objektiven Blicks ist der spielerische Rollentausch. Was sieht man, wenn man sich versuchsweise im Geiste mit den Augen der anderen betrachtet? Der Baron de Montesquieu erfand zwei persische Edelleute, die er in Briefen über ihre Bildungsreise durch das Abendland berichten ließ. Der aufklärerische Witz der

«Persischen Briefe»: Den Besuchern aus dem Orient ist die christliche Leitkultur, das in diesen Breiten mehr oder weniger fraglos Gültige, gerade nicht selbstverständlich. Sloterdijk wünschte sich eine Aktualisierung des Klassikers. «Es ist höchste Zeit, scheint mir, wieder einmal die Perser einzuladen, damit sie einen verfremdenden Blick auf die Zustände in unserem Land werfen.»

Montesquieus muslimische Kulturtouristen, daheim im rationalen Gebäude ihres strengen Eingottglaubens, erzählen beispielsweise amüsiert von den intellektuellen Umgangsformen der christlichen Derwische, der Mönche. Lässt man sich mit ihnen auf einen theologischen Disput ein, erreicht man irgendwann immer den Punkt, an dem sie kein Argument mehr vorbringen, sondern auf die unfehlbare Auskunft ihres obersten Priesters verweisen. Welche kuriosen Gebräuche müssten den Grübelpersern befremdlich erscheinen, die Sloterdijk gerne einladen würde? «Was den von außen kommenden Beobachtern unserer Verhältnisse sicher am stärksten ins Auge springen würde, obschon es für uns durch seine Alltäglichkeit fast unsichtbar geworden ist: Wir haben uns – unter dem Deckmantel der Redefreiheit und der unbehinderten Meinungsäußerung – in einem System der Unterwürfigkeit, besser gesagt: der organisierten sprachlichen und gedanklichen Feigheit eingerichtet, das praktisch das ganze soziale Feld von oben bis unten paralysiert.»

Der klassische Topos für die im Alltag evident werdende Kontingenz der Sitten sind die Reinheitsvorschriften. Diskret auf das Leitmotiv der ethnologischen Komparatistik anspielend, wählte Sloterdijk für die Tyrannei der herrschenden Meinung das Bild eines Hygieneregimes, in dem sich die praktischen Verheißungen der aufgeklärten Wissenschaft vom Menschen als Fluch totaler Kontrolle erfüllt haben. «Unsere sogenannte ‹Öffentlichkeit›, der politisch-publizistische Raum, die Sphäre der vorgesagten und nachgesagten Meinungen ist auf eine Weise durchsterilisiert und homogenisiert, dass man meinen möchte, fast alle, die bei uns öffentlich das Wort nehmen, kämen geradewegs aus dem Desinfektionsbad.» Montesquieu legte seine Kritik des geistlich-politischen Komplexes, der die Zivilisation Europas geprägt hatte, Ungläubigen aus dem Morgenland in den Mund, weil im konfessionellen Staat der französischen Monarchie, der nach einhelliger Auffassung der Zeitgenossen den Gipfelpunkt der Kulturentwicklung bildete, die Zensur herrschte. Die Überwachung aller Lebensäußerungen ist sozusagen das unsichtbare Hauptthema der fiktiven Reisebeschreibung, die politische Bedingung, die das Unnatürliche der französischen und katholischen Einrichtungen erklärt. Was die literarische Form betrifft, ging Sloterdijks Nachahmung Rousseaus also perfekt auf. Das aufgeklärte politische Denken hat den orientalischen Despotismus als Gegenbild zur westlichen Freiheit erfunden. Montesquieu analysiert ihn in seinem anderen Klassiker, dem «Geist der Gesetze». Als eine solche Despotie, geistig schlaff und eben deshalb grausam, malte sich Sloterdijk nun jene verborgene Tyrannis aus, die liberale Selbstkritik seit John Stuart Mill immer wieder hinter der scheinbar herrschaftsfreien Kommunikation im Reich der öffentlichen Meinung vermutet hat.

Sogar einen leibhaftigen Despoten wie aus dem Bilderbuch des Orientalismus holte er ins Bild, den Sultan Helmut Kohl. Nun hat Kohl ja, wenn die Erinnerung nicht trügt, wenigstens bis 1990 gegen die öffentliche Meinung oder jedenfalls deren Wortführer regiert, deren Tyrannis somit vielleicht doch zu virtuell blieb. Aber die Indolenz, die Sloterdijk wie weiland Karl Heinz Bohrer der Gestalt Kohls ablas, wurde bei diesem virtuosen Arrangeur von Reizvokabelpanoramen zur Metapher für die Feigheit der politischen Debatte. Schon «durch seine markant formlose Physis» habe Kohl den «Zeitgeist des finalen Konsumismus prophetisch» verkörpert. Der Konsumterror hatte laut Sloterdijk inzwischen auch das öffentliche Reden lahmgelegt: Originelle Gedanken wurden nicht mehr produziert oder fanden jedenfalls keine Abnehmer, Meinungsbesitzer genossen das, was sie schon x-mal zu sich genommen und von sich gegeben hatten. Die ironische Pointe des Prospekts, mit dem Sloterdijk für seine Neupersischen Briefe warb, hatte die Bündigkeit aller aufklärerischen Wahrheiten. «Die Perser würden glauben, sie entdeckten auf fremdem Boden orientalische Verhältnisse wieder.»

Aber würden sie das wirklich glauben? Hätten sie wirklich im Hotelzimmer vor «Anne Will» und «Beckmann», bei der Frühstückslektüre von Tageszeitungen, «Spiegel» und vielleicht sogar «Cicero» dieses Déjà-vu? Man nehme Peter Sloterdijks Herausforderung unserer Phantasie an und stelle sich zwei junge Herren vor, die der antiwestlichen Propaganda nicht trauen und mit eigenen Augen sehen wollen, wie wir hier leben. Mit Sicherheit benutzen sie das Internet, wenn der Zugang nicht blockiert ist. Aber auch wenn sie über die technische und geistige Ausrüstung für Weltbürger verfügen, sind sie, wenn wir von ihrem Besuch etwas haben sollen, nicht restlos verwestlicht. In ihrer Seele sind die gierartigen und die stolzartigen Affekte noch im Gleichgewicht. Wenn sie den Mund aufmachen, dann flattern nicht nur die Figuren der von Sloterdijk verabscheuten Mangelrhetorik heraus. Sie reden nicht nur wie die Deutschen «vom Fehlen, vom Brauchen, vom Nicht-Haben und vom Beantragen», auch wenn sie vielleicht mit einem Stipendium in Deutschland sind und für ihre Forschungen über das deutsche Selbstwertgefühl noch eine Anschlussfinanzierung suchen. Sie haben noch ein Empfinden für den Stolz, die Ehre, die Großzügigkeit, das Haben und Schenken, und so wissen sie auch, was sie an ihrem Heimatland haben. Aber wenn sie, wie ihre Vorfahren bei Montesquieu, keine Fanatiker sind, dann wissen sie auch, was ihre Heimat für ein Land ist.

Auf dem Boden des klassischen Persien liegt heute die Islamische Republik Iran. Monat für Monat gibt es Meldungen von dort, dass Journalisten und Blogger verhaftet worden sind. Manche können froh sein, wenn sie vor Gericht gestellt werden. Dann wissen ihre Angehörigen und Freunde wenigstens, wo sie sind. Wer sich als Intellektueller kritisch über das klerikal-militärische Regime äußert, der muss nicht nur mit Repressalien der Behörden rechnen. Es kann auch sein, dass ein Prediger einen Mob vorbeischickt, der ihm die Scheiben einwirft. Junge Iraner aus guter Familie, die unter diesen finsteren Verhältnissen an der Möglichkeit der Aufklärung noch nicht verzweifelt sind: Wird ihnen auf deutschem Boden als erstes in den Sinn kommen, dass man hier seine Meinung nicht frei sagen darf? Setzt denn, wer sich dem System der Unterwürfigkeit nicht fügen will und den Mut zum offenen Wort hat, auch in Deutschland seine Existenz aufs Spiel?

So sagte es Sloterdijk in seinen Anmerkungen zum «entlarvenden Vorgang» um das «Lettre»-Interview mit Thilo Sarrazin. Entlarvt hatte sich in den Augen des Philosophen natürlich die Gesellschaft der Feiglinge, nicht der frühere Berliner Finanzsenator, der endlich einmal ausgesprochen hatte, dass türkische Wärmestuben die Berliner Wirtschaft nicht voranbrächten. Die philosophische Quintessenz der Causa Sarrazin: «Auf Wahrheit soll künftig die Höchststrafe stehen: Existenzvernichtung.» Selbst wenn man zugesteht, dass hier nicht von der physischen, sondern von der sozialen Existenz die Rede ist, sprengt die Figur des Märtyrers der Wahrheit jede Diskussion, in der man mit dem Autor über seine Einschätzung und deren Gründe streiten könnte. Wir haben es hier gar nicht mit einem Argument zu tun, sondern mit einem rhetorischen Mittel, vergleichbar jenem allerdings dogmatisch begründeten und kirchenrechtlich beschränkten Rekurs auf die päpstliche Unfehlbarkeit, der Montesquieus Perser beim Religionsgespräch im Kloster verblüffte. Nach erschöpfender Erörterung rationaler Rekonstruktionen des Dogmas scheiden sich an der Autorität der Kirche Katholiken und Nichtkatholiken. So wurde die von Thilo Sarrazin angeblich ausgesprochene Wahrheit beglaubigt durch die Legende, er sei dadurch in seiner Existenz bedroht gewesen, dass er öffentliche Kritik aus vielen Richtungen ertragen musste sowie eine Rüge seines Vorgesetzten und Anträge auf Ausschluss aus seiner Partei. Auch andere Verteidiger Sarrazins haben behauptet, in Sarrazins Passion kulminiere eine Tendenz der Öffentlichkeit, die Zustellung unerwünschter Botschaften mit dem sozialen Tod zu bestrafen. Doch wer sind die Opfer dieses Tugendterrorismus, welche Namen müssten in ein Mahnmal gemeißelt werden?

Denunziationen eines Redemachtmonopols, hinter dem sich die Feigheit von Volksfeinden verschanze, liefen früher nur in rechtsradikalen Kreisen um. Sloterdijk verlieh ihnen starphilosophische Weihen. Dass jedes Wort im Zusammenhang der Erinnerung an den Holocaust mit besonderem Bedacht gewählt sein will, gilt den Feinden der Bundesrepublik auf der Rechten seit jeher als verräterisches Signum ihrer Unfreiheit. Aber dass man im bürgerlichen Leben auf den Ton der eigenen Äußerungen achtet, zumal dann, wenn man nicht alle Adressaten persönlich kennt, bezeichnet das Zivile an der zivilisierten Kommunikation. Man muss bei jedem Thema darauf gefasst sein, dass die Schicklichkeit einem nahelegt, nicht von jeder rechtlich gegebenen Möglichkeit der Meinungsäußerung, das heißt der Adressierung, Akzentuierung und vor allem der Lautstärke, tatsächlich auch Gebrauch zu machen. Die Gegenstände der NS-Vergangenheit und des Verhältnisses von Deutschen und Juden bezeichnen insoweit gar keine Ausnahme.

Das gehört jetzt aber nicht hierher: ein alltäglicher Einwurf in einer beliebigen Diskussion. Das gehört sich nicht: ein weniger alltäglicher, aber immer noch normaler Anwurf. Stillschweigend ist immer zu ergänzen: Das gehört sich jetzt und hier nicht, zu dieser Zeit, vor diesem Publikum, in diesem Forum, im Nachmittagsprogramm, in einem Saal voller Krebskranker, im Bundestag. Gewöhnlich braucht man nur zu sagen: Das gehört sich nicht; in welchem Forum die Diskussion stattfindet, ist allen Beteiligten bekannt. Der Gebrauch dieses Arguments setzt selbst wiederum moralische Klugheit voraus: Es zielt auf die Person des Angesprochenen und exponiert daher auch die Person des Sprechers. Wer bestimmte Argumente, Tonfälle, Zungenschläge als unpassend qualifiziert, setzt sich immer dem Risiko aus, als Spießer, Spielverderber und Sprachpolizist dazustehen. Er kann sich die Antwort einfangen: Gerade dieses drastische Wort oder Bild ist erst recht am Platz.

Die gesetzlichen Monarchien des Abendlands unterscheiden sich vom orientalischen Despotismus dadurch, dass der Untertan sich vom schlecht informierten König an den besser zu informierenden König wenden kann. Man unterstellt, der König habe gar nicht gewusst, welchen Willkürakt er da anordnete, sei schlecht beraten gewesen und könne sich ohne Gesichtsverlust korrigieren. Nach diesem Modell wird noch heute in jedem demokratischen Streit der kränkende Effekt moralischer Urteile neutralisiert. Man appelliert, wenn man zu verstehen geben will, etwas wäre besser ungesagt geblieben, vom unvorsichtigen an den einsichtsfähigen Mitbürger und Mitherrscher. Solche Rügen geben zu verstehen: Das haben Sie doch nicht so gemeint! Das können Sie doch nicht ernsthaft gesagt haben wollen! Die Person, die sich den Fehltritt vorhalten lassen muss, bekommt die Gelegenheit, sich mit Anstand aus der Affäre zu ziehen. Im Englischen drückt den Umstand, dass es kein ziviles Zusammenleben ohne Sprachregelungen gibt, das klare Wort von der «polite society» aus. Es gibt Wörter, die man «in polite society» nicht in den Mund nimmt. Die friedliche Gesellschaft ist eben die höfliche. Den Achtundsechzigern wird gerne vorgeworfen, sie hätten der Höflichkeit den Garaus gemacht und die Entzivilisierung, deren Fanale sie im Hörsaal setzten, in den Alltag hinübergetragen. Wie viel Zuspruch Sarrazin in den Kreisen gefunden hat, in denen der Vorwurf zirkuliert, das ist eine Ironie der Geschichte, die wenig froh stimmen kann.

Bedenklich nannte es Alan Posener im Dezember 2009 in der «Welt», dass ein bürgerliches Publikum auf einmal Geschmack an der Regelverletzung fand. Es applaudierte dem Bundesbankvorstand, der auf Zuwanderer schimpfte, und dem Hochschulrektor, der gegen die Kleptokratie des Fiskus wetterte. Posener sah sich zu einer Apologie der politischen Korrektheit veranlasst. Was unter diesem Namen attackiert werde, seien die Anstandsregeln des zivilisierten Umgangs. Sarrazin und Sloterdijk hätten überhaupt nichts Neues, aus der politischen Debatte Ausgeschlossenes zur Sprache gebracht. «Dass die Steuer- und Abgabenlast für die Mittelschicht zu groß, die Integration von Einwanderern nicht leicht und das Entstehen eines von Sozialhilfe abhängigen Subproletariats für das Gemeinwesen fatal ist, wird ja von niemandem bestritten. Der Beifall gilt gerade der Emphase; dem Gestus des Aufstands; den Übertreibungen und Geschmacklosigkeiten – eben dem Angriff auf den Anstand.»

Der erzaufklärerische Historiker Edward Gibbon wollte das Christentum diskreditieren, indem er aus den Quellen nachwies, dass viel weniger Christen auf Befehl der Kaiser umgebracht worden seien als in der hagiographischen Überlieferung behauptet. Doch durch Quellenkritik war nicht zu revidieren, dass der Glaube die Märtyrer gemacht hatte, was immer auch in der Arena geschehen sein mochte. Auch um Sarrazin bildete sich schon nach dem «Lettre»-Interview in erstaunlicher Schnelligkeit eine Gemeinde. Seine frühere, eigentlich rein lokale Beliebtheit hatte damit fast nichts zu tun: der berlintypische bunte Vogel, hier die Krähe, die allen anderen Krähen die Augen aushackt. Auf einem Altarbild müsste man den heiligen Thilo mit der Zunge in der Hand darstellen, die die Folterer ihm abgeschnitten haben. Nicht dass er wirklich verstummt wäre!

Peter Sloterdijk musste sich dumm stellen, um die Behauptung in die Welt zu setzen, Sarrazin habe wegen freimütigen Gebrauchs der Redefreiheit die Vernichtung seiner bürgerlichen Existenz fürchten müssen. Als Mitglied des Bundesbankvorstands war Sarrazin nun einmal mehr als ein Meinungsbesitzer, wurde nicht wie ein Philosophieprofessor nur fürs Meinen bezahlt. Mit einem Jahr Verzögerung trat, von Sarrazin selbst provoziert, der schlimmste Fall ein: Der ohnehin bevorstehende Ruhestand ereilte ihn ein klein wenig früher. Aber wenn es darum ging, die Wahrheit in Umlauf zu bringen: Musste das nach den Maßstäben Sloterdijks, des Philosophen der verschwenderischen Gabe, nicht einen Abstrich an der Pension wert sein? Und wie sollte der Bund der Feiglinge die Markteinführung dieser Wahrheit mit Existenzvernichtung bestrafen können, wenn auf dieselbe Wahrheit schon Existenzen gegründet worden sind? Necla Kelek ist das sogar ohne ein Existenzgründerdarlehen gelungen, wie es der Gemüsehändler bekommt. Sarrazins Kritiker haben ihm nicht die Meinungsfreiheit abgesprochen, die nach Artikel 5 des Grundgesetzes jedermann zusteht. Es liegt bloß in der Natur dieses Grundrechts, dass sein Gebrauch sehr häufig in der impliziten und expliziten Kritik des Gebrauchs besteht, den ein anderer von ihm macht. Inwieweit aus Sarrazins Amtspflichten in der Bundesbank folgte, dass er sich Zurückhaltung im Gebrauch seiner staatsbürgerlichen Rechte aus Artikel 5 aufzuerlegen hatte, war eine dienstrechtliche Frage, die bei einem Staatsunternehmen dieser symbolischen Bedeutung allerdings die Öffentlichkeit anging.

Die meisten derer, die für Sarrazin zur Feder griffen, würden sich wahrscheinlich als bürgerlich beschreiben, viele wohl auch als konservativ. Es war frappierend, dass diese Verteidiger Sarrazins für ein Prinzip der bürgerlichen Gesellschaft überhaupt keinen Sinn aufbringen wollten: den Gedanken der Rolle und der aus ihr fließenden formellen und informellen Pflichten. Sarrazin war Mitglied einer Institution und wurde bei allen seinen öffentlichen Einlassungen als Mitglied dieser Institution wahrgenommen. Das konnte eigentlich keinen Politiker, keinen Pfarrer und keinen Zeitungsredakteur überraschen. Ein Recht zur Selbstverwirklichung durch geschäftsschädigende Aussagen wurde dem Bundesbank-Vorständler von Kommentatoren zugesprochen, die in anderem Kontext die Auffassung vertraten, dass die Zurückhaltungspflicht der beamteten Lehrerin bei der Kleidung beginne. Bundesbankpräsident Weber begründete seinen Tadel Sarrazins damit, dass Mitglieder des Vorstands Stellungnahmen zu allgemeinpolitischen Fragen zu unterlassen hätten. Diese Regel setzt die Gewaltenteilung in die Praxis wechselseitiger Rücksichtnahme um: Umgekehrt erwartet die Bundesbank auch, dass die Politik ihr nicht in die Angelegenheiten der Zentralbankgeschäfte hineinredet. Als ungehörig erschienen Sarrazins Vorträge über die Einwanderungspolitik im Lichte der Gesetze der Vererbung also schon aus einem rein formalen Grund, vor jedem Disput über den guten Geschmack.

Weber wurde nun nicht entgegengehalten, er habe sich die Regel ad hoc ausgedacht oder aber es habe über die Jahre immer wieder Ausnahmen gegeben. Stattdessen wurde die Regel der politischen Zurückhaltung der Zentralbankvorstände als willkürliche Beschränkung des demokratischen Schlagabtauschs angegriffen. Dass Anstoß genommen wurde am Stil, in dem sich Sarrazin über die Türken und Araber der Stadt vernehmen ließ, in deren Regierung er gesessen hatte, galt als Eingeständnis der Kritiker, dass sie ihm in der Sache nichts erwidern könnten. Dieses Durchstoßen der Sphäre von Takt und Ton, das höhnische Hinausposaunen des Verdachts, die Mäkelei in Formfragen sei ein Zeichen der Schwäche, ist etwas Neues in der Geschichte der Bundesrepublik. Auf ungute Weise antwortet der Überdruss, mit dem Sarrazins Publikum Kompetenz- und Commentgesichtspunkte quittiert, dem Hochmut, mit dem Sarrazin sich über die Konventionen der öffentlichen Rede hinwegsetzt. Das Kalkül der Grenzüberschreitung trifft zusammen mit dem Rausch der Entgrenzung, dem Erlebnis, endlich einmal ausgesprochen zu hören, was angeblich sonst niemand zu sagen wagt. Als hätte man es nicht schon oft gehört. Als läge der Kick nicht gerade darin, dass man es nicht oft genug hören kann.

Die im «Lettre»-Interview inkriminierten Sätze seien aus dem Zusammenhang gerissen worden – das war die erwartbare erste Verteidigungslinie der Anwälte Sarrazins. Nicht nur muss aber ein Politiker und Spitzenmanager damit rechnen, dass Sätze aus dem Zusammenhang gelöst und für sich zitiert werden. Sarrazin hatte es offenbar auf eine solche Rezeption angelegt. Er hatte Sätze formuliert, die dazu gemacht waren, losgelöst von ihrem Zusammenhang die Runde zu machen. So hatte er als Berliner Finanzsenator durch provokative Sprüche Freiräume für eine Politik herbeigesprengt, die der Wählerschaft seiner Partei suspekt war. Der Interviewte hat das rhetorische Verfahren, nach dem er die Antworten gestrickt hat, im Interview selbst beschrieben. Diese Äußerung fand kaum Beachtung, weil sie im wenig prickelnden Zusammenhang des Berlin-Marketings fiel. «Die

Medien lieben es, wenn Krach ist. Das finden sie toll, und wenn es unterhaltsam ist, auch. Wenn man beides bietet und den Eindruck erweckt, dass man seine Sache versteht, bekommt man mit der Zeit auch für kontroverse Stellungnahmen eine relativ hohe mediale Zustimmung.» Zweifellos hat Sarrazin zum Thema Integration beides geboten, Lärm und Unterhaltung.

Tatsächlich war die mediale Zustimmung zur «Lettre»-Suada, Sloterdijk zum Trotz, als relativ hoch einzustufen. So fand etwa in der beliebten Fernsehsendung «Hart aber fair» von Frank Plasberg die Sarrazin-Debatte am 7. Oktober 2009 unter der Prämisse statt, in der Sache könne man Sarrazin offenkundig nicht ans Zeug flicken, man müsse nun darüber streiten, ob er der Integration durch seine verletzende Wortwahl geschadet habe. Diese Sendung wirbt mit einem «Fakten-Check», dem Tatsachenbehauptungen unterzogen werden, die im Meinungskampf als Waffen dienen. Es war aber schon kein Faktum, dass den Sachaussagen unter den Aussagen Sarrazins vor der Sendung nicht widersprochen worden wäre. Dabei machte er es keineswegs leicht, ihm zu widersprechen. So behauptete er, dass siebzig Prozent der Türken und neunzig Prozent der Araber in Berlin vom Staat lebten und den Staat ablehnten. Die Zahl der Transferempfänger lässt sich errechnen. Aber woraus hatte Sarrazin auf die hunderttausendfache innere Tatsache der Ablehnung des Staates durch sieben von zehn Berliner Türken geschlossen? Des Rätsels Lösung stand im März 2010 in der «Süddeutschen Zeitung». Freimütig erläuterte Sarrazin, damals in der Bundesbank noch für die Geschäftsbereiche Risiko-Controlling und Informationstechnologie zuständig, seine Methode der Produktion statistischer Evidenz: Wenn man keine Zahl hat, muss «man eine schöpfen, die in die richtige Richtung weist, und wenn sie keiner widerlegen kann, dann setze ich mich mit meiner Schätzung durch».

Ein kurioses Bild ergab die Zusammenschau der bildungspolitischen Ausführungen des Interviews. Zunächst entfaltete Sarrazin eine Stufentheorie der Integration. «Die erste Vorstufe ist, dass man Deutsch lernt, die zweite, dass man vernünftig durch die Grundschule kommt, die dritte, dass man aufs Gymnasium geht, dort Examen macht und studiert.» Das war sozialdemokratische Bildungspolitik in Reinkultur, der bürgerliche Neuhumanismus als demokratische Utopie. Vollständig integriert ist der Akademiker, der ganze Mensch hat Abitur. Als integrationspolitisches Programm verlangt diese Vision, dass Abiturientenzahlen und Studierquote auf dem gegenwärtigen Niveau bleiben oder sogar weiter in die Höhe getrieben werden. Überrascht stieß man zwei Seiten später auf die Forderung Sarrazins, «unsere Massenuniversitäten» sollten «nicht weiter massenhaft Betriebs- oder Volkswirte, Germanisten, Soziologen ausbilden, sondern konsequent Qualität anstreben». Man müsse die Studentenzahlen senken und «die Universitäten von Massenbewältigung auf Qualität umtrimmen». Der Widerspruch löste sich auf, wenn man bemerkte, dass Sarrazin hier von den Berliner Universitäten sprach. Doch wenn man diese eine Äußerung ihrem Zusammenhang wieder einfügte, wurde das Gesamtbild erst recht bizarr. Sarrazin stellte sich also vor, dass überall im Land die Massenuniversitäten massenweise integrierte Ingenieure produzieren sollten und vielleicht auch ein paar Volkswirte und Soziologen, dass aber die drei Berliner Universitäten in hochselektive Eliteschulen umzuwandeln seien.

Der Schattenriss eines Traumbildes zeichnete sich hier ab: das Phantasma einer durch administrative Maßnahmen herbeigeführten ethnischen Sauberkeit. Der Bevölkerungspolitiker, der uns im «Lettre»-Interview unter Verweis auf das angeblich unbestrittene Wissen der Wissenschaft über die Vererbung der Intelligenz und die Verdummung der Großstädte belehrte, ist besessen von der Idee, dass unproduktive Menschen das Bild stören. Berlin soll sich, wie Sarrazin seinem Interviewer Frank Berberich allen Ernstes erklärte, durch Abdrängung der Nichtintegrierten sanieren. «Die Schulen müssen von unten nach oben anders gestaltet werden. Dazu gehört, den Nichtleistungsträgern zu vermitteln, dass sie ebenso gerne woanders nichts leisten sollten. Ich würde einen völlig anderen Ton anschlagen und sagen: Jeder, der bei uns etwas kann und anstrebt, ist willkommen; der Rest sollte woanders hingehen.»

Sarrazin beschwört eine tragisch-heroische Politik, die der Naturgewalt der demographischen Entwicklung schmalste Spielräume abringt. Wie der auf Weltuntergangspanoramabilder spezialisierte romantische Maler John Martin findet er seine Motive in der gesamten Menschheitsüberlieferung. Das Grundmodell des Menschenmaterialverfalls vor erhaben gleichgültiger Naturkulisse skizzierte er im Gespräch mit Henryk M. Broder am Beispiel der Gegend, in der ihm als Wehrdienstleistendem 1965 aufgefallen war, dass die Mädchen dort anders als im Ruhrgebiet fast alle blond waren. «Die Natur kennt kein Vakuum. Menschen werden in der norddeutschen Tiefebene immer leben. Die Infrastruktur ist gut, das Klima ist angenehm. Fragt sich nur: Wer. Und das ist wie bei Wasser, es fließt immer bergab. Außer man baut Staudämme.» Zu dem von Alexander Demandt und Niall Ferguson wiederbelebten Genre der kontrafaktischen Historie steuerte Sarrazin im gleichen Interview die kürzeste alternative Geschichte Amerikas bei: «Hätten die Indianer eine strikte Einwanderungspolitik betrieben und jeden Weißen unverzüglich wieder ins Meer geworfen, dann stünde es heute anders um die indianischen Nationen.»

Vor dem Hintergrund seiner eigenen Prämissen kann man die Ordnungsidee einer durch Umsiedlungsmaßnahmen verbesserten Bildungsstatistik nur wahnhaft nennen. Sarrazin, der Fachmann der Zahlen und Veteran sozialdemokratischer Globalsteuerungsdebatten, hat sich einem eugenischen Pessimismus ergeben, der schon vor hundert Jahren große Teile gerade des aufgeklärten, wissenschaftsgläubigen Bürgertums im Griff hatte. Mit dem Wandel der moralischen Mode sind die Rollen neu verteilt worden, das Textbuch ist das gleiche. Damals hatte man in den gutbürgerlichen Kreisen Angst vor den Geburtenraten der Proletarier und der Ostjuden, heute wird die Araberin als Muttertier karikiert, das in einem fort Mädchen wirft, während es Sarrazin «gefallen» würde, wenn statt der Türken «osteuropäische Juden» kämen «mit einem um 15 Prozent höheren IQ als dem der deutschen Bevölkerung». Frank Schirrmacher hat Sarrazin den «Ghostwriter einer verängstigten Gesellschaft» genannt. In «Deutschland schafft sich ab» kündigt sich die moralische Wende an, vor der Schirrmacher in seinem Buch «Das Methusalem-Komplott» gewarnt hatte. «Sarrazin argumentiert aus einer Position der Verzweiflung heraus. Die demographischen Prozesse sind so träge, dass die Transformation unserer Gesellschaft nicht aufzuhalten ist.» Das pessimistische Weltbild dieser Biopolitik erklärt das Aggressive von Sarrazins Rhetorik. Die Wenigen, die überhaupt zu erreichen sind, müssen unbedingt mobilisiert werden – und sei es nur, damit sie im Untergang Haltung zeigen.

Einer von Sarrazins Gewährsleuten, der Neuköllner Bürgermeister Heinz Buschkowsky, gibt bereitwillig Auskunft darüber, dass er in seinen öffentlichen Interventionen eine Strategie des «shock and awe» verfolgt. Auch er öffnete für einen Reporter der «Süddeutschen Zeitung» den rhetorischen Werkzeugkasten: «Nehmen wir den letzten Aufreger, Versaufen: Ich wusste genau, dass da die Selter hochgeht. Aber das wollte ich. Ich wollte eine Debatte über Kinder in der Unterschicht und den Unsinn des Betreuungsgeldes.» Zufrieden stellte Buschkowsky fest: «Ich habe auf den Pawlowschen Reflex der Öffentlichkeit gesetzt, und es hat funktioniert.» Ausdrücklich also bezeichnete der SPD-Politiker das Einwirken auf die Öffentlichkeit als Konditionierung. Den habermasianischen Idealismus des besseren Arguments, soll das heißen, können wir uns in Neukölln nicht leisten. Buschkowsky, Sarrazin und Sloterdijk beschwören zur Legitimierung ihrer Rhetorik der Zuspitzung eine Situation der präventiven Notwehr. Das Kartell der Meinungsbesitzer rechtfertigt jedes Gegenmittel der Gegenmeinungsbesitzer. Sarrazin kannte, als er sein Interview gab und sein Buch schrieb, seinen Einsatz, sein Risiko und den Gewinn, den er sich versprach: «Man stößt gegen viele Mauern der politischen Korrektheit, aber man merkt, dass der Ton an Deutlichkeit zunimmt.» Wenn Mauern dem Ansturm standhalten, muss man stärkere Geschütze verwenden. Auf jeden Aufreger muss man einen größeren setzen.

Wenn Sloterdijk die «Berufsempörer» als Käfigtiere beschreibt und sie wie ein Zirkusdirektor «keifen und hetzen», «eifern und geifern» lässt, dann folgt diese Vermehrung eines entwürdigenden Vokabulars einer Logik der Selbstüberbietung. Die Eskalation der Debatte, die in der Konsequenz der Notwehrsuggestion liegt, wird vom Text selbst vollzogen. Sloterdijks Oeuvre gehört in die deutsche Tradition einer Vulgärphilosophie, die den Weltanschauungsbedarf von Gebildeten bedient. Der Bombast und die vielen Wiederholungen könnten bei diesem raffinierten Autor überraschen. Wo aber der Leser Argumente als Reize auf sich wirken lässt, da verschafft jede Variation des schon mehrfach Gesagten einen neuen Kitzel. Und dieser Redundanzdenker wagt dann zu höhnen, dass von den Kritikern Sarrazins «die Mechanismen der Trivialmoral in endlosen Schleifen abgespult werden». Der Affekt gegen das Triviale, das Selbstverständliche und Naheliegende der Anstandsregeln: ein untrügliches Kennzeichen der Trivialphilosophie.

Helmut Schmidt stellte Sloterdijk zwischen zwei Zigaretten das Zeugnis aus, mit dem Bild von der Öffentlichkeit als Käfig der Hetzer «etwas Richtiges» getroffen zu haben. Als Bundeskanzler hatte Schmidt die Staatsräson der Bundesrepublik im nüchternen Stil Karl Poppers definieren wollen, nach dessen Lehre die Wissenschaft voranschreitet, indem sie Blasen zum Platzen bringt. Sarrazin wurde von Schmidt gegen den Vorwurf der Volksverhetzung mit dem Argument in Schutz genommen, er habe die anstößigen Sätze «doch gar nicht zum Volk gesagt, sondern in einer esoterischen Zeitschrift, die bis vorgestern niemand gekannt hat». Wegen der «diskriminierenden Äußerungen» des Interviews wurde Sarrazin von seinen Vorstandskollegen gerügt. Er versprach, er werde «in Zukunft bei öffentlichen Äußerungen mehr Vorsicht und Zurückhaltung walten lassen», und blieb im Amt. Andersherum gesagt: Er wurde nicht entlassen. Soweit das Vorspiel. Das Drehbuch für die Staatsaffäre, in die Wulff sich hineinziehen ließ, war geschrieben.

Die Bundesregierung nimmt Stellung

Als Sarrazin ein Jahr später mit einem Buch in die öffentliche Arena zurückkehrte, konnte von spekulativen Ausflügen beim intellektuellen Kamingespräch nicht mehr die Rede sein. Punkt für Punkt wiederholte er die Thesen des Interviews, nun untermauert mit Versatzstücken wissenschaftlicher Beweisführung. Einen Vorabdruck handelte sein Verlag nicht mit «Lettre International» aus, sondern mit dem «Spiegel» ebenso wie mit der «Bild»-Zeitung. Die erste Folge der «großen Serie» in «Bild» trug den Titel: «Deutschland wird immer ärmer und dümmer!» Als Augenarzt stellte sich der Autor vor: Die «Sehschärfe der Deutschen» sei «getrübt», weshalb «Fäulnisprozesse im Innern der Gesellschaft» unbemerkt blieben. Die fettgedruckte These, die Deutschen schafften sich allmählich ab, erläuterte Sarrazin mit einer Hochrechnung der Geburtenrate. Im Jahre 2100 werde es nur noch zwischen 200 000 und 250 000 Geburten in Deutschland geben. An den Hinweis, höchstens die Hälfte dieser Neugeborenen würden noch «Nachfahren der 1965 in Deutschland lebenden Bevölkerung sein», schloss er die Spekulation an, «die zuweilen durchscheinende klammheimliche Freude über die deutsche Bevölkerungsentwicklung» finde ihre Erklärung darin, dass manche Deutsche ein Aussterben des deutschen Volkes als gerechte Strafe für die Untaten der Hitlerzeit ansähen. Das demographische Problem Deutschlands ist für Sarrazin also ein doppeltes: der Rückgang der Einwohnerzahl und die Ersetzung von Deutschstämmigen durch Einwanderer und Einwandererkinder. Übersehen worden sei, dass «die Alterung und Schrumpfung der deutschen Bevölkerung» mit «qualitativen Veränderungen in deren Zusammensetzung» einhergehe. «Über die schiere Abnahme der Bevölkerung hinaus gefährdet vor allem die kontinuierliche Zunahme der weniger Stabilen, weniger Intelligenten und weniger Tüchtigen die Zukunft Deutschlands.»

Degeneration durch Vermischung, Selbstabschaffung durch Selbsthass: Hier erübrigte sich das Weiterlesen, jedenfalls für Politiker, die nicht wie der Rostocker SPD-Landtagsabgeordnete Mathias Brodkorb ein gelehrtes Interesse an den Mutationen der Wissenschaft vom deutschen Volkskörper pflegen. Die Bundeskanzlerin veröffentlichte über ihren Regierungssprecher eine Kürzestrezension: «Nicht hilfreich» für die Integrationsdebatte sei der Vorschlag des Vorstandsmitglieds der Deutschen Bundesbank, den Untergang Deutschlands durch eine Bevölkerungspolitik auf der Grundlage eines genetischen Fatalismus abzuwenden. Der Schriftsteller Martin Walser klassifizierte den kritischen Versuch Angela Merkels in der «Bild»-Zeitung als «unmöglich» und rief nach der Entlassung des Ghostwriters – aber wenn wirklich Regierungssprecher Steffen Seibert oder ein Redenschreiber den Text aufgesetzt hatte, dann hatte dieser Diener den trockenen Ton der Kanzlerin perfekt getroffen, ihre Gabe, sich unbeeindruckt zu zeigen, wo die Schulweisheit dem Politiker rät, vorsichtshalber zum Schein das Gespräch zu suchen. Von Walser ist bekannt, dass er ohnehin nur lobende Besprechungen für zulässig hält.

Frau Merkel blieb eine Begründung für ihren Verriss nicht schuldig. Zutreffend fasste sie zusammen, Sarrazin habe «ganze Gruppen der Gesellschaft ausgegrenzt und verächtlich gemacht». Den Vorwurf, sie habe das Buch nicht gelesen, parierte sie: «Die Vorabpublikationen sind vollkommen ausreichend und überaus aussagekräftig, um These, Kern und Intention seiner Argumentation zu erfassen.» Als Held des Klartexts ließ sich Sarrazin feiern, doch seine Anhänger brachen in ein klägliches Geschrei aus, als die von ihm als naiv und feige denunzierten Politiker ebenso deutlich antworteten und das Buch mit dem Titel «Deutschland schafft sich ab. Wie wir unser Land aufs Spiel setzen» nicht nur als gelehrte Meinungsäußerung würdigten, sondern auch als politische Aktion. Die Kanzlerin, die geschworen hat, dass sie ihre Kraft dem Wohle des deutschen Volkes widmen, seinen Nutzen mehren und Schaden von ihm wenden werde, nahm öffentlich die Wertung vor, Sarrazin habe «dem international hervorragenden Ansehen der Bundesbank» geschadet. Bundesfinanzminister Schäuble nahm direkt zu der Frage Stellung, ob Sarrazin in seinem Amt untragbar geworden war. Für die Einschätzung des Falls in der Bundesregierung dürfte die Erinnerung an den Interview-Skandal leitend gewesen sein. Das Stillhalteabkommen, das damals zwischen Sarrazin und seinen Vorstandskollegen getroffen worden war, mag man mit gutem Willen ein Gentlemen's Agreement nennen. In einer öffentlichen Erklärung hatte Sarrazin anerkannt, «dass Aussagen eines Vorstands der Deutschen Bundesbank wegen der besonderen Stellung der Person und der Institution von der Öffentlichkeit mit großer Aufmerksamkeit und Sensibilität wahrgenommen werden». Anscheinend hatte er aber nie daran gedacht, sich nun auf seine fachliche Arbeit zu konzentrieren und sich bei allgemeinpolitischen Äußerungen im Ton zu mäßigen. Stolz präsentierte er sich mit dem Buch als Unbelehrbarer. Er schlug weiter Krach und sprach an, was sonst niemand anzusprechen wagte, wie die Rückfallquote bei schwererziehbaren Muslimen. Die Medienkampagne war darauf berechnet, den größtmöglichen Lärm zu erzeugen. Sarrazin konnte nicht mehr anders oder wollte nicht mehr anders, wobei diese Unterscheidung ein Thema für seine Frau oder seine Freunde sein mochte, aber nicht für die Bundesregierung: Er musste provozieren.

Kühl stellte der Finanzminister fest, Sarrazin habe «ersichtlich gegen seine Verpflichtungen zur Zurückhaltung» verstoßen. Einzelne Beobachter sahen die Unabhängigkeit der Bundesbank dadurch gefährdet, dass Schäuble Journalisten einen solchen Vermerk im Personalaktenstil diktierte. Aber die Zurechtweisung in unerhörter Förmlichkeit zeigte, wie ernst die Regierung den Vorgang nehmen musste. Es war undenkbar, dass Sarrazin die Unabhängigkeit der Bundesbank als Schutzschild missbrauchte, um aus seinem Amt heraus einen Feldzug gegen die Sozial- und Integrationspolitik der Regierung zu führen. In der Sache ordnete Schäuble die Thesen von «Deutschland schafft sich ab» als «vollkommenen» respektive «mediokren Unsinn» ein. Präzise beschrieb Schäuble Sarrazins Strategie der Aufstachelung der Affekte: Nicht so sehr mit seinen Behauptungen hoffe der Autor Wirkung zu erzielen als vielmehr mit Behauptungen über diese Behauptungen. Sarrazin errege Aufmerksamkeit mit «Tabu-Verletzungen», die gar keine seien. Seine «Rechnung», auf diese Weise Publizität zu bekommen, dürfe nicht aufgehen. Trotz Schäubles Warnung ging die Rechnung auf. Eine Unvorsichtigkeit Wulffs trug dazu bei. Sarrazins Vorstandskollegen hatten ihn vergeblich ersucht, zu professionellem Verhalten zurückzukehren. Die Bundesregierung hatte zu verstehen gegeben, dass ein Apostel des Sozialdarwinismus im Zentralbankvorstand den nationalen Interessen schade. In dieser Lage war wahrscheinlich, dass der Bundesbankvorstand den Bundespräsidenten bitten würde, Sarrazin zu entlassen. Am Mittwoch, dem 1. September, dem Tag von Schäubles klaren Worten, ließ Wulff die Presse unter Verweis auf seine möglicherweise bevorstehende amtliche Befassung mit der Sache darüber unterrichten, dass er sich «im Moment» nicht äußern wolle. Schon diese Mitteilung war unklug. Man konnte sie so verstehen, dass er den Eingang eines Briefs aus Frankfurt erwartete, zumal er eine Äußerung für die Zukunft in Aussicht stellte. Wenn das Staatsoberhaupt von jemandem ein Handeln erwartet, kommt das einer Bitte gleich.

Der Satz, den Wulff dann am Abend desselben Tages in seiner leutseligen Art in ein Mikrophon des Fernsehsenders n-tv sprach, wurde allseits als Aufforderung an den Bundesbankpräsidenten Weber verstanden: «Ich glaube, dass jetzt der Vorstand der Deutschen Bundesbank schon einiges tun kann, damit die Diskussion Deutschland nicht schadet – vor allem auch international.» Der ehemalige Nachrichtensender, der seine Sendezeit mit der Wiederholung von Reportagen über Wunderwerke der Ingenieurskunst füllt, hatte plötzlich seine Nachricht, und Sarrazins Anhänger hatten ihren Oberschurken. Wulffs Sprecher unterließ jede Schadensbegrenzung, versuchte erst gar nicht, der Presse die Sprachregelung nahezulegen, es könne nicht die Absicht des Präsidenten gewesen sein, das Entlassungsgesuch zu bestellen – er müsse also etwas anderes gemeint haben, habe der Bundesbankspitze nahelegen wollen, sich «jetzt schon», unabhängig von einem etwaigen Entlassungsverfahren, durch öffentliche Erklärungen von Sarrazin abzusetzen. Es war richtig, dass die führenden Parteipolitiker als zweifellos zuständige Adressaten eines Aufrufs zur Rettung Deutschlands in aller Deutlichkeit sagten, was sie von Sarrazins Diagnosen und Rezepten hielten. Seit der Interview-Affäre lagen Sarrazins Unterstützer in Wartestellung, um den ehemaligen Spitzenbeamten, zeitweiligen Spitzenpolitiker und nunmehrigen Spitzenmanager zum Opfer der politischen Klasse auszurufen. Bundesbankchef Weber hatte es damals vermieden, die Maßregelung Sarrazins, dem der Vorstand einen Teil seiner Zuständigkeiten entzog, mit einer öffentlichen Erklärung zu den Einzelheiten des Interviews zu begründen. Hätten die Politiker nach der Veröffentlichung des Buches den Unsinn nicht Unsinn genannt, wäre die Parole ausgegeben worden, sie könnten Sarrazin nichts erwidern.

Es war ihnen auch nicht vorzuwerfen, dass sie sich auf die im «Spiegel» und in der «Bild»-Zeitung abgedruckten Auszüge stützten. Solche Vorveröffentlichungen werden gewöhnlich zwischen Autor, Verlag und Presseorgan Satz für Satz abgesprochen, um die Kernbotschaft eines Buches unters Volk zu bringen. Die Schärfe der sachlichen Auseinandersetzung hätte aber mit penibelster formaler Korrektheit im Umgang mit der Person Sarrazins einhergehen müssen. Fatal war, dass der Eindruck entstand, nur durch politischen Druck habe Sarrazin aus dem Amt entfernt werden können, der Bundespräsident selbst habe sich dazu herbeigelassen, Sarrazin ein faires Verfahren zu verweigern. Sarrazins Sympathisanten fanden Anklang, als sie verbreiteten, die Politiker wollten über das Buch deshalb nicht diskutieren, weil es randvoll mit unwillkommenen Wahrheiten sei. Die Kanzlerin wurde als Zensorin hingestellt. Sie hatte ihre Anhänger als Erwachsene behandelt und offenkundig überschätzt.

Es lag auf der Hand, wie ihr «Nicht hilfreich» gemeint war: als politische Aussage. Die Knappheit ihrer Stellungnahme sollte nicht Leser kränken, die sich auf den brisanten Schmöker freuten, oder Nachahmungstäter unter den geschichtsphilosophisch ambitionierten Volkswirten im Staatsdienst abschrecken. Das Bündige des Urteils war die Botschaft. Angela Merkel hat nicht viel Zeit. Die Bürger mögen sich wünschen, dass sie liest, werden aber erwarten, dass sie außerhalb der tiefen Abendstunden nur das Nötige liest. Und wenn sie wissen möchte, was aus einer Neuerscheinung für die Regierungsarbeit zu lernen sein könnte, darf sie auch lesen lassen. Sollten ihre Zuarbeiter beim Zusammenfassen eines Buches etwas Hilfreiches übersehen haben, würde das Malheur ihr zugerechnet werden. Das ist eines der kleineren Risiken ihres Jobs. Nicht hilfreich: Damit wollte die Kanzlerin sagen, dass sie eine Diskussion unter Sarrazins Prämissen oder über Sarrazins Prämissen für Zeitverschwendung hielt. Über eugenische Maßnahmen zur Korrektur einer durch Einwanderung eingetretene Verdummung Deutschlands konnte man nicht ernsthaft reden. Eine Sarrazin-Debatte musste eine Scheindebatte sein. Im Grundsätzlichen der Integrationspolitik hätten die Politiker nur den Willen bekunden können, den sie so oft bekundet haben, dass man an der Ernsthaftigkeit nur zweifeln kann, wenn man ihnen gar nicht trauen will. In den Einzelheiten hätten sie ständig trennen müssen zwischen denkbaren pragmatischen Gründen für bestimmte sehr weitgehende Maßnahmen und den abstrusen Züchtungszwecken des Autors.

Politikerstreit ohne Dissens

Was ist Integration? Erwünscht ist die effektive und produktive Teilhabe der Einwanderer und ihrer Kinder am gesellschaftlichen Leben. Mit der Zeit soll es keinen Unterschied in der Chancenverteilung mehr ausmachen, ob jemand von Einwanderern abstammt oder aus einer alteingesessenen Familie stammt. Diesen Prozess, dessen Gelingen sich auf dem Arbeitsmarkt entscheidet, nennt der Mannheimer Soziologe Hartmut Esser strukturelle Integration. Begünstigt wird die Qualifikation für beliebige Berufe und Bildungsabschlüsse durch Beweglichkeit, Neugier und Engagement in dem Feld, das bei Esser soziale Integration heißt. Es kommt auf soziale Kontakte in die Mehrheitsgesellschaft an, auf Identifikation mit dem neuen Heimatland und vor allem auf Kenntnisse der Landessprache. In der soziologischen Forschung ist ein aufwendiger Streit über die Frage ausgetragen worden, ob die Herstellung von Chancengleichheit auf die Angleichung des Verhaltens der Zugewanderten an die Usancen des Aufnahmelandes angewiesen ist oder ob die Homogenität ethnischer Kolonien entgegen dem Augenschein die Integration fördert, indem sie den Migranten mit eigenen milieuspezifischen Kontakten und Fertigkeiten ausstattet. Es gibt den Multikulturalismus als wissenschaftliche Position. Dieser wissenschaftlichen Debatte entspricht in Deutschland aber kein Streit der politischen Konzepte. Obwohl die Politiker nicht gern von Assimilation sprechen, um den Stolz der Einwanderer auf ihre Herkunftswelt nicht zu verletzen, betreiben die Regierungen aller Farbmischungen Integrationspolitik in Übereinstimmung mit der Theorie Essers. Im Zentrum steht überall die Förderung des Deutschlernens. Alltagsvernunft und historische Erfahrung geben Esser recht, wenn er vor einer Infrastrukturpolitik des Multikulturalismus warnt: Der Staat darf keine zusätzlichen Anreize dafür schaffen, dass Eingewanderte unter sich bleiben, weil ethnische Segregation mit vertikaler Segmentierung einhergeht. Eine türkische Minderheit in Deutschland, die ihre Netzwerke auf Kosten der Verbindungen in die deutschsprachige Umwelt kultivierte, wäre ökonomisch womöglich durchaus lebensfähig, aber um den Preis der dauerhaften Selbstbeschränkung auf niedere Tätigkeiten.

In keinem anderen Politikfeld ist die Diskrepanz so eklatant zwischen der Einigkeit in den Zielen, die als alternativlos erkannt worden sind, und der Systemlogik des Parteigegensatzes, die trotzdem auf die Kontroverse hindrängt. Integrationspolitischer Parteienstreit erschöpft sich meist im ermüdenden Ritual der polemischen Vergangenheitsbewältigung. Die Linke beschuldigt die Rechte, die Tatsache geleugnet zu haben, dass Deutschland ein Einwanderungsland sei. Die Rechte macht der Linken wegen multikultureller Illusionen den Prozess. Vor Wahlen wird gelegentlich geäußert, die Ausländerpolitik eigne sich nicht als Wahlkampfthema. Auf solche Aufforderungen zur Nicht-Thematisierung – ein anderes Beispiel ist der Einsatz der Bundeswehr in Afghanistan – reagiert das Publikum allergisch. Mit Recht. In der Demokratie kann nun einmal alles zur Diskussion und zur Abstimmung gestellt werden. Politiker, die den Wählern nicht zutrauen, der Verführung durch Demagogen zu widerstehen, beschädigen die Geschäftsgrundlage. Die Forderung, etwas nicht anzusprechen, ist ohnehin ein Widerspruch in sich. Das merken sich die Leute, und wenn bei nächster Gelegenheit ein Sarrazin behauptet, eine offene Diskussion werde verhindert, können sie ihm nicht ohne Vorbehalt widersprechen oder stimmen ihm sogar zu. Ein ergiebiger integrationspolitischer

Streit, ein Streit über Alternativen, müsste sich allerdings um die Mittel drehen. Wenn die Deutschkenntnisse der Kinder schicksalhafte Bedeutung haben, was sind sie uns dann wert? Mit Ausgabenprogrammen macht aber keine Partei Wahlkampf.

Türken haben gegenüber anderen Einwanderern einen erheblichen Rückstand bei den Bildungserfolgen und der Integration in den Arbeitsmarkt. Das ist eine Tatsache. Politiker verschweigen diese Tatsache nicht. Das ist auch eine Tatsache. Die gesetzlichen Änderungen beim Ehegattennachzug, die das Mindestalter von achtzehn Jahren und den Nachweis einfacher Deutschkenntnisse vorschreiben, zielen auf Türkinnen und wurden gegen den erbitterten Widerspruch sowohl deutsch-türkischer Vereine als auch der türkischen Regierung durchgesetzt. Dass Einstellungen sich ändern sollen, wird ebenfalls ausgesprochen. Die Einwanderer werden nicht als Automaten behandelt, als bloße Objekte der Fürsorge. Die Islamkonferenz hatte ihren politischen Daseinsgrund in dem Faktum, dass Türken den allergrößten Teil der Muslime in Deutschland bilden. Die Regierung bewegte sich hart an der dem religiös neutralen Staat gezogenen Grenze, als sie durch Beratungen mit unrepräsentativen Repräsentanten – darunter fallen die Verbandsvertreter ebenso wie die Schriftstellerinnen – zu sondieren versuchte, welche Momente muslimischer Mentalitäten womöglich die Eingliederung beschwerlicher machen. Als die Türkische Gemeinde in Deutschland e. V., eine laizistisch orientierte Lobbyorganisation, im Juni 2010 in Berlin ihren fünfzehnten Geburtstag feierte, sagte der Regierende Bürgermeister Klaus Wowereit in seinem Grußwort: «Man muss sich auch integrieren lassen wollen. Sonst wird es nicht funktionieren.» Und Maria Böhmer, die Integrationsbeauftragte der Bundesregierung, verband ihren Glückwunsch mit der Forderung, türkische Kinder müssten in den Elternhäusern besser auf die Schule vorbereitet werden.

Konnte es denn wirklich schaden, das Erscheinen von Sarrazins Buch zum Anlass zu nehmen, bekannte integrationspolitische Ziele noch einmal zu bekräftigen? Ja, in dem von Sarrazin vorgegebenen Setting musste es schaden. Sarrazin hätte entsprechende Programmsätze nicht als Bekräftigung von Bekanntem, sondern allenfalls als Eingeständnis von Versäumnissen begrüßt. Man hätte sich auf Sarrazins Spiel eingelassen, hätte ihm den Nimbus des Aufklärers zugestanden und der Legende, die Integrationsproblematik sei als Geheimsache behandelt worden, ein amtliches Siegel aufgedrückt. Sarrazins Kritik der Politik geht aufs Ganze, beschwört eine revolutionäre Situation herauf, indem sie als Sprachkritik auftritt, als Kritik der «politischen Korrektheit». Unter diesem Feldzeichen sammeln sich heute alle, die das politische System und die mit diesem verbundenen Institutionen für eine Verschwörung der Herrschenden halten. Die meistgelesene Internetseite der Islamhasser heißt «Politically Incorrect». Die «politische Korrektheit» und die «Mainstream-Medien»: Das sind Chiffren einer radikalen Hermeneutik des Verdachts, die eine ähnliche Funktion haben wie in der Weimarer Republik die Hetzparolen vom «System» und den «Systemparteien». Es war für Bundesminister und Parteivorsitzende ein Gebot der Selbstachtung, sich nicht mit einem Ex-Politiker gemein zu machen, der seine früheren Berufsgenossen der Verlogenheit und des Zynismus bezichtigte.

Die Bundeskanzlerin konnte sich kurz fassen, denn sie hatte schon im Juni 2010, nachdem Sarrazin auf einer Veranstaltung in Darmstadt den Arbeitskreisen Schule und Wirtschaft der Unternehmerverbände Südhessen einen Einblick in die Ergebnisse seiner Forschungen gewährt hatte, das Nötige gesagt. In seinem Vortrag mit dem Titel «Bildung, Demographie, gesellschaftliche Trends» führte Sarrazin aus, es gebe «eine unterschiedliche Vermehrung von Bevölkerungsgruppen mit unterschiedlicher Intelligenz». Die Bildung bei Einwanderern «aus der Türkei, dem Nahen und Mittleren Osten und Afrika» setzte er niedrig an, den Erbanteil an der Intelligenz um so höher, bei nahezu 80 Prozent. Einschüchternde Zahlenkolonnen marschierten auf die unerbittliche Schlussfolgerung zu: «Wir werden auf natürlichem Wege durchschnittlich dümmer.» Frau Merkel überließ es nicht ihrer für Integration zuständigen Staatsministerin oder ihrem Sprecher, Sarrazin wegen dieser von der Deutschen Presseagentur verbreiteten Aussagen zurechtzuweisen. Gegenüber der «Bild am Sonntag» erklärte sie: «Ich sage: Solche schlichten Pauschalurteile sind dumm und nicht weiterführend.»

Westerwelle als Wetterfahne

Pathetisch setzt sich Sarrazin in seinem Buch als ein Mann in Szene, der schlichte Sachverhalte in einfachen Worten darlegt. Recht weitschweifig erläutert er sein Ideal des ökonomischen Stils: «Ich stütze mich in meinen Ausführungen auf empirische Erhebungen, argumentiere aber direkt und schnörkellos. Es geht mir vor allem um Klarheit und Genauigkeit, die Zeichnung ist daher kräftig, nicht unentschlossen oder krakelig. Ich habe darauf verzichtet, heikel erscheinende Sachverhalte mit Wortgirlanden zu umkränzen, mich jedoch um Sachlichkeit bemüht – die Ergebnisse sind anstößig genug.» Wer mit dem Kompostieren von Wortgirlanden den Goldenen Blumentopf des Verbands der Sprachmüllentsorger gewinnen will, darf sich nicht mit Angela Merkel anlegen. Nicht weiterführend, nicht hilfreich: Mit der Sprödigkeit solcher Standardformeln der Gremienarbeit überbot und entzauberte sie den in die eigene Plumpheit vernarrten Schnörkelverächter. Dass der Volkswirt für sein Szenario des genetischen Bankrotts die Autorität der Naturwissenschaft in Anspruch nahm, muss die Physikerin besonders irritiert haben. So scheute sie sich nicht, den Propheten der Verdummung beim Intelligenztest durchfallen zu lassen: Solche Pauschalurteile sind dumm – beim besonders groben Klotz ist der passgenau grobe Keil ein Zeichen von feinem Humor.

Für potentielle Sarrazin-Fans unter den Lesern der «Bild am Sonntag» lieferte die Kanzlerin eine Regierungserklärung im Kompaktformat mit: «Es ist richtig, dass die Bildungsabschlüsse von Schülern mit Migrationshintergrund verbessert werden müssen und der wichtigste Schlüssel dabei die Beherrschung der deutschen Sprache ist. Aber wenn wir genau das fördern und fordern, dann haben diejenigen, die zu uns kommen und in unserem Land leben wollen, große Chancen und bereichern uns alle.» Die Zeitung fasste ihre eigene Bewertung von Sarrazins Darmstädter Auftritt in einem in Versalien gesetzten Satz zusammen: «SARRAZIN LÄSST DAS PÖBELN NICHT!» Drei Monate später war aus dem «Pöbel-Thilo» der «Bild» beziehungsweise dem «Pöbel-Sarrazin» der «Bild am Sonntag» der Autor der großen «Bild»-Serie geworden. So schnell kann eine verkorkste Bildungsbiographie sich drehen!

Die Sarrazin-Kritiker in der hohen Politik bildeten eine denkbar große Koalition. Sie schloss sowohl Roland Koch ein, den Veteranen zweier Wahlkämpfe der ausländerpolitischen Mobilmachung, als auch Kochs Nachfolger auf der Planstelle des konservativen Hoffnungsträgers, Karl Theodor zu Guttenberg, der sich in seinen Wahlkampfreden als Mann des herrlich freien Wortes zu empfehlen liebt.

Die Flutwelle des Zuspruchs für Sarrazin, die sich in die Leserbriefspalten der Zeitungen und die Elektropostfächer der Parteien ergoss, war ein Schock für die vereinigten Sachwalter der Staatsräson. Als die Verkaufszahlen des Buchs in die Höhe schossen, ergänzten einige Politiker ihre kritischen Einlassungen, um eine diskrete Unwertberichtigung vorzunehmen. Unbekümmert ging Guido Westerwelle ans Verwischen seiner aktenkundigen Spuren. Ihm gelang es, Mitte Oktober die Schlagzeile «Westerwelle nimmt Sarrazin in Schutz» zu provozieren, obwohl der Bundesbankvorstand das Ersuchen um Sarrazins Entlassung auf die öffentlich vorgetragene Einschätzung des Außenministers gestützt hatte, Sarrazin habe dem deutschen Ansehen geschadet. Im Gespräch mit der «Frankfurter Allgemeinen Zeitung» beteuerte der FDP-Vorsitzende: «Ich gehöre nicht zu denjenigen, die das Buch verdammt haben. Ich habe bei der Eröffnung der Frankfurter Buchmesse darauf hingewiesen, dass die Meinungsfreiheit in Deutschland auch sehr kontroverse Bücher ertragen muss. Ich selbst habe nicht das Buch, sondern eine Aussage von Herrn Sarrazin zurückgewiesen, die dieser in einem Interview geäußert hat. Darin hat er sich über die Genetik von Juden und Basken ausgelassen.»

Wer drei Sätze nacheinander mit dem Wort «ich» beginnt, muss sich seiner Sache sehr sicher sein. Westerwelles Behauptung, er habe das Buch nicht verworfen, ist trotzdem falsch. Der unmittelbare Anlass für seinen in der «Bild am Sonntag» vom 29. August zitierten Satz «Wortmeldungen, die Rassismus oder gar Antisemitismus Vorschub leisten, haben in der politischen Diskussion nichts zu suchen.» war zwar in der Tat, dass man ihn mit der Aussage Sarrazins gegenüber dem Schwesterblatt «Welt am Sonntag» konfrontiert hatte, alle Juden teilten ein bestimmtes Gen. Eine Woche später äußerte sich Westerwelle seinerseits in der «Welt am Sonntag»: «Wir brauchen in unserem Land eine lebendige Streitkultur. Aber mit der Einführung eines Biologismus in die politische Diskussion hat der Autor eine rote Linie überschritten.» Diese Grenze, so Westerwelle weiter, markiere indes nicht das Buch selbst mit seinen teilweise verletzenden Thesen, «sondern der Gen-Unsinn». Spöttisch verneinte er die Frage, ob er das Buch gelesen habe: «Ich lege mir vor allem schöngeistige Bücher auf den Nachttisch.» Einen Monat später, auf der Buchmesse in Anwesenheit der Präsidentin von Argentinien, hörte sich das ganz anders an:

«Gerade kontroverse Bücher muss die Meinungsfreiheit aushalten. Ein Buch kann so sehr verstören, dass viele es gar nicht mehr lesen wollen. Und so manches Buch wird entzaubert, wenn man es nur liest.» Manches Buch, müssen wir schließen, wird durch eine Million Käuferhände wiederverzaubert, auch wenn man es selbst nicht gelesen hat.

Gegenüber dem «Wiesbadener Kurier» hatte Westerwelle schon am 8. September die Wendung gebraucht, «ein solches Buch» müsse «Deutschland aushalten». Das war eine Nebelkerze: Niemand, auf den gehört wird, hatte ein Verbot des Buchs gefordert. Westerwelle wiederholte in diesem Interview auch die Formel von der roten Linie, die Sarrazin mit seinen «Äußerungen zu den besonderen Genen von Juden und Basken» hinter sich gelassen habe. In seiner ersten ausführlichen Einlassung zu Sarrazin, in einem Interview, das der «General-Anzeiger» seiner Bonner Heimat am 30. August publizierte, hatte sich Westerwelle keineswegs nur auf den Interview-Satz zu Juden und Basken bezogen. «An den Wortmeldungen von Herrn Sarrazin gefällt mir vor allem nicht, dass er Kindern aus Ausländerfamilien generell mangelnden Bildungswillen unterstellt. Bei allen Schwierigkeiten – ich erlebe in vielen Einwandererfamilien das glatte Gegenteil. Entscheidend für die Integration ist, dass die deutsche Sprache gelernt wird.» Westerwelle missfiel also der Tenor der Kampagne für «Deutschland schafft sich ab», von den Vorabdrucken bis zu den mündlichen Selbstkommentaren des Autors. Er nahm die Einladung des Interviewers an, «zu einem derartigen verbalen Umgang mit Bürgern ausländischer Herkunft» ausdrücklich als Außenminister Stellung zu nehmen. «Herr Sarrazin leitet Wasser auf die Mühlen des Rassismus und des Antisemitismus. Das ist vollständig inakzeptabel.» Im Spektrum der scharfen Kommentare aus der Bundesregierung bezog Westerwelle damit eine extreme Position. Er klassifizierte die vererbungstheoretisch begründete integrationspolitische Argumentation Sarrazins durchaus plausibel als Futter für Rassisten. Nachdem im März 2010 das Schiedsgericht im Parteiordnungsverfahren der SPD Sarrazin gegen den Vorwurf des Rassismus in Schutz genommen hatte, vermieden die meisten Politiker in der Auseinandersetzung um das Buch das R-Wort. Es dominierte die Diskussion am linken Rand und in der türkischen Presse.

Mit seinem Wort von der roten Linie hatte Westerwelle etwas sehr Richtiges gesagt, das er allerdings offenbar selbst nicht richtig verstand. Die Vermutung, gegenüber der «Welt am Sonntag» habe sich der Antisemit in Sarrazin verraten, war von vornherein wenig plausibel. Im «Lettre»-Interview hatte Sarrazin die Juden schon einmal angeführt, um für eine Bevölkerungspolitik auf erbbiologischer Grundlage zu werben – mit emphatisch philosemitischer Perspektive. Zu Sarrazins Entlastung wurde auf zwei neueste Studien in angesehenen naturwissenschaftlichen Zeitschriften hingewiesen, die die gemeinsame Abstammung der aschkenasischen und der sephardischen Juden nachzuweisen versuchen. Das politische Interesse an diesen Forschungen ergibt sich aus der Frage nach der historischen Legitimität des Staates Israel. In antizionistischer Absicht hat der Historiker Shlomo Sand in seinem auch ins Deutsche übersetzten Buch «Die Erfindung des jüdischen Volkes» die Behauptung aufgestellt, das Judentum in den Provinzen des Römischen Reiches sei durch Übertritte entstanden, die Diasporajuden seien nicht die Nachkommen der von Kaiser Titus besiegten Juden. Auch wenn sich zeigen lässt, dass die jahrhundertelange Isolation jüdischer Gemeinschaften die Vererbung bestimmter Krankheiten begünstigt hat, folgt daraus nicht, dass die nicht konvertierten Juden ein einzelnes Gen teilen. Sarrazins Aussage ist und bleibt falsch, und als nicht falsch könnte man sie allenfalls dann betrachten, wenn man sie im übertragenen Sinne verstehen wollte. Das «bestimmte Gen» wäre dem Augenschein entgegen dann ein unbestimmter Ausdruck, ein Bild für die prägende Kraft der gemeinschaftlichen Herkunft. Nun tritt aber der Verfasser von «Deutschland schafft sich ab» mit dem Anspruch strenger Wissenschaftlichkeit auf. Es soll ein nationales Unglück sein, dass die Vergangenheitsbewältigung die mit Einwanderung befassten Politiker davon abgehalten habe, sich mit den Mendelschen Gesetzen zu befassen. Wenn wir aber Nachhilfeunterricht in angewandter Genetik benötigen, dann muss man erwarten, dass der Präzeptor die gegenständliche und die metaphorische Aussageebene trennt und markiert – und dass er weiß, was ein Gen ist und wie es vererbt wird. Mit der Ein-Gen-Theorie überschritt Sarrazin die Grenze, hinter der das Land des offensichtlichen Unsinns beginnt. Und wer ihm bis dahin gefolgt war, mochte im Rückblick bemerken, dass man schon weite Felder des Unsinns durchmessen hatte. Schäuble trog sein Gespür für das treffende Wort nicht. Damit erledigte sich eine Sarrazin-Debatte unter der verharmlosenden Prämisse, man müsse Ton und Sache trennen, weil an den Tatsachen nicht zu rütteln sei und der Kopfwerker ein Musterstück autodidaktischer Wertarbeit abgeliefert habe. Aber da Sarrazin den Satz über Juden und Basken korrigierte, wurde er aus dem Niemandsland jenseits der roten Linie heimgeholt in die Fernsehstudios, unter dem Geleitschutz des Bundesaußenministers.

Das F.A.Z.-Interview, in dem er sich aus der Kabinettssolidarität der Sarrazin-Kritiker davonstahl, nutzte Westerwelle auch, um zum Bundespräsidenten auf Distanz zu gehen. Auf die Frage, ob er die Auffassung teile, dass der Islam zu Deutschland gehöre, sagte er: «Der Islam ist Teil der gesellschaftlichen Realität Deutschlands. Unsere kulturelle Wurzel ist die christlich-jüdische Tradition.» Da ging es also schon wieder um jüdische Abstammung, aber in botanischer Variante und von vornherein metaphorisch. Deshalb war die Angelegenheit nicht weniger unappetitlich. Christlich-jüdische Tradition? In der längsten Zeit der deutschen Geschichte konnten die Juden von Glück reden, wenn die Christen sie in Frieden ließen, als Untertanen zweiter Klasse, in separate Wohnviertel eingesperrt, mit besonderen Steuern belegt und von den Gewerben ehrlicher Leute ausgeschlossen. Was Christen lasen, lehrten und tradierten, beruhte auf dem Gedanken, dass die christliche Botschaft an die Stelle des jüdischen Gesetzes getreten sei und die Juden verstockt seien, weil sie das nicht akzeptieren wollten. Die Emanzipation der Juden wurde von den Liberalen in der Erwartung betrieben, die Juden würden ihre Überzeugungen und Bräuche aufgeben und in der christlichen Gesellschaft verschwinden. In dieser Assimilation wollten dann aber die Antisemiten die Tarnung von Verschwörern sehen, die es auf die Machtübernahme abgesehen hätten. Dass die Hetzreden von der verjudeten Kultur auch bei Gebildeten Resonanz fanden, ist eine der Ursachen dafür, dass schließlich die Vernichtung der Juden Staatszweck Deutschlands werden konnte und beinahe zum Abschluss gebracht worden wäre. Den paar überlebenden Juden nachträglich eine Garantenstellung für den Gang der deutschen Kulturgeschichte zuzuweisen ist eine monströse Geschmacklosigkeit.

Die Retortenzüchtung der Schimäre dient einem Ad-hoc-Zweck,

den jedermann durchschaut. Christlich-jüdisch, lies: nicht islamisch. So ausdrücklich der CDU-Innenpolitiker Wolfgang Bosbach in der «Bild»-Zeitung: «Zwar ist der Islam inzwischen Teil der Lebenswirklichkeit in Deutschland, aber zu uns gehört die christlich-jüdische Tradition.» Dass Christdemokraten, wie der evangelische Theologe Friedrich Wilhelm Graf spottet, das Grundgesetz taufen (und zur Sicherheit auch beschneiden) wollen, mag nicht verwundern. Aber warum spielt der FDP-Vorsitzende dabei den Messdiener? Ein Liberaler könnte doch daran erinnern, dass der säkulare Staat einerseits für Fromme jeglicher Obödienz eine Zumutung ist und dass das Recht andererseits nur die äußeren Handlungen koordiniert und den inneren Menschen unbehelligt lässt. Wo die Furcht umgeht, die Republik werde absterben, weil die rechte Gesinnung nicht mehr nachwachse, vermag die Auskunft des liberalen Kirchenvaters Kant zu beruhigen, dass selbst ein Volk von Teufeln nicht ohne Staat auskäme. Einem lebenslangen Berufspolitiker wie Westerwelle fehlt wahrscheinlich die innere Freiheit gegenüber dem Staat, um ihn als sinnreiche Einrichtung und nützliches Ding zu beschreiben, als Mittel und nicht als Inhalt des guten Lebens. Westerwelle ist Mitglied der Evangelischen Kirche im Rheinland und sagt, was er sagt, gerne «auch als Christ». Als solcher und als Außenminister behandelte er im Dezember 2009 in einem Interview mit der «Frankfurter Allgemeinen Zeitung» das Schweizer Minarettverbot ebenso diplomatisch wie zehn Monate später an gleicher Stelle Thilo Sarrazin. Er teilte mit, dass er das Ergebnis der Volksabstimmung bedauere, und trug dennoch dafür Sorge, dass die anderen Zeitungen und die Internetmedien die Nachricht «Westerwelle nimmt Schweiz in Schutz» verbreiten konnten.

Westerwelle würde sich nicht wie Thomas Dehler, sein Vorgänger im Parteivorsitz, dazu hinreißen lassen, in öffentlicher Rede zu sagen: «Wenn ich mir ein Deutschland vorstelle, das von Prälaten und Oberkirchenräten regiert wird, dann wird mir bange.» Im Minarett-Interview wie später in einer Bundestagsrede zur Religionsfreiheit stellte Westerwelle im Gegenteil eine Art ökumenisches Liebesgebot auf: Er propagierte eine Politik, die «unterschiedliche Religionen nicht nur respektiert, sondern auch schätzt». Respekt würde durchaus genügen. Dann müsste er von seiner Gewohnheit ablassen, jedesmal, wenn die

Rede auf den Islam kommt, die im aufgeklärten Milieu zirkulierenden Vorurteile abzuspulen. Wie im Schweiz-Interview: «Wir brauchen eine Politik, die Integration durch Bildung möglich macht. Aber eine Multikulti-Politik nach der Art, dass es nicht so wichtig sei, ob jemand bei der Einschulung Deutsch kann oder nicht, bis hin zu intellektuellen Verirrungen, Angriffe gegen die Gleichberechtigung von Mann und Frau mit der kulturellen Herkunft zu erklären oder gar zu entschuldigen, habe ich mein Leben lang abgelehnt.» Sein Leben lang! Also auch schon im Kindergarten in Königswinter, wahrscheinlich im Umgang mit arabischen Diplomatensöhnen. Westerwelles Biograph Majid Sattar schreibt über die religiöse Erziehung im Elternhaus: «Guido, bis heute Mitglied der Kirche, saugt sich die Werte aus dem Kanon, die er mit seinem Leben vereinbaren kann.» Christlich-jüdisch sieht die Wurzel unseres Rechtsstaats von dem Ast aus, auf dem er sitzt.

Gespensterdebatte um die Leitkultur

Teil der Wirklichkeit: Die von Bosbach und Westerwelle verwendete Variante beraubt Schäubles Formel vom Islam als Teil Deutschlands des Hintersinns. Das unübersichtliche und vitale Ganze namens Deutschland wird auseinandergerissen in die niedere Sphäre der wertlosen Wirklichkeit und die höhere Sphäre der überwirklichen Werte. Der Islam ist Teil der gesellschaftlichen Realität Deutschlands wie Casting-Shows, Steuersparmodelle und Suchtkrankheiten in Führungsetagen. Aber mit unserer Tradition hat er nichts gemein. Schäuble hatte in weiser Zurückhaltung Überschneidungen nicht ausgeschlossen. Er weiß, dass die Religionsgeschichte ein Teppich der Parallelentwicklungen, Verschlungenheiten und Anverwandlungen ist. Und es ist nicht seine Art, aus vergangenen Leistungen Ansprüche auf einen Ehrenvorrang abzuleiten, der von der Bewährung in der täglichen Arbeit entlastet. Nur von der lebendigen Tradition geht der Anreiz zur Mimikry aus, nicht vom Schaubild auf der Wertetafel. Schäubles gelassener Optimismus wich bei seinen Politikerkollegen im Sturm der Sarrazin-Debatte einem dogmatischen Kleinmut. Die Muslime wurden wieder zu Fremden gestempelt, die wirklich hier sind, aber nur zufällig und deshalb in einen Nachhilfekurs in christlicher Staatsbürgerkunde geschickt werden müssen. Auch Bildungsministerin Annette Schavan bekräftigte Schäubles Devise nur zum Schein, als sie die ihr vom «Tagesspiegel» vorgelegte Frage verneinte, ob etwas falsch sei an der Aussage, der Islam sei ein Teil Deutschlands. In ihren eigenen Worten brachte sie nur die positivistisch trivialisierte Version über die Lippen: «Der Islam ist Teil der gesellschaftlichen Wirklichkeit in Deutschland.» Und sie setzte hinzu: «Gesellschaftliche Wirklichkeit ist etwas anderes als die Frage nach den Kultur prägenden Kräften.» Die kulturprägenden Kräfte erreichen den muslimischen Teil der deutschen Gesellschaft wie das Raumschiff den Mond und die Missionare die Indianer, von oben und von außen.

Seit einem Jahrzehnt wird die deutsche Öffentlichkeit regelmäßig von Reprisen der Leitkultur-Debatte heimgesucht. Dass auch beim letzten Mal nichts herausgekommen ist, wirkt immer noch nicht ernüchternd, sondern muss im Gegenteil dazu herhalten, die Dringlichkeit des Projekts zu beweisen. Das Vulgäre des Begriffs hätte abschrecken müssen, die Verdopplung des Vorbildlichen, das zur Definition der Kultur schon gehört, durch die auftrumpfende Vorsilbe. Einstweilen ist die Prägekraft der christlichen Tugend der Dezenz noch so stark, dass noch kein Leitkultur-Kongress zu Papier gebracht hat, worum die Debatte insgeheim kreist: eine Theorie der inneren Barbaren. Auch der Parteivorstand der CDU brachte mit seinem Leitantrag über die Leitkultur für den Karlsruher Parteitag im November 2010 kein echtes leitwölfisches Zähnefletschen zustande: «Unsere kulturellen Werte, geprägt durch die Philosophie der Antike, die christlich-jüdische Tradition, die Aufklärung und historischen Erfahrungen sind die Grundlage für den gesellschaftlichen Zusammenhalt und bilden die Leitkultur in Deutschland, der sich die CDU besonders verpflichtet weiß.» Der Nachsatz klingt erst recht nach einer Kreidemahlzeit: «Wir erwarten von denjenigen, die zu uns kommen, dass sie diese respektieren und unter Wahrung ihrer persönlichen Identität auch anerkennen.» Wenn's weiter nichts ist! Das Verdruckste der Leitkulturpolitik aus dem Phrasenkatalog hat etwas Komisches, das beim ersten Lesen beruhigen mag. Diese Besinnungsaufsatzprosa ohne Satzmelodie ist für agitatorische Zwecke ungeeignet. Aber lässt man den unfreien Duktus auf sich wirken, muss er trübsinnig stimmen. Wir haben ein Bekenntnis vor uns, mit dem die CDU aufschließen möchte zur republikanischen Tradition Frankreichs und Amerikas. Doch jedes einzelne Wort dient einzig und allein der Beschwichtigung. Der Muslim muss sich unterordnen, raschelt es beim Schnelldurchgang durch die Philosophiegeschichte im Antragspapier. Warum sagt man's ihm dann nicht direkt?

Die Ängste der Menschen ernst nehmen: Das ist seit dem Schweizer Minarettvotum die Losung einer Integrationspolitik, die Desintegrationserscheinungen an der Basis des politischen Systems verhindern will, ausgegeben etwa von Wolfgang Bosbach, aber auch von Alois Glück, dem liberalen bayerischen Katholiken. Aus den Augen hat man mit der Zeit verloren, dass man den Menschen die Ängste nehmen sollte, wo sie unbegründet oder maßlos sind. Im Streit um die dänischen Mohammed-Karikaturen hat man den Muslimen verdeutlicht, die republikanische Weltöffentlichkeit könne auf ihre Empfindlichkeiten keine Rücksicht nehmen, wenn sie den Zusammenhang von Religion und Terror verhandele und sich dabei den Einsatz der ehrwürdigen Mittel der Blasphemie zum Zweck der Geistesschärfung und Geisterscheidung vorbehalten müsse. Des Weiteren hat man ihnen zu verstehen gegeben, sie redeten sich ihre Verletzungen doch nur ein, um sich beschweren zu können. Mittlerweile gilt in den Islamdebatten das Prinzip der Rücksichtnahme auf die Nichtmuslime, deren Sorgen zu beachtlichen Anteilen eingebildet sind. Nach pragmatischen Maßregeln eines schier endlosen Anhörungsprozesses, die sich in der Lokalpolitik bei der Moderation von Moscheebauverfahren schlecht und recht bewährt haben, wird inzwischen die nationale Öffentlichkeit behandelt, die in einen dauerhaften psychischen Ausnahmezustand abzurutschen droht. Wenn eine Moschee in einem Wohnviertel gebaut werden soll, ist es vernünftig, dass die örtlichen Politiker allen Besorgnissen der Anwohner Gehör schenken, selbst wenn diese sich von Eiferern haben munitionieren lassen und der in Rede stehende Moscheebauverein nach Kenntnis der Behörden keinerlei Verbindungen zu Extremisten unterhält. Nachbarn müssen es miteinander aushalten und sollten nicht das Gefühl haben, enteignet zu werden, ob der mit Argwohn beäugte Inhaber der Baugenehmigung nun eine Moscheegemeinde, ein Tanzlokalbetreiber oder eine Privathochschule für Anlageberater ist. Aber heute beklagen Bürger, die sich als Kommunionhelfer, Elternsprecher und Amazon-Rezensenten engagieren, in Eingaben an ihre Bundestagsabgeordneten, dass Muslime ihnen zu nahe kommen, wenn sie irgendwo in Deutschland nach den Regeln ihres Glaubens leben.

Wie sollen Christdemokraten, die sich vom Wortlaut des Leitantrags des Karlsruher Parteitags leiten lassen, die 58,4 Prozent der Deutschen ernst nehmen, die nach einer Studie der Friedrich-Ebert-Stiftung der Aussage zustimmen, dass für Muslime die Religionsausübung erheblich eingeschränkt werden sollte? Indem sie ihnen sagen: «Schlagen Sie sich das aus dem Kopf. Lesen Sie noch einmal im Grundgesetz nach, studieren Sie die Klassiker der Aufklärung und bedenken Sie unsere historischen Erfahrungen, insbesondere was die Behandlung der Juden durch die Christen betrifft. Und wenn Sie einen Philosophen der Antike zitieren wollen, dann erinnern Sie sich daran, dass die Stadtstaaten des Altertums Staatsreligionen hatten und der eigentliche Gegenstand der Verehrung der Staat selbst war. Das wollen wir in Deutschland nicht.» Wenn die Politiker meinen, die Wunschbilder eines Deutschland ohne Muslime würden schon wieder verfliegen, wenn nur weiterhin hierzulande kein großer Terroranschlag geschehe und irgendwann die Imamausbildung an hiesigen Universitäten beginne, dann nehmen sie die Bürger nicht ernst. Wo Ernstnehmen bedeutet, Vorurteile stehenzulassen, schwelen zu lassen, wuchern zu lassen, da schließt sich ein rhetorischer Teufelskreis: Die Politiker beteiligen sich am Aufwiegeln, um abzuwiegeln, aus Angst vor der Angst.

KAPITEL 2

Notizen aus der Provinz.
Die Globalisierung des Hasses

Ernst. *Die Zeitung hat es ausposaunet.*

Gespräche für Freimaurer, Erstes Gespräch

Die Islamkritik ist global und provinziell zugleich. Ihre Sätze bilden einen Code, der universell verwendbar und benutzerfreundlich ist. Amerikanische Staatsmänner bestreiten mit den Elementarsätzen welthistorische Vorlesungen, französische Starphilosophen bebildern mit ihnen eine sophistische Ethik. Dem Islamkritiker macht es nichts aus, wenn er zeitweise allein auf weiter Flur zu stehen scheint und man ihn vielleicht sogar belächelt, weil er auf den Islam in gleicher Weise fixiert ist wie dieser angeblich auf die Welteroberung. Er hat nur ein Thema, aber das Thema ist groß genug. Die Gleichgültigkeit weiter Teile der Gesellschaft bestätigt das islamkritische Weltbild: Es macht den Islam so gefährlich, dass seine Gefährlichkeit verkannt wird. Gleichzeitig darf sich der Islamkritiker als Aktivist einer weltumspannenden Bewegung fühlen. Der Antidschihadismus hat seine Helden und vor allem Heldinnen wie Ayaan Hirsi Ali, deren Verehrer überall vermutet werden, wo es Internetanschlüsse gibt. Islamkritiker bleiben gerne unter sich. Aber sie kommen herum. Wer eine Geschichte der islamkritischen Agitation schreiben wollte, ihrer Hauptgedanken und Hauptfiguren, könnte sich auf Quellen aus der Stadt Wetzlar im mittelhessischen Lahn-Dill-Kreis beschränken.

Im November 2010 gab der hessische Ministerpräsident Volker Bouffier der «Frankfurter Rundschau» ein Interview. Auf die Standardfrage, wie er zu Wulffs Satz über den Islam stehe, gab Bouffier die Standardantwort: Er wiederholte die Schäuble-Formel in der entkernten Bosbach-Westerwelle-Variante. «Der Islam ist Teil unserer Realität, ganz sicherlich. Er ist nicht die Grundlage unseres Landes.» Der aus Gießen (Ausländeranteil 12,7 Prozent) gebürtige Ministerpräsident setzte die Andeutung hinzu, dass soziale Tatsachen, die vor Augen liegen, Wünschbarkeiten eine Grenze ziehen. «Es gibt Gebiete, da ist er wenig spürbar und augenfällig. Und es gibt Gebiete, da ist er deutlich auch im Stadtbild erkennbar.» Vernünftigerweise verweigerte Bouffier eine direkte Antwort auf die Frage, ob er diese Präsenz des Islam – wie irgendeine bei Facebook bekanntgemachte Lappalie – gut finde. «Es ist eine Realität und eine Herausforderung. Man muss das nicht bejubeln.» Wenn der realpolitische Ansatz mit einer solchen robusten Nüchternheit vertreten wird, schafft er keine bedrängende Stimmung. Die Landesregierung muss das Vordringen des Islam in den Großstädten wirklich nicht bejubeln – wie es auch nicht angezeigt wäre, einen vom Bischöflichen Ordinariat in Limburg bekanntgegebenen Rückgang der Kirchenaustrittszahlen mit einer Pressemitteilung der Staatskanzlei zu feiern. Und wenn eine Gemeinde erweckter Christen ein Anwesen in einer hessischen Kleinstadt erwerben sollte und die Gemeinde dann über die Jahre wachsen würde, durch Zuzug, die eine oder andere Konversion und den typischen Kinderreichtum frommer Familien, dann hätte das von einer gewissen Größe der Gemeinde an Auswirkungen auf das Erscheinungsbild der Stadt, dann würde die Stadt vielleicht weniger attraktiv als Standort für Trinkhallen und Discotheken, dann könnte sich die Schulbehörde veranlasst sehen, auf die Einhaltung der Schulpflicht achtzugeben und andererseits an hohen Festtagen Befreiungen vom Unterricht auszusprechen – und dann wäre das eine Herausforderung für den Bürgermeister.

Bouffier wurde dann noch nach seinem Fraktionskollegen Hans-Jürgen Irmer gefragt. Teile er dessen Auffassung, dass der Islam die Weltherrschaft anstrebe? Da der Hessische Landtag diese Aussage Irmers im Zusammenhang anderer islamfeindlicher Äußerungen des Abgeordneten am 28. April 2010 einmütig missbilligt hatte, musste der Regierungschef die Frage nicht ausdrücklich verneinen. Stattdessen sagte er: «Man muss verstehen: Wenn von Islam die Rede ist, erfahren unsere Bürger aus den Medien das in den letzten Jahren in der Regel mit Blut, mit Terror und Tod. Die friedliche Religion des Islam ist nicht das, was unsere Bürger wahrnehmen. Wenn Menschen ständig Angst davor haben, dass sie irgendwo hochgebombt werden im Namen Allahs, dass sie dann eine kritische Haltung zu diesem Thema einnehmen, ich glaube, das kann jeder verstehen.» Bouffier war elf

Jahre lang Polizeiminister. Er weiß, dass es sehr unvernünftig ist, wenn Pendler in der S-Bahn nach Frankfurt ständig Angst vor Bombenanschlägen haben – obwohl das Frankfurter Bankenviertel zweifellos seinen festen Platz in den Szenarien islamischer Terroristen hat. Diese Angst ist schon dann unvernünftig, wenn man sich nicht von jeder islamfeindlichen Schlagzeile der «Bild»-Zeitung zusätzlich in Unruhe versetzen lässt. Ständige Angst erhöht die Sicherheit nicht. Sie begünstigt die Kurzschlussreaktionen und den Fehlalarm, sie zerstört das Alltagsvertrauen und das Selbstbewusstsein. Dass die Bürger aber den Kreis der Angstobjekte auch noch ausdehnen auf die Moschee, den türkischen Kulturverein und den arabischen Gebrauchtwagenhandel, dazu sagt Bouffier nur, dass man es verstehen müsse.

Die Terrorfurcht, die seit dem 11. September 2001 zum Alltag gehört, ist nicht schwer zu verstehen. Jeder hat sie schon am eigenen Leib erlebt. Der Islamwissenschaftler Stefan Weidner, ein Virtuose der Vermittlung, beschreibt in seinem «Manual für den Kampf der Kulturen» über viele Seiten, wie ihn in der Londoner U-Bahn der Anblick eines Manns in Schrecken versetzte, der in aller Seelenruhe den Koran las. Dass sich seit dem Sturz der Twin Towers auch der friedlichste Muslim kritische Fragen gefallen lassen muss nach den Spielräumen der Koranauslegung und nach der Bedeutung der antiwestlichen Kulturkritik für die intellektuelle Selbstvergewisserung der modernen islamischen Welt, das ist ebenfalls nicht nur verständlich, sondern unvermeidlich. Muslime empfinden diese Fragen manchmal als Zumutung. Aber es sind zunächst einfach Bitten um Auskunft. Nichtmuslime wissen, dass es im Islam kein höchstes Lehramt gibt, und halten sich an die Muslime, die sie kennen oder treffen.

Man stolpert darüber, dass Bouffier die instinktive Abwehr und das überschießende Misstrauen der verängstigten Bürger zur kritischen Haltung nobilitiert. Haltung setzt doch ein gewisses Maß an Ruhe voraus, ein Minimum an Selbstdistanz. Bouffier nimmt die Panik der deutschen Zeitungsleser und Fernsehkonsumenten als gegeben hin, als die Grundtatsache der Islamdiskussion, der Politiker ihre Beiträge anpassen müssen. Muslimischen Repräsentanten würde ein solcher Defätismus gegenüber den Befindlichkeiten der eigenen Klientel nicht nachgesehen. Wir verstehen zwar, dass ägyptische Zeitungsleser, die in breitester Ausführlichkeit über die Kämpfe in Afghanistan und die

Lage in den Palästinensergebieten unterrichtet werden, einen Groll auf den Westen kultivieren, den sie in der Regel mit Blut, Krieg und Tod zusammenbringen. Aber wir erwarten von den Muslimen wenigstens im Westen, wo die Presse frei ist, dass sie Anstrengungen unternehmen, die Indoktrinierung zu überwinden. Und wenn muslimische Leser deutscher Zeitungen sich darüber beschweren, dass über den Islam fast nur im Zusammenhang mit Terrorismus, Ehrenmorden und Zwangsehen berichtet werde, dann erinnern wir daran, dass Medien immer schlechte Nachrichten in den Vordergrund stellen, und weisen die Beschwerde zurück. Mit wie gutem Gewissen eigentlich?

Wenn Bouffier recht hat, dann ist beim Thema Islam die Alltagserfahrung vollständig vom Medienkonsum verdrängt worden. Ja, die vorderen Seiten der Zeitungen und die Fernsehnachrichten haben sogar verdrängt, was im Lokalteil und im Pfarrbrief steht. Auch wer persönlich keine Muslime kennt (von 8000 Lesern, die sich an einer Umfrage von «Welt online» beteiligten, hatten 54 Prozent gar keine Kontakte zu Muslimen), hätte Gelegenheiten genug, die Alltäglichkeit des friedlichen muslimischen Lebens in Deutschland wahrzunehmen. Auf die Frage nach seiner Meinung zu den Thesen seines stellvertretenden Fraktionsvorsitzenden Irmer antwortete Bouffier mit der Bitte um Verständnis für die von den Medien heraufgerufenen Angstzustände der Bürger. Wie soll man das denn verstehen?

Gegenöffentlichkeit in Mittelhessen

Der in Wetzlar direkt gewählte Abgeordnete Hans-Jürgen Irmer ist Verleger, Herausgeber, Anzeigenleiter und Hauptautor des monatlich erscheinenden Gratisblatts «Wetzlar Kurier», das an alle Haushalte im Lahn-Dill-Kreis verteilt wird. Das Blatt wurde 1982 als CDU-Zeitung gegründet, um das lokale Monopol der «Wetzlarer Neuen Zeitung» (WNZ) zu brechen, und ging 1990 in Irmers Eigentum über. Der «Kurier» verfolgt das publizistische Ziel, «Menschen über das hinaus zu informieren, was üblicherweise in den Tageszeitungen geschrieben steht». Die Konkurrenz von der «Wetzlarer Neuen Zeitung», die ihre Geschichte ins Jahr 1872 zurückverfolgen kann und bis heute in Familienbesitz ist, ist in der Weltsicht des «Kuriers» nur der mittelhessische Ausläufer eines journalistischen Systems, in dem über «Themen, die die Menschen berühren», gerade nicht geschrieben wird. Der «Kurier» kümmert sich daher nicht nur um lokale Skandale, sondern «auch um die sogenannten großen Themen wie Innere Sicherheit, Asylmissbrauch, Ausländerkriminalität, Probleme rund um den Islam». So gibt es die Rubrik «Neues aus der islamischen Welt» mit Schauernachrichten aus Weltregionen weit, weit weg von den beschaulichen Ufern von Lahn und Dill. Die Irmersche Zeitung, bieder aufgemacht und konservativ bebildert, will Organ einer Gegenöffentlichkeit im umfassenden Sinne sein: «Wir verstehen uns als Sprachrohr derjenigen, die in der aktuellen Berichterstattung politisch zu kurz kommen, denn die sogenannte Political correctness ‹verbietet› es den Gutmenschen, die Probleme aufzuarbeiten und aufzugreifen, die viele Menschen Tag für Tag beschäftigen.»

Die Kommentare des «Kuriers» waren über Jahre hinweg immer wieder Gegenstand von Landtagsdebatten. Als Irmer sich 2005 wegen des Vortrags vor einer Burschenschaft rechtfertigen musste, aus der Führungskader der NPD hervorgegangen waren, charakterisierte ihn die «Frankfurter Allgemeine Zeitung» als Erzkonservativen, der «eine ausgeprägte Neigung zu Grenzgängen und Grenzüberschreitungen nach rechts» pflege. Mit Verwunderung vermerkte die der Kollaboration mit den Mächten der politischen Korrektheit einigermaßen unverdächtige Tageszeitung, dass die CDU glaube, «sich einen wie Irmer, der in seinem ‹Wetzlar Kurier› gern gegen politisch Andersdenkende, Homosexuelle, Ausländer und andere Minderheiten hetzt, an prominenter Stelle leisten zu können». An Irmer, der 2003 zum stellvertretenden Fraktionsvorsitzenden gewählt worden war, hing die Einstimmenmehrheit der damaligen Regierung Koch. Als Entschuldigung für die Duldung der Ausfälle Irmers durch seine Parteifreunde wollte die F.A.Z. diese Rechnung nicht gelten lassen: «Da Irmer nicht erst seit kurzem und immer ungenierter seine rechten Wege geht, stellt sich allmählich doch die Frage, ob die CDU vielleicht gegen Irmer und sein Tun gar nichts unternehmen will.»

Erst fünf Jahre später fand sich die mittlerweile wieder mit der FDP regierende hessische CDU zum ersten Mal dazu bereit, im Landtag einer Missbilligung von Äußerungen Irmers zuzustimmen. Nachdem Christian Wulff als erster Ministerpräsident in der Geschichte der Bundesrepublik ein muslimisches Kabinettsmitglied ernannt hatte, erteilte ihm Irmer in der «Wetzlarer Neuen Zeitung» den Rat, sich künftig «Gedanken zu machen, wen man beruft». Als «Fehlentscheidung» bewertete Irmer die Ernennung der Hamburger Juristin Aygül Özkan zur Sozialministerin Niedersachsens nicht nur wegen ihrer Ablehnung von Kruzifixen in der Schule, sondern auch wegen ihrer Abweichung von der Parteilinie in der Frage des Beitritts der Türkei zur Europäischen Union. «So eine Denke bedeutet für mich, dass sie nicht in der Lage ist, deutsche Interessen wahrzunehmen.» Wegen der Aussicht auf eine Masseneinwanderung von Türken nannte Irmer Beitrittsverhandlungen, in denen tatsächlich über einen Beitritt verhandelt würde, «völlig unvorstellbar». Dass nach der EU-Osterweiterung die damals schon einmal prophezeite demographische Überflutung ausgeblieben sei, war für Irmer kein triftiger Einwand. Menschen aus Polen oder anderen christlich geprägten Ländern seien in ihrer Heimat verwurzelt, kämen nur vorübergehend in andere EU-Länder. Bei Muslimen sei das anders. Kämen sie nach Deutschland, sei das «eine gefühlte Landnahme». Die Richtigkeit dieses Gefühls begründete Irmer mit der islamischen Theologie: «Der Islam ist auf die Eroberung der Weltherrschaft fixiert.» Wer wie Frau Özkan der EU-Mitgliedschaft der Türkei das Wort rede, leiste einen Beitrag zur Islamisierung Deutschlands. Umgekehrt ergab sich aus dem Kampf gegen die Islamisierung ein Maßstab für die deutsche Bevölkerungspolitik: «Wir brauchen nicht mehr Muslime, sondern weniger.»

Diese publizistische Intervention Irmers fand gar im Jahresbericht des Außenministeriums der Vereinigten Staaten zur Lage der Religionsfreiheit in der Welt Erwähnung. Als Indizien für die gesellschaftliche Diskriminierung von Muslimen werden im Deutschland-Kapitel außerdem Kampagnen gegen Moscheebauvorhaben und Schikanen gegen eine kopftuchtragende Lehrerin in Rheinland-Pfalz aufgeführt. Es fällt allerdings nicht ins Auge, was die vom Hessischen Landtag auf Antrag der Regierungsfraktionen CDU und FDP einstimmig verurteilten Aussagen Irmers in der «Wetzlarer Neuen Zeitung» von früheren Sprüchen des Alternativpressezars von Wetzlar unterscheidet, die Jahr um Jahr unbeanstandet geblieben waren. Irmers These vom Muslim-Überschuss war die Quintessenz der sozialmathematischen Nachtgedankenspiele Thilo Sarrazins. Die Behauptung, die demographische Entwicklung gefährde die Souveränität Deutschlands, hatte Sarrazin im «Lettre»-Interview in einen Merksatz gefasst: «Die Türken erobern Deutschland genauso, wie die Kosovaren das Kosovo erobert haben: durch eine höhere Geburtenrate.» Um die Vorabdruckrechte von «Deutschland schafft sich ab» konnte der «Wetzlar Kurier» nicht mitbieten, aber mit einem ausführlichen, Stelle für Stelle kommentierenden Artikel unter der Überschrift «...und Sarrazin hat doch recht!» hatte Irmer das «Lettre»-Interview zur Bibel der Gesellschaftspolitik erklärt. Sarrazins Jünger unter den Anhängern der hessischen Regierungsparteien durften fragen: Wenn es erlaubt, ja geboten war, die Wirkungen der Religion auf das Sozialverhalten zu untersuchen, und wenn es erlaubt, ja geboten war, den ökonomischen Nutzen von Bevölkerungsgruppen zu überschlagen, wie konnte man dann Irmers Schlussrechnung verbieten wollen?

Hochverratsanklage gegen Günter Verheugen

Jörg-Uwe Hahn, der von der FDP gestellte Minister für Justiz und Integration, hatte Sarrazin im Februar 2010 nach Wiesbaden zu einer Veranstaltung unter dem Motto «Freiheit, die ich meine» gebeten. Als Moderator des Abends lobte Hahn seine Einladung an den beinahe entlassenen Bundesbank-Vorstand als «klug». Es sei richtig, «kantigere Personen» zu Wort kommen zu lassen und nicht nur solche, «bei denen nach zehn Minuten alle einer Meinung sind». Es gebe eine «latente Angst» in der Bevölkerung, über die man sprechen müsse, statt ein «Schweigegebot oder Denkverbot» zu verhängen. Die Gesellschaft müsse aufpassen, «dass wir nicht glauben, wenn wir nur über Tatsachen reden, sei das schon eine Diskriminierung». So machte sich Hahn, der als Integrationsminister durchaus um den Beweis bemüht war, dass die Rückkehr der FDP in die Regierung Folgen hatte, im Namen des liberalen Prinzips der offenen Diskussion die Kritik der öffentlichen Meinung zu Eigen, wie sie der «Wetzlar Kurier» von rechtsaußen seit achtundzwanzig Jahren propagierte. Keine Denkverbote! Gemeint ist mit diesem Befehl das laute Denken. Der Effekt einer kommunikativen Ethik des Freimuts um jeden Preis ist die Senkung von Hemmschwellen im Raum der öffentlichen Rede. Nimmt man den Imperativ kategorisch, verhängt er selbst ein Denkverbot. Die meisten Diskutanten in der zweiteiligen Sarrazin-Debatte übernahmen die Sprachregelung, dass an den von Sarrazin ins Feld geführten Tatsachen nicht gezweifelt werden konnte. Hahn wollte in Wiesbaden nur an der Wortwahl des «Lettre»-Interviews Anstoß nehmen, an «verletzenden Überspitzungen».

Den Ausschlag dafür, dass Irmer in der CDU-Landtagsfraktion nach seiner Attacke auf Aygün Özkan Empörung entgegenschlug und Ministerpräsident Koch ihn zu einer öffentlichen Entschuldigung aufforderte, gab zweifellos, dass er die staatsbürgerliche Loyalität der aus türkischer Familie stammenden Befürworterin des türkischen EU-Beitritts in Zweifel gezogen hatte. Eine in der Form noch schärfere Beleidigung des sozialdemokratischen EU-Kommissars Günter Verheugen im selben Kontext hatten Irmers Parteifreunde sechs Jahre vorher nicht rügen wollen. In einem ungezeichneten Artikel im «Wetzlar Kurier» hatte gestanden, dass Verheugen als Befürworter der türkischen Mitgliedschaft «im Grunde wegen Hochverrat an Deutschland angeklagt» werden müsste. Vergeblich erinnerte ein SPD-Redner die Landesregierung in der Landtagssitzung vom 25. November 2004 daran, dass der Hochverrat im Strafgesetzbuch wie der Mord mit lebenslanger Freiheitsstrafe bedroht ist. Vergeblich führte die FDP-Vorsitzende Ruth Wagner der CDU die Verrohung der politischen Sitten vor Augen, die ein solcher Gebrauch der Terminologie der Staatsschutzdelikte heraufführte.

Eine weitere in derselben Sitzung erörterte Entgleisung war ein Appell, den Irmer im «Wetzlar Kurier» an Tarek Al-Wazir, den Vorsitzenden der Landtagsfraktion der Grünen, gerichtet hatte. «Er fordert eine Gleichbehandlung der Religionen. Herr Tarek Mohammed Al-Wazir wäre gut beraten, sich einmal im Jemen zu erkundigen, wie es dort mit der Glaubensfreiheit aussieht.» Tarek Al-Wazir wurde 1971 in Offenbach als Sohn einer deutschen Mutter und eines jemenitischen Vaters geboren. Er wuchs in Offenbach auf, verbrachte aber als Jugendlicher zwei Jahre bei seinem Vater in Sanaa, der Hauptstadt des Jemen. Gemäß dem alten deutschen Staatsangehörigkeitsgesetz war er durch Geburt jemenitischer Staatsbürger. Nachdem das Bundesverfassungsgericht 1974 entschieden hatte, dass die Anknüpfung an die Nationalität des Vaters gegen das Gleichheitsgebot des Grundgesetzes verstieß, erhielt er auch die deutsche Staatsbürgerschaft. Im Landtag kam es im August 2000 zu einem Eklat, als Clemens Reif, CDU-Abgeordneter für den Wahlkreis Lahn-Dill I und engster Verbündeter Irmers, während einer Rede Al-Wazirs zur CDU-Spendenaffäre einen Zwischenruf machte, der von vielen Abgeordneten als «Geh zurück nach Sanaa» verstanden wurde. Reif sagte, er habe «Ein Student aus Sanaa» gerufen, in Anspielung auf den Schlager «Ein Student aus Uppsala» aus der Hitparade des Jahres 1969. In der Irmer-Debatte von 2004 erklärte Al-Wazir, dass sein Zweitname weder in seinem Pass stehe noch im Handbuch des Landtags. Er benutze ihn nicht. «Der Einzige, der ihn benutzt, ist Herr Irmer.» Al-Wazir erinnerte an das nationalsozialistische Namenrecht, das Juden die Zweitnamen «Israel» und «Sara» vorschrieb. Reif rief während der Sitzung mehrfach: «Heißt er nun Mohammed oder nicht?»

Der «Wetzlar Kurier» nahm die Übung amerikanischer Obama-Hasser vorweg, den Namen des Präsidenten stets als Barack Hussein Obama anzugeben, um der Verleumdung den Boden zu bereiten, er sei ein geheimer Muslim. Ironischerweise verdankt Al-Wazir den Prophetennamen in der Geburtsurkunde dem Pflichteifer des Offenbacher Standesbeamten, der einen Zweitnamen verlangte, da sich aus «Tarek» nicht das Geschlecht des Trägers erschließen lasse. In der Landtagswahl 1999 errang Al-Wazir sein Mandat als lebendes Beispiel für jene Spezies, gegen die Roland Koch in Übereinstimmung mit den Prinzipien des «Wetzlar Kuriers» («Kein Mensch kann dauerhaft in zwei Welten leben: Entweder man ist Deutscher oder Türke.») seinen Wahlkampf geführt hatte: als Doppelstaatler. Ignatz Bubis, den Vorsitzenden des Zentralrats der Juden in Deutschland, der die Unterschriftenaktion kritisierte, hatte der «Wetzlar-Kurier» aufgefordert, er solle sich «einmal sachkundig machen, wie in Israel! die Frage der Staatsbürgerschaft gelöst wird». In der Schlussphase des Wahlkampfs 2008 ließ Koch Plakate kleben mit der Parole: «Ypsilanti, Al-Wazir und die Kommunisten stoppen!» Während diese primitive Methode der Verwandlung von Gegnern in Fremde nicht mehr verfing (unüberhörbar stammt die von einem Griechen geschiedene Andrea Ypsilanti aus Rüsselsheim), liefert das Sachmoment in Irmers Anwurf gegen Al-Wazir, die Suggestion, die Religionsfreiheit für Muslime in Deutschland habe sich an der Religionsfreiheit in muslimischen Ländern zu orientieren, bis heute eines der beliebtesten islamkritischen Argumente. Noch weiter verbreitet ist der dem Anwurf vorausliegende Irrtum, die Gleichbehandlung der Religionen müsse noch gefordert werden und sei nicht schon durch das Grundgesetz geboten.

Das erfundene Zweiklassenrecht

Man trifft diesen Irrtum sogar dort an, wo die Kenntnis des Staatskirchenrechts zu den Berufsvoraussetzungen gehört. Der Bischof von Limburg, Franz-Peter Tebartz-van Elst, veröffentlichte im «Focus» vom 11. Oktober 2010 eine Replik auf Wulffs Rede zum 3. Oktober, der die Redaktion des Magazins den Titel gab: «Es gibt eine christliche Leitkultur, Herr Bundespräsident». Einer der vielen erstaunlichen Sätze des kurzen Textes ist die Aussage, ohne eine «Klärung» der Fragen nach dem Verhältnis zu den Menschenrechten und zum Rechtsstaat, nach der Zwangsehe, nach der kritischen Interpretation des Korans und nach der Gewalt gegen Ungläubige könne «eine Gleichstellung des Islam derzeit schon gar nicht in Betracht gezogen werden». Wahrscheinlich bezog sich der Bischof darauf, dass in Deutschland (im Unterschied zu Österreich) keine muslimische Gemeinschaft als Körperschaft des öffentlichen Rechts anerkannt ist. Obwohl aus diesem Status vielfältige Rechte fließen, von der Erhebung von Kirchensteuern bis zur Mitsprache in Rundfunkräten, sind Glaubensgemeinschaften ohne öffentlich-rechtlichen Körperschaftsstatus aber keine Religionen minderen Rangs. Einige Religionen streben den Status gar nicht an, was nicht heißt, dass sie sich mit einer schlechteren Rechtsstellung abfinden.

Außerdem geht der vom Bischof angemeldete Klärungsbedarf weit über die Fragen hinaus, die gemäß dem Urteil des Bundesverfassungsgerichts zu den Zeugen Jehovas aus dem Jahr 2000 vor der Verleihung des Status zu beantworten sind. So verpflichtet der Staat die Zeugen nicht zur kritischen Interpretation der Bibel. Ein solches Ansinnen wäre ein Anschlag auf die Existenz dieser Religionsgemeinschaft, deren eschatologische Verkündigung auf einer wörtlichen Auslegung der Bibel beruht. Auch das katholische Lehramt brauchte Zeit, um sich zur historisch-kritischen Methode in ein Verhältnis zu setzen, das bis heute nicht unkritisch ist. Als Thomas de Maizière, Wolfgang Schäubles Nachfolger als Bundesinnenminister, nach der Wulff-Rede verlauten ließ, er sehe «auf absehbare Zeit» keine Gleichstellung von Christentum und Islam in Deutschland, konnte sich das nicht auf Rechtsverhältnisse beziehen, denen doch das spezielle Augenmerk des Verfassungsministers gelten sollte. Vielmehr sprach er dem «christlich-jüdischen Religionsverständnis» eine Art kultureller Hegemonie bis auf weiteres zu. Doch gerade weil die Christen selbst sich der Ausstrahlungswirkung ihres Glaubens auf die allgemeine Kultur keineswegs mehr sicher sind, weckt die Vorstellung Unbehagen, Muslimverbände könnten demnächst kraft des Körperschaftsstatus ihre Belange bei Bauleitplanung und Denkmalschutz zur Geltung bringen oder öffentlich-rechtliche Dienstverhältnisse für Imame begründen.

Eindeutig von rechtlichen Schranken sprach CSU-Generalsekretär Alexander Dobrindt, als er SPD und Grünen attestierte, mit der Forderung nach konsequenter Gleichbehandlung der Muslime einen «fundamentalen Irrweg» zu beschreiten. «Der Islam ist mit gutem Grund keine den christlichen Kirchen gleichgestellte Religionsgemeinschaft, und es wäre ein fataler Kurzschluss, damit die christlich-jüdische Prägung unserer Leitkultur in Frage zu stellen. Eine Gleichstellung des Islam mit den christlichen Kirchen kann nur fordern, wer vom geltenden Verfassungsrecht keine Ahnung hat und wer sowieso die Kreuze aus den Klassenzimmern entfernen und muslimische Feiertage einführen will.» Dobrindt erfand ein Zweiklassenrecht, um religiöse Diskriminierung ausdrücklich zum Programm zu erheben. Wenn Verfassungsschützer nach dem geflügelten Wort des CSU-Innenministers Hermann Höcherl nicht den ganzen Tag mit dem Grundgesetz unter dem Arm herumlaufen können, gilt für CSU-Generalsekretäre offenbar, dass sie den ganzen Tag das Grundgesetz vor sich her tragen müssen und daher nicht darin lesen dürfen. Es gibt den Analphabetismus aus Bigotterie: Der Diplom-Soziologe Dobrindt ist auf dem Niveau des Muslims, der bei der Ehre seiner Schwester schwört, dass die Kopftuchpflicht im Koran steht. Ein Politiker bekommt den Beifall, den er verdient: Aus dem Parteivolk wurde Dobrindt zugerufen, es gebe ja auch in keinem islamischen Land eine Gleichstellung der Kirchen. Geschweige denn christliche Feiertage!

Die religiöse Fragmentierung der Gesellschaft macht es unwahrscheinlich, dass je noch einmal ein arbeitsfreier Tag mit Rücksicht auf den liturgischen Kalender einer bestimmten Konfession eingeführt werden könnte. Der Hass, den Christian Ströbele gleichwohl auf sich zog, als er 2004 die Idee einer multikulturellen Öffnung des republikanischen Festkalenders in den Raum stellte, war eines der übelsten Vorzeichen für den weiteren Verlauf der Islamdiskussion. Volkswirtschaftliche Gründe hätten leidenschaftslos vorgebracht werden können. Nein, man sträubte sich gegen das Bild, gegen die humane Utopie der heiteren Festgemeinde, die unbehelligt ihren Gottesdienst verrichtet, in zivilem Einklang mit den Nichtfeiernden, die die Gelegenheit zur seelischen Erhebung anderweitig nutzen. Als solche ganz normalen Mitbürger will man sich die Muslime nicht vorstellen. Vielleicht läuft ja im Gehirn von Alexander Dobrindt beim Stichwort Islam wirklich die Dia-Show vom Untergang des Abendlands ab: Kruzifixe futsch! Opferfest im Kalender! Dem Sog der Bilder lieferte er sich jedenfalls aus, als er auf dem CSU-Parteitag 2010 fragte, wohin die Grünen der neue Aufschwung der Protestkultur denn noch führen werde: «Diejenigen, die gestern gegen Kernenergie und heute gegen Stuttgart 21 demonstrieren, die müssen sich dann auch nicht wundern, wenn sie übermorgen irgendwann ein Minarett im Garten stehen haben, meine Damen und Herren!» Das unsichtbare Verbindungsglied ist hier wohl ein Mittelalter, aus dem der Stuttgarter Kopfbahnhof ebenso stammt wie der Koran und die von den Arabern nach Spanien gebrachte Windmühlentechnik.

Gelegentlich wird angenommen, Karlsruhe werde es hinnehmen, sollte die Exekutive im Verfahren der öffentlich-rechtlichen Inkorporierung vom Islam als Volksreligion eine innigere Loyalität fordern als von einer Sekte. Wenn man nach der Einschätzung des Verfassungsrichters Udo Di Fabio geht, ist diese Erwartung illusorisch. Durch das Zeugen-Jehovas-Urteil, so Di Fabio gegenüber einer evangelischen Nachrichtenagentur, sei die Verfassungslage geklärt. Erstens «muss ein entsprechender organisationsrechtlicher Zusammenhang bestehen, beispielsweise mit einer Mitgliederliste und einem gewährleisteten Austrittsrecht», und zweitens muss «Rechtstreue vorliegen, also die grundsätzliche Anerkennung der staatlichen Ordnung», aber «keine besondere Loyalität gegenüber dem säkularen Staat». Nach Di Fabio dürfte der Staat also nicht, wie der Limburger Bischof ihm nahelegt, ein islamisches Konzil über die Frauenfrage abwarten. «Wenn islamische Gemeinschaften diese Voraussetzungen erfüllen und die Anerkennung wollen, wird unsere Rechtsordnung nicht ‹Nein› sagen.»

Poetischer Sarrazinismus

Mit der Behauptung, der Islam sei auf ein Programm der Welteroberung festgelegt, brachte Hans-Jürgen Irmer die Überzeugung zum Ausdruck, dass Muslimen die Anerkennung einer säkularen staatlichen Ordnung grundsätzlich unmöglich sei. Hier traf die Rüge des Landtags einen Hauptsatz der Islamkritik, für den sich auch gelehrte Autoritäten anführen lassen. So erschien am 16. September 2006 im Feuilleton der «Frankfurter Allgemeinen Zeitung» ein Aufsatz des Althistorikers Egon Flaig, den ich als betreuender Redakteur mit der Überschrift «Der Islam will die Welteroberung» versah. Der Essay provozierte heftigen Widerspruch von Islamwissenschaftlern. Einige Kritiker nahmen schon am bestimmten Artikel Anstoß. Den Islam im Singular gebe es nicht, nur eine Vielzahl von Erscheinungen unter diesem Namen, in permanentem Wandel begriffen gemäß den Einflüssen von Ort und Zeit. Dieser nominalistische Einwand, sehr beliebt in der akademischen Kritik der Islamkritik, ist eine stumpfe Waffe. Der Versuch, ein welthistorisches Phänomen wie Rom, den Islam oder den Kapitalismus auf einen welthistorischen Begriff zu bringen, ist nicht von vornherein unwissenschaftlich. Eine Offenbarungsreligion unterscheidet sich von anderen historischen Mächten dadurch, dass sie ihrem Ursprung ausdrücklich verpflichtet ist. So ergibt sich wie von selbst die Frage, ob in den Umständen der Stiftung eine Art Bewegungsgesetz angelegt ist. Je allgemeiner allerdings eine geschichtswissenschaftliche These, desto strenger wird die Kritik nach der empirischen Triftigkeit fragen. Wäre Egon Flaig ebenfalls vom Hessischen Landtag gerügt worden, wenn er dessen Abgeordneter gewesen wäre?

In einer persönlichen Erklärung vor dem Landtag trug Irmer die Entschuldigung vor, die der Ministerpräsident von ihm gefordert hatte. «Ich muss einräumen, dass ich hier einen großen Fehler gemacht habe. Die Formulierungen sind über das Ziel hinausgegangen. Ich nehme sie deshalb mit dem Ausdruck größten Bedauerns zurück. Es war nicht mein Anliegen, in irgendeiner Form pauschal irgendeine Weltreligion zu diskreditieren. Ich bedauere sehr, dass dieser Eindruck durch diese Formulierungen, die falsch waren, entstanden ist, und ich entschuldige mich dafür.» Die Regierungsfraktionen rügten es als Verstoß gegen die parlamentarischen Sitten, dass die Oppositionsredner die Entschuldigung unglaubwürdig nannten. Janine Wissler, die Fraktionsvorsitzende der Linkspartei, hielt Irmer entgegen: «Es war keine Entgleisung, sondern das ist genau das Gleis, die Schiene, auf der Sie schon die ganze Zeit fahren.» Diese Einschätzung bewahrheitete sich, als Irmer zwei Monate später im «Wetzlar Kurier» einen Artikel «In eigener Sache» publizierte. Er beklagte «klischeehafte Urteile über mich» und stellte fest: «Wir haben ein Problem mit dem Islamismus, man darf es nur nicht laut sagen, sonst wird man sofort in die rechtsradikale Ecke gestellt.»

Am 28. Januar 2010 hatte der Landtag über Irmers Artikel «Danke, Schweiz» aus der Januarausgabe des «Kuriers» debattiert. Die Opposition führte als weiteres Beweismittel ein Gedicht aus der Dezembernummer ein, in dem der Hausdichter des Blattes seinen Herausgeber wegen dessen Sarrazin-Kommentierung gerühmt hatte. Es ist in vierhebigen Jamben verfasst und hat folgenden Wortlaut:

Ein Mann, der vieles klar erkennt,
und sich Hans-Jürgen Irmer nennt,
erklärt gekonnt den tief'ren Sinn
der Worte des Herrn Sarrazin
der nichts and'res ausgeführt
wie man bei uns sich integriert
mit deutschem Kultus, deutscher Sprache
und das nicht nur als Nebensache.
Integration hat sich expandert,
wir sind in Deutschland unterwandert.
Das sag' ich ohne Unterlass
Und ist weiß Gott kein Fremdenhass.
Doch soll man wie in and'ren Ländern
Den Zuzug in der Anzahl bändern
Und man sollt beim Integrieren
regelmäßig auch filtrieren.
Denn Menschen, die ganz anders denken,
und die meisten Kinder schenken,
leben, teilweise bequem,
von unserem Sozialsystem.
Moscheen gleichen Epigonen

Garantie für Fremd-Religionen,
die an deutscher Städte Achsen,
inzwischen aus dem Boden wachsen.
In Zukunft ist's dann viel zu spät,
wenn auf dem Dom der Halbmond weht.

Im Volkston, leider unter Inkaufnahme einiger Freiheiten mit dem deutschen Wortschatz, singt der Poet das Lob eines unbeirrbaren Streiters und Erklärers. Eingängig bringt das Lied zum Vortrag, was in diesem Buch unter Islamkritik verstanden wird. Es geht nicht um die Kritik an den Offenbarungen und Lehren des Propheten Mohammed, die die Geschichte des Islam von Anfang an begleitet, um die Anklage kriegerischer Methoden der Verbreitung des Glaubens, den Zweifel an der Neuartigkeit und dem theologischen Reichtum der koranischen Botschaft und die Frage nach der Anthropologie hinter dem Gottesbild. Es geht auch nicht um die reichhaltige Literatur, die den Zustand der muslimischen Länder in der Neuzeit pathologisch beschreibt und als Ursachen der Entwicklungsrückstände Grundphänomene der islamischen Kultur namhaft macht, von der Abwesenheit einer verfassten Kirche über die Autorität der Rechtsgelehrten bis zur Verehrung des Korans. Auf Motive dieser kritischen Traditionen greift die Islamkritik zurück, die sich in neuester Zeit in den Ländern des Westens als politische Bewegung formiert hat. Sie ist eine Reaktion auf die massenhafte Einwanderung von Muslimen nach Europa und versteht sich auch so. Diese Islamkritik deutet die sozialen Probleme der Eingliederung der Einwanderer als Indizien einer politischen Gefahr. Die Souveränität der demokratischen Staaten werde untergraben, ihre Rechtsordnungen würden unterwandert. Dem Islam wird eine unbezähmbare kriegerische Natur zugeschrieben, die ein friedliches Zusammenleben mit Muslimen unmöglich mache. Sie werden, prophezeit die Islamkritik, sich eben nicht damit begnügen, ihre Moschee neben dem Dom zu errichten, da sie von ihrem Propheten den Auftrag empfangen haben, die Fahne mit dem Halbmond an der Stelle des Kreuzes zu pflanzen.

Die Radikalität dieses Konzepts sticht ins Auge. Alle Irritationen und Friktionen, die entstehen, wenn sich in großer Zahl Menschen hier ansiedeln, die unsere Sprache mühsam lernen müssen, oft nur eine rudimentäre Schulbildung genossen haben und keine Formen für die Befriedigung ihrer religiösen Alltagsbedürfnisse vorfinden, werden auf eine Wurzel zurückgeführt, den Machtanspruch des Islam. Die Dynamik des Prozesses, den die Islamkritik an die Wand malt, ergibt sich aus der Annahme der Korrelation von religiöser Bindung und sozialer Entfremdung. Frömmigkeit ist Index der Desintegration. Die Menschen, die «die meisten Kinder schenken», also den demographischen Druck erzeugen, sind zugleich diejenigen, die «ganz anders denken», also wegen ihrer Mentalität nicht integrierbar sind. Je mehr Muslime es hier gibt, folgt dann mathematisch, desto weniger passt der einzelne hierher. Diese Hochrechnung gibt dem Vorbringen der Islamkritik die Dringlichkeit, ihrer Predigt den apokalyptischen Ton: In der Zukunft ist es, natürlich, zu spät. Auch die politischen Konsequenzen aus dem Konzept wird man radikal nennen. Zuzugsbeschränkungen, auch regelmäßige Ausweisungen, für die der Wetzlarer Dichter das ökologisch korrekte Bild des Filtrierens findet. Vor allem und zuerst ist aber eine geistige Revolution nötig, ein Umdenken. Denn im Westen geben wir uns der Illusion hin, irgendwann würden die Einwanderer oder jedenfalls ihre Kinder schon denken wie wir. Gerade die Einrichtungen, mit denen wir die Eingliederung erleichtern wollen, dienen in der Sicht der Islamkritik dem Feind als Brückenköpfe. Der Verteidigung unserer Lebensform steht unsere Liberalität im Weg. Die Religionsfreiheit, auf den Islam angewandt, wird zur Garantie für eine Fremd-Religion, einen Gottesstaat im Staate. So muss die Islamkritik gegen unsere Intuitionen, unseren Stolz, unsere besseren Geister argumentieren. Sie verlangt beharrlichen, trotzigen Einsatz; Irmer mit seiner kostenlosen Zeitung verbreitet seine Botschaft «ohn' Unterlass».

Psychologische Kriegsführung nach Udo Ulfkotte

Der Vortrag vor einer ins Angebräunte hinüberspielenden Studentenverbindung, der Irmer 2005 vorgeworfen wurde, hatte schon 1996 stattgefunden. Thema: «Der Islam als Gefahr für Deutschland». Damals kämpfte Irmer gegen den Bau einer Moschee in Wetzlar, zu dem es dann tatsächlich nicht gekommen ist. Lange vor dem 11. September hatte Irmer also seinen islamkritischen Wachposten bezogen. Aus unterschiedlichen Geistesrichtungen führen biographische Wege zur Islamkritik. Es gibt Christen, aber auch eine Schule von Marxisten, die den Islam für einen zivilisatorischen Rückschritt halten und daher in der muslimischen Einwanderung ein Menetekel sehen. Umgekehrt hat wohl Thilo Sarrazin so lange über den Statistiken des Sozialstaats gebrütet, bis er die Erklärung für den von ihm wahrgenommenen Stillstand in der Tiefe natürlicher oder quasi natürlicher Kausalitäten suchen musste. Seiner Belesenheit zum Trotz ist der Sozialdemokrat sozusagen auf dem zweiten Bildungsweg zum Abendländer geworden. So findet man in einer Fußnote seines Buchs auf einer Liste der «berühmten ‹goldenen Zeitalter›» zwischen Pax Romana und dem Jahrhundert Ludwigs XIV. «das deutsche Hochmittelalter unter den Saliern und Staufen von 1000 bis 1250», aber natürlich nicht das Bagdader Kalifat der Abbasiden von 750 bis 945. Das ist das Geschichtsbild des deutschen Kaiserreichs, das laut derselben Liste in der Zeit von 1871 bis 1914 ebenfalls ein goldenes Zeitalter durchlebte – definiert dadurch, dass das «Fundament» der Epoche «die jeweils richtige Mischung aus Stabilität und Elastizität aufwies». Der Islam weist nach der Erkenntnis der Islamkritik immer die falsche Mischung aus Stabilität und Elastizität auf: unwandelbar tyrannisch nach innen, dynamisch nur im erobernden Ausgriff. Die Aprilausgabe 2004 des «Wetzlar Kuriers» berichtete über einen Vortrag, den Udo Ulfkotte, ehemaliger Redakteur der «Frankfurter Allgemeinen Zeitung» und Autor des Buchs «Der Krieg in unseren Städten», auf Einladung des Islam-Arbeitskreises der CDU Lahn-Dill vor zweihundert Zuhörern gehalten hatte. Der Artikel trug die Überschrift: «Siegeszug des Islam geht über die Kreissäle». Gemeint waren die Kreißsäle. Über die Kreissäle, die Vortragssäle der Stadthallen, geht der Siegeszug der Islamkritik.

Ulfkotte präsentierte Prognosen zur Bevölkerungsentwicklung, deren eigentliche Brisanz sich aus den historischen Hintergrundinformationen des Referenten ergab. In seiner Freiburger Doktorarbeit hatte Ulfkotte noch die klassische politikgeschichtliche Methode verwendet: «Interessenspezifische Nahostpolitik der Großmächte im Nahen Osten 1948 - 1979». Inzwischen suchte der Geheimdienstexperte den Schlüssel zu den Geheimnissen der Weltgeschichte im Reich des Geistes. Man müsse wissen, «dass sich der Denkansatz der Moslems grundsätzlich von dem der Christen unterscheide». Und zwar nicht nur, was die Einheit von Staat und Religion und die Herrschaft des Glaubens über das Leben betreffe. Sondern auch im Verhältnis zur Zeit: «Während man im Abendland vergleichsweise kurzfristig denke, gebe es im islamischen Glauben immer eine langfristige Planung.» Und da hatte man im Abendland den Orientalen jahrhundertelang als trägen Gesellen gesehen, der planlos in den Tag hineinlebe. Das war wahrscheinlich auch eine langfristig eingefädelte Täuschung.

Drei Jahre später lud die CDU Lahn-Dill Ulfkotte, der inzwischen den Verein Pax Europa e. V. gegründet hatte, noch einmal ein. Mit zahlreichen Beispielen aus dem Alltag illustrierte Ulfkotte seinen Befund, dass Europa einen «Tsunami der Islamisierung» erlebe. Nicht irgendwann in der Zukunft werde Europa zum Schlachtfeld der Kulturen werden, «wir befinden uns längst auf diesem». Die eingewanderten Muslime praktizierten die «psychologische Kriegsführung». Was die Islamkritik ausmacht, ist die Überzeugung von der Einheit der Bedrohung, der Identität von demographischer, politischer und religiöser Gefahr. Dass Versäumnisse der Integration das Zielpublikum islamistischer Prediger wachsen lassen, ist eine Betrachtung, die das Wesen der Gefahr verkennt. Erfolge der Integration verbessern schließlich erst recht die Aussichten der muslimischen Mission. Der Westen hat keine Probleme, sondern einen Feind.

Alle Sätze Irmers, die der Landtag im April 2010 verurteilte, mit Ausnahme der auf die Person von Aygün Özkan zielenden Invektiven, ergeben sich aus seinen Grundauffassungen, wie sie sein Weggefährte in Reime gebracht hatte. In seiner Entschuldigungsrede erläuterte Irmer nicht, in welchem Sinne seine «Formulierungen» denn «falsch» gewesen waren. Dass sie «über das Ziel hinausgegangen» seien, beschrieb sie nur als unklug und unvorsichtig. Solch eine Entschuldigung mit Rücksicht auf die Empfindlichkeiten von Teilen des Publikums hatte auch Sarrazin nach dem «Lettre»-Interview abgegeben. Natürlich war es nicht Irmers Anliegen, pauschal irgendeine Weltreligion zu diskreditieren. Seine Mission ist es seit Jahrzehnten, die Gefährlichkeit einer bestimmten Weltreligion genau zu dokumentieren. Muslimen die Endabsicht zuzuschreiben, die ihr Glaube ihnen vorschreibt, konnte nach Irmers Begriffen nicht diskreditierend sein. Denn, so auch die Devise der Sarrazin-Apologeten, die Feststellung von Tatsachen über fremde Religionen, fremde Sitten und fremdes Denken ist als Tatsachenfeststellung per definitionem, um noch einmal den Wetzlarer Dichter zu zitieren, «weiß Gott kein Fremdenhass». Schon am 11. Mai 2010, zwei Wochen nach seiner Entschuldigung für den «großen Fehler», ließ Irmer sich in der «Wetzlarer Neuen Zeitung» mit dem Satz zitieren: «Dass der Islam die Weltherrschaft anstrebt, ist überall nachzulesen.»

Die Mehrzahl der Leser, die sich in Zuschriften an die Rhein-Main-Ausgabe der «Frankfurter Allgemeinen Zeitung» zum Fall Irmer äußerten, bekundete Unverständnis über das Vorgehen des Landtags. Die inkriminierten Aussagen seien «an Harmlosigkeit nicht zu überbieten», der Satz über die Weltherrschaft «nichts anderes als die sachlogische Schlussfolgerung aus historischen Fakten und gegenwärtigen Zuständen» oder jedenfalls «eine gut vertretbare These, die sehr viele Menschen für richtig halten». Als die CDU sich nach jahrelangem Weghören schließlich dazu bereitfand, Irmer zur Ordnung zu rufen, spiegelten seine islamfeindlichen Auffassungen längst so etwas wie den Common Sense in ihrer Anhänger- und Wählerschaft. Die Maßregelung Irmers fiel in die Zeit zwischen Teil 1 und Teil 2 der Sarrazin-Debatte. Dass ein Parlament sich mit dem Gebrauch beschäftigt, den ein Abgeordneter von seiner Meinungsfreiheit macht, muss die Ausnahme bleiben. Eine Rüge wird sich tunlichst auf die Missbilligung einzelner Aussagen beschränken. Wie eine Partei mit den Tönen umgeht, die einer ihrer Exponenten anzuschlagen liebt, mit den Einstellungen, die er zu erkennen gibt, und den Verbindungen, die er pflegt, das muss sich in der alltäglichen politischen Arbeit zeigen, in Aufträgen, Redezeiten und Listenplätzen. Die Sprache – von Wahlkampfreden und Broschüren, von Interviews für die Zeitung und von Sprüchen fürs Fernsehen – und die Personalauswahl sind die Medien symbolischer Kommunikation in der Demokratie. Die Selbstdarstellung der Parteien in Wort und Kopf ist so oder so wohl die wirksamste Form der politischen Bildung. Hans-Jürgen Irmer, Oberstudienrat a.D., ist nach wie vor schulpolitischer Sprecher seiner Fraktion und setzt in dieser Funktion seinen Kampf gegen die Einführung eines islamischen Religionsunterrichts fort. Im Oktober 2010 wurde er sogar zum Sprecher der schulpolitischen Sprecher aller CDU-Landtagsfraktionen gewählt.

Missionserfolge der Islamkritik

Die Islamkritik ist ein System von Sätzen, aber nicht bloß ein logisches Gebilde, sondern zugleich eine Ballung von Stimmungen, ein Syndrom des Ressentiments. Vielleicht hätten sich die wenigsten Hessen, die in Leserbriefen einen Satz Irmers diskutabel oder sogar evident richtig nannten, von ihm das ganze Paket von Vorurteilen aufschwatzen lassen. Aber die Absatzchancen waren gut. In dem guten Willen, auf Besorgnisse der Bevölkerung einzugehen, haben die Politiker im Lauf der Jahre in einem erschreckenden Ausmaß Kategorien und Problembeschreibungen der Islamkritik übernommen, und zwar auch dort, wo sie Sorgen ausräumen wollen. «Wenn Menschen Angst vor Parallelgesellschaften haben, dann gehen wir gegen diese Ängste nicht vor, indem wir sie tabuisieren und verschweigen.» Mit diesem Argument verteidigte der CDU-Abgeordnete Rolf Müller in der Landtagsdebatte über Irmers Dank an die Schweiz die Sprache des «Wetzlar Kuriers», wobei er für seine Person erklärte, dass die «Zuspitzungen der Formulierungen» des Blattes «nicht immer» seine Sache seien. Den Grünen hielt Müller entgegen, sie wüssten doch am besten, «dass Provokation ein Mittel ist, mit welchem man überhaupt erst einmal Diskussionen anstößt». Damit über Parallelgesellschaften überhaupt geredet werden kann, erzwingt eine provokative Sprache die Gesprächseröffnung. Ein Politiker, der so redet, akzeptiert einen Hauptgedanken der Islamkritik. Dahinter steckt ein fundamentales Misstrauen gegenüber der demokratischen Öffentlichkeit. Mit der fixen Idee einer Verschwörung des Schweigens wird ein radikaler Zweifel an der Legitimität der Politik transportiert, die maßgeblichen Anteil am Aufsetzen der Tagesordnung des öffentlichen Gesprächs hat.

Müller wollte auch die Verse über die Unterwanderung durch Andersdenkende, die es sich in unserem Sozialsystem bequem machen, als Mittel einer publizistischen Strategie verstehen, die Ängste nicht schüre, «sondern auf Ängste eingeht, die doch in dieser Gesellschaft existieren». Zehn Monate später, im November 2010, gab Volker Bouffier, mittlerweile Ministerpräsident, sein Interview in der «Frankfurter Rundschau». Seltsamerweise warb er dort um Verständnis auch für Irmer, indem er den erfahrenen Landespolitiker der verängstigten Bevölkerung zuschlug. Dass Sätze wie «Der Islam ist auf die Eroberung der Weltherrschaft fixiert» plausibel wirken, ist nach Bouffier der Reflex einer Presseberichterstattung, die nur noch blutrote Schlagzeilen kennt. Wenn Politiker wirklich alle Ängste ernst nehmen wollen, die in dieser Gesellschaft existieren, dann ist es nur konsequent, dass sie auch die Angstvorstellungen von Politikerkollegen als eine ernste Angelegenheit ansehen. Aber was ist aus der aufklärenden Wirkung einer durch zuspitzende Formulierungen in Gang gebrachten tabulosen Diskussion geworden? Wie wäre es, wenn ein Regierender das Publikum zur Abwechslung einmal mit dem Hinweis provozierte, dass man sich Angst auch einreden lassen kann? Hans-Jürgen Irmer hat immer wieder Klage darüber geführt, wie ihm von der Presse mitgespielt wird. Aber er hat wohl nicht damit gerechnet, einmal in der «Frankfurter Rundschau» lesen zu müssen, dass sein Ministerpräsident und Landesvorsitzender ihn für ein Opfer seiner Mediennutzung hält. Bouffiers Vorgänger Koch hatte in seinem Glückwunsch zum Jubiläum des «Wetzlar Kuriers» geschrieben, das Blatt habe sich vom Meinungsträger zum Meinungsbildner entwickelt, um dessen Zukunft ihm nicht bange sei. Die Macher der Zeitung könnten mit Recht stolz auf das Erreichte sein: Tatkraft und Engagement Einzelner führten zu ganz neuen Ergebnissen. Irmer hat das Stehvermögen und den Starrsinn des Einzelkämpfers, und gelegentlich entstand der Eindruck, er sei mit seinen islamkritischen Ansichten in der CDU isoliert, werde im Landtag nur pflichtgemäß verteidigt. Aber er konnte auf Zustimmung rechnen in einer ökumenischen Lesergemeinde, die, von der säkularen Presse gewöhnlich nicht beachtet, von Wetzlar aus versorgt wird und Verbindungen in die ganze Welt unterhält.

Der Wahlkreis des Katholiken Irmer ist eines der Zentren der evangelikalen Bewegung in Deutschland, insbesondere der evangelikalen Medien. Die Evangelische Nachrichtenagentur idea (früher Informationsdienst der Evangelischen Allianz), der Christliche Medienverbund KEP (früher Konferenz Evangelikaler Publizisten) und der Evangeliumsrundfunk haben ihren Sitz in Wetzlar. Der Islam als Feind und Konkurrent der christlichen Mission ist ein Dauerthema in der evangelikalen Presse, die auch von Katholiken geschätzt wird, denen das Personal ihrer Kirche in Deutschland zu liberal ist. Für den «Wetzlar Kurier» sind die evangelikalen Medien eine der wichtigsten Quellen. In Wetzlar war vor der Verlegung nach Bonn auch das Institut für Islamfragen der Deutschen Evangelischen Allianz ansässig, früher Institut der Lausanner Bewegung für Islamfragen. Die Lausanner Bewegung geht auf ein Welttreffen von Erweckten zurück, das 1974 mit Billy Graham als prominentestem Prediger in Lausanne stattfand. Im Abschlussdokument gelobten die Teilnehmer, die «unvollendete Aufgabe der Evangelisation» in Angriff zu nehmen. Mehr als 2,7 Milliarden Menschen, zwei Drittel der Menschheit, müssten noch mit dem Evangelium bekannt gemacht werden. Weiter heißt es in dieser sogenannten Lausanner Verpflichtung: «Wir halten fest an der göttlichen Inspiration, der gewissmachenden Wahrheit und Autorität der alt- und neutestamentlichen Schriften in ihrer Gesamtheit als dem einzigen geschriebenen Wort Gottes. Es ist ohne Irrtum in allem, was es bekräftigt und ist der einzige unfehlbare Maßstab des Glaubens und Lebens.»

Bassam Tibi und Hans-Peter Raddatz

Mehr als dreihundert Zuhörer versammelten sich im Mai 2005 im Festsaal der Rehbergpark-Klinik in Herborn, als Bassam Tibi einen Vortrag unter dem Titel «Europa und der Islam: Europäisierung oder Islamisierung?» hielt. Der «weltläufige Professor» beeindruckte den Chronisten des «Wetzlar Kuriers» nicht nur durch seine Herkunft aus der «Damaszener Notablenfamilie der Banu al Tibi», sondern auch durch «Klarheit und Eindeutigkeit in Sprache und Schrift». Tibi warnte vor dem weiteren Erstarken von Parallelgesellschaften, über deren Gefahren in Deutschland auf politischer Ebene zu wenig gesprochen werde. In anderen europäischen Ländern, berichtete der Referent, werde er von den Regierungschefs empfangen. «Kanzler Schröder aber lädt mich nicht ein.» Längst wäre es an der Zeit, «die Dinge beim Namen zu nennen»: Die Islamisierung Europas werde nicht durch Kriege, sondern auf demographischem Weg eintreten. In hundert Jahren könnte Europa ein Teil Nordafrikas geworden sein. Mit dem römisch geprägten europäischen Recht sei das muslimische Recht, die Scharia, nicht vereinbar. Der «moslemische Gast» gelobte: «Ich bin bereit, für Europa und Deutschland zu kämpfen, Opfer zu bringen. Im Namen der Toleranz und der Menschlichkeit will ich kein Scharia-Recht in Europa.» Die Dinge beim Namen zu nennen, das hieß auch, auf Vorgänge die Sprache zu bringen, die im Festsaal der Rehbergpark-Klinik sonst nur in urologischen Fachvorträgen notgedrungen Erwähnung finden. In Deutschland gilt nach Tibi als fortschrittlich, wer die eigene Zivilisation «anpinkelt». An die Anwesenden richtete der Redner im Schlusswort den Appell, durch Stärkung des Zivilisationsbewusstseins ihren Beitrag zur nationalen Hygiene zu leisten: «Sonst gibt es kein Überleben!»

Im Februar 2006 sprach auf Einladung Irmers der Buchautor Hans-Peter Raddatz, im «Wetzlar Kurier» vorgestellt als «der streitbare Islamexperte», in Wetzlar zwei Stunden lang über das Thema «Der Islam – Bewährungsprobe für die Demokratie?» Raddatz, geboren 1941, hat Islamwissenschaft studiert und wurde in Bonn mit einer Arbeit über einen islamischen Rechtsgelehrten der Frühzeit promoviert. In seinem Berufsleben vertrat er laut dem Klappentext eines seiner Bücher «die Nahostinteressen internationaler Banken und Unternehmen». Diese Bücher erscheinen seit 2001 in dichter Folge. Das erste hieß «Von Gott zu Allah?», das zweite «Von Allah zum Terror?», es folgten neben anderen «Allahs Schleier – Die Frau im Kampf der Kulturen» und «Allahs Frauen – Djihad zwischen Scharia und Demokratie». Die von der Raddatz-Gemeinde dringlichst erwartete Synthese «Allahs Djihad – Die verschleierte Scharia» ist im Programm des Herbig-Verlags bislang nicht angekündigt.

In seinem Wetzlarer Vortrag legte Raddatz dar, eine stetig wachsende Zahl der in Deutschland lebenden Muslime werde von Islamisten kontrolliert. Die Muslime, die sich an die deutschen Gesetze halten wollten, hätten der islamistischen Forderung, dass das islamische Recht, die Scharia, an die Stelle der demokratischen Gesetzgebung treten solle, nichts entgegenzusetzen. Tatsächlich erlaube die Scharia dem rechtgläubigen Muslim nicht, das rechtsstaatliche Gewaltmonopol westlicher Ausprägung anzuerkennen. Hinter provokativem und asozialem Alltagsverhalten von Einwanderern stehe dieser nicht zu schlichtende Konflikt zweier Rechtsordnungen. Der «Wetzlar Kurier» referierte: «Wenn beispielsweise, wie geschehen (und leider kein Einzelfall), ein jugendlicher oder fast erwachsener Schüler moslemischen Glaubens eine deutsche Lehrerin in übelster Weise beschimpft und beleidigt, dann ist dies laut Raddatz eine Folge solch religiös begründeter Rechtsauffassung.» Ein Hauptthema des Vortrags war die Kritik an der «Leitkultur des Dialogs». In den von Kirchen, Parteien und Medien einberufenen Dialogrunden werde «stets zugunsten der muslimischen Vorstellungen entschieden». Diesen erschwindelten Konsens erklärte Raddatz nicht mit der professionellen Deformation von Dialogbeauftragten, sondern mit ausdrücklichen Absprachen bis auf die höchste Ebene hinauf. Prominente Islamisten gingen bei Ministern und sogar beim Bundespräsidenten ein und aus. Dank solcher Rückendeckung seien sie so frech, deutschen Orientalisten Geld anzubieten, um sie dazu zu bewegen, im Sinne des Islam zu reden und zu schreiben. Jeder deutsche Vertreter des Fachs könne von solchen Bestechungsversuchen berichten. «Unglaubliche Vorgänge spielen sich mitten in unserem Land ab», enthüllte Raddatz seinen Zuhörern im Stadthaus am Dom.

Der Referent forderte eine Abkehr von der «minderheitenbezogenen Politik» in Deutschland, nannte aber Gründe, die Entwicklung schon für unumkehrbar zu halten: «Es ist heute bereits demographisch zu spät, die eigene biologische Grundlage wieder in eine Wachstumstendenz zu bringen.» Eine «ernüchternde Bilanz» nannte der Berichterstatter den sarkastischen Schlussappell ans Publikum: «Wir müssen uns fragen lassen, ob wir als Deutsche noch alle Tassen im Schrank haben.» Ein Lichtblick: Seinen Gastgeber Irmer konnte Raddatz als einsamen Frühwarner loben. Bis heute sei es aber gefährlich, den Islam öffentlich als Gefahrenpotential darzustellen.

Der Unterschied zwischen Gott und Allah

Im Oktober 2006 resümierte der «Wetzlar Kurier» die Proteste der muslimischen Welt gegen die Rede Papst Benedikts XVI. in der Universität Regensburg. Extremisten hätten den Tod des Papstes gefordert, «moderate Islam-Repräsentanten» seinen Rücktritt. Die politische Lektion der Affäre: Sie verschaffe eine Ahnung davon, was bei einem EU-Beitritt der Türkei «auf Christen zukommen könnte», zumal die Türkei sehr bald das bevölkerungsstärkste Mitgliedsland sein würde. Benedikt XVI. hatte das Schicksal jedes Islamkritikers erleiden müssen: Man spricht das Wahre nicht ungestraft aus. Sogar der Papst erwies sich gegenüber dem globalen Islam als «machtlos». Der «Kurier» äußerte Verständnis dafür, dass Benedikt in dieser Bedrängnis den «Rückzug» angetreten habe und von einem Missverständnis seiner Rede spreche. Trotzdem hatte der Donnerer des Lahn-Dill-Kreises Grund, nun seinerseits förmlich Protest zu erheben: Benedikt habe «eine verhängnisvolle Irrlehre seines Vorgängers» wiederholt. Er hatte nämlich gesagt: «Ich habe tiefen Respekt für die Muslime, mit denen wir einen einzigen Gott anbeten.» Der «Kurier» hielt dem Papst das Wort Jesu aus dem Johannesevangelium entgegen, niemand komme zum Vater außer durch ihn, um rhetorisch zu fragen: «Wie aber können Christen und Moslems an einen Gott glauben, wenn alles, was Christus auszeichnet (Kreuzigung, Auferstehung, Gottessohnschaft), von Moslems geleugnet wird?» Der dogmatische Eifer im Wortsinn beweist, dass für Irmers Blatt wirklich kein Problem zu groß ist. Ein CDU-Kreisvorsitzender als Richter über die Rechtgläubigkeit des Papstes, als neuer Kaiser Heinrich IV. – der Widerstand gegen den Islam stiftet nicht nur merkwürdige Bündnisse, sondern auch kuriose Gegnerschaften.

Aber in der Islamkritik ist die Kuriosität von gestern die diskussionswürdige Wahrheit von heute und die unbequeme Wahrheit von morgen. Als die niedersächsische Sozialministerin Özkan den Amtseid mit religiöser Beteuerung leistete, gaben gleich mehrere Pressesprecher katholischer Bistümer ihre Verwunderung zu Protokoll. Der Sprecher der Hannoverschen Landeskirche sagte gegenüber der «Bild»-Zeitung: «Wir Christen sehen schon einen deutlichen Unterschied zwischen unserem Gott und Allah.» Wir wollen unseren alten Gott Jehova wiederhaben! Die Nutznießer staatskirchenrechtlicher Privilegien neigen dazu, die christliche Prägung der Rechtsbegriffe mit einem christlichen Gehalt der Rechtsordnung zu verwechseln. So kommt das groteske Missverständnis zustande, der Gott des Artikels 56 des Grundgesetzes sei der Christengott und nicht der Gott desjenigen, der den Eid leistet. Frau Özkan konnte nur bei ihrem Gott schwören. Aus Freundlichkeit gegenüber dem christlichen Publikum hatte sie über ihre Pressestelle mitteilen lassen, sie meine den «einen und einzigen Gott, den Gott Abrahams, Isaaks und Jakobs». Sie daraufhin wissen zu lassen, dieser Gottesbegriff begegne kirchlichen Bedenken, war unhöflich; ihr darüber hinaus nahezulegen, sie hätte lieber ohne Anrufung Gottes schwören sollen, also wie eine Atheistin, war eine Unverschämtheit.

Im Dialog der Religionen sind auch die Unterschiede zu markieren: Dass den kirchlichen Kulturdiplomaten diese Weisung neuerdings mit Nachdruck eingeschärft wird, ist schon eine Reaktion auf den Erfolg der Islamkritik im kirchennahen Publikum. Mit besonderer Schärfe tat sich dabei Wolfgang Huber als Ratsvorsitzender der EKD hervor. Unter Hubers Ägide erarbeitete der Rat der EKD 2006 eine «Handreichung» zum Verhältnis von Christen und Muslimen in Deutschland, die schon mit dem Titel «Klarheit und gute Nachbarschaft» die Absicht der Abgrenzung deutlich machte. Mit protestantischer Gründlichkeit arbeiten die Autoren der «Handreichung» die Lieblingsthemen des volkstümlichen Islambildes ab. Im Einleitungskapitel gibt es einen Abschnitt über «Chancen und Grenzen des Glaubens an den ‹*einen* Gott›». Die Grenzen des Gemeinsamen werden von vornherein so eng wie möglich gezogen, in der sprachlichen Form des hypothetischen Zugeständnisses: Demnach «können Christen einräumen, dass der Islam auf die Verehrung des transzendenten Gottes zielt, der zum christlichen Glauben gehört». Luthers Urwort evangelischer Innerlichkeit, woran der Mensch sein Herz hänge, das sei sein Gott, muss für eine Absage herhalten, die mit dem Glauben die ganze Gefühlswelt der Muslime verwirft. «Ihr Herz werden Christen jedoch schwerlich an einen Gott hängen können, wie ihn der Koran beschreibt und wie ihn Muslime verehren.» Erläuterungen unterbleiben. Stattdessen folgt ein Unvereinbarkeitsbeschluss in jener Kirchenbürokratensprache, die EKD-Mitglieder so tief verletzt, wenn römische Verlautbarungen in ihr abgefasst sind. «Dieses Ergebnis ist zugleich richtungsweisend für die Frage der gemeinsamen Gottesverehrung.» Als aber der Schriftsteller Navid Kermani drei Jahre später in einer Meditation über ein Kreuzigungsbild Guido Renis eingehend darlegte, warum er die islamischen (und jüdischen) Gründe der Ablehnung der Kreuzestheologie «im Herzen verstehen» könne, da unterrichtete Peter Steinacker, der frühere Kirchenpräsident der Evangelischen Kirche in Hessen und Nassau, den hessischen Ministerpräsidenten darüber, dass er nicht gemeinsam mit diesem Zuspitzer des Korans einen Preis für Toleranz und Verständigung annehmen könne. Kermani hatte übrigens ganz im Stil Bischof Hubers in seinem Artikel in der «Neuen Zürcher Zeitung» angemerkt, der interreligiöse Disput über die Kernwahrheiten werde für seinen Geschmack «viel zu höflich» geführt. Das war zu viel Klarheit für gute Nachbarschaft.

In Blasphemiegefahr begeben sich die Verfasser der «Handreichung», indem sie postulieren: «Eine konfliktfreie Zone der Gottesverehrung kann es nicht geben, wenn der Anspruch beider Religionen, Gottes Offenbarung zu bezeugen, ernst genommen wird.» Jeder Gottesdienst dieses Neokonfessionalismus ist also eine Kampfhandlung, im Gebet sammelt sich die militante Kirche. An das Gefühl der Gottesliebe knüpfte die idealistische Religionsphilosophie die Vorstellung der Einheit der Menschheit. Für den modernen Hass der Theologen ist das ein unheimlicher Gedanke. «Denn eine Religion ist in geschichtlicher Konkretion lebendig, nicht in religionstheologischen Konstruktionen.» Das ist ein protestantischer Schmittianismus: Der Krieg ist das Konkrete, der Frieden ein Konstrukt. Auch in der Auseinandersetzung mit der katholischen Kirche kompensiert Hubers Ökumene der Profilierung einen gewissen Abfall der geistigen Binnenspannung des Protestantismus durch aggressive Außendarstellung. Auf ein Gegenbild stößt man bei Klaus Berger. Der katholische Neutestamentler, früher Kollege Hubers an der Evangelisch-Theologischen Fakultät der Universität Heidelberg, veröffentlichte im «Focus» eine Antwort auf die Kritik des Bischofs von Limburg am Bundespräsidenten. Berger erzählt von dem 1996 ermordeten Trappistenprior von Tibhirine in Algerien, der in einer Nacht des Jahres 1994 stundenlang mit einem Muslim auf dem Boden liegend gemeinsam betete. «Diese eindrückliche Szene ist ein wahrhaftiges Lehrstück nicht nur über Toleranz, sondern über wirkliche Annäherung getrennter Religionen vor dem Angesicht Gottes.» Haben die beiden Beter den Anspruch beider Religionen, Gottes Offenbarung zu bezeugen, nicht ernst genommen? Nach Berger ist das Gegenteil richtig: «Der Streit ist jeweils genauso hart wie der Fußboden, auf dem man gemeinsam betet.» Das gemeinsame Bekenntnis der Monotheisten «lässt allen Dissens um so schärfer hervortreten und provoziert» in Bergers kühner Vision «förmlich zum Friedenmachen».

Wie das Ressentiment respektabel wird

Die Behauptungen der Islamkritik haben den Weg in die gute Gesellschaft und in die republikanische Öffentlichkeit gefunden, sind salonfähig geworden, agorafähig und fernsehtauglich. Wie ist der Widerstand überwunden worden, den der Alltagsverstand, die instinktive Liberalität des mitbürgerlichen Daseins, den schrecklichen Vereinfachungen entgegensetzen müsste? Eine wichtige Rolle spielen Vermittlerfiguren, die zwischen den kleinen Zirkeln der Entschiedenen und den diffusen Sphären der sporadisch Interessierten und punktuell Mobilisierbaren hin und her wechseln. Nicht zu unterschätzen in ihrem Beitrag zur öffentlichen Kategorienbildung sind die Einrichtungen der politischen Bildung mit ihrer Nähe zu den Großinstitutionen der Parteien, Kirchen und Verbände. Wer in dieser halböffentlichen Welt hauptberuflich Tagungen organisiert und Sammelbände komponiert, hat zumal bei Themen, für die es wenige Experten gibt, erhebliche Spielräume. Ein Gatekeeper, der islamkritische Perspektiven in die politische und mediale Kommunikation einspeist, ist der bei der Friedrich-Ebert-Stiftung angestellte Historiker Johannes Kandel, einer der Autoren von Hubers «Handreichung». Kandel leitet bei der Ebert-Stiftung die Organisationseinheit «Interkultureller Dialog», profiliert sich publizistisch aber mit Warnungen vor den Selbsttäuschungen des quasi professionell betriebenen Dialogs. Die Übergänge zur Dauerpolemik eines Hans-Peter Raddatz gegen die angeblichen Illusionen der sogenannten Gutmenschen sind fließend.

In einem Essay in der «Zeit» hat die Reporterin Carolin Emcke im Februar 2010 die Dynamik der öffentlichen Auseinandersetzung mit dem Islam analysiert: Das «Misstrauen gegen muslimische Europäer wird nicht mehr nur von den schrillen Vertretern rechts-nationalistischer Parteien geschürt», sondern hat «das bürgerliche Zentrum erreicht». Kandel nahm in einer Replik im gleichen Blatt den Standpunkt ein, diese Entwicklung sei «uneingeschränkt zu begrüßen», da die Diskussion über den Islam «von entscheidender Bedeutung für die Zukunft Europas» sei. Emcke hatte die Islamkritik der Gebildeten, die jeden einzelnen Muslim in Haftung nimmt für Zwangsehen, Hasspredigten und sonstige Modernisierungsrückstände, als liberalen Rassismus charakterisiert. Kandel dekretierte im ersten Satz seiner

Antwort: «Rassismus und politischer Liberalismus schließen sich grundsätzlich aus.» Das ist die Logik Palmströms und der Abteilung Agitation und Propaganda beim Zentralkomitee der SED. Einen Selbstwiderspruch der wehrhaften Aufklärung hatte Emcke diagnostiziert: «Eine Glaubensfreiheit, die eigentlich Zwangsatheismus als einzige Form der Modernisierung akzeptiert, ist keine. Eine Glaubensfreiheit, die nur den christlichen Glauben meint, ist auch keine. Toleranz ist in Wahrheit immer Toleranz von etwas, das einen anwidert oder irritiert.» Für Kandel, den evangelischen Sozialdemokraten, wird dagegen die Grenze der Religionsfreiheit vom Empfinden der Volksmehrheit gezogen: «Religionsgemeinschaften sollten ihre je eigenen religiösen und kulturellen Praktiken kritisch prüfen, die bei weiten Teilen der Mehrheitsgesellschaft auf Befremden und Abwehr stoßen.» Soweit Kandels Botschaft an die Muslime. Die Mehrheitsgesellschaft erfährt aus dem Mund des vielgefragten Islamexperten, dass es sie schon befremden muss, wenn es in Moscheevereinen Interna gibt – wie in jedem Verein. «Weil wir nicht erfahren, was hinter verschlossenen Türen tatsächlich gesprochen wird, wächst natürlich auch das Misstrauen gegen Muslime.»

Die Repräsentanten der muslimischen Verbände «nutzen» laut Kandel «öffentliche Auftritte zur Selbstinszenierung und Verharmlosung des Islam». Bischöfe und Politiker sind dagegen in der Öffentlichkeit die Demut selbst – und die Broschüre «Klarheit und gute Nachbarschaft» war wohl der erste Zug einer geheim gehaltenen Selbstkritikoffensive der EKD! Mit seiner pauschalen Funktionärsschelte gibt Kandel dem von Autoren wie Raddatz in die Welt gesetzten Verdacht Nahrung, die Verbände seien islamistische Tarnorganisationen. Islamistische Gruppen «instrumentalisieren den Dialog nur für ihre Zwecke, um sich selbst positiv darzustellen, wollen aber insgeheim die Islamisierung Europas» – so Kandel in einem Interview, das man in einem 2009 in zweiter Auflage erschienenen Taschenbuch in der «WerteBibliothek» des Christlichen Medienverbundes KEP findet. Titel: «Die schleichende Islamisierung? Beiträge, Fakten und Hintergründe», Titelbild: die aufgehende Sonne hinter zwei Moscheekuppeln. Im gleichen Band geißelt Udo Ulfkotte selbstvergessene Repräsentanten des Okzidents, die nicht erkennen wollten, dass in der Geschichte der Beziehungen von Christenheit und Islam die Bereitschaft zum Dialog nur auf christlicher Seite vorhanden gewesen sei.

«Islamisten haben deshalb leichtes Spiel in Europa, können in einer ihre Täuschungstaktiken nicht durchschauenden Masse unerkannt mitschwimmen.» Massenverhaftungen wären laut Ulfkotte nötig und auch möglich, gibt es doch nach den Erkenntnissen dieses Intimus der Schlapphüte nicht nur im Bundeskriminalamt «ganze Schrankwände voller Berichte über Islamisten in Deutschland». Der Zugriff unterbleibe, weil in der Zeit der Sozialreformen niemand «neue Baustellen aufmachen» wolle.

Andere Beiträger des Bandes rügen das «Einknicken aus Respekt vor Minderheiten», die «falsche Zurückhaltung gegenüber den Bestrebungen radikaler Muslime» und das «mittägliche Aufsagen progressiver Klischees in den Kantinen deutscher Verlags- oder Funkhäuser». In dieser Gesellschaft nimmt sich CDU-Generalsekretär Hermann Gröhe, früheres Mitglied des Rates der EKD, merkwürdig aus. Oder doch nicht? Gröhe verteidigt die «Handreichung» als «Klartext» und berichtet, dass Bischof Huber auf dem Kölner Kirchentag 2007 für seine an der «Handreichung» orientierten Ausführungen «immer wieder großen Applaus erhielt – gerade, wenn er Klartext sprach». Dem Berufspolitiker mag nicht bewusst sein, dass die Vokabel «Klartext» im Zusammenhang der Islamkritik eine Chiffre ist. Wer von Raddatz und Ulfkotte Klartext zu reden lernt, gewöhnt sich den «Respekt vor anderen Auffassungen» ab, den Gröhe pflichtgemäß bekräftigt. Im Literaturverzeichnis von «Die schleichende Islamisierung?» stehen drei Bücher von Tibi, ein Buch von Ulfkotte mit Vorwort von Tibi, drei Bücher von Raddatz, drei Bücher des britisch-amerikanischen Historikers Bernard Lewis, «Die fremde Braut» von Necla Kelek, Samuel Huntingtons «Kampf der Kulturen» und «Hurra, wir kapitulieren!» von Henryk M. Broder.

Der doppelte Henryk M. Broder

Der «Spiegel»-Autor Broder ist der wichtigste Vermittler zwischen den Sonderwelten der Islamkritik und der allgemeinen Öffentlichkeit. Der Betreiber des Blogs «Die Achse des Guten» ist ein Stratege des Meinungskampfes, der sich selbst in die Schlacht wirft und mit den Exzessen seines unermüdlichen Wortwitzes Bewunderung auf sich zieht wie ein Extremsportler. Durch seine Hingabe an den Krawall entsteht der Eindruck, er nehme sich nicht zu ernst. Seinen Überspitzungen wird eine zweigeteilte Rezeption zuteil. Als Berserker der reinen, inkorrekten, hässlichen Wahrheit ist Broder das Idol in den Schattenboxclubs der Bloggerszene. Ein urbanes Publikum goutiert die artistischen Volten der maßlosen Polemik als symbolische Übersprungshandlungen einer zeitgemäßen Liberalität. «Ich halte Toleranz für keine Tugend, sondern für eine Schwäche – und Intoleranz für ein Gebot der Stunde.» Die Umwertung aller Werte ist ein bewährtes Verfahren der Aphoristik. Mit Paradoxien werden konventionelle Begriffe von Gut und Böse attackiert. Aber soll die Moral dadurch über sich aufgeklärt werden? Oder soll sie weichen?

Im November 2009 las Broder aus seinem Traktat zur Toleranzkritik in der Universität Bielefeld, auf Einladung der Liberalen Hochschulgruppe (LHG). Im Bericht des Schatzmeisters der FDP-Studenten heißt es, Broder habe den vollbesetzten Hörsaal nicht zuletzt aufgrund der «humorvollen und direkten Art» für sich eingenommen, mit der er den Einwänden begegnet sei, die einzelne muslimische Zuhörer vorgebracht hätten. An den «zum Teil euphorischen Beifallsbekundungen» war abzulesen, dass «die breite Masse an diesem Abend» dem Redner weitestgehend zustimmte, «wohl wissend, dass Herr Broder in Tradition anderer Autoren der Geschichte lediglich Probleme aufzeigen möchte und keine Lösungen anbieten will». Diese Angebote kommen dann von anderer Seite, Broder erhöht lediglich die Nachfrage. Ein Foto, das Broder im Kreis seiner Gastgeber vor der Tafel des Hörsaals zeigt, schmückt die Startseite des Internetauftritts der LHG Bielefeld. Auf der Tafel steht in riesigen Großbuchstaben mit Ausrufezeichen das Wort «Toleranz».

«Heute bedeutet ‹Migrationshintergrund› eine Art Freifahrtschein für alle Fälle. Wer einen ‹Migrationshintergrund› hat, der braucht nur noch in ganz extremen Fällen einen Anwalt, zum Beispiel wenn er einen Filmemacher auf offener Straße abschlachtet.» In diesem Witz des Börne-Preisträgers sitzt jedes Wort, das «zum Beispiel», das beiläufig die Pointe einleitet, das «ganz», die Übertreibung der Übertreibung als scheinbares Fiktionssignal, und natürlich das drastische letzte. In schwerfälliger Prosa schrieb Hans-Peter Raddatz in der Wochenzeitung «Junge Freiheit» 1997 dasselbe: Durch Zusammenwirken von Politik, Justiz und Medien habe sich «eine Praxis der allgemeinen Privilegierung des Ausländers in Deutschland herausgebildet». Der Aufsatz trug die Überschrift «Der Islam in der Diaspora – Die neue Herrenklasse in Europa: Zugeständnisse westlicher Instanzen werden als Schwäche ausgelegt». Bisweilen gelingt es Raddatz, alle Umständlichkeit abzustreifen und so pointiert zu formulieren wie Broder. Dessen vielzitierte Beobachtung, dass nicht alle Muslime Terroristen, aber fast alle Terroristen Muslime seien, findet ihre Erklärung in einem von Raddatz auf den Punkt gebrachten Gesetz: «Vereinfacht lässt sich sagen, der Christ missbraucht seine Religion, wenn er Gewalt anwendet, der Muslim missbraucht seine Religion ebenso, wenn er Gewalt nicht anwendet.» Hier erzwingt die Logik eine Eleganz, die man dem Autor nicht zugetraut hätte. Die apokalyptische Antithetik schafft klare Verhältnisse, selbst unter den trüben Gedanken eines Hans-Peter Raddatz.

Die Päpste, die Freimaurer und die Muslime

Johannes Kandels Polemik gegen den «angeblichen Glauben an den einen Gott» ist die weiche Variante der von Raddatz vertretenen Lehre, dass Gott und Allah Widersacher seien. Das Buch, dessen auf den ersten Blick leicht kryptischer Titel diese Doktrin voraussetzt, «Von Gott zu Allah?», erschien 2002 und damit nach dem Urteil des Historikers Arnulf Baring «zur rechten Zeit». Nach dem 11. September 2001 könne keine Lektüre dringender sein, befand der Emeritus der Freien Universität Berlin. «Mit großer Eindringlichkeit stellt Raddatz die Frage, ob wir die Herausforderung, die von einem kämpfenden Islam ausgeht, überhaupt begriffen haben.» Baring ist kein Fachmann für die Geschichte des Islam, und es ist nicht leicht anzugeben, wofür er überhaupt Fachmann ist, jenseits der Geschichte Adenauers. Aber er sollte so viel Kirchengeschichte kennen, dass er stutzig hätte werden müssen, als er in «Von Gott zu Allah?» las, der «theosophisch konditionierte Papst Karol Wojtyla» habe an die Stelle der Katholischen Kirche die Mischreligion «Chrislam» gesetzt. 1986 und 2002 hatte Johannes Paul II. hohe Geistliche verschiedener Religionen zu Weltgebetstagen nach Assisi eingeladen. Obwohl die Teilnehmer in der Grabeskirche des heiligen Franziskus kein gemeinsames Gebet sprachen, sondern lediglich ehrfürchtige Stille wahrten, während sie nacheinander ihre jeweiligen Gebetsformeln vortrugen, wurde dem Papst in traditionalistischen Kirchenkreisen vorgeworfen, den Synkretismus zu befördern. Schon im Studium hatte sich Wojtyla laut Raddatz in die häretische Geheimlehre der Theosophie einweihen lassen. Als Papst vollendete er in dieser Sicht der kirchlichen Zeitgeschichte das Werk des Zweiten Vatikanischen Konzils, die Angleichung des katholischen Dogmas an den Islam durch Verwerfung der Lehre von der Dreifaltigkeit. Den «Islamdialog» deutet Raddatz nicht als religionsdiplomatisches Instrument, sondern als «islamähnliche Glaubensform». In der Verkündigung der konziliar reformierten Kirche sei die «Liberalisierung der Wahrheit» einhergegangen mit der «Islamisierung der Offenbarung».

Die Irrlehre, die Benedikt XVI. zum schmerzlichen Bedauern des Katholiken Hans-Jürgen Irmer erneuerte, als er sich aus der Regensburger Affäre zu ziehen versuchte, wird in den Büchern von Raddatz als Projekt der Freimaurer dargestellt. Nicht nur sollen, was so ähnlich bei Tilman Nagel steht, Lessing und Goethe mit freimaurerischer «Polit-Esoterik» das irenische Islambild der deutschen Gebildeten geprägt haben. Raddatz glaubt an einen maurerischen Masterplan mit dem polnischen Papst als Meister vom Heiligen Stuhl. In seinem Buch «Von Allah zum Terror?» enthüllt er: «Kein Papst, kein Kardinal, kein Politiker ist so umfassend für die Interessen des Islam, des Wirtschaftsliberalismus, der Mafia und der Freimaurerei eingetreten wie Papst Johannes Paul II., der esoterisch geschulte Karol Wojtyla.» Die Kritik, die Raddatz am religionspolitischen Dialogwesen übt, hat also einen präzise bestimmbaren kirchenpolitischen Zweck. Er steht auf dem Standpunkt der Anhänger Erzbischof Marcel Lefebvres, in deren Augen der Sündenfall des Konzils die Anerkennung der (freimaurerischen) Religionsfreiheit war. Werner Höbsch, Leiter des Referats für Interreligiösen Dialog des Erzbistums Köln, resümiert: «Für Raddatz sind ‹Wahrheit› und ‹Dialog› diametral entgegengesetzt, sie schließen sich gegenseitig aus. Entweder steht ein Mensch oder die Kirche in der Wahrheit, dann ist kein Dialog vonnöten, oder es wird Dialog betrieben, dann ist die Wahrheit bereits relativiert und aufgegeben. Der Dialog mit anderen Religionen erscheint in dieser Sicht als Verrat an der Wahrheit des Glaubens.» Es ist bizarr, dass Raddatz, der sich gerne als Mitautor der angesehenen «Encyclopaedia of Islam» vorstellt, weil er zu diesem großen Nachschlagewerk einen Artikel aus dem Kontext seiner Doktorarbeit beigetragen hat, zum wissenschaftlichen Gewährsmann der Strömung der öffentlichen Meinung geworden ist, die dem Islam vorwirft, seine Wahrheit absolut zu setzen und die Religionsfreiheit nicht denken zu können.

Der Göttinger Islamwissenschaftler Martin Riexinger macht darauf aufmerksam, dass Raddatz mit seinen islamistischen Feinden in der verächtlichen Sicht auf den dekadenten Westen und im verschwörungstheoretischen Geschichtsbild übereinkommt. Über die Gründung des Staates Israel erfährt man aus dem Buch, das Baring so nachdrücklich zum Verständnis der Welt nach dem 11. September empfohlen hat, «Amerika unter Führung der Rockefeller-Familie» und «Europa unter Führung der Rothschild-Familie» hätten im Interesse einer «globalen Oligarchie» die «Errichtung Israels» betrieben wie vorher schon «die Förderung, Installation und Finanzierung von Lenin und Hitler». Der großen Mehrheit der Leser wird die kirchenpolitische Agenda des Autors verborgen bleiben. Die Bannflüche, die Raddatz gegen die Dialogwirtschaft schleudert, finden Resonanz, weil die Leute erstens vom Islam sowieso nichts Gutes erwarten und zweitens dem organisierten Diskussionswesen im öffentlichen Leben misstrauen, den Ausschüssen und Beiräten, die Interessen verschleiern und Beschlüsse vertagen, ostentativen Bekundungen des guten Willens überhaupt. So sind die Verschwörungstheorien anschlussfähig, weil sie das Misstrauen gegenüber Führungskräften bedienen. Matthias Küntzel illustriert diesen Schlüsselreiz der Islamkritik Marke Raddatz mit dem Buch «Allah und die Juden – Die islamische Renaissance des Antisemitismus» von 2007: Eine «islamisch-amerikanische Elitenallianz» zieht die Strippen und sorgt dafür, dass Amerika Herr der europäischen Entscheidungen bleibt. Wenn die Raddatz-Fans lesen, der spätere Paul VI. habe «als Kollaborateur der CIA eine Liste von etwa 1500 geheim geweihten Priestern an den KGB übermittelt» oder Joschka Fischer habe als Außenminister «im US-Interesse per Massenvisum Extremisten importiert», dann mögen sie die eine oder andere solche Geschichte für eine romanhafte Ausschmückung halten. Aber wahr daran ist doch, glauben sie, dass sie betrogen werden.

Raddatz, der der antimodernen Geschlossenheit der vorkonziliaren Papstkirche nachtrauert, scheut sich nicht, den Kirchenkritiker Eugen Drewermann anzuführen, um den römischen Herrschaftsapparat zu denunzieren. Der «Amtsterror» führe zur «pathologischen Infantilisierung» der Gläubigen. Die Katholiken seien heute «entmündigte Massen» – wie die Muslime. Die Islamkritik liefert einer Verachtung als volksfern abgestempelter Eliten Stoff, wie man sie von der amerikanischen Rechten kennt. Teilweise werden diese Motive aus Amerika importiert: Es gibt eine islamkritische Internationale. Und mit dem anti-elitären Affekt breitet sich aus, was der amerikanische Historiker Richard Hofstadter den «paranoiden Stil» des politischen Denkens genannt hat.

In seinem Aufsatz «The Paranoid Style in American Politics» beschrieb Hofstadter 1964 das Phänomen, dass vernünftige, normale Menschen wie Paranoiker denken, wenn es um die Politik geht: Sie sehen überall Feinde, sie wähnen ihre Zivilisation unterwandert, sie wappnen sich für den Endkampf gegen die Agenten einer Weltverschwörung. Der Antikommunismus des Senators Joseph McCarthy ist der Typus einer Weltsicht, den Hofstadter in der Finanzmarktkritik des Populismus um 1900 wiederfindet, im einwandererfeindlichen Antikatholizismus und in den Kampagnen gegen die Freimaurer in der Frühzeit der Republik. Als Geheimgesellschaft wurden die Freimaurer verdächtigt, eine Gegenregierung zu bilden; schon die Mitgliedschaft in einer Loge erfüllte in der Sicht der eifrigsten Verfechter des Prinzips der öffentlichen Politik den Tatbestand des Hochverrats. Da Freimaurer Netzwerke der wechselseitigen Hilfe knüpften, wurde ihnen vorgeworfen, die auf dem Gleichheitsprinzip basierende Rechtsanwendung zu sabotieren. Zeitungen unterdrückten angeblich Berichte über freimaurerische Umtriebe, weil die Maurer die Verleger unter die Eingeweihten aufgenommen hatten. Der protestantische Nationalismus beschrieb die Religion der Papisten als Gefahr für die amerikanischen Sitten. In den Greuelgeschichten aus Nonnenklöstern waren Unterdrückung der Frau und sexuelle Libertinage zwei Seiten einer päpstlichen Medaille. «Der Antikatholizismus ist seit jeher die Pornographie des Puritaners gewesen.»

Wie die Mitglieder apokalyptischer Sekten lebt der politische Paranoiker in der Naherwartung des Weltuntergangs, den er manchmal datiert. «Er hat es zu tun mit Leben und Tod ganzer Welten, ganzer politischer Ordnungen, ganzer Systeme menschlicher Werte. Er ist immer damit beschäftigt, die letzte Barrikade der Kultur zu bauen. Er lebt ständig an einem Wendepunkt.» Zur prosaischen Welt der alltäglichen Politik kann er in kein Verhältnis treten. «Als Mitglied einer Avantgarde, die die Verschwörung zu erkennen in der Lage ist, bevor sie für das ahnungslose Publikum offenkundig wird, ist der Paranoiker ein militanter Führer. Er sieht den gesellschaftlichen Konflikt nicht wie ein arbeitender Politiker als Sphäre der Vermittlung und des Kompromisses. Da es immer um einen Konflikt zwischen dem absoluten Bösen und dem absoluten Guten geht, ist der Wille notwendig, die Sache bis zum Ende durchzufechten. Und da man sich den Feind als total böse und gänzlich unzugänglich für alle Beschwichtigungsversuche vorstellt, muss er total eliminiert werden – wenn er nicht vom Erdboden entfernt wird oder jedenfalls von dem Schauplatz, auf den der Paranoiker seine Aufmerksamkeit richtet. Diese Forderung nach dem totalen Triumph führt zur Formulierung hoffnungslos unrealistischer Ziele, und da diese Ziele auch nicht entfernt erreichbar sind, steigert das Scheitern fortwährend die Frustration des Paranoikers.» Der Kronzeuge des Paranoikers ist der Renegat, der die Geheimpläne der Gegenseite offenbaren kann: der ehemals hochgestellte Freimaurer, der entlaufene Priester, der geläuterte Kommunist. Hofstadter schreibt dem Seitenwechsler eine «eschatologische Bedeutung» für den Paranoiker zu: Er beweist, dass Konversionen auch in der Gegenrichtung möglich sind.

Expertenkarrieren

Die «Mainstream-Medien» sind die besten Freunde der Islamkritik. Sie führen Autoren wie Raddatz in ihren Expertenkarteien und bitten sie um Statements, wenn Debatten zu inszenieren sind. Die ideologischen Motive der Hobbyforscher und Hilfsverfassungsschützer werden beim Transport ihrer Thesen in den allgemeinen Meinungskreislauf unsichtbar, weil Journalisten die Weltbilder und Absichten im Hintergrund nicht erkennen oder höflicherweise darüber hinwegsehen. Sensationsmedien der Volksaufklärung wie der «Spiegel» beschwören gerne die Rückkehr der Religion als einer fremden, finsteren Macht aus dem Mittelalter, die man längst glücklich überwunden glaubte. Aber die Religion war nie verschwunden, und es gibt Kreise, in denen man nie in dem Glauben schwankend geworden ist, dass es kaum ein so wichtiges Thema gibt wie das Verhältnis von Religion und Politik. Das gilt in allen Konfessionen für Richtungen, die auf strengen Lehrbegriffen beharren, aber auf der anderen Seite genauso für die organisierten Religionsfeinde, die sich etwa in der Giordano-Bruno-Stiftung sammeln, humorlose Eiferer, wie sie in ihrem eigenen Bilderbuch stehen. Im deutschen Journalismus gilt die klassische Ideologiekritik als unfein und plump. Sie stellt zwei schlichte Fragen. Wer redet? Und: Welches Interesse vertritt er? Es ist eine religionssoziologische Feststellung, noch keine Wertung, wenn man darauf hinweist, dass die Islamkritik in einem sektiererischen Umfeld entstanden ist.

Im öffentlich-rechtlichen Parlamentssender Phoenix wirkte Hans-Peter Raddatz am 13. Oktober 2010 an einer Diskussionsrunde zur Rede des Bundespräsidenten mit – als einziger «Islamforscher» neben zwei Politikern und einem Journalisten. Udo Ulfkotte trat am 5. November 2010 im Dritten Programm des Südwestrundfunks bei Wieland Backes im «Nachtcafé» auf. Im Jahre 2008 war er schon einmal Gast in dieser Sendung gewesen. Seit 2008 erscheinen Ulfkottes Bücher im Kopp Verlag. Das in Rottenburg am Neckar ansässige Haus hat eine Verlagsphilosophie: «Das Ziel des Kopp Verlags ist es, auf unterdrückte Informationen, Entdeckungen und Erfindungen hinzuweisen. Die Ausweitung von Tabuthemen, Political Correctness und Zensur in unserer Gesellschaft und den Medien soll untersucht und mit enthüllenden Büchern und Artikeln auf die Unterdrückung bedeutender Fakten und Tatsachen hingewiesen werden.» Mit diesem Programm war der «Wetzlar Kurier» 1982 auch angetreten. Allerdings ist der Schulmann Hans-Jürgen Irmer immer ein Mann der Schulweisheit geblieben. Kopps Autoren zeigen: «Vor allem unorthodoxe Forscher, Entdecker und Erfinder außerhalb der Schulwissenschaft sorgten und sorgen für den Fortschritt der Menschheit. Doch immer wieder stoßen bahnbrechende Entwicklungen auf Widerstände, die von kommerziellen und politischen Interessen diktiert werden.» Rubriken des Verlagsprogramms heißen «Verbotene Archäologie», «Prophezeiungen»,

«Geheimbünde», «Enthüllungen» und «Nahrungsergänzung». Zu den Autoren gehören Erich von Däniken, der Kreationist Hans-Joachim Zillmer und Eva Herman. Der Kopp-Buchversand hält das von Hans-Peter Raddatz hochgeschätzte Werk «Das schwarze Reich – Geheimgesellschaften und Politik im 20. Jahrhundert» eines Verfassers mit dem Pseudonym E. R. Carmin als Sonderausgabe vor, das von der fortwirkenden Macht des Nazi-Okkultismus handelt, außerdem Standardwerke der Wissenschaft vom «erfundenen Mittelalter», die einer klerikalen Fälscherbande unterstellt, die Jahre von 614 bis 911 in die Quellen der europäischen Geschichte eingeschmuggelt zu haben. Auf dem Feld der Chronologiekritik haben sich auch der Bremer Demographieexperte Gunnar Heinsohn und der als Klimaskeptiker bekannt gewordene Sportwissenschaftler Benny Peiser ausgezeichnet.

Ulfkotte ließ seinem Kopp-Debüt «SOS Abendland. Die schleichende Islamisierung Europas» 2009 den Band «Vorsicht Bürgerkrieg! Was lange gärt, wird endlich Wut» folgen, in dem er zu enthüllen behauptete, «in welchen Gemeinden, Städten und Stadtteilen Deutschlands die Bundesregierung zukünftig innere Unruhen erwartet». Es würden Internierungslager vorbereitet, vom Bürgerkrieg sprächen einige Polizeiführer schon offen. Alles belegt mit «mehr als 850 Quellenangaben». Satte 300 mehr als bei Thilo Sarrazin, der sich gegenüber Henryk M. Broder brüstete, die 550 Fußnoten von «Deutschland schafft sich ab» sagten ja, dass er «aus 550 verschiedenen Quellen» geschöpft habe. (Einige Fußnoten haben allerdings doch die Form: «Ebenda, S. 13.») Ein Schwerpunkt im Ratgeberprogramm von Kopp ist Literatur zur «Selbstversorgung»: «Bauen Sie sich Ihre ganz private Arche Noah!» Solche Überlebensfibeln für die Zeiten von Atom- oder Bürgerkrieg sind ein populäres Literaturgenre der amerikanischen Rechten. Ulfkottes jüngstes Werk aus dem Jahr 2010, «Kein Schwarz. Kein Rot. Kein Gold: Armut für alle im ‹Lustigen Migrantenstadl›», imponiert mit einem neuen Spitzenwert von «mehr als 900 seriösen Quellen». Ein «Topp 1000 Rezensent» von Amazon würdigt die Sorgfalt des Verfassers: «Die Leistung von Ulfkotte mit diesem Buch ist, dass er aus zahlreichen Quellen eine Zusammenstellung zu dem Verhalten der Migranten erstellt hat.» Der Rezensent warnt: «Wer ein rein freundlich und nüchtern argumentierendes Buch erwartet, ist hier falsch. Der Autor provoziert extrem – vielleicht aus der

Motivation heraus, endlich eine offene Diskussion über die Themen ‹Zuwanderer› und ‹Sozialbetrug› anzustoßen.» Auch «Vorzeigemuslime» wie Aygül Özkan und Cem Özdemir sollten nach Meinung des Rezensenten Ulfkotte lesen, «um mal alle Facetten des Tuns ihrer Landsleute präsentiert zu bekommen». Ein anderer Kritiker bei Amazon rät: «Schnallen Sie sich an, stellen Sie den Baldrian bereit – denn Ulfkotte macht vor religiösen Morden, Vergewaltigungen und den Unglaublichkeiten des Sozialbetruges keinen Halt.»

2008 war Ulfkotte im Nachtcafé als Experte zur Frage «Kebab, Kopftuch, Koran – Wie muslimisch wird Deutschland?» eingeladen, 2010 lautete das Thema: «Mit Muslimen auf der Schulbank – Zumutung oder Chance?» Ein öffentlich-rechtlicher Sender, der solche Fragen stellt, muss Fachleuten wie Ulfkotte das Wort geben, um die Vielfalt der Antworten sicherzustellen. So erweitert man das Spektrum des Diskutablen um die Frage, ob muslimische Mitschüler den deutschen Kindern noch zuzumuten sind – oder eher in einem eigenen Schulsystem erzogen werden sollten, wenn ihre Eltern denn nicht ausgewiesen werden können. Dieser Muslimschulzweig wäre in Übereinstimmung mit den Artikeln 3 und 6 des Grundgesetzes natürlich so auszugestalten wie das schwarze Schulwesen in den amerikanischen Südstaaten vor 1954: getrennt, aber gleich. Vielleicht könnte man der Einfachheit halber die Hauptschulen umwidmen; in einigen Vierteln der Großstädte ist die Praxis ja schon auf dem Weg dorthin. Die Fernsehredakteure zeigen auf diese Weise, dass sie Probleme sachlich und offen diskutieren lassen, die in der Gesellschaft existieren, und Ängste ernst nehmen, die in der Gesellschaft zweifellos ebenfalls existieren. Sie werden es aber erleben, dass ihr Lieblingsgast Ulfkotte sie in seinem nächsten Buch wieder als Mitverschwörer in einem Kartell des Totschweigens beschreiben wird. So werden im Namen journalistischer Objektivität bizarre Phantasien und makabre Planspiele normale Elemente des öffentlichen Gesprächs.

Amerikanische Vorbilder

In den Vereinigten Staaten schreiben die ethischen Hausregeln einiger Zeitungen vor, dass in Nachrichtenartikeln zu jedem Standpunkt ein Gegenstandpunkt zu referieren ist, wenn sich überhaupt ein Republikaner, Prediger oder Spinner findet, der ihn vertritt. Die strikte Trennung von Nachricht und Kommentar in den klassischen Medien hat zu einer aberwitzigen Arbeitsteilung in der amerikanischen Medienlandschaft geführt. Anrufradiosendungen, Fernsehtalkshows und Blogger, die sich nicht an die Spielregeln der Objektivität binden, entfachen Hetzkampagnen. Über die Flächenbrände berichten dann die angeblich einseitigen «Mainstream-Medien» streng ausgewogen in ihren Nachrichtenteilen, mit gleichem Platz für Opfer und Brandstifter und ohne Schuldzuweisung. Nach diesem Muster wurden die Amerikaner gegen das Projekt eines islamischen Zentrums in New York aufgewiegelt, das zwei Straßen von Ground Zero entfernt gebaut werden soll. Diese Kampagne ist das Werk der Bloggerin Pamela Geller und des Buchautors Robert Spencer, die ein globales Bündnis der Islamhasser schmieden wollen und gemeinsam «Stop the Islamisation of America» (SIOA) gegründet haben, die Schwesterorganisation des Netzwerks «Stop the Islamisation of Europe» (SIOE), das vor allem in Dänemark und England aktiv ist.

Pamela Gellers Blog heißt «Atlas Shrugs» zu Ehren von Ayn Rand, der Verfasserin des Romans «Atlas Shrugged» und Kultautorin des staatsfeindlichen Individualismus. Bei Geller und Spencer ist die Islamkritik die religionspolitische Seite entschiedenster Unterstützung des entschiedensten Zionismus. Der neokonservative Nahostfachmann Jeffrey Goldberg hat sich in seinem Blog in «The Atlantic» für den Imam, der das New Yorker Zentrum plant, verbürgt und die verleumderischen Methoden Pamela Gellers dokumentiert. Verzweifelt warnte Goldberg die politische Öffentlichkeit: Pure Bosheit war hier am Werk, die Bigotterie des fanatisch guten Gewissens; es sollte gerade ein mutiger Exponent des Dialogs und der Verständigung getroffen werden, weil es nach Ansicht der Islamhasser keinen Dialog geben darf.

Das Portfolio der ideologischen Investitionen Pamela Gellers ist für jedermann einsehbar. Sie stellt ihre Vorurteile zur Schau wie andere Leute ihren Reichtum: Diese ins Selbstparodistische gesteigerte, schrille und knallbunte Selbstsicherheit ist ihr kultureller Triumph über die Halbherzigkeiten, Grauwerte und Zwischentöne des liberalen Relativismus. Ihre geschmacklosen Aktionen und abstrusen Äußerungen sind Legion. Wir haben es mit einer Frau zu tun, die Barack Obama ein Verhältnis mit einer drogensüchtigen Prostituierten andichtet, die Elena Kagan, Richterin am Obersten Gerichtshof und Jüdin, in eine NS-Uniform steckt, weil sie in ihrer Abschlussarbeit in Princeton Werner Sombart zitiert hat, eine Frau, die den Abriss des Felsendoms verlangt, weil er am Ort des Tempels steht, und die Freiheit für Radovan Karadzic fordert, weil das Massaker von Srebrenica ein vertuschter Massenselbstmord nach klassischem islamischen Muster gewesen sei. Und diese Frau ist regelmäßiger Gast in den Nachrichtensendern: Dort behauptet sie dann, die «Megamoschee» am Ground Zero solle am 11. September 2011 eröffnet werden und Präsident Obama habe nach der Verstaatlichung mehrerer Banken ein Seminar über Geldpolitik nach den Vorschriften der Scharia veranstaltet. Pamela Geller sei eine Witzfigur, eine Verrückte, ein Freak, bekommen besorgte Liberale von entspannten Liberalen zu hören. Sie solle ihre eigene Fernsehshow bekommen, dann werde sie die Glaubwürdigkeit des Konservatismus zerstören. Aber im Universum der Islamkritik führen von jedem Punkt kurze Wege zum «lunatic fringe».

Als SIOA am 11. September 2010 am Ort des Massenmords eine Demonstration gegen den Moscheebau abhielt, war der niederländische Parteigründer Geert Wilders einer der Redner. Über Video wurde John Bolton zugeschaltet, Botschafter bei den Vereinten Nationen unter George W. Bush. Drei Jahre vorher hatte SIOE in Brüssel demonstrieren wollen. Die Deutschen rief Udo Ulfkotte zur Teilnahme auf, in seiner Eigenschaft als «Gründer und Präsident des gemeinnützigen Vereins Pax Europa e. V./SIOE Deutschland». Unter Verweis auf Gerichtsurteile und Sozialstaatsgesetze beschrieb er die Bundesrepublik als einen Staat, in dem die Machtübernahme des Islam schon weit fortgeschritten sei: «Deutschland passt sich unterwürfig den demografisch immer stärker werdenden muslimischen Bevölkerungsgruppen an. Nicht diese müssen sich an die europäischen Werte, sondern wir uns den islamischen Wünschen anpassen.» Ulfkotte nahm den historischen Vergleich auf, den Broders Bestseller «Hurra, wir kapitulieren!» populär gemacht hatte: «Wir verhalten uns wie einst jene Appeasement-Politiker, die den Nationalsozialisten um Adolf Hitler stets Verhandlungen anboten und glaubten, damit die Wahnsinnigen beschwichtigen zu können.» Das Motto der Kundgebung sollte lauten: «Genug ist genug! Keine Scharia hier! Demokratie statt Theokratie!»

Der Bürgermeister von Brüssel verbot die Demonstration. Ulfkotte wollte sie nach Köln verlegen. Als Hauptredner präsentierte er den Schriftsteller Ralph Giordano, der seine Autorität als Überlebender, Zeitzeuge und Deuter des Holocausts in die Waagschale der Debatte über den Moscheebau in Köln-Ehrenfeld geworfen hatte.

Da auch die flämischen Rechtsnationalisten der Partei Vlaams Belang und die extremistische Wählergemeinschaft Pro Köln zur Teilnahme aufriefen, sagten Giordano und Ulfkotte die Demonstration ab. Die Übereinstimmung in den islamkritischen Grundaussagen machte die ostentative politische Abgrenzung dringlich. Um den 11. September des folgenden Jahres kam es am selben Ort zu einer Wiederaufführung des Eiertanzes. Ein «Anti-Islamisierungskongress» europäischer Rechtsparteien in Köln, auf dem Jean Marie Le Pen und der Vorsitzende der FPÖ sprechen sollten, rief eine breite Gegenbewegung auf den Plan. Der christdemokratische Oberbürgermeister Fritz Schramma, ein Befürworter der vom Architektenbüro der Kirchenbauerdynastie Böhm geplanten Moschee, stellte das Demonstrationsrecht der rechtsextremen Minderheit hinter den politischen Willen zurück, die Bürgerschaft solle ein Zeichen gegen Fremdenhass setzen. Als «dritte Kraft» präsentierte sich in dieser bürgerkriegsnahen Situation eine «Kritische Islamkonferenz» mit Giordano als Galionsfigur. Ulfkotte, der Retter des Abendlands, bestieg das Podium zum Zorn vieler seiner Anhänger gemeinsam mit den radikalen Säkularisten des «Zentralrats der Ex-Muslime». Er verließ den Verein Pax Europa, der sich mit den im Bundesverband der Bürgerbewegungen e. V. vereinten Moscheegegnern zusammengeschlossen hatte, im Dezember 2008.

Die Gründungsversammlung von Pax Europa hatte im März 2007 in Wetzlar stattgefunden, wo der Verein bis heute seinen Sitz hat. Wie der «Wetzlar Kurier» berichtete, war der Vereinszweck der Schutz der «Werte des christlich-jüdischen Europa» unabhängig von allen «Partei- und Konfessionsgrenzen». Der CDU-Kreisvorsitzende Irmer begrüßte die Vereinsgründung und zitierte sich im «Wetzlar Kurier» mit den Worten: «Ich meine, es wird Zeit, dass wir uns trauen, unsere Überzeugungen kund zu tun – auch wenn dies nicht immer als ‹politically correct› gilt.» Im April 2007 kündigte die Deutsche Zentrumspartei an, Ulfkotte werde bei den Wahlen zur Hamburger Bürgerschaft auf Platz 2 der Landesliste antreten. Die Splitterpartei, die die große

Tradition der Partei des politischen Katholizismus in Deutschland fortzusetzen beansprucht, verhandelte damals mit der Partei Bibeltreuer Christen über eine Fusion. Ulfkottes Name stand am 5. März 2008 nicht auf der Liste, als die Zentrumspartei 646 Stimmen (0,1 Prozent) erhielt. So sind die Islamkritiker, die in Deutschland nach politischer Macht gegriffen haben, bislang alle marginal geblieben. Ihre Parolen haben unterdessen das Land und die Hauptstadt erobert.

Das Ohr am Volk

Dem «Wetzlar Kurier» ist im Jahr 2010 der Stoff nicht ausgegangen. Er dokumentierte die «Privilegien für Migranten», stellte dar, dass «Schüler aus islamischen Ländern» dem «Lernklima» schadeten, sprach Sarrazin den Dank Mittelhessens aus und referierte nach dem Erscheinen von «Kein Schwarz. Kein Rot. Kein Gold» Ulfkottes Berechnungen der Kosten der Einwanderung. Die aus einer Kölner türkischen Familie stammende Schauspielerin Sema Meray, Nebendarstellerin in der «Lindenstraße», hielt auf Einladung der CDU Lahn-Dill einen Vortrag und rief «zum Ende der Toleranz auf – zumindest der Toleranz, wie wir sie bisher verstehen». Ein anderer Experte informierte über die Grundlagen der muslimischen Religion: Allah ist «einer von 99 Wüstengeistern aus der arabischen Mythologie». Die Aufmerksamkeit, die die Berliner Jugendrichterin Kirsten Heisig dem Problem jugendlicher Berufsverbrecher aus libanesischen Clans verschaffte, inspirierte Irmers Poetenfreund zu einem Gedicht über einen «Kinder-Dealer», das in der Aufforderung gipfelte: «Schützt uns vor solchen Emigranten, / entfernt die Drogen-Asylanten.» Trotz geringerer Kriminalitätsquote nicht erfreulicher, da näher, waren die Zustände auf dem Volksfest in einem Wetzlarer Stadtteil, das den Dichter eine «Völker-Schlacht» ausmalen ließ: «Un bei der Osmanen-Kirmes / ab und zu ein Mensch aus Girmes.» Im Juli sah der «Kurier» schon den Tag kommen, an dem «auch der letzte Idealist aus dem ‹Gutmenschen-Traum› erwachen» werde. Im Oktober kam der Schock: Der letzte Idealist war im Sommer ins Schloss Bellevue eingezogen. Die meisten Muslime, musste ein Bürger Wetzlars dem Bundespräsidenten auseinandersetzen, leben «nach wie vor in einer ‹Parallelgesellschaft› mit eigener Kultur in eigenen Wohnghettos». Es sei ein «Trugschluss» zu glauben, «mit mehr Bildung» Muslime «zu guten deutschen Demokraten ‹erziehen› zu können». Zwingend folgt: «Der Islam kann und darf nicht zu Deutschland gehören.»

Nach dem Karlsruher Bundesparteitag der CDU im November 2010 äußerte sich Hans-Jürgen Irmer hochzufrieden über den Kurs der Parteivorsitzenden und Bundeskanzlerin. «Erfrischend klar» sei die Rede Angela Merkels gewesen, vollkommen richtig sei ihre Forderung, das «C» im Parteinamen zu stärken. Der Einsatz für die christlich-abendländische Kultur sei dringend notwendig, damit man «auf Augenhöhe» mit Muslimen diskutieren könne. Nun müssten die Beschlüsse der Bundesregierung zeigen, was vom «Schwung» des Parteitags bleibe. Der Umgang mit «Integrationsverweigerern» und der Übergang zum «Nullzuzug» ins Sozialsystem waren für Irmer die «entscheidenden Punkte». Wenn die Politiker das Wort «Integrationsverweigerer» aussprechen, dann beschwören sie damit auch die «Parallelgesellschaft» und einen ganzen Kranz feststehender Illustrationen, die so konventionell sind wie die schmückenden Beiworte der Helden in den Epen Homers. Das «offene Reden» über die «Tatsachen» des Zusammenlebens mit Eingewanderten reproduziert ein pawlowsches System von Reizwörtern. Vielleicht überblicken die Politiker nicht, welche Bedeutungen ein Publikum mit diesen Vokabeln unweigerlich assoziiert, das über viele Jahre in Bestsellern, Internetforen und Zeitungsreportagen wieder und wieder dasselbe gelesen hat. Dass die Formeln voraussetzen, der Wille zur Selbstausgrenzung sei das eigentliche Hindernis der Integration, ist schon problematisch genug. Sehr viele, die die Formeln hören, haben zudem keine Scheu, den Willen näher zu bestimmen: als fanatische Entschlossenheit zum Gehorsam gegen Allah. Die Kernthese der Islamkritik, dass die Religion der Muslime der wahre Grund aller Probleme muslimischer Einwanderer ist, wird von Politikern gelegentlich ausdrücklich verneint. Doch das fällt kaum ins Gewicht neben dem durchgehenden Rückgriff auf ein Ensemble von Gemeinplätzen, das von dieser These zusammengehalten wird. Die Rücksichten, die Politiker zu nehmen scheinen, wenn sie sich nicht auf eine einzige Ursache festlegen wollen, können ihre Zuhörer sich sparen.

Es widerspricht der religionshistorischen Erfahrung, dass Asozialität und Frömmigkeit korrelieren, dass also gerade die Phänomene des zerstörerischen und selbstzerstörerischen Verhaltens in Milieus der Chancenarmen, die auch die Öffentlichkeit jenseits des Fanpublikums der Islamkritiker beunruhigen, Folgen religiöser Disziplinierung sein sollen. Aber die islamkritische These bezwingt durch ihre Simplizität, und die Kautelen, mit denen Politiker islamkritische Topoi versehen, steigern in den Augen der Überzeugten als klägliche Reste der einstmals herrschenden politischen Korrektheit noch einmal die Evidenz der These. Die gelehrte Literatur der politischen Paranoiker zeichnet sich nach Richard Hofstadter durch ihre Kohärenz aus. «Tatsächlich ist sie viel kohärenter als die wirkliche Welt.» In den Tagen nach der Rede des Bundespräsidenten zum Jubiläum der Wiedervereinigung reiste Angela Merkel durch Deutschland, um sich auf sogenannten Regionalkonferenzen der CDU um die Parteiseele zu kümmern. Einen Satz sagte sie überall, und er löste überall rauschenden Beifall aus: «Es gilt in Deutschland ganz eindeutig das Grundgesetz und nicht die Scharia.» Man könnte in diesem Satz den Höhepunkt jener listigen Rhetorik der entwaffnenden Schlichtheit sehen, von der Wolfgang Schäuble, Christian Wulff und Angela Merkel selbst mit wechselndem Erfolg Gebrauch gemacht haben, um ihre Landsleute an die Normalität der Existenz von Muslimen in Deutschland zu gewöhnen. Der Islam ist ein Teil von Deutschland, ja, er gehört zu Deutschland. Zu verbreiten, durch die Aufnahme von Muslimen schaffe Deutschland sich ab, ist nicht hilfreich. Denn in Deutschland gilt das Grundgesetz und nicht die Scharia.

Durch die Feststellung des Selbstverständlichen, diese Absicht könnte man hinter Frau Merkels Worten vermuten, verfliegt mit einem Schlag der ganze Spuk. Man schlägt sich an den Kopf: Ach ja, in Deutschland gilt das Grundgesetz, wie konnte ich das vergessen! Aber leider hat sich Frau Merkel nicht auf den einen klaren und nüchternen Satz beschränkt, sondern beispielsweise in Wiesbaden hinzugefügt, «in manchen Ausprägungen» passe der Islam nicht zu «unserer» Verfassung: So seien «Zwangsverheiratungen und Ehrenmorde» nicht Teil «unserer» Grundordnung. Die Bundeskanzlerin verbreitete also die schwarze Legende, es gebe in gewissen Richtungen des Islam das religiöse Gebot, die Tochter gegen ihren Willen zu verheiraten und bei einem Verstoß gegen den Sittlichkeitsbegriff der Familie umzubringen. Frau Merkel versicherte den CDU-Mitgliedern zwar, das Grundgesetz sei nicht in Gefahr, die Einführung der Scharia in Deutschland sei nicht zu befürchten. Aber indem sie Grundgesetz und Scharia als Gegensatzpaar in den Raum stellte, hatte sie die Anpassung an das Weltbild der Islamkritik vollzogen. Henryk M. Broder hat Recht: «So wie jeder Dammbruch mit winzigen Haarrissen anfängt, so rücken pathologische Ideen von den Rändern der Gesellschaft in ihr Zentrum vor.»

KAPITEL 3

Das Kopftuch.
Ein Streit ohne Gegenstand

Scham, Liebe zum Recht, Frömmigkeit, Treu' und Glaube sind kleine Tugenden für Bürger.

Seneca, *Thyest*

Am Anfang stand keine Störung des Schulfriedens. Um das Kopftuch Fereshta Ludins wurde ein Musterprozess geführt – im engeren wie im weiteren Sinne. Der Rechtsstreit zwischen Frau Ludin und dem Land Baden-Württemberg, den das Bundesverfassungsgericht mit dem Urteil des Zweiten Senats vom 24. September 2003 entschied, hatte Folgen für jede kopftuchtragende Lehrerin. Und für alle Muslime in Deutschland.

Der Prozess war ein Streit ohne Anlass. Fereshta Ludin, die 1972 in Kabul geboren wurde, seit 1987 in Deutschland lebt und seit 1995 Deutsche ist, hatte das Referendariat für das Lehramt an Grund- und Hauptschulen absolviert und 1998 das Zweite Staatsexamen in den Fächern Deutsch, Englisch und Gemeinschaftskunde bestanden. Das Oberschulamt Stuttgart lehnte ihre Einstellung in den Schuldienst ab, weil sie nicht bereit war, im Unterricht auf das Tragen ihres Kopftuchs zu verzichten. Die Ablehnung wurde nicht mit dem Verhalten der Bewerberin im Vorbereitungsdienst begründet. Das Bundesverfassungsgericht stellte in seinem Urteil fest: «Die Befürchtung, dass Konflikte mit Eltern auftreten könnten, welche die Unterrichtung ihrer Kinder durch eine ein Kopftuch tragende Lehrerin ablehnen, kann sich nicht auf Erfahrungen mit der bisherigen Lehrtätigkeit der Beschwerdeführerin als Referendarin stützen.» Es hatte keine Vorfälle gegeben, die als Konflikte zwischen zwei Rechtsansprüchen hätten interpretiert werden können, dem Recht der Referendarin, der von ihr als unbedingt verpflichtend empfundenen Bekleidungsregel ihres Glaubens zu folgen, und einem etwaigen Recht von Eltern, ihren Kindern den Anblick einer so bekleideten Lehrerin zu ersparen. Als die Schulbehörde Frau Ludin aufforderte, sich zum Ablegen des Kopftuchs im Klassenraum zu verpflichten, wollte sie nicht die Wiederholung aktenkundig gewordener Beeinträchtigungen des Unterrichts vermeiden. Vielmehr sollte der bloßen Möglichkeit der Einschüchterung der Schüler vorgebeugt werden.

Bevor der Fall nach Karlsruhe gelangte, hatten drei Gerichte Urteile gefällt: das Verwaltungsgericht Stuttgart, der baden-württembergische Verwaltungsgerichtshof in Mannheim und das Bundesverwaltungsgericht in Leipzig. Der Verwaltungsgerichtshof, der Fereshta Ludins Klage auf Einstellung in zweiter Instanz verwarf, berief sich auf die «Lebenserfahrung», nach der religiös bedingte Konflikte im Klassenzimmer einer kopftuchtragenden Lehrerin absehbar seien. Doch worin sollte diese Erfahrung bestehen, wenn Lehrerinnen mit Kopfbedeckung jedenfalls in Baden-Württemberg nicht zum Schulleben gehörten? Genauer muss man von muslimischen Lehrerinnen sprechen. An der Klosterschule Lichtental, einer staatlichen Grundschule in Baden-Baden, unterrichten seit zweihundert Jahren Nonnen des weißen Ordens der Zisterzienserinnen nicht nur Religion, sondern alle Fächer. Sie tragen auch in der Klasse ihre Ordenstracht, das weiße Gewand mit der schwarzen Schürze und dem das Haar verbergenden Schleier, und sind in der Regel Beamtinnen. 2008 hatte sich der Verwaltungsgerichtshof noch einmal mit dem Kopftuch zu befassen, weil eine Hauptschullehrerin, die 1984 zum Islam konvertiert war, das inzwischen erlassene gesetzliche Kopftuchverbot angriff. Die Richter wiesen die Rüge einer Ungleichbehandlung von Nonnen und Musliminnen zurück, indem sie die Klosterschule Lichtental als «historisch bedingten Ausnahmefall auf einer einmaligen sondervertraglichen Grundlage» beschrieben. Nach dem Karlsruher Urteil war die Lichtentaler Schulleiterin von Journalisten befragt worden. Ihre Schule ist Pflichtgrundschule für einen Schulbezirk von 7000 Einwohnern. In neunzehn Jahren hatte sich ein einziges Mal ein Vater über die Ordenstracht beschwert.

Als die Mannheimer Richter 2001 einer Berufsanfängerin unter Verweis auf einen diffusen Lebenserfahrungswert den Eintritt ins Berufsleben verweigerten, hatte der Anwalt von Frau Ludin schon auf die Klägerin des späteren Verfahrens hingewiesen, die seit 1995 in

Bad Cannstatt mit Kopftuch unterrichtete, ohne religiös bedingte Konflikte ausgelöst zu haben. Ebenso war das Bundesverfassungsgericht darüber unterrichtet, dass zum Zeitpunkt seiner Verhandlung in der Sache Ludin etwa zwanzig Kopftuchträgerinnen im Schuldienst des Landes Nordrhein-Westfalen beschäftigt waren. In Oscar Wildes Stück «The Importance of Being Earnest» eröffnet Lady Bracknell einem vermeintlichen Waisenknaben, warum er ihr suspekt ist: «Ein Elternteil zu verlieren, Mr. Worthing, mag man als Missgeschick betrachten; beide zu verlieren sieht nach Sorglosigkeit aus.» Umgekehrt gilt dann: Eine Kopftuchträgerin, die in der Klasse nicht aneckt, mag Glück gehabt haben; zwanzig Kopftuchträgerinnen, die ohne Beanstandung unterrichten, sind ein Grund, sich keine Sorgen einreden zu lassen.

Winfried Hassemers Moment

Das Abstimmungsverhältnis im Zweiten Senat war knapp. Der Verfassungsbeschwerde wurde mit fünf gegen drei Stimmen stattgegeben. Fereshta Ludin hatte gesiegt. Aber es war ein Pyrrhussieg. Der Senatsvorsitzende, Vizepräsident Winfried Hassemer, sprach das schon bei der Urteilsverkündung aus. Hassemer hatte eine sehr bestimmte Vorstellung von der politischen Verantwortung des Gerichts und hielt es für seine Pflicht, stets möglichst griffig zu erklären, was die Richter eigentlich entschieden hatten. Die Verkündungstermine, die doch die Spannung auflösen, damit Rechtsfrieden eintreten kann, waren in seiner Ära Momente der Dramatisierung. Am 24. September 2003 verlas er den Beschluss über die Aufhebung des Urteils des Bundesverwaltungsgerichts wegen Verletzung der Grundrechte der Beschwerdeführerin und schob dann vor den Gründen die Warnung ein, man dürfe den Beschluss nicht so verstehen, wie er klinge. Die Richtermehrheit war zwar zu dem Schluss gekommen, dass eine abstrakte Gefahr der Störung des Schulfriedens nicht genügte, um eine Lehrerin als ungeeignet abzustempeln. Aber der Mangel des baden-württembergischen Vorgehens sollte durch ein Gesetz geheilt werden können. Der Landesgesetzgeber musste den Eingriff in die Glaubensfreiheit ausdrücklich vorsehen und rechtfertigen. Ein solches Gesetz durfte dann auch festlegen, dass ein Merkmal wie das Kopftuchtragen für sich genommen ausreichte, um eine Bewerberin abzuweisen, ohne Konkretisierung der Störungsgefahr im individuellen Fall.

Mit Verblüffung wurde aufgenommen, dass die Senatsmehrheit den Ausgleich zwischen den betroffenen Rechtsgütern von Verfassungsrang nicht selbst vornahm, sondern den sechzehn Landesgesetzgebern überließ. Ein solches Zurückspielen des Balls in den politischen Raum entsprach aber durchaus dem Rollenverständnis Hassemers, wie es ähnlich seine Kollegin Gertrude Lübbe-Wolff vertritt, die im Kopftuchfall ebenfalls zur Mehrheit gehörte. Diese von der SPD nominierten Richter orientieren sich an einem amerikanischen Ideal der richterlichen Zurückhaltung. Die Ausgestaltung der Grundrechte soll in erster Linie Sache des demokratischen Gesetzgebers sein. Ein Parlament, pflegt etwa der amerikanische Verfassungsrichter Stephen Breyer zu argumentieren, verfügt über ganz andere Informationsmöglichkeiten als ein Gericht. Diese Vorstellung eines umfassenden Sondierungsprozesses in der politischen Öffentlichkeit, der die parlamentarische Entscheidungsfindung mit Informationen speist, stand hinter einem Satz in Hassemers Vortrag, der in dieser Form nicht im Urteil erscheint: Wir wüssten noch nicht genug über das Kopftuch. Unterschiedliche Regelungen der Länder waren in dieser Perspektive geradezu erwünscht: Der föderalistische Wettbewerb – auch dies ein aus dem amerikanischen juristischen Pragmatismus übernommener Gedanke – erzeugt empirisches Wissen über die tatsächlichen Konsequenzen verschiedener normativer Optionen.

Das Gericht stellte den Ländern eine gemeinsame Aufgabe, die es allerdings nicht rechtlich, sondern politisch definierte: eine Antwort zu finden auf den «mit zunehmender religiöser Pluralität verbundenen gesellschaftlichen Wandel». An einen Scheideweg sah sich der Gesetzgeber von der Senatsmehrheit geführt. Er konnte entweder, wie es das Bundesverwaltungsgericht vorgezeichnet hatte, eine striktere Auslegung des Prinzips der staatlichen Neutralität fixieren und religiöse Bekundungen in der Schule zurückdrängen oder umgekehrt die traditionell diesen Bekundungen gewährte Toleranz auf nichtchristliche Zeichen ausdehnen. Richterliche Zurückhaltung bedeutete hier den Rückzug auf die Position eines Spielleiters. Es zeigte sich, dass es auch einen Übereifer der Bescheidenheit gibt: Die Richter behielten die rechtliche Weisung für sich, für die man sie braucht, und übten sich in einer Kunst, für die man sie nicht unbedingt braucht, in der soziologischen Kaffeesatzlektüre. Das Bundesverwaltungsgericht hatte den ominösen gesellschaftlichen Wandel mit «einem wachsenden Anteil bekenntnisloser Schüler» belegt und nicht (auch) mit dem wachsenden Anteil muslimischer Schüler. Die Folgen eines Kopftuchverbots für die Religionsfreiheit muslimischer Schüler sind bezeichnenderweise im Urteil des Bundesverfassungsgerichts kein Thema.

Negative und positive Freiheit

Der Schein der Zurückhaltung im judikativen Kernbereich ist in einem wesentlichen Punkt trügerisch. Ohne selbst die Abwägung unter den betroffenen Grundrechten vorzunehmen, traf die Senatsmehrheit mit der Aufzählung dieser Rechte eine Vorentscheidung, deren Begründung sie schuldig blieb. Die Feststellung, die von Fereshta Ludin «in Anspruch genommene Freiheit der Betätigung ihrer Glaubensüberzeugung durch das Tragen des Kopftuchs in Schule und Unterricht» treffe «auf die negative Glaubensfreiheit der Schülerinnen und Schüler», nimmt stillschweigend eine folgenreiche Ausweitung des Begriffs der negativen Glaubensfreiheit vor. Mit dieser negativen Freiheit ist eigentlich das Recht gemeint, nicht zu glauben, keine Glaubensüberzeugung zu bekunden und an liturgischen Verrichtungen nicht teilzunehmen. In historischer Betrachtung ist die negative Glaubensfreiheit das Recht des Dissenters, des Angehörigen einer religiösen Minderheit, der sich gegen staatskirchliche Teilnahmepflichten zur Wehr setzte. Im Zeitalter der Freiwilligkeit aller religiösen Betätigung hat sich der Sonderbegriff der negativen Religionsfreiheit eigentlich erledigt. Wer die Zeugen Jehovas nicht ins Haus lässt, macht nicht von seiner negativen Religionsfreiheit Gebrauch, da er sie natürlich fortschicken kann wie jeden anderen Zeitschriftenwerber. Das Abwehrrecht der Freiheit zum Nicht-Bekennen setzt den Versuch des Zwangs voraus.

Nun wird behauptet, dass eine solche Zwangslage in der Schule gegeben ist. Aber das Besondere der pädagogischen Situation in der Pflichtschule wird durch den Rückgriff auf den allgemeinen Begriff der negativen Glaubensfreiheit verdeckt. Das Gericht führt aus, Artikel 4 gewährleiste «auch die Freiheit, kultischen Handlungen eines nicht geteilten Glaubens fern zu bleiben». Der folgende Halbsatz dehnt diese klassische Definition der negativen Glaubensfreiheit unter der Hand aus und wird konfus: «das bezieht sich auch auf Kulte und Symbole, in denen ein Glaube oder eine Religion sich darstellt». Was gibt es denn für Kulte, in denen sich die jeweilige Religion nicht darstellt? Die Wiederholung des Kultbezugs lenkt davon ab, dass hier eine Freiheit zum Symbolboykott eingeschmuggelt wird. Aber wie bleibt man Symbolen fern? Wer in ein Taxi einsteigt, an dessen Windschutzscheibe eine Christophorusplakette klebt, mag den Fahrer bitten, dieses Sinnbild des Aberglaubens zu entfernen und sich auf die Straße zu konzentrieren. Einen grundrechtlichen Anspruch auf diese Säuberung hat er nicht. Das muss auch das Gericht anerkennen: In «einer Gesellschaft, die unterschiedlichen Glaubensüberzeugungen Raum gibt», hat niemand «ein Recht darauf, von fremden Glaubensbekundungen, kultischen Handlungen und religiösen Symbolen verschont zu bleiben».

In der Schule soll es dieses Recht, sich den Anblick irritierender Zeichen zu verbitten, dann aber plötzlich doch geben, weil die Schüler «ohne Ausweichmöglichkeit» dem Lehrer ausgesetzt sind. Das Gericht verweist auf den ins Grundgesetz übernommenen Artikel 136 Absatz 4 der Weimarer Reichsverfassung, der verbietet, jemanden zur Teilnahme an religiösen Übungen zu zwingen. Hätte Frau Ludin im Einstellungsgespräch angekündigt, sie wolle jeden Morgen mit der Klasse zu Allah beten, hätte das auch dann Zweifel an ihrer Eignung begründet, wenn sie versichert hätte, den Schülern werde die Teilnahme natürlich freistehen. Aber verwandelt allein das Kopftuch der Lehrerin jede Schulstunde in eine religiöse Übung? Nur weil die Schüler diesem Merkmal ihrer Person ebenso wenig ausweichen können wie jedem anderen? Muslimische Eltern dürfen nicht verlangen, dass ihre Söhne nicht von Frauen unterrichtet werden. Warum soll es ein Elternrecht darauf geben, dass eine muslimische Lehrerin nicht als Muslimin erkennbar ist? Das Urteil fordert den Gesetzgeber auf, das «unvermeidliche Spannungsverhältnis zwischen positiver Glaubensfreiheit eines Lehrers einerseits» und der «negativen Glaubensfreiheit der Schüler andererseits unter Berücksichtigung des Toleranzgebots zu lösen». Doch wenn man einmal den Schülern eine Position der negativen Glaubensfreiheit zuschreibt, ist für Toleranz kein Spielraum mehr da. Negativ heißt diese Freiheit nicht, weil sie ihrem Inhaber eine religionsfreie Zone garantierte, einen Sicherheitsabstand, der ein Ausweichen vor jedem Bekenner erlaubte. Negieren heißt verneinen: Die negative Glaubensfreiheit schlägt nur durch, wenn es Glaubenszwang abzuwehren gilt; dann schlägt sie aber auch durch. Sie ist ein Vetorecht: Die negative Freiheit sticht die positive. Andersherum gesagt: Die (positive) Glaubensfreiheit muss zurücktreten, wenn ihre Ausübung einen Zwang auf Dritte ausübt. Ein Kompromiss – ein bisschen Zwang muss man dulden – ist ausgeschlossen.

Hier ist das Sondervotum der drei überstimmten Richter Jentsch, Di Fabio und Mellinghoff, die die Verfassungsbeschwerde abweisen wollten, konsequent. Die Minderheit setzt durchaus vernünftigerweise bei den Beamtenpflichten und der Asymmetrie des Schüler-Lehrer-Verhältnisses an. Der Lehrer arbeitet für die Schüler, deshalb ist er Lehrer geworden. In der Schule müssen die Rechte des Schülers zur Entfaltung kommen, und wenn der Staat den Schulbesuch zur Pflicht macht, muss der Schutz dieser Rechte seine besondere Sorge sein. Zurückhaltung im Äußern von Ansichten wie in allen anderen Formen der Selbstdarstellung ist eine Pflicht, die in der Natur des Lehrerberufs liegt. Als Verstoß gegen dieses «Mäßigungsgebot» bewertet das Sondervotum das «kompromisslose Tragen des Kopftuchs im Schulunterricht». Doch welchen Kompromiss wollten die drei Richter der Beschwerdeführerin damit nahelegen? Hätte Fereshta Ludin ihr Kopftuch im täglichen Wechsel anziehen und ablegen sollen? Die Pflicht, auf die sie sich berief, ist nicht von der Art der Mildtätigkeit oder des Gebetseifers. Sie ist so unbedingt wie bestimmt. Das Kopftuchtragen kann man nicht dosieren. Damit fehlt dem Verdikt des Maßlosen oder Unmäßigen der Maßstab.

Die Minderheit hat der Mehrheit vorgeworfen, sie erläutere den Ländern nicht, wie ein verfassungsgemäßes Gesetz aussehen könnte. Offenbar wolle die Mehrheit sich vorbehalten, die nach dem Urteil zu erwartenden Kopftuchgesetze wieder aufzuheben, ohne die Kriterien dieser Überprüfung offenzulegen. Dieser Verzicht auf eine Richtschnur lässt sich auch im entgegengesetzten Sinne deuten. Die Freiheit, die der Senat den Bundesländern eingeräumt hat, wird es ihm schwer machen, die Regelungen zu beanstanden. Stellenweise liest sich das Urteil geradezu als Einladung, eine Gesetzeslücke zu schließen: «Dem zuständigen Landesgesetzgeber steht es jedoch frei, die bislang fehlende gesetzliche Grundlage zu schaffen, etwa indem er im Rahmen der verfassungsrechtlichen Vorgaben das zulässige Maß religiöser Bezüge in der Schule neu bestimmt.» Eine fehlende Grundlage ist etwas anderes als eine nicht vorhandene, das «bislang» macht die Änderung zu einer Frage der Zeit. Viele Beispiele wird es nicht dafür geben, dass das Verfassungsgericht einer Verfassungsbeschwerde stattgibt und den Gesetzgeber beinahe auffordert, das wiederhergestellte Recht zu beseitigen. Am meisten befremdet im zitierten Satz das nonchalante «etwa», das suggeriert, hier werde eine von zahlreichen Möglichkeiten umrissen, als wäre nicht jedes Kopftuchgesetz erstens auf eine Neubestimmung der Zulässigkeitsgrenzen für Manifestationen religiöser Zugehörigkeit gerichtet und zweitens an die verfassungsrechtlichen Vorgaben gebunden.

Die Hermeneutik des Verdachts

Das Urteil stellte es den Ländern frei, gesetzgeberisch gegen kopftuchtragende Lehrerinnen vorzugehen, und acht von sechzehn Ländern waren so frei, der Anregung zu folgen. Das Zahlenverhältnis erweckt insofern einen falschen Eindruck, als sich für die ostdeutschen Bundesländer, in denen fast keine Muslime leben, die Frage eines Gesetzes nicht stellte. Immerhin bewährte sich dort die alte liberale Maxime: Wenn es nicht notwendig ist, ein Gesetz zu machen, ist es notwendig, kein Gesetz zu machen. Wie lange man auf eine solche Intuition der Gelassenheit noch vertrauen kann, scheint im Licht der jüngsten Diskussionen um ein Verbot der Totalverhüllung ungewiss. Von den elf Ländern der alten Bundesrepublik inklusive Berlin haben nur Hamburg, Rheinland-Pfalz und Schleswig-Holstein kein Kopftuchverbot für Lehrerinnen in Kraft gesetzt. Artikel 33 Absatz 2 des Grundgesetzes bestimmt, dass jeder Deutsche «nach seiner Eignung, Befähigung und fachlichen Leistung gleichen Zugang zu jedem öffentlichen Amte» hat. Der dritte Absatz fügt hinzu, dass die Zulassung zu öffentlichen Ämtern unabhängig vom religiösen Bekenntnis ist. «Niemandem darf aus seiner Zugehörigkeit oder Nichtzugehörigkeit zu einem Bekenntnisse oder einer Weltanschauung ein Nachteil erwachsen.» Wenn die

Eignung für den Lehrerberuf so definiert werden soll, dass die Befolgung einer nach der Lehre einer bedeutenden Strömung eines großen Bekenntnisses verbindlichen Lebensregel ungeeignet macht, dann genügt dem Bundesverfassungsgericht nicht, dass sich im Zusammenwirken von Ministerien und lokalen Schulbehörden eine entsprechende Verwaltungspraxis herausbildet.

Ironie der Geschichte des Rechtsstaats: Die Härte der deutschen Kopftuchregelungen hat ihren wesentlichen Grund darin, dass das Bundesverfassungsgericht auf der hohen Hürde eines förmlichen Gesetzes bestand. Das allgemeine Gesetz wurde als allgemeines Verbot ausgestaltet. Kein Landesgesetz sieht eine Einzelfallprüfung vor. Ein zweites Paradox: Auch der Föderalismus begünstigte eine einheitliche, drakonische Normierung. Die Festlegung Baden-Württembergs, dass mit dem Kopftuch ein ideeller Angriff auf die Toleranz in der Schule, die Neutralität des Staates und die Gleichheit der Geschlechter abgewehrt werde, löste einen Nachahmungszwang aus, dem sich die meisten betroffenen Länder fügten.

Der Effekt des Teppichs der Kopftuchgesetze kommt einem Berufsverbot gleich. Dass der abzuweisenden Bewerberin nicht persönlich eine unfriedliche Absicht unterstellt wird, hilft ihr nicht. Mehr als neunzig Prozent der Schüler in Deutschland besuchen staatliche Schulen. Die drei West-Länder ohne Kopftuchverbot haben zusammen nur halb so viele Einwohner wie Nordrhein-Westfalen. Zwar unterrichtet Fereshta Ludin heute an einer Privatschule, aber ein islamisches Privatschulwesen steckt noch in den Anfängen. Der Kopftuchstreit war die erste große Kontroverse über den Platz des Islam im öffentlichen Leben. Die Dynamik, die der Streit gewann, hat auf unabsehbare Zeit festgelegt, wie über den Islam geredet wird, wie Muslime angesehen und behandelt werden. Die nachhaltigste Wirkung hatte der hypothetische Charakter der Erörterungen über den Signalcharakter des Kopftuchs. Das Bundesverfassungsgericht hat ausgeführt, es komme auf den «objektiven Empfängerhorizont» an. Die Forderung des Gerichts, «alle denkbaren Möglichkeiten, wie das Tragen eines Kopftuchs verstanden werden kann, bei der Beurteilung zu berücksichtigen», zielte wohl darauf, Kontexte für die Selbstauslegung der Trägerin sichtbar zu machen, eine Vieldeutigkeit des Zeichens, die eine tolerant und neugierig gestimmte Öffentlichkeit dazu bewegen mochte, extremistische Lesarten zu verwerfen. Das genaue Gegenteil trat ein. Die Berücksichtigung aller denkbaren Möglichkeiten lief auf eine Gleichbehandlung der Interpretationen hinaus. Unabsichtlich hat das Gericht eine Hermeneutik des Verdachts gerechtfertigt. Denn das Denkbare, noch nicht Gedachte, das es ausdrücklich für relevant erklärte, ist ja im Zweifelsfall das Hergeholte und Abwegige. So schließt der objektive Empfängerhorizont, wie er von den Landesgesetzgebern gezogen wurde, die schlimmsten Befürchtungen nicht nur ein; diese schlimmsten Befürchtungen werden sogar zum Bestimmungsgrund des gesetzgeberischen Handelns im Zeichen der Gefahrenabwehr.

Wo sich im öffentlichen Raum und zumal im engen öffentlichen Raum Angehörige verschiedener Religionen begegnen, da müsste die Maxime, einen friedlichen Ausgleich zu suchen, der Rechte schützt und Empfindlichkeiten schont, gar nicht aus der Rechtsprechung des Bundesverfassungsgerichts zu Artikel 4 des Grundgesetzes hergeleitet werden. Eher übersetzt umgekehrt diese Rechtsprechung die moralischen Intuitionen einer freien Gesellschaft, die Standards, an denen tolerante Zeitgenossen ihr Alltagsverhalten gemessen sehen wollen, in Faustregeln für staatliche Dispositionen, die bisweilen etwas salbungsvoll klingen. Die Suche nach pragmatischen Lösungen wurde durch den Kopftuchstreit außerordentlich erschwert. Mit dem Islam wird Politik gemacht, und diese Politik verfolgt ein Programm der Prävention. Die Richter hatten mit dem technischen Begriff der abstrakten Gefahr eine Eventualität gemeint, die nicht mit hinreichender Sicherheit vorhergesagt, aber auch nicht vollends ausgeschlossen werden kann. In der politischen Logik wurde die Abstraktheit der Bedrohung zum Indiz der Gefährlichkeit. Wo nichts von Schülern erzählt werden konnte, auf die Fereshta Ludins Kopftuch unheimlich gewirkt hätte, sprang die Phantasie ein. Ein wahnhafter Zug prägt seitdem die Islamdebatte. Man ist bereit, Gespenster zu sehen.

Eine realistische Alternative

Ausgehend von der Verfassungsanalyse des Sondervotums hätte man auch zu einem positiven Ergebnis für die Beschwerdeführerin kommen können, das realistische Szenarien einer vorsorglichen Vermeidung von Friktionen in der besonderen Umgebung einer Schule möglich gemacht hätte. Die Rechtsposition der Schüler bestimmt man besser als positive Freiheit. Das schließt ihre Religionsfreiheit ein, die Freiheit, sich in allen Handlungen an den Empfehlungen ihres Bekenntnisses zu orientieren. Die Eltern religionsunmündiger Schüler haben das Recht darauf, dass die Schule ihre religiösen Erziehungsbemühungen nicht sabotiert, sei es durch direkte Widerrede, sei es durch Einrichtung einer Umwelt, in der die Befolgung der religiösen Regeln nicht mehr möglich ist oder anachronistisch wirken muss. Islamkritiker hören von diesem Recht der Kinder, in eine von ihren Eltern geordnete moralische Welt hineinzuwachsen, allerdings nicht gerne. Selbst der Schutz vor ausdrücklichen oder subkutanen Bekehrungsangeboten ist, vom Zweck der Schule her betrachtet, nur ein Sonderfall des Rechts der Schüler, gegen schulzweckfremde Einwirkungen abgeschirmt zu werden. Im Notfall mag der Schulfriede gegen Störungen gerettet werden müssen. Für den Schulalltag kommt es auf die Garantie des ungestörten Unterrichts an.

Richtig hält das Sondervotum fest, dass der Lehrer «seine Ansprüche auf Verwirklichung der Persönlichkeit» zurückzunehmen hat. Jentsch, Di Fabio und Mellinghoff unterlassen es aber, die Grenze dieser Rollenanforderung zu markieren. Sie verläuft dort, wo vom Lehrer Selbstverleugnung verlangt würde. Als einen solchen Eingriff in ihre Identität beschreiben Frauen wie Fereshta Ludin den Befehl zum Ablegen des Kopftuchs. Ein Lehrer, der nicht als derjenige, der er ist, vor die Klasse tritt, kann seines Amtes nicht walten. Ein Automat zur Abarbeitung des Curriculums kann keinen Unterricht erteilen. Wo nur ein Verstellungszwang die Erledigung von Dienstpflichten denkbar macht, liegt ein Eignungsmangel vor: Ein Lehrer der, Thilo Sarrazin überbietend, Intelligenz für zu 100 Prozent erblich und Klassenarbeiten für sinnlos hielte, hätte seinen Beruf verfehlt. Inwiefern beeinträchtigt nun das Persönlichkeitsmerkmal des in der Öffentlichkeit getragenen Kopftuchs die Fähigkeit der Lehrerin, Unterricht zu geben?

Ein sachlicher Bezug zu den Gegenständen der Schulfächer liegt nicht vor. Selbst in der Gemeinschaftskunde, dem dritten Fach von Frau Ludin, müsste er erst durch Fragen hergestellt werden, und es liegt nicht auf der Hand, dass diese Fragen nicht sehr gut im Sinne des Erziehungsauftrags der Schule beantwortet werden könnten. Bei allfälligen Zweifeln hätte man ihren Unterricht in diesem Fach auf die höheren Klassen beschränken können. Frau Ludin berief sich nicht auf ein Tabu, das ihr untersagt hätte, bestimmte Versuche durchzuführen oder bestimmte Zusammenhänge zu erklären. Im Sondervotum heißt es: «Im Schuldienst hat der Lehrer die Verwendung solcher signifikanter Symbole zu unterlassen, die geeignet sind, Zweifel an seiner Neutralität und professionellen Distanz in politisch, religiös oder kulturell umstrittenen Themen zu wecken.» Da mit dem Kopftuch keine Stellungnahme zu den Gegenständen, Methoden oder Zielen des Unterrichts verbunden ist, liefert es keinen Grund für die Vermutung, die Trägerin werde nicht den professionell gebotenen Abstand zu den Schülern wahren oder heikle Themen nicht mit der Objektivität ihres Berufs erläutern. Könnte einer Kopftuchträgerin nicht zugetraut werden, im Deutschunterricht ein Jugendbuch über die Kopftuchproblematik zu behandeln, wären analoge Abwehrreaktionen bei Trägern anderer starker Überzeugungen zu befürchten, die sich nicht aus der Kleidung erschließen lassen.

Die Spekulationen über die jedenfalls denkbare Befangenheit der Lehrerin mit Kopftuch gehen darüber hinweg, dass mit dem Staatsexamen die professionelle Befähigung nachgewiesen wird. Offenkundig sind die Autoren des Sondervotums dem Vorurteil erlegen, das mit dem Kopftuch eine fanatische Glaubenspraxis assoziiert. Wenn sie bezweifeln, dass eine Lehrerin mit bedecktem Haar ein «neutraler Sachwalter» sein kann, muss man sie fragen: neutral wozu? Natürlich muss der Beamte sein Amt in dem einfachen wörtlichen Sinne neutral ausüben, dass er Glaubensgenossen nicht begünstigen darf. In einem weiteren Sinne mag man als Neutralität eine Tugend umschreiben, die zum Berufsbild des Beamten gehört: Er hat sich persönlich zurückzunehmen. Für den gläubigen Lehrer, der andere Klienten und andere Gegenstände hat als ein Finanzbeamter, folgt daraus zwanglos, dass er seine Frömmigkeit nicht ungefragt Thema werden lässt, auf etwaige Fragen knapp und sachlich Auskunft gibt und insgesamt darum so wenig Aufhebens wie möglich macht. Vom Beamten kann aber nicht verlangt werden, dass er sich neutral gegenüber dem eigenen Glauben verhält beziehungsweise diese Neutralität fingiert, indem er die Befolgung einer Glaubenspflicht unterlässt, die ihn in der Wahrnehmung seiner dienstlichen Obliegenheiten nicht behindert.

Das entscheidende Missverständnis

Das Sondervotum wirft Fereshta Ludin ein «provozierendes» und «herausforderndes Verhalten» vor. Mit der Pflicht zur Mäßigung sei «jedenfalls nicht zu vereinbaren, dass der Beamte den Dienst im Innenverhältnis prononciert als Aktionsraum für Bekenntnisse, gleichsam als Bühne grundrechtlicher Entfaltung nutzt». Hier haben wir den neuralgischen Punkt der Kopftuchdebatte erreicht, das entscheidende Missverständnis. Nur durch das Ungewöhnliche des Erscheinungsbildes der Kopftuchträgerin entsteht der Eindruck der Provokation. Sie trägt in der Klasse keine andere Kleidung als an jedem anderen öffentlichen Ort. Wenn sich Schüler herausgefordert fühlen, mag das ein pädagogisches Problem sein, dessen Lösung zunächst auf den dafür in Schulen vorgesehenen Wegen der Beratung und Aussprache zu suchen ist. Die Absicht der Herausforderung kann aus dem Tragen eines Kleidungsstücks nicht geschlossen werden, das die Trägerin gemäß ihrer unwidersprochenen Aussage in der Öffentlichkeit gar nicht ablegen kann. Der Klassenraum als Bühne für Privatanliegen mit dem Körper des Lehrers als wichtigstem Requisit: Es fallen einem leicht Beispiele für die Übergriffe ein, die mit diesem plastischen Bild gemeint sind. Das T-Shirt des Evangelikalen mit dem Slogan «Geh doch zur Hölle! Oder komm mit zu Jesus!» oder der Dornengürtel um den Oberschenkel, den das Opus-Dei-Mitglied wie zufällig entblößt, wären Anlässe für Disziplinarverfahren. Dem Kopftuch geht dagegen das Prononcierte, Überbetonte, ab. Es ist nichts anderes als ein notwendiges Stück der Kleidung, die diese Muslimin nach ihrem Empfinden schicklicherweise anzulegen hat, wenn sie das Haus verlässt.

Verwirrung ist durch eine stillschweigende Übereinkunft der Kopftuchdebatte entstanden: Man will das Kopftuch von vornherein als Zeichen oder noch spezifischer als Symbol verstehen, dem eine bestimmte Bedeutung entsprechen soll. Hassemers «Wir wissen noch nicht genug» war von einem Zeichenverständnis im Sinne Ludwig Wittgensteins inspiriert. Nach Wittgenstein ist die Bedeutung eines Wortes sein Gebrauch in der Sprache. So sollte der Sinn des Kopftuchs sein Gebrauch in der sozialen Praxis sein. Die Politiker und sonstigen Meinungsmacher dachten nicht daran, sich auf das von Hassemer propagierte Forschungsprojekt einzulassen, sondern produzierten lieber Bedeutungen des Kopftuchs durch Reden über das Kopftuch. Aber ohnehin war Hassemers Ansatz noch zu lexikalisch. Die Vorstellung einer im Gebrauch verborgenen und erst noch freizulegenden Bedeutung begünstigte esoterische Deutungen. Karlsruhe stellte das Kopftuch als Rätsel hin, und in den Landesparlamenten wurden mehr oder weniger einfache Lösungen gefunden. Die Debatte, ob das Kopftuch nun ein Zeichen der Frömmigkeit oder des Extremismus ist, der Unterwerfung unter den Mann oder der Rebellion gegen die Eltern, des Protests gegen westliche Unmoral oder des Willens zur Selbstbestimmung, ging hinweg über den Sinn des um den Kopf geschlungenen Stücks Stoff, der in die Augen fällt, wenn man es sieht.

Es gibt im Alltag ein selbstverständliches Verstehen ohne Sprache, gerade im Umgang mit Unbekannten und Fremden. Man registriert Gesten und Blicke, man notiert, womit ein Mensch seine Blöße bedeckt. Mit wem hat man es zu tun, wenn man einer verschleierten Frau begegnet? Sorgfalt hat sie auf ihre Kleidung verwendet, ihr ist nicht gleichgültig, wie sie sich zeigt. Sie schützt sich vor zudringlichen Augen und will ihrerseits nicht aufdringlich sein. Mit einem Blick ordnen wir ihre Erscheinung einem elementaren moralischen Gefühl zu, für das der Begriff der Scham steht. Diese Regung ist nicht gesellschaftsfeindlich. Im Gegenteil, sie meldet sich nur in einem sozialen Zusammenhang. Die Person gibt zu erkennen, dass sich ein bestimmtes Auftreten für sie so gehört. Und für mich gehört es sich dann, auf diese Empfindlichkeit Rücksicht zu nehmen. Das ist kein absolutes und letztes, aber doch ein erstes Gebot. So fängt das friedliche Zusammenleben an.

Als provozierend und herausfordernd wird nun bei der muslimischen Lehrerin ein Erscheinungsbild bewertet, das in jedem anderen Kontext als Illustration der Sittsamkeit dienen würde. Sie lasse es an der für einen Beamten gebotenen Zurückhaltung fehlen, lautet der Vorwurf. Aber man muss verblendet sein, um nicht zu sehen, dass ihr ganzer Habitus Zurückhaltung ausdrückt. Die groteske Verkehrung des ursprünglichen moralischen Sachverhalts im Bannfluch gegen die Störerin des republikanischen Anstands ist keine bewusste Umwertung. Um die Kopftuchträgerin als Alien im Universum der öffentlichen Sittlichkeit zu klassifizieren, mussten die Wächter über den Zugang zum Berufsbeamtentum unser anthropologisches Alltagswissen verlernen. Dazu gehört auch das Wissen um den Sinn des Verhüllens. In Tücher eingehüllt wird normalerweise das Kostbare. Die Verschleierung ist ein Indiz der Vornehmheit. Es widerspricht also unserer Intuition, dass der Zweck des Kopftuchs, wie von seinen feministischen Gegnerinnen behauptet, die demonstrative Herabsetzung der Frau sein soll.

Wo über Bekleidungssitten gestritten wird, berührt man früher oder später die Sphäre der Intimität. Mit kulturellen Zuschreibungen kommt man dann nicht mehr weiter. Die Innenseite der hundertfach überdeterminierten Pflicht ist ein höchstpersönliches Bedürfnis. Hier gibt es eine Verletzbarkeit, die man als Ausdruck eines falschen Bewusstseins erklären und als Symptom der Schwäche verachten mag, aber damit nicht aus dem Weg geschafft hat. Als die Kopftuchgesetze gemacht wurden, wurden ihre moralischen Kosten nicht veranschlagt. Man nahm die Entschleierung unter die Maximen der Staatsräson auf und gab den gut ausgebildeten Musliminnen zu verstehen, sie sollten doch nicht so ein kapriziöses Gewissenstheater veranstalten. Fereshta Ludin hat ausgesagt, dass sie sich ohne Kopftuch nackt fühle. Dieses Gefühl konnten die Schulbehörde, die Gerichte, der Gesetzgeber und Alice Schwarzer nicht widerlegen, nur verletzen. Das Kopftuchverbot ist ein Akt der seelischen Gewalt.

Gegen die These vom Abzeichen der Unfreiheit hätte sich, sofern wir unseren Augen noch trauen, eine Skepsis melden müssen, die sich wenigstens hätte erläutern lassen sollen, ob die Verbindung zwischen Rechtsnormen weiblicher Unterordnung und dem Schleier, mit dem sich die Frau in der Öffentlichkeit zeigt, wirklich so eng ist wie behauptet. Nach Auskunft der Islamwissenschaft hatten die Bekleidungsregeln des Korans ursprünglich den Sinn, die freie Frau von der Sklavin zu unterscheiden. Die Urformen des Kopftuchs machten sichtbar, dass die Trägerin nicht rechtlos war. Müsste sich eine spätere Verknüpfung des Bedeckungsgebots mit dem entgegengesetzten Prinzip nicht auch wieder auflösen lassen? Mit dem Stolz auf die Kultur der Freiheit, den die liberalen Imperialisten unter den Islamfeinden von ihren Mitbürgern fordern, ist es bei den Einpeitschern selbst nicht weit her. Wie die Sittenpolizisten islamischer Diktaturen in der kleinsten modischen Freiheit, die eine Frau sich herausnimmt, satanische Dekadenz wittern, so soll hierzulande eine Kleiderordnung eingeführt werden, deren Hüter aus Sicherheitsgründen jede Kopftuchträgerin als Islamistin einstufen wollen. Den bösen Anschein müsse sie sich eben zurechnen lassen.

Wer dem Kulturrelativismus nicht verfallen ist und wirklich an die Überlegenheit der westlichen Zivilgesellschaft glaubt, der hat einen guten Grund für diesen Glauben in der Tatsache, dass Staaten mit anti-westlichem Programm alle Mittel des juristischen Schreckens und der moralischen Einschüchterung einsetzen, um die Bürger gegen westliche Kultureinflüsse abzuschirmen. In westlichen Staaten genießt dagegen auch der Prediger ein Rederecht, der den bevorstehenden Untergang des Westens voraussagt. Wer sich das anhört? Nun, das entscheidet sich auf dem Markt der religiösen Möglichkeiten, dem Basar der Hoffnungen und Ängste. Antiliberale Ideologien stoßen in der Öffentlichkeit auf Widerspruch und im Alltag auf den Widerstand der Lebenswirklichkeit. Die größte Stärke unserer Kultur dürfte die abkühlende und entschärfende Wirkung des Nebeneinanders von Lebensexperimenten in zivilen Verhältnissen sein. Mag der Prophet einer Gegengesellschaft seine Feldzeichen auf unseren Plätzen aufstellen. Er muss nur wissen: Das Ironisieren, Abkupfern, Umdeuten und Klauen sind unsere Methoden im Krieg um die Seelen. Beizeiten sollte er dann nachsehen, wie viele sichere Kantonisten in seinem Lager verblieben sind. So etwa könnte jedenfalls das Selbstporträt einer liberalen Gesellschaft in englischer Tradition aussehen. Der martialische Ruf nach Selbstbehauptung verrät oft, wie im Wilhelminismus und eben auch im Islamismus, einen Mangel an Selbstbewusstsein.

Annette Schavans versäumte Chance

Die Geschichte der Kopftuchdebatte ist eine Serie versäumter Gelegenheiten. Mehrere Akteure wären prädestiniert gewesen, pragmatische Lösungen zu sondieren, die sich im Schulalltag hätten bewähren müssen und gegebenenfalls im Lichte der Erfahrung auch hätten verworfen werden können. Die erste dieser handelnden Personen war ganz am Anfang Annette Schavan. Bevor sie zur baden-württembergischen Kultusministerin berufen wurde, hatte die katholische Theologin, die mit «Studien zu Voraussetzungen, Notwendigkeit und Erfordernissen heutiger Gewissensbildung» promoviert worden war, das

Cusanuswerk geleitet, die Studentenförderung der Bischöfe. Sympathie mit Frauen, die sich in einer männlich dominierten religiösen Umwelt Bildungschancen erarbeiten und im Zuge des beruflichen Aufstiegs den Glauben nicht abstreifen, sondern als Moment des persönlichen Selbstverständnisses auch öffentlich bekunden, musste bei ihr vorausgesetzt werden. Auch verfügt sie über intellektuelle Mittel für den Nachweis, dass ein strenger Glaubensstandpunkt Andersgläubigen verständlich gemacht werden kann. Die lange heftig umkämpfte Überwindung der Konfessionsschule konnte die christdemokratische Bildungspolitik zumal in Baden-Württemberg sich als großen Lernerfolg zugutehalten. Und schließlich musste Frau Schavan die von Ernst-Wolfgang Böckenförde früh geäußerte Warnung zu denken geben, dass mit dem Kopftuch die Religion überhaupt in der Schule auf dem Spiel stand.

Das Oberschulamt hatte Fereshta Ludin schon den Zugang zum Referendariat verweigern wollen. Kultusministerin Schavan hob diese Entscheidung 1997 auf – unter Verweis auf das Ausbildungsmonopol des Staates. Ministerpräsident Erwin Teufel unterstützte sie mit dem Satz, für ihn sei nicht die Kopfbedeckung entscheidend, sondern das, was unter dem Kopftuch gedacht werde. Diese lebenskluge Maxime der Gelassenheit bestimmte dann allerdings nicht die Regierungspolitik, als Frau Ludin nach dem zweiten Examen die Übernahme in den Schuldienst beantragte. Frau Schavan bestätigte den ablehnenden Bescheid der Behörde in einer öffentlichen Erklärung. Die Ministerin stellte die Vorbildfunktion der Lehrerin heraus und beschwor die wachsende Bedeutung einer «auf Gegenseitigkeit beruhenden Toleranz» in einer Epoche der religiösen Pluralität. Von der Absicht der Junglehrerin mit der Examensnote 1,8, den Verzicht auf das Kopftuch bei muslimischen oder gar nicht-muslimischen Schülerinnen nicht zu dulden, war allerdings nichts bekannt geworden. Die von Frau Schavan geprägte und begründete Haltung wurde von den Unionspolitikern fast aller westdeutschen Bundesländer übernommen. Nur die liberale Großstadt-CDU Hamburgs brachte kein Kopftuchgesetz ein. In Schleswig-Holstein einigte sich die Große Koalition darauf, von einem Verbotsgesetz Abstand zu nehmen.

Der baden-württembergische Verwaltungsgerichtshof hatte in seinem Ludin-Urteil festgestellt, «eine zumutbare pragmatische Lösung des Konflikts» sei «angesichts des an Grund- und Hauptschulen vorherrschenden Klassenlehrerprinzips» unmöglich. Das mochte als Wink zu verstehen sein: Bei Lehrerinnen in Realschulen, Gymnasien und Berufsschulen wäre eine Einzelfallprüfung womöglich zumutbar. Je älter die Schüler sind, desto weniger ist zu befürchten, dass sie alles, was die Lehrerin tut, ohne Nachdenken nachahmen. Und wenn eine Klasse auch andere Lehrerinnen hat, kann das Missverständnis gar nicht entstehen, jede weibliche Autoritätsperson müsse ein Kopftuch tragen. Im Gegenteil wird sichtbar, dass die Bedeckung der Haare nicht für alle Frauen verbindlich, sondern immer das Ergebnis einer persönlichen Entscheidung ist. Die Karlsruher Minderheit hob ebenfalls hervor, dass sich das Land an den Erfordernissen «alltäglicher Unterrichtssituationen einer Grundschule» orientiert hatte. An höheren Schulen mochte ein größerer Spielraum denkbar sein. Prophetisch war der Satz des Sondervotums über die Konsequenzen des von der Senatsmehrheit postulierten Gesetzeszwangs zum Zweck des Grundrechtsschutzes: «Mit einer für die Statuierung von Dienstpflichten und für die beamtenrechtliche Eignungsbeurteilung ohnehin systemfremden allgemeinen gesetzlichen Regelung wird nicht mehr, sondern weniger an Einzelfallgerechtigkeit hergestellt.»

Ein deutscher Sonderweg

Mit den Kopftuchverboten in fast jedem Bundesland mit einem nennenswerten muslimischen Bevölkerungsanteil hat Deutschland einen Sonderweg beschritten. Allgemeine Kopftuchverbote für Lehrerinnen gibt es in Europa sonst nur in Frankreich sowie in der Türkei, den beiden Ländern, in denen der Kulturkampf gegen die Religion ein Element der Staatsräson ist. In Österreich wehrte Bundeskanzler Schüssel von der konservativen ÖVP entsprechende Forderungen aus der FPÖ 2003 mit der Bemerkung ab: «Wir müssen nicht alle Diskussionen aus Deutschland importieren.» Ein Erlass des österreichischen Bundesministeriums für Bildung, Wissenschaft und Kultur hielt 2004 fest, dass das Tragen von Kopftüchern durch muslimische Frauen und Mädchen als religiös begründete Bekleidungsvorschrift unter den Schutz der Glaubens- und Gewissensfreiheit fällt. «Eine Einschränkung religiöser Gebote steht außerkirchlichen Stellen nicht zu.»

Das Schulwesen ist Ländersache. Die Bundesregierung machte von ihrem Recht Gebrauch, sich im Verfahren über die Verfassungsbeschwerde zu äußern. Juristen sind es gewohnt, Probleme durch Verallgemeinerung zu beseitigen, und überlassen die Folgeprobleme, die nicht mehr juristischer Natur sind, der Gesellschaft. Die Regierung hätte die Gelegenheit gehabt, den Richtern vor Augen zu führen, welche Folgen eine Verdrängung des Kopftuchs aus dem Erscheinungsbild des öffentlichen Dienstes für das ganze Land haben musste. Die rot-grüne Bundesregierung von Gerhard Schröder und Joschka Fischer hatte die Konsequenzen der Einwanderung zu einem Hauptthema ihrer Politik gemacht. Schon bei Amtsantritt nahm sie die Anerkennung des Faktums kultureller Pluralität in einer für Neubürger offenen Gesellschaft als historische Leistung für sich in Anspruch. Das sollte der Markstein eines Realismus sein, wie ihn die sozialliberale Reformregierung Willy Brandts mit der Bereitschaft unter Beweis gestellt hatte, die Tatsachen der Existenz der DDR und des Verlusts der Ostgebiete zu akzeptieren. Was konnte die Aussicht, in staatlichen Schulen nirgendwo einer Lehrerin mit Kopftuch zu begegnen, für die Zugehörigkeit muslimischer Mitbürger bedeuten? Die vom Bundesinnenministerium namens der Bundesregierung in Karlsruhe abgegebene Stellungnahme ist eine der verpassten Chancen der Debatte.

Bundesinnenminister war der Sozialdemokrat Otto Schily, der sich schon wenige Wochen nach seiner Amtsübernahme mit der Forderung exponiert hatte, islamische Religionsgemeinschaften sollten nach dem Vorbild der christlichen Kirchen den Status von Körperschaften des öffentlichen Rechts erhalten. Der Schriftsatz des Ministeriums war aus der Perspektive des für das Beamtenrecht zuständigen Ressorts formuliert. Der «Gefahrenprognose des Dienstherrn, der Schulfriede könne durch das auffällige Erscheinungsbild der Lehrerin nachhaltig gestört werden», maß das Ministerium «großes Gewicht» zu. Begründung: Die Schüler seien «während des gesamten Unterrichts mit dem Ausdruck einer fremden Religiosität ohne Ausweichmöglichkeit konfrontiert». Die Verwendung des Wortes «fremd» in diesem Satz offenbart einen bestürzenden, für die Debatte fundamentalen Denkfehler. Am Platz wäre das Adjektiv allenfalls in einer statistischen Prognose. Man konnte damit rechnen, dass eine Mehrzahl der Schüler den Anblick der verschleierten Lehrerin als fremd empfinden würde. Doch damit war dieser Anblick noch keine nachhaltige Störung, deren Behebung der Lehrerin auferlegt werden musste. Erziehung in der Schule ist Begegnung mit dem Unbekannten. Man erwartet von Schülern, und zwar auch schon von Grundschülern, dass sie sich an den fremdartigen Anblick eines Lehrers mit schwarzer Hautfarbe gewöhnen. Es müsste hier um eine normative Fremdheit gehen. Das Kopftuch dürfte nicht zusammenpassen mit der Verfassung, auf die die Lehrerin vereidigt wird und in deren Geist sie die Schüler zu erziehen hat: Dann wäre es befremdend. Eine solche Diskrepanz zwischen dem Grundgesetz und der Religiosität, deren Ausdruck das Kopftuch ist, wird von den Autoren des Schriftsatzes offenkundig vorausgesetzt, aber auch nicht ansatzweise begründet. Es geht aus dem Grundgesetz nicht hervor, ob eine Frau sich in der Öffentlichkeit verschleiern soll oder nicht. Der neutrale Staat, als dessen Repräsentantin Fereshta Ludin angeblich nicht geeignet war, ist gerade in solchen Fragen neutral. In der Sicht des Grundgesetzes ist die kopftuchtragende Frau keine Fremde, sondern eine ebensolche Bürgerin wie ihre unverschleierte Nachbarin oder Kollegin.

Wiederkehr des Aberglaubens

Das Schulgesetz des Landes Baden-Württemberg verbietet in seiner zum Zweck des Kopftuchverbots geänderten Fassung Lehrern ein «äußeres Verhalten», das «bei Schülern oder Eltern den Eindruck hervorrufen kann, dass eine Lehrkraft gegen die Menschenwürde, die Gleichberechtigung der Menschen nach Artikel 3 des Grundgesetzes, die Freiheitsgrundrechte oder die freiheitlich-demokratische Grundordnung auftritt». Diese Erweiterung der Treuepflicht des Beamten sprengt die hergebrachten Grundsätze des Berufsbeamtentums. Gemäß Paragraph 53 des Bundesbeamtengesetzes müssen sich Beamte «durch ihr gesamtes Verhalten zu der freiheitlichen demokratischen Grundordnung im Sinne des Grundgesetzes bekennen und für deren Erhaltung eintreten». Aber die baden-württembergische Lehrerin darf die freiheitlich-demokratische Grundordnung nicht nur nicht bekämpfen, darf nicht nur nicht mit Ansichten auftreten, die auf die Aufhebung dieser Grundordnung hinauslaufen, sondern muss schon den Eindruck dieses Auftretens vermeiden. Als Treuepflicht ist eine solche Verpflichtung gar nicht mehr anzusprechen, da die Beamtin die

Pflichterfüllung auch beim besten Willen nicht garantieren kann. Schon der mögliche Eindruck zeugt gegen sie, das heißt in der Wirklichkeit: der faktische, von jeder Belegpflicht entlastete Verdacht.

Der Rechtsstaat fällt damit in die abergläubische Denkweise älterer Rechtsepochen zurück. Es kommt auf eine rituelle Korrektheit des äußeren Verhaltens an, die gar nicht in der Hand desjenigen liegt, von dem sie gefordert wird. Aber welches Verhalten korrekt ist, das ergibt sich nicht wie einst aus alten Regelbüchern oder unvordenklichem Herkommen, sondern wird durch panische Eindrücke bestimmt, Reflexe einer in künstliche Erregung versetzten Öffentlichkeit. An die Stelle der Erfahrungen, die man mit einer kopftuchtragenden Lehrerin machen könnte, tritt das Gerücht, das man im Internet über Kopftuchträgerinnen gelesen hat. Die böse Ahnung infiltriert die Alltagskommunikation; Vertrauen wird suspendiert, Solidarität bricht zusammen; die zur Fremden gemachte Außenseiterin kann den schlimmen Eindruck nicht korrigieren – das Muster der Hexenverfolgung.

Nach Annette Schavans Schulgesetz ist nicht nur unbeachtlich, wie die Lehrerin selbst ihr inkriminiertes Verhalten verstanden wissen möchte. Es ist ihr auch verwehrt, den verfänglichen Eindruck durch ihr sonstiges Verhalten zu widerlegen. Nach jahrelanger Kopftuchdebatte ist der Eindruck verbreitet, die verschleiert auftretende Muslimin demonstriere gegen gleiche Rechte für Mann und Frau. Aber der Akademikerin, die sich für den Staatsdienst bewirbt, kann man nicht unterstellen, sie propagiere mit dem Kopftuch, das sie beim Bewerbungsgespräch trägt, die Verbannung der Frau in die häusliche Sphäre – es sei denn, man hält sie für einen ferngesteuerten Roboter. Wie Gabriele Britz bemerkt hat, die Gießener Staatsrechtslehrerin, die am 17. Dezember 2010 zur Richterin am Ersten Senat des Bundesverfassungsgerichts gewählt wurde, stehen gerade jene Frauen, die mit oder trotz Kopftuch in den Staatsdienst eintreten wollen, für ein emanzipiertes Frauenbild. Selbst bei Thilo Sarrazin liest man, dass die «besonders streng Verschleierten» meist «recht gebildet» und «oft die Fittesten in der deutschen Sprache» seien. Das steht im Kleingedruckten, in einem Referat der Dienstalltagserfahrungen des Neuköllner Bürgermeisters Buschkowsky. Sarrazin gibt dem Befund allerdings sogleich eine weder erläuterte noch begründete dogmatisch islamkritische Deutung: Der Bildungseifer der Frömmsten «entspricht der islamischen Einheit von Kirche und Staat». Die Richter des Mannheimer Verwaltungsgerichtshofs, die den Schülern nicht zutrauen wollten, die Lehrerin mit Kopftuch als Frau zu sehen, die ihre gleichen Rechte wahrnimmt, haben nach Frau Britz ihr eigenes Fremdheitsgefühl auf die Schüler projiziert. «Gerade die Schüler haben es jedoch am leichtesten, am Beispiel ihrer Lehrerin zu sehen, dass sich islamische Bekleidung und emanzipiertes Leben nicht ausschließen.»

Auch ohne Rücksicht auf den mutmaßlichen Sinngehalt des Kopftuchs machte das «nicht zur Disposition stehende staatliche Neutralitätsgebot» nach den Darlegungen des Bundesinnenministeriums im Karlsruher Verfahren «den Verzicht auf das religiöse Symbol» zur Pflicht. Das Tragen des Kopftuchs im Unterricht sei der Beweis «fehlender Neutralität der Lehrkraft». In diesem Kurzschluss verrät sich ein Mangel an soziologischer Vorstellungskraft. Das Ministerium beschreibt den Beamten als Personifikation des Staates. Dabei sind die Autoren des Schriftsatzes selbst Beamte, die aus Erfahrung wissen müssten, dass selbst der treueste Staatsdiener nicht mit dem Staat verschmilzt, sondern Person bleibt – auch während der Dienstzeit. Wenn den Staat, der keine Religion bevorzugt, nur ein Beamter vertreten dürfte, der die Gewähr bietet, dass in seinem Alltagsverhalten seine Religionszugehörigkeit nie sichtbar wird, dann könnten Beamte nur aus dem Reservoir der Konfessionslosen und Agnostiker rekrutiert werden. Ein solches Corps einer säkularen Elite wäre das türkische Modell – und alles andere als neutral. Der neutrale Staat bringt sich gerade darin zur Darstellung, dass seine Beamten verschiedenen Konfessionen angehören.

Im Schuldienst ist das Gebot der Selbstzurücknahme zweifellos besonders wichtig. Der Lehrer hat es mit Personen als Personen zu tun, ja, seine Aufgabe ist nichts anderes als diese Personen zu Personen zu machen, sie in ihrer Persönlichkeitsbildung zu fördern. In der vom Oberschulamt ausgearbeiteten Stellungnahme des Landes zur Verfassungsbeschwerde von Fereshta Ludin steht das Postulat, die Neutralität des Staates müsse sich «in der Person des Lehrers erweisen». Die pädagogische Situation ist aber verkannt, wenn man meint, der Lehrer müsse seine Persönlichkeit ausradieren. Der Düsseldorfer Staatsrechtler Martin Morlok und sein Mitarbeiter Julian Krüper bringen in ihrer Rezension der Kopftuch-Entscheidung des Bundesverwaltungsgerichts die Sache auf den Punkt: «Nicht nur in Person unterrichtet die Lehrerin, sondern auch als Person.» Die Zulassung der Sichtbarkeit vielfältiger religiöser Lebensentwürfe hat nach Gabriele Britz geradezu den Vorzug, dass sie die «Fiktion einer gänzlich neutralen Lehrperson» aus der Welt schafft. «So verstanden hätte das Neutralitätsargument für Frau Ludin gesprochen.»

Die vergessenen Schülerinnen

Die eklatanteste Lücke in der Argumentation, die das Bundesinnenministerium in Karlsruhe vortrug, ist verborgen unter dem bestimmten Artikel in der Formulierung, «die Schüler» würden mit «einer fremden Religiosität» konfrontiert. An kopftuchtragende Hauptschülerinnen, an Grundschüler, denen das Kopftuch vertraut ist, weil ihre Mutter eines trägt, ist überhaupt nicht gedacht! Und das im Schriftsatz der Bundesregierung, die der Opposition vorwarf, die Realität des Einwanderungslandes nicht sehen zu wollen! Was bedeutet das Kopftuch in der Schule? Wenn man sich darüber Gedanken macht, muss man bei der Reziprozität ansetzen. Schule, das sind immer Schüler und Schüler, Schüler und Lehrer. Es gibt Schülerinnen ohne Kopftuch und Schülerinnen mit Kopftuch. Warum soll es nur Lehrerinnen ohne Kopftuch geben? Wie lernt man als Person unter Personen, mit Personen, von Personen? Indem man mitbekommt, dass die eigene Ansicht, Einstellung und Überzeugung nicht die einzige ist, und sich dann überlegt, wie man das verstehen soll. Man versucht es zu verstehen, indem man in Gedanken die Rolle tauscht. Ich hätte auch Klavierstunden nehmen können. Ich sollte vielleicht auch wieder in die Kirche gehen.

Das Sondervotum leitet aus dem Erziehungsrecht der Eltern nach Artikel 6 des Grundgesetzes ab, dass sie «für falsch empfundene Glaubensüberzeugungen grundsätzlich von ihren Kindern fernhalten können». Das müsste dann auch für Eltern gelten, die aus Glaubensgründen davon überzeugt sind, dass die Frau sich in der Öffentlichkeit zu verhüllen hat. Was ist mit der Lehrerin, die nicht verschweigt und nicht verschweigen muss, dass sie Muslimin ist, aber kein Kopftuch trägt? Man liest gelegentlich, dass solche Lehrerinnen von muslimischen Schülern wegen ihres Lebenswandels beschimpft werden. Diese Provokationen sind nicht vom Recht auf negative Religionsfreiheit gedeckt. Ein höflicher vorgebrachter Antrag von Elternseite, die Lehrerin möge sich entweder bedecken oder aus der Klasse abgezogen werden, wäre ebenfalls aussichtslos. Was können Eltern dann gemäß Artikel 6 von ihren Kindern fernhalten? Nicht die abgelehnten Glaubensüberzeugungen als solche, sondern nur deren missionarischen Einfluss. Die Einladung zur Nachahmung, die von jeder öffentlichen Glaubenspflichterfüllung und also auch vom Kopftuch der Lehrerin ausgehen kann, ist das stärkste Argument für eine pragmatische Lösung mit Abstufungen nach Alter der Schüler und Schulform. Über das Pragmatische kommt man hier aber nicht hinaus. Denn die Meinung, dass es umgekehrt in jedem einzelnen Fall unbedingt wünschenswert ist, wenn eine Lehrerin durch ihr Vorbild eine Schülerin zum Ablegen des Kopftuchs motiviert, findet keinen Halt in der Verfassung. Ein Elternrecht auf kopftuchlose Lehrerinnen, wie es das Sondervotum konzipiert, wäre ein Recht darauf, von den Kindern die Information fernzuhalten, dass es Frauen gibt, die sich aus religiöser Überzeugung verschleiern, wenn sie aus dem Haus gehen. Ein solches Recht auf Unwissenheit ist pädagogischer Unfug.

Die Notwendigkeit eines Kopftuchverbots begründete das Schily-Ministerium mit der Überlegung, die Glaubensfreiheit der Lehrerin ändere «nichts daran, dass das von ihr verwendete Symbol dem Staat zuzurechnen» wäre. Er kann sich dieses Symbol aber getrost zurechnen lassen. Denn es steht nicht, wie vielleicht Beamte meinten, auf die das Titelbild des «Leviathan» von Thomas Hobbes, der Staat als der künstliche Mensch, zu viel Eindruck gemacht hatte, für den verschleierten Staat, sondern für den sich als tolerant ausweisenden Staat, der in wohlwollender Neutralität die Freiheit zum Kopftuch ebenso garantiert wie die Freiheit vom Kopftuch.

Udo Di Fabios Pluralismus

Die größte verpasste Chance markiert das Sondervotum der drei auf Vorschlag der CDU ins Bundesverfassungsgericht gewählten Richter Jentsch, Di Fabio und Mellinghoff. In der Lust an der deutlichen, stellenweise kulturkritisch zuspitzenden Formulierung zeigt sich die Handschrift des Bonner Staatsrechtslehrers Udo Di Fabio. In seinem Buch «Die Kultur der Freiheit» aus dem Jahr 2005 und in zahlreichen Reden und Essays hat Di Fabio eine Theorie der kulturellen Ressourcen der modernen Gesellschaft skizziert, die er als Beitrag zur Erneuerung der bürgerlichen politischen Philosophie versteht. Er wird von der Sorge umgetrieben, dass die im Westen zu unumschränkter Herrschaft gelangte individualistische Idee der Freiheit ihre eigenen moralischen Quellen abgräbt. Die Funktionsapparate der Wirtschaft und Politik, Agenturen der Standardisierung der Lebensverhältnisse, bleiben in Di Fabios Sicht angewiesen auf die Verbände des gemeinschaftlichen Lebens, Vereine und Gewerkschaften, die Familie als natürliche Gemeinschaft und die einem bestimmten Glauben verpflichteten Religionsgesellschaften. Zwar hat sich auch die innere Ordnung dieser Gemeinschaften durch die Macht der modernen Freiheitsidee verändert. Aber das aller Bindungen ledige Individuum, das die gesparte Kirchensteuer für die Pflegekosten im Alltag anlegt, kann für Di Fabio nicht der einzige Typ des freien Menschen sein. Mit Gedankenfiguren der Theorie der sozialen Evolution erinnert er an den liberalen Sinn der Trennung von Staat und Gesellschaft. Nur aus der Koexistenz von Lebensentwürfen, die den Spielraum der Freiheit in je eigener Weise nutzen, ergeben sich Wahlmöglichkeiten, Entwicklungschancen und Lernerfolge. Im Voraus und von oben herab, aus dem vermeintlichen politischen Zentrum der Gesellschaft oder im Namen einer von Intelligenzblättern bewirtschafteten öffentlichen Vernunft, lässt sich nicht sicher beurteilen, wo kulturelle Energiereserven mobilisiert werden können.

Im Licht solcher Erwägungen tritt ein bedenklicher Zug der Kopftuchdebatte hervor. Ihre Dynamik wurde bestimmt durch die Befürchtung, dass gegen die Frau, die sich auf ihre Glaubensfreiheit berief, die Gleichberechtigung der Geschlechter geschützt werden müsse. Dieser Wert, so wird weithin vermutet, markiert die unüberbrückbare Differenz zwischen unserer Kultur und dem Islam. Die in Artikel 3 des Grundgesetzes garantierte, für den Rechtsstaat schlechthin fundamentale Gleichheit der Rechte der Bürgerin und des Bürgers wird von den Befürwortern der Kopftuchverbote tendenziell nicht mehr als rechtlicher Rahmen verstanden, als Gebot der Gleichbehandlung, sondern als Auftrag, Verhältnisse tatsächlicher Gleichheit herzustellen. Frauen und Männer sollen nicht nur gleiche Rechte haben, sondern auch den gleichen Gebrauch von diesen Rechten machen. Alle privaten Arrangements, die noch zwischen einer männlichen und einer weiblichen Sphäre der Aktivität unterscheiden, sind dann suspekt, auch wenn sie auf freier Vereinbarung beruhen. Gabriele Britz gibt zu bedenken, zwar verpflichte der zweite Absatz des dritten Grundgesetzartikels den Staat ausdrücklich, die Gleichberechtigung von Frau und Mann zu fördern. «Dies ermöglicht jedoch grundsätzlich nicht, eine Frau gegen ihren Willen zu zwingen, dem Bild einer emanzipierten Frau gerecht zu werden. Es ist keiner Frau verwehrt, sich – zumal aus religiösen Motiven – für die Einnahme einer traditionellen Frauenrolle zu entscheiden.» Frau Britz weist auf christliche Lehrerinnen hin, die halbtags arbeiten, um ihrem Mann die Karriere zu ermöglichen, und dadurch die Einlösung der Gleichstellungszielsetzung ebenfalls unvollendet lassen. «Kein Mensch käme jedoch auf den Gedanken, hierin ein Verfassungsproblem zu sehen.»

Radikale Feministinnen verurteilen seit jeher das Fortbestehen des bürgerlichen Modells der Ehe mit männlichem Ernährer in der Epoche des Eherechts der strikten Gleichheit als Struktur der Unterdrückung. Erfolg verspricht eine Kampagne gegen die Lebensentscheidungen und Präferenzen großer Teile der Bevölkerung nicht. Anders beim Kopftuch: Hier ging es gegen eine ohnehin misstrauisch beobachtete Minderheit. So konnte an der kopftuchtragenden Lehrerin das Programm durchexerziert werden, dass Frauen verboten werden soll, Aufgaben zu übernehmen, die als Aufgaben einer Frau beschrieben werden. Der Geschlechterunterschied ist eine Naturtatsache der menschlichen Erfahrungswelt, mit der sich schon Kinder auseinandersetzen. Die Weltreligionen, die hinter den Einrichtungen der natürlichen Welt eine höhere Absicht vermuten, haben sich auf diese Grundtatsache ihre Reime gemacht. Soll nun jede religiöse Lehre, die Männern und Frauen unterschiedliche Pflichtenkreise oder Berufungen zuweist, für verfassungswidrig erklärt werden – obwohl die entsprechenden Gesetze oder Gebote in der durch das staatliche Recht geordneten Welt natürlich nur den Status von ethischen Ratschlägen haben, vergleichbar den von einer Schule der feministischen Philosophie aus der psychologischen Forschung abgeleiteten Empfehlungen zur Kultivierung typisch weiblicher Tugenden?

Der Kulturphilosoph Di Fabio spottet über den Umschlag der sexuellen Revolution in den Linksviktorianismus «einer die Unterschiede verdeckenden Kleider- und Verhaltensordnung». Der Rechtstheoretiker beschreibt die Formierung der Gesellschaft durch Gleichheitsprogramme als Zerstörung der Rechtsgleichheit: «Gleichheit ist kein Steigerungsprozess, der uns immer ähnlichere Lebensbedingungen verspricht.» Er hält den Linksviktorianern ein Zitat John Stuart Mills entgegen, des viktorianischen Klassikers des linken Liberalismus. In seinem Essay «Über die Freiheit» hat der Religionskritiker, Feminist und Theoretiker prophetischer Gesellschaftskritik den Anpassungsdruck der öffentlichen Meinung analysiert: «Die Forderung, dass alle Menschen uns gleichen sollen, wächst durch die Nahrung, die sie erhält. Wenn der Widerstand wartet, bis das Leben nahezu auf einen gleichförmigen Typus gebracht ist, dann wird man alle Abweichungen von diesem Typ als gottlos, unmoralisch, ja sogar monströs und widernatürlich ansehen. Der Mensch gerät rasch außerstande, Verschiedenartigkeit zu begreifen, wenn er einige Zeit ihren Anblick nicht mehr gewohnt ist.»

Der Katholik Di Fabio erinnert daran, dass es vor gar nicht langer Zeit noch christliche Eltern waren, die Sexualkunde und koedukativen Sportunterricht ablehnten, warnt davor, den Einsatz staatlicher Gewalt zur Erzwingung der Integration in einem Kulturkampf herbeizutrompeten, der auch Gegenkräfte mobilisieren müsste, und hat seine eigenen Vorstellungen von wirksamer Eigenwerbung im Kampf der Götter: «Vielleicht wäre die beste Integrationsofferte das Wiedererstarken der christlichen Gemeinden und des christlichen Lebensentwurfs, auch das Wiederaufleben von kulturpolitischen Debatten innerhalb des allzu hermetisch geschlossenen westlichen Kulturkreises.» Aber der Verfassungsrichter Di Fabio hat das Kopftuch der Lehrerin verworfen, unter Berufung auf einen starken, vielleicht etwas zu pathetischen Begriff der Beamtentreue.

Man kann das Sondervotum so verstehen, dass es nicht das Kopftuch als solches abwerten will. Die anspruchsvollen Pflichten der Durchgestaltung des Alltags, denen sich die fromme Muslimin unterwirft, sind dann nicht vereinbar mit den anspruchsvollen Pflichten des Beamten: Religiöse Virtuosen sind einfach nicht für das Beamtendasein prädestiniert, auch wenn der Staatsdienst nach dem Bonner Staatsrechtler Josef Isensee seine eigene «Askese» kennt. Aber die Richterminderheit bietet auch einprägsame Stichworte für die Linie, die sich in den Ländergesetzen durchsetzen sollte und den Verlauf späterer Islamdebatten vorzeichnete. Zum «objektiven Aussagegehalt» des Kopftuchs gehört nach dem Sondervotum «die Betonung eines sittlichen Unterschieds zwischen Frauen und Männern, die geeignet ist, Konflikte mit denjenigen hervorzurufen, die ihrerseits die Gleichberechtigung, Gleichwertigkeit und gesellschaftliche Gleichstellung von Frauen und Männern (Art. 3 Abs. 2 GG) als hohen ethischen Wert vertreten». Damit wird nahegelegt, dass der «sittliche Unterschied» unterschiedlicher Verhaltensregeln für die Geschlechter auch eine sittliche Hierarchie der Adressaten dieser Regeln ausdrückt. Das liegt aber keineswegs auf der Hand. Hinter der Prämisse, die Unterscheidung müsse als Unterordnung gemeint sein, steckt ein Mangel an sozialer Phantasie und historischer Bildung. Wenn der Unwille, eine gleichberechtigungsfreundliche Lesart des Kopftuchs auch nur in Erwägung zu ziehen, der Trägerin als Friedensstörung zugerechnet wird, prämiert der Staat das Banausentum. In der Schule!

Die aus der Tradition des deutschen Staatskirchenrechts folgende Offenheit des Staates für die Religion darf laut Di Fabio und Kollegen nicht soweit gehen, «solchen Symbolen Eingang in den Staatsdienst zu eröffnen, die herrschende Wertmaßstäbe herausfordern und deshalb geeignet sind, Konflikte zu verursachen». Hier bleibt – ein fataler Fehler, wenn es um Grundrechtsschutz geht – offen, welche Art Herrschaft der Wertmaßstäbe gemeint ist. Fordert das Kopftuch wirklich die sogenannte Wertordnung des Grundgesetzes heraus? Oder nur faktisch dominante Vorstellungen vom angemessenen Auftreten der Frau in der Öffentlichkeit?

Der Faschismusvergleich

Fereshta Ludins Aussage, sie fühle sich in ihrer Würde verletzt, wenn sie sich mit unbedecktem Haupthaar in der Öffentlichkeit zeige, wendet das Sondervotum gegen sie. «Auch wenn die Beschwerdeführerin sich nicht ausdrücklich entsprechend eingelassen hat, so liegt doch im Umkehrschluss nahe, dass eine Frau, die sich nicht verhüllt, sich ihrer Würde begibt. Eine solche Unterscheidung ist objektiv geeignet, Wertkonflikte in der Schule hervorzurufen.» Noch einmal tritt die Scheinlogik des Mutmaßens an die Stelle belastbarer Beobachtungen. Frau Ludin wird unterstellt, sie müsse schlecht von ihren unverschleierten

Kolleginnen denken, obwohl es dafür in ihrem Verhalten keine Indizien gab. Die Verhüllung schaffe ein System der Apartheid, verbreiten die feministischen Kopftuchfeindinnen; ein Reinheitswahn grenze sich von einer eingebildeten Unreinheit ab. Man muss aber nur mit der S-Bahn fahren, um kopftuchtragenden Schülerinnen zu begegnen, die gegenüber kopftuchlosen Mitschülerinnen keine Berührungsängste haben. Eine solche Szene steht emblematisch am Anfang der Doktorarbeit Necla Keleks, die damals noch davor warnte, die Konsistenzzwänge frommer Einstellungen zu überschätzen. Dass die Bundesländer, die das Kopftuch verbieten, dadurch Wertkonflikte aus der Schule herausgehalten haben, muss man bezweifeln. Die Lehrerin, die sich ohne Kopftuch ihrer Würde beraubt fühlt, hat sich durch diese Empfindung disqualifiziert: Ein Kopftuchverbot auf dieser Grundlage beglaubigt stillschweigend die Gegenthese Alice Schwarzers, die Frau, die das Kopftuch überziehe, werfe ihre Würde weg.

Ich trage mein Kopftuch freiwillig: Eine Frau, die so redet, kann man nicht widerlegen, sondern nur zum pathologischen Fall erklären. Necla Kelek nimmt heute daran Anstoß, dass eine Kopftuchträgerin auf ihre Geschlechtszugehörigkeit aufmerksam macht. «Auch wenn sie sich selbst dafür entschieden hat, sagt sie damit, dass die Frauen Sexualwesen sind.» Wie eine Hysterikerin, die in einem fort Obszönitäten stammelt, ist sie Gefangene eines unbegriffenen Codes. «Das tut sie vielleicht nicht bewusst, weil sie keine Soziologin ist.» Im Unterschied zu Frau Kelek, die es für ihre Aufgabe hält, «einen gesellschaftlichen Kontext herzustellen». Etwa durch Rückgriff auf den Lehrbuchfall der autoritären Persönlichkeit: «Wenn Menschen sich freiwillig zu einem faschistischen System bekennen, dort glücklich und davon überzeugt sind, dann kritisieren wir das doch auch.» Hinzuzufügen wäre: glücklich über ihren Opferstatus. In diesem Sinne hat Alice Schwarzer den Faschismusvergleich noch einmal zugespitzt: Das Kopftuch sei ein Brandzeichen, «vergleichbar mit dem Judenstern». Dieses Bild soll das Skandalon des Schleiers ein für allemal fixieren. Die trotzige, selbstbewusste, bisweilen sogar frech-ironisch vorgetragene Einrede der Freiwilligkeit nötigt die Verbotspartei zum Gegenschlag des rhetorischen Extremismus: Für den radikalen Flügel der Frauenbewegung ist das Kopftuch wirklich eine Provokation. Es musste der siegreiche Feminismus kommen, um noch einmal eine Minderheit von Frauen wegen verkehrter Gefühle der Verachtung der Öffentlichkeit auszuliefern. Perverse Lust an der Selbsterniedrigung: Die Plausibilität solcher Diagnosen ist eine Frage des moralischen Geschmacks. Daher ist die Schwarzersche Schocktaktik hochriskant. Das Bild vom Judenstern mag manchen bewegen, die Methoden der Kopftuchkritik für den Skandal zu halten.

Was Politiker alles wissen

Es ist verständlich, gehört fast zu den Dienstpflichten, dass Verfassungsrichter die Macht von Argumenten überschätzen. Bei Winfried Hassemer kam hinzu, dass er Strafrechtsprofessor an der Frankfurter Universität war, wo methodisch die Hoffnung kultiviert wird, der klärende Streit steigere die gesellschaftliche Akzeptanz des Rechts. Selten ist dieses Vertrauen in das öffentliche Gespräch so gründlich desavouiert worden wie nach der Verkündung des Kopftuchurteils. Noch im Gerichtsgebäude kündigten einzelne Landesminister an, sie wollten nun schleunigst ein Gesetz machen. Die Politiker waren nicht gewillt, den Parlamenten zunächst ein Forschungsfreisemester zu gewähren, um in einer republikweiten Generaldebatte das von Hassemer vermisste Wissen über das Kopftuch zu vermehren. Man war sich sicher, schon genug zu wissen für ein Verbot, und stellte diese Sicherheit zur Schau: Um sich öffentlich festzulegen, wählten maßgebliche Politiker Foren, die eine besonders einfache Ausdrucksweise möglich und nötig machen. Der sozialdemokratische Bundeskanzler Gerhard Schröder äußerte sich in der Weihnachtsausgabe der «Bild am Sonntag»: «Meine Ansicht ist klar: Kopftücher haben für Leute im staatlichen Auftrag, also auch für Lehrerinnen, keinen Platz.»

Die Kopftuchdebatte fiel in eine Zeit, die von der Vorstellung fasziniert war, die globale und blitzschnelle Verbreitung von Informationen über das Internet lasse ein neuartiges kollektives Wissen entstehen. Wie oft heute in Leserbriefen zu Schulhofkrawallen oder auf Bürgerversammlungen zu Moscheebauvorhaben auf einen Vorrat definitiver Aussagen über das Wesen des Islam, die Botschaft des Korans und den Charakter des Propheten Mohammed zurückgegriffen wird, hat mit dem Netz zu tun. Dort ist der Koran, wie Hitlers «Mein Kampf», in den verschiedensten Ausgaben zugänglich, und die didaktischen Materialien von interessierter Seite sind nicht nur überreichlich, sondern vor allem überdeutlich. Früher hat man solches Grundwissen aus dem Schulbuch, dem Lexikon und der Predigt bezogen. Heute ist seine Aneignung ein individueller Prozess des Schweifens, Bastelns und Sortierens. Leicht bildet man sich ein, man habe herausgefunden, was man herauskopiert hat. Die Kopftuchdebatten der Landtage dürften sich für eine Probe auf die Theorien der Schwarmintelligenz eignen. Erkenntnisse, die gleichzeitig an den verschiedensten Orten artikuliert wurden, bestätigten einander wechselseitig, über Ländergrenzen und auch über Parteigrenzen hinweg. Diese Evidenz des Echoeffekts ersetzte die Empirie, die nicht zur Verfügung stand, aber auch nicht vermisst wurde. In Bayern und im Saarland etwa gab es, als die Verbotsgesetze eingebracht wurden, keine einzige Lehrerin oder Referendarin, die sich auf das islamische Verhüllungsgebot berief. Im virtuellen Raum einer Gesetzgebung für ausgedachte Konfliktfälle strickten die Redner an einem Wikipedia-Artikel über das Kopftuch.

Auszüge: «Das Kopftuch signalisiert: Ich bin unberührbar und rein; ich stehe über anderen Frauen» (Gerda Kieninger, SPD, Nordrhein-Westfalen). «Es steht für Intoleranz und die Herabsetzung der Frau in Gesellschaft, Staat und Familie» (Klaus Meiser, CDU, Saarland). «Das Tragen eines Kopftuchs transportiert diese Botschaft – aus welchen Beweggründen auch immer es getragen wird» (Schulministerin Barbara Sommer, CDU, Nordrhein-Westfalen). «Es ist das, was die Fachleute mit einem etwas zungenbrecherischen Fremdwort eine zivilisatorische Selbstethnisierung nennen» (Christoph Böhr, CDU, Rheinland-Pfalz). «Das Kopftuch ist nicht so harmlos wie die lila Latzhose» (Gerhard Papke, FDP, Nordrhein-Westfalen). «Spätestens in der Familie, in der sich der Konflikt um das Kopftuch zugleich meist auch als Konflikt zwischen den Generationen anbahnt und festmacht, ist dieser Konflikt eine schreckliche Wirklichkeit» (Christoph Böhr, CDU, Rheinland-Pfalz). «Wir wissen, in der Mehrzahl lehnen die muslimischen Schülerinnen das Kopftuch ab» (Bernhard Recker, CDU, Nordrhein-Westfalen). «Was wir auch wissen, ist, dass nach wie vor die Mehrheit muslimischer Frauen kein Kopftuch trägt, dass es im laizistischen Staat Türkei in öffentlichen Einrichtungen sogar verboten ist» (Reiner Braun, Vorsitzender des Bildungsausschusses,

SPD, Saarland). «Es kann nicht sein, dass wir Dinge übernehmen, die zur Konsequenz haben, dass Mädchen, die sich nicht in ihre Familienstrukturen einbinden lassen und tun, was Vater und Brüder verlangen, dann damit rechnen müssen, dass sie ums Leben gebracht werden. Genau dafür steht das Kopftuch» (Marlies Kohnle-Gros, CDU, Rheinland-Pfalz). «Die Bereitschaft zur Unterstützung unserer Gesellschafts- und unserer Verfassungsordnung kann man beim besten Willen mit dem Kopftuch nicht verbinden» (Christoph Böhr, CDU, Rheinland-Pfalz). «Das Kopftuch ist und bleibt Ausdruck des Glaubens oder einer politischen Haltung, und das lässt sich am Ende auch nicht auseinanderdividieren» (Thomas Kufen, CDU, Nordrhein-Westfalen).

Kruzifixe sollen bleiben

Das Bundesverfassungsgericht hat ein gesetzliches Kopftuchverbot an eine eindeutige Bedingung gebunden. Fünf der acht Bundesländer haben Wege gesucht, diese Bedingung zu umgehen. Verfassungskonform wäre nach dem Wortlaut des Urteils ein Kopftuchverbot im Rahmen einer «Regelung, die Lehrern untersagt, äußerlich dauernd sichtbar ihre Zugehörigkeit zu einer bestimmten Religionsgemeinschaft oder Glaubensrichtung erkennen zu lassen». Das deutsche staatskirchenrechtliche Herkommen, das der Religion als öffentlicher Sache auch in der staatlichen Sphäre Platz verschafft, würde modifiziert durch die Entscheidung, «der staatlichen Neutralitätspflicht im schulischen Bereich eine striktere und mehr als bisher distanzierende Bedeutung beizumessen». Mehr Distanz zwischen Religion und Staat, zwischen privater Person und öffentlicher Rolle des Lehrers: Das müsste für alle Religionen gleichermaßen gelten. Es ist undenkbar, dass die striktere Fassung der Neutralitätspflicht die Neutralität aufweicht. Das letzte Wort des Gerichts: Eine «Dienstpflicht, die es Lehrern verbietet, in ihrem äußeren Erscheinungsbild ihre Religionszugehörigkeit erkennbar zu machen», ist mit dem Verbot der Diskriminierung aufgrund des Bekenntnisses gemäß Artikel 33 Absatz 3 des Grundgesetzes nur vereinbar, «wenn Angehörige unterschiedlicher Religionsgemeinschaften dabei gleich behandelt werden». Die vom Gericht eingeschärfte Pflicht zur Gleichbehandlung des Kopftuchs und denkbarer

Äquivalente soll den Anschein der Diskriminierung der Muslime vermeiden. Das Grundrecht der Glaubensfreiheit verbietet dem Gesetzgeber nicht, «durch das äußere Erscheinungsbild einer Lehrkraft vermittelte religiöse Bezüge von den Schülern grundsätzlich fernzuhalten, um Konflikte mit Schülern, Eltern oder anderen Lehrkräften von vornherein zu vermeiden». Aber grundsätzlich heißt dann: religiöse Bezüge überhaupt.

Es mag vorsorgliche kollegiale Ironie gewesen sein, dass die Senatsmehrheit den Prozessvertreter des Landes, den Tübinger Staatsrechtslehrer Ferdinand Kirchhof, mit der Äußerung aus der mündlichen Verhandlung zitierte, «dass die Pflicht des Staates zu weltanschaulich-religiöser Neutralität im Bereich der Schule angesichts der gewandelten Verhältnisse nunmehr strenger gehandhabt werden müsse». Kirchhof, seit 2010 Vizepräsident des Bundesverfassungsgerichts und Vorsitzender des 1. Senats, war als Berater der Regierung Teufel maßgeblich an der Ausarbeitung des baden-württembergischen Gesetzes beteiligt, das die Gleichbehandlungspflicht aushebelt. Das Gesetz verbietet Lehrkräften an öffentlichen Schulen «äußere Bekundungen, die geeignet sind, die Neutralität des Landes gegenüber Schülern und Eltern oder den politischen, religiösen oder weltanschaulichen Schulfrieden zu gefährden oder zu stören». Die Ausnahme zugunsten christlicher und jüdischer Symbole verbirgt sich in der Feststellung, die «Wahrnehmung des Erziehungsauftrags» der Landesverfassung und «die entsprechende Darstellung christlicher und abendländischer Bildungs- und Kulturwerte oder Traditionen» widerspreche diesem Verhaltensgebot nicht. Nebenbei hat dieses im Landtag mit den Stimmen der SPD-Opposition verabschiedete Gesetz also bestimmt: Wenn doch einmal ein muslimischer oder atheistischer Schüler sich durch das Kruzifix am Revers eines Lehrers bedrängt sieht, der vielleicht auch Poster von Papst Benedikt XVI. und der Muttergottes von Fatima aufgehängt hat, dann ist der Schüler der Friedensstörer.

Zwar hat das Bundesverwaltungsgericht entschieden, dass nach den Vorgaben des Bundesverfassungsgerichts mit der Darstellung christlicher Traditionen nur die Darstellung im Unterricht gemeint sein kann, nicht die Darstellung durch Symbole am Lehrerkörper. Das Land ist aber keineswegs bereit, seine Praxis dieser rettenden Lesart seines Gesetzes anzupassen. Dabei hatten auch die Zisterzienserinnen von Lichtenthal wissen lassen, dass sie ihren Habit nicht mit der Theologin Schavan als Berufskleidung oder mit dem Gesetz als Werbung für abendländische Kulturwerte (inklusive der Sexualaufklärung?) verstanden sehen wollten. Die Alimentation der verbeamteten Nonnen von Lichtenthal hätte man im Zweifelsfall mit dem Verwaltungsgerichtshof als historische Ausnahme rechtfertigen können. Die Säkularisation, verstanden rechtshistorisch präzise als Entflechtung von kirchlichen und staatlichen Rechten, hat punktuelle Verflechtungen ausnahmsweise bestehen lassen, wo die Staatsgewalt die Kirche enteignet hat, die Kirche aber Leistungen erbringt, für die der Staat sie entschädigt. An der Abtei Lichtenthal lässt sich im Geschichtsunterricht schön studieren, wie sich das Christentum nach dem Ende des konfessionellen Staates als gesellschaftliche Potenz und Kulturträger neu zu definieren hatte, wie geistliche Gemeinschaften einer antikirchlichen Politik trotzten, die ein dem Gottesdienst geweihtes Leben für asozial hielt, und welche rechtlichen Formen der Kooperation mit dem Staat gefunden wurden.

Die neue Bekenntnisschule

Als die Landespolitiker die chimärische Gefahr der gottlosen Schule beschworen, ging es ihnen nicht um Nonnenschürze und Jesuslatschen, sondern um ganz andere Symbole, die in keinem Ritualbuch verzeichnet sind, denen sie aber magische Kraft zuschreiben: um ihre eigenen Worte, in Reden und Gesetzen. Sie legten in heiligem Wetteifer Bekenntnisse ab, zum Christentum, zum Abendland, zu den Menschenrechten, und erwarteten von den Lehrern, diese Bekenntnisse nachzubeten oder pantomimisch zur Darstellung zu bringen. Ein Schlüsselwort der Landtagsdebatten war die Beliebigkeit. Mit diesem Wort ließen sich Sätze bilden, die nie auf Widerspruch stießen und dennoch dauernd wiederholt wurden. Neutralität ist keine Beliebigkeit! Wie kann man die Absage an die Beliebigkeit, die Aussage, dass es überhaupt Kriterien gibt, schon für einen Beitrag zur moralischen Orientierung halten? Es hilft wohl, wenn man von Beruf Politiker ist, also verbindliche Entscheidungen produziert, die jederzeit auch anders ausfallen können.

Das Gegenteil der Beliebigkeit sind die Werte. Die kopftuchfreie Schule soll ein Ort der von Werten geleiteten, auf Werte gegründeten Erziehung sein. In der staatsinternen Kommunikation des Gesetzgebers mit den Gerichten zeigen die «Kulturwerte» eine niedrige Verbindlichkeit an. Wenn das Land eine Lehrerin mit Kreuz um den Hals unterrichten lässt, verkündet es den Schülern nicht, dass Gott für die Sünden der Menschen seinen Sohn geopfert hat. Das Kreuz ist hier nur ein Zeichen für die Abschaffung der Sklaverei, Bachs Johannespassion oder andere besonders wertvolle kulturelle Leistungen, die man mit dem Christentum assoziiert. Nach außen, gegenüber dem Volk, werden die Werte dagegen als das Höchste ausgegeben. Der zur Verteidigung seiner Werte entschiedene Staat zeigt sich zu allem entschlossen. Diese Zweideutigkeit macht begreiflich, warum ein Gelehrter wie Ernst-Wolfgang Böckenförde den staatsethischen Rückgriff auf die Rhetorik der Werte so hartnäckig rügt.

Der katholische Sozialdemokrat wird nicht verdächtigt, mit einer postmodernen Philosophie der Beliebigkeit zu sympathisieren. Als Schüler Carl Schmitts hat Böckenförde eine anspruchsvolle Vorstellung von der moralischen Homogenität des Staatsvolks im Rechtsstaat. Deshalb hat er Christian Wulffs Formulierung, der Islam gehöre zu Deutschland, ebenso kritisiert wie das Projekt des EU-Beitritts der Türkei. An den Werten erscheint ihm dubios, dass sie eine Evidenz in Anspruch nehmen, die es erübrigt, ihre Verbindlichkeit zu definieren. Die Treue zum Wert der Gleichberechtigung soll mehr verlangen als die Erfüllung der aus der Gleichberechtigung fließenden Rechtspflichten. Aber wo die Untreue beginnt, das liegt im Auge oder Kalkül der Wächter des Wertes. In der Ökonomie und in der Psychologie steht der Wertbegriff für instabile Präferenzen.

Acht Jahre vor dem Kopftuchurteil hatte es eine Kampagne für die Rettung der christlichen Schule vor dem Bundesverfassungsgericht gegeben. Der Erste Senat hatte der Verfassungsbeschwerde eines Vaters stattgegeben, der seine Kinder nicht unter dem Kreuz unterrichtet sehen wollte, das nach der Bayerischen Schulordnung in jedem Klassenzimmer der öffentlichen Volksschulen anzubringen war. Es gab damals Stimmen nachdenklicher Christen, die sich dem Protest gegen das Urteil nicht anschließen wollten. Die Kirchen, gaben sie zu bedenken, konnten sich gar nicht auf den Standpunkt der Bayerischen

Staatsregierung stellen, das Kreuz sei nur noch ein Symbol für Kultur und Tradition. Diese verharmlosende Umdeutung des Kreuzes zum Markenzeichen der heimischen Wertordnung, als Defensivtaktik 1995 in Karlsruhe gescheitert, kehrte als Offensivstrategie wieder, als die vom Verfassungsgericht ausgeschlossene Unterscheidung zwischen christlichen und islamischen Symbolen begründet werden musste. Die Redner in den Landtagen argumentierten weniger theologisch als kirchengeschichtlich: Das Kreuz sei früher wohl ein Zeichen der Abgrenzung und Unterdrückung gewesen, doch so könne es ein Mensch guten Willens heute nicht mehr verstehen. Der Inhalt der Christentumsgeschichte war demnach ein alchimistisches Geschehen, die Transformation des Glaubensgehalts in Kulturwerte. Säkularisierung und Aufklärung, die man bei den Muslimen einklagte, buchte man gleichzeitig den Kirchen aufs Konto. Das war die für den Frontverlauf des Kulturkriegs entscheidende Operation: Sie ermöglichte das islamkritische Bündnis von Säkularisten und Christen.

Nordrhein-Westfalen hat den baden-württembergischen Gesetzestext übernommen. Die bayerische Variante ist einigermaßen unelegant: Dort werden die «christlich-abendländischen Bildungs- und Kulturwerte» als Teilmenge der «verfassungsrechtlichen Grundwerte und Bildungsziele der Verfassung» definiert. In Hessen wird die gesetzgeberische Absicht der Ausnahme zugunsten der Mehrheitsreligion am deutlichsten ausgesprochen: Bei der Entscheidung, ob ein Kleidungsstück den Schulfrieden zu stören droht, ist «der christlich und humanistisch geprägten abendländischen Tradition des Landes Hessen angemessen Rechnung zu tragen». Abendländisch und humanistisch und christlich: Die Häufung der Attribute verrät die Ideologie. Die Schule im Saarland «unterrichtet und erzieht die Schüler bei gebührender Rücksichtnahme auf die Empfindungen anders denkender Schüler auf der Grundlage christlicher Bildungs- und Kulturwerte». Auch dieser Satz hat ausschließlich den Zweck, bekennende Christen unter den Lehrern gegen Klagen muslimischer Eltern zu schützen. Er will nicht wörtlich genommen werden. Wenn man ihn wörtlich nimmt, kommt an den Tag, dass die Homogenität der Kulturwertegemeinschaft erschwindelt ist. Wenn christliche Werte wirklich die Grundlage der Erziehung zu verantwortlichen Staatsbürgern sind, wieso gebührt dann den Empfindungen Andersdenkender Rücksicht? Dieses andere Denken kann doch nur ein undemokratisches, intolerantes, wertloses sein. Ein Kind, das Glaubensüberzeugungen der Eltern übernommen hat, die den christlichen Kulturwerten widersprechen, mithin in einem unvermeidlichen Irrtum befangen ist, verdient Nachsicht, kann aber nicht erzogen, sondern nur umerzogen werden.

Das Kopftuchurteil hat den Gesetzgeber vor die Wahl zwischen Laizismus und Pluralismus gestellt. Um diesem Dilemma zu entgehen, haben sich die fünf Länder, die das Kopftuch verbieten und das Kruzifix erlauben, dazu hinreißen lassen, sowohl das Christentum als auch den Islam zu idealisieren, das eine positiv, den anderen negativ. Beide Religionen sind in der Erscheinungsform, mit der es der Schulgesetzgeber angeblich zu tun hat, gar keine Religionen mehr. Das Christentum ist ein System von Werten. Es hat die Toleranz hervorgebracht und kann deshalb gar kein Toleranzproblem aufwerfen. Der Islam ist ein Syndrom von Rechtfertigungen für asoziales und kriminelles Verhalten. Die Stichwörter – Einsperren der Töchter, Zwangsehe, Ehrenmord – stammen aus der populären islamkritischen Literatur, deren Autorinnen in den Landtagsdebatten häufig als Autoritäten bemüht wurden. So verwies Armin Laschet, nordrhein-westfälischer Integrationsminister unter Jürgen Rüttgers, am 9. November 2005, als er im Landtag erklären musste, warum er eine Einzelfallregelung nicht mehr für ausreichend hielt, auf das Buch, das er gerade las: Necla Kelek, Die fremde Braut. Frau Kelek wurde vom bayerischen und vom rheinland-pfälzischen Landtag als Expertin im Gesetzgebungsverfahren angehört.

Paragraph 51 Absatz 3 des Niedersächsischen Schulgesetzes in der Fassung vom 29. April 2004 bestimmt: «Das äußere Erscheinungsbild von Lehrkräften in der Schule darf, auch wenn es von einer Lehrkraft aus religiösen oder weltanschaulichen Gründen gewählt wird, keine Zweifel an der Eignung der Lehrkraft begründen, den Bildungsauftrag der Schule überzeugend erfüllen zu können.» Ernst Gottfried Mahrenholz, der frühere Kultusminister von Niedersachsen und Vizepräsident des Bundesverfassungsgerichts, hat als Experte auf Einladung mehrerer Landtage sowie in vielen Artikeln und Interviews vor dem Kopftuchverbot gewarnt und auch eine Dissertation zum Thema betreut. Er hält es für grundgesetzwidrig, dass das niedersächsische

Gesetz die Feststellung eines Eignungsmangels ohne Ansehen der Person vorsieht. Wenn die Ausbildung der Bewerberin keine Anhaltspunkte des verfassungsfremden Religionseifers ergeben hat, «geraten die Zweifel des Gesetzes zu einer Fiktion, die schon als solche vor Artikel 33 Absatz 2 des Grundgesetzes keinen Bestand haben kann», dem Grundrecht auf gleichen Zugang zu öffentlichen Ämtern.

Als Fiktion muss man auch den Islam charakterisieren, der das Produkt der Kopftuchdebatte ist. Es ist wahr, dass zwischen der in bestimmten Einwanderermilieus nicht nur üblichen, sondern auch als normal ausgegebenen Gewalt gegen Frauen und Normen des islamischen Rechts ein Zusammenhang besteht und dass die Religionsfreiheit junger Musliminnen vor diesem Hintergrund eines besonderen tatsächlichen Schutzes bedarf, damit sie nicht trügerischer formaler Schein bleibt. Aber das Bild vom apokalyptischen Widersacher unserer Rechtsordnung, vom Kult der Frauenquäler mit dem Kopftuch als Symbol der rituellen Schändung ist die Ausgeburt einer überhitzten kollektiven Einbildungskraft. So wurden auf Flugblättern der Religionskriege die Greuel der Papisten als die Riten der Papstkirche beschrieben, und kein unbestritten frommer, persönlich untadeliger Priester fand dagegen als Zeuge Gehör.

Das Beste, was man über den Gang der Kopftuchdiskussion sagen kann, ist pure Spekulation. Wie das Bundesverfassungsgericht die Latte für den Eingriff in die Glaubensfreiheit möglichst hoch legen wollte, so mögen Parlamentarier und Leitartikler mit dem Schreckbild der Religion der Verfassungsfeinde ihr Gewissen beruhigt haben, weil nur eine ungeheuerliche Bedrohung die Aufforderung an die Beamtin entschuldigen konnte, sich zu entblößen oder den Dienst zu quittieren. Die Übertreibungen wären dann ein Reflex der erschütterten Liberalität.

Der Fromme als Störer

Es ist schwer, die Bedeutung der Kopftuchdebatte zu überschätzen. Die Schule ist die große Agentur der Sozialisation. Hier werden die Deutungskämpfe ausgetragen über das Selbstbild, das die Gesellschaft weitergeben will. In der Zivilgesellschaft hat der Staatsdienst seine Leitbildfunktion nicht eingebüßt. Mehr denn je begreifen sich die

Bürger der Bundesrepublik als Verfassungspatrioten. Die Wiedervereinigung hat diese Identifikation ebenso gefördert wie der Rückgang der Kirchenbindung. Ein Habitus, der früher den Beamten heraushob, hat sich in der Bevölkerung ausgebreitet. Zuständig fürs Allgemeine fühlt sich heute jedermann. Eine Frau, die aus Gründen der Gesinnung nicht Beamtin werden kann, wird als Bürgerin zweiter Klasse betrachtet.

Die Länder mit Kopftuchgesetzen halten sich zugute, den vom Verfassungsgericht geforderten schonenden Ausgleich der Freiheitsinteressen gefunden zu haben. Das Kopftuch für Schülerinnen wird nicht verboten, die Lehrerin kann sich nach Unterrichtsende verhüllen, in Bekenntnisschulen gilt das Verbot nicht. Dass diese Kompromisse Bestand haben werden, ist zweifelhaft. Wird die in permanente Fundamentalismusalarmbereitschaft versetzte Öffentlichkeit zusehen, wie die vom Staat abgewiesenen Lehrerinnen Privatschulen gründen, wo sie ungestört neue Sklavinnen für ihre bärtigen Herren heranziehen können? Setzt sich die Lehrerin, die vor Betreten des Klassenraums das Kopftuch abnimmt, nicht dem Verdacht aus, sie täusche Schüler und Eltern, wozu sie sich nach islamkritischer Lehre als fromme Muslimin ermächtigt fühlen dürfte? Und ist die Erweiterung des Kopftuchverbots auf die Schülerinnen nicht konsequent, wenn deren Schutz der Zweck des Gesetzes ist?

Im Berliner Rechtsstreit um den Gymnasiasten, dem seine Schule das Beten in der Unterrichtspause verbot, gab in der zweiten Instanz die negative Religionsfreiheit in der durch die Kopftuchdebatte erweiterten Bedeutung den Ausschlag. Das Oberverwaltungsgericht Berlin-Brandenburg bestätigte im Mai 2010 das Verbot, um die Mitschüler vor dem Anblick des Beters zu schützen. Der Fromme ist als Störer definiert. Wenn aber nicht zu dulden ist, dass die Verrichtung einer frommen Übung die Zuschauer ins Grübeln bringen kann, dann geht erst recht vom Kopftuch der Sitznachbarin eine bedenkliche Einwirkung aus. Wie der Lehrerin ist man in der Schule schließlich auch den Mitschülern ohne Ausweichmöglichkeit ausgeliefert. Der Historiker Tacitus lässt in seiner Biographie des Statthalters Agricola den schottischen Heerführer Calgacus über die Römer sagen: Wo sie eine Wüste schaffen, nennen sie das Frieden. Von dieser Art ist der Schulfrieden der Kopftuchverbote.

KAPITEL 4

Zeugin der Anklage.
Necla Kelek und ihr Werk

Tempelherr: *Es sind nicht alle frei, die ihrer Ketten spotten.*

Nathan der Weise, 4. Akt, 4. Auftritt

Freiburg, ein Abend im Sommer 2010, während der Fußball-Weltmeisterschaft. Eine recht unterhaltsame Podiumsdiskussion zieht sich etwas zu lange hin, weil zwei graubärtige Routiniers, der Philosoph Rüdiger Safranski und der Journalist Robert Leicht, nicht genug von ihren Spitzfindigkeiten bekommen. Im Saal droht sich Erschöpfung breitzumachen, gleich wird das Vorrundenspiel Frankreich gegen Mexiko angepfiffen. Ein junger Mann tritt auf und schenkt den Diskutanten Wein aus: das verabredete Zeichen. Die Schlussworte des Moderators geraten freilich etwas zu umständlich, Leicht scheint noch einmal einsteigen zu wollen. Da stößt Necla Kelek den Moderator an, erhebt ihr Glas und sagt: «Ich möchte auf die Republik anstoßen.» Befreites Lachen auf dem Podium, erleichterter Applaus im Saal.

Ein bürgerliches Publikum hat sich im Freiburger Konzerthaus versammelt. Die Friedrich-Naumann-Stiftung, die Parteistiftung der FDP, hat zu einer Gesprächsrunde eingeladen, mit der sie an Ralf Dahrendorf erinnern will. Der Soziologe ist ein Jahr zuvor mit achtzig Jahren verstorben. Im Wechsel seiner Rollen, als Wissenschaftler, Hochschulreformer, Politiker, Spitzenbeamter, Leitartikler und Lord, verkörperte Dahrendorf die bürgerliche Utopie einer aufgeklärten Politik: durch Ideen geleitet und durch Einsicht in die sozialen Tatsachen belehrt. Welche unter den Herausforderungen der liberalen Ordnung, wie sie Dahrendorf beschäftigten, ist in den Augen derer, die sein Erbe verwalten wollen, im Jahr eins nach Dahrendorf die wichtigste? Die Freiburger Podiumsdiskussion hat das Thema «Der Islam und der Westen».

Der Vorsitzende der Naumann-Stiftung, der frühere FDP-Vorsitzende Wolfgang Gerhardt, begrüßt die Gäste. Christian Lindner, der junge FDP-Generalsekretär, sitzt auf dem Podium. Der Ehrengast ist der einundneunzigjährige Walter Scheel, der Außenminister der Regierung Brandt und Bundespräsident der Jahre 1974 bis 1979. Auf dem Freiburger Parteitag 1968 war Scheel zum Vorsitzenden seiner Partei gewählt worden. Drei Jahre später beschloss ein Parteitag am selben Ort die «Freiburger Thesen zur Gesellschaftspolitik». Dieses Dokument des äußersten programmatischen Ehrgeizes der FDP gliedert sich in die vier Teile «Eigentumsordnung – Vermögensbildung – Mitbestimmung – Umweltpolitik», mit den Tabellen einer nach FDP-Vorstellungen reformierten Erbschaftssteuer im Anhang. Die Integration von Ausländern und Neubürgern als Aufgabe der Gesellschaftspolitik kommt nicht vor. Nur im Kapitel über die betriebliche Mitbestimmung werden die «Gastarbeiter» an einer Stelle erwähnt. Als «Sondergruppe» unter den Betriebsangehörigen sollten sie im Betriebsrat durch eigene Obleute repräsentiert werden. Die Zahl der ausländischen Arbeitnehmer in der Bundesrepublik überschritt 1971 die Zwei-Millionen-Grenze. Sie stellten ein Zehntel der Erwerbstätigen. Jeder dritte «Gastarbeiter» kam aus der Türkei.

Zur Religionsfreiheit finden sich in der Einleitung der «Freiburger Thesen» knappe Formeln, die offenbar einen fraglos akzeptierten Konsens ausdrücken. Festgestellt wird, man lebe «im Zeitalter des religiösen und politischen Pluralismus»; das Prinzip dieses Pluralismus sei «Toleranz gegenüber religiösen wie politischen Vorstellungen und Überzeugungen, bis an die Grenze der Intoleranz gegen prinzipielle Intoleranz». Neununddreißig Jahre später herrscht auf dem Freiburger Podium Einigkeit darüber, dass die Eingliederung türkischer Zuwanderer ein gesellschaftspolitisches Problem höchster Dringlichkeit ist. Ebenso unumstritten ist eine sehr weitgehende Annahme über die Ursachen von Integrationsschwierigkeiten: Ein wesentlicher Grund muss die muslimische Religion dieser Zuwanderer sein.

Das letzte Amt, das Ralf Dahrendorf in Deutschland wahrnahm, war der Vorsitz einer Zukunftskommission, die der damalige nordrhein-westfälische Ministerpräsident Jürgen Rüttgers eingesetzt hatte. Dahrendorf war stolz darauf, dass es ihm gelang, den Vorstoß des Kommissionsmitglieds Alice Schwarzer zugunsten eines Kopftuchverbots für Schülerinnen abzuwehren. Er ließ sich von den bewährten Maximen der englischen Religionspolitik leiten. In der nationalen Erinnerung der Engländer sind die politischen Freiheiten des Volkes und die quasi-republikanische Souveränität des Parlaments engstens verknüpft mit der Freiheit religiöser Minderheiten, an den Gottesdiensten der Staatskirche nicht teilzunehmen und sich durch eigene Gebete, Kleidersitten und Lebensregeln von der Mehrheit abzusetzen.

Der Toast auf die Republik, mit dem Frau Kelek dem Dahrendorf-Gedenken eine Schlusswendung ins Heitere gibt, erfreut die Zuhörer als amüsantes Selbstzitat. Vorher hat sie erzählt, dass ihr Vater in ihrer Kindheit in Istanbul an jedem Abend des Ramadan eine Flasche Wein geöffnet habe. Die Mutter hielt das Fastengebot ein, der Vater brachte einen Trinkspruch auf die Republik aus – weil der Staat ihm erlaubte, das Gebot zu brechen. Necla Keleks charmanter Enthusiasmus hat etwas Entwaffnendes. Ein Unmensch, wer mit ihr nicht auf die Republik würde anstoßen wollen. Doch welche Republik ist gemeint?

Necla Kelek ist beim Thema Islam die meistgehörte Expertin in Deutschland. Sie weiß, wovon sie spricht. Die Sachbuchautorin, die 1957 in Istanbul geboren wurde und als Kind mit ihren Eltern in die Bundesrepublik kam, genießt eine doppelte Autorität: als Expertin und als Zeugin. Wenn sie Kommentare in den Zeitungen schreibt oder Interviews im Fernsehen gibt, wird sie als Soziologin vorgestellt. Sie hat sich wissenschaftlich mit der Bedeutung der muslimischen Religion in den Familien türkischer Einwanderer beschäftigt. Als ihr intellektuelles Erweckungserlebnis hat sie ein Marburger Soziologie-Seminar bei dem Max-Weber-Spezialisten Dirk Kaesler über Webers klassische Abhandlung «Die protestantische Ethik und der Geist des Kapitalismus» beschrieben. Ihre Greifswalder Dissertation, der Interviews mit Schülerinnen und Schülern der Gesamtschule Hamburg-Wilhelmsburg zugrunde liegen, ist 2002 als Buch in einer erziehungswissenschaftlichen Schriftenreihe erschienen, als Band 7 von «Jugend – Religion – Unterricht», den «Beiträgen zu einer dialogischen Religionspädagogik». Es ist eine auch für Laien gut lesbare, theoretisch ehrgeizige und intellektuell anregende Doktorarbeit, von deren Ergebnissen noch die Rede sein wird. Die beiden Betreuer, denen die Autorin im Vorwort dankt, sind Hamburger Professoren der Erziehungswissenschaft.

«Soziologin fordert Burka-Verbot in Deutschland» («Die Welt», 18. Juni 2010): Das mag eine Winzigkeit seriöser klingen als «Pädagogin fordert Burka-Verbot in Deutschland», da Pädagogen ja schon im Klassenzimmer selten Gehör finden für ihre Forderungen, zumal vor einem Publikum mit hohem Migrantenanteil. Tatsächlich kommt es aber für den Expertenstatus, den sich Necla Kelek erarbeitet hat, allenfalls noch auf das Faktum der akademischen Qualifikation an, nicht mehr auf die Fachrichtung. So muss auch den Abnehmer der Ansichten von Matthias Horx nicht interessieren, in welchem institutionellen Rahmen der als Trendforscher etablierte Universalexperte seine Forschungen betreibt. Und wie die Germanistin Gertrud Höhler in der Öffentlichkeit zeitweise so gefragt war, dass sie ihre Paderborner Professur aufgeben konnte, so hat Necla Kelek nach dem Auslaufen ihres Lehrauftrags an der Evangelischen Fachhochschule für Sozialpädagogik in Hamburg ihre akademische Karriere nicht weiterverfolgt. Als sie für das Akademische Jahr 2006/07 auf die Mercator-Professur der Universität Duisburg-Essen berufen wurde, bedeutete das keine Rückkehr in die Niederungen des gewöhnlichen Lehrbetriebs, sondern den Aufstieg in die wolkigen Höhen einer Großprominenz, die nicht Wissen, sondern Weisheiten unter die Leute bringt. In der Liste der Lehrstuhlinhaber, die sich satzungsgemäß durch «Weltoffenheit und Weitblick für die wichtigen Zeitfragen» ausgezeichnet haben, steht Necla Kelek zwischen Richard von Weizsäcker und Peter Scholl-Latour.

In den Massenmedien, die den Konsumenten ununterbrochen Neuigkeiten zumuten, kommt bekannten Experten eine entlastende Funktion zu. Man erwartet von ihnen, dass sie ihre bekannten Meinungen wiederholen. Auch in Franken liest man «Die Welt» oder die F.A.Z. Neugier kann die Redakteurin der «Nürnberger Zeitung» also nicht umgetrieben haben, die im Mai 2010 von Necla Kelek wissen wollte: «Wie viel Verhüllung halten wir aus?» Frau Keleks Kompetenz für Fragen dieser Art ergibt sich nicht aus ihrem Fachwissen oder ihrer Routine in der Anwendung der Methodik der Soziologie oder Pädagogik. Wie viel Verhüllung in der Schlange beim Bäcker halten wir aus, wie viel Geschlechtertrennung im Schwimmunterricht, wie viele Dönerbuden ohne Alkoholausschank? Das sind die Leitfragen «unserer» Islamdiskussion. Dabei wird das «Wir» schon durch die Formulierung der Fragen so definiert, dass Kopftuchmädchen und ihre Eltern vorsorglich erst einmal aussortiert werden. Necla Kelek trägt kein Kopftuch. Es ist also keine Zudringlichkeit, wenn «wir» sie fragen, wie viele Verschleierte wir aushalten.

Auf die Professionalität der Schlagzeilenmacher der «Bild»-Zeitung ist Verlass. Am Tag nach der Rede von Bundespräsident Wulff zum Tag der Deutschen Einheit fassten sie den ganzen Katechismus des Islampalavers in einer einzigen Frage zusammen: «Wie viel Islam verträgt Deutschland?» Andere Leitmedien, etwa das ZDF mit dem Moderator Peter Hahne, der sich als Streiter für christliche Werte hervorgetan hat, übernahmen die Formulierung wörtlich. Mit der Frage übernimmt man ihre Prämisse: Zu viel Islam ist ungesund. Die Schicksalsfragesteller verstehen sich als Verfassungspatrioten. Aber denken sie sich Deutschland wirklich als Republik, die sich durch freiwillige Zustimmung aller Bürger täglich neu konstituiert? Sie stellen sich Deutschland jedenfalls anders vor, als Organismus, um dessen volkskörpereigene Abwehrkräfte man sich Sorgen machen muss. Unser Land hat vielleicht schon viel mehr Muslimisches zu sich genommen, als gut für uns ist, wie Schadstoffe in der Tiefkühlkost. Was man gerade noch vertragen kann, das sollte man dann vielleicht bis auf weiteres auch ertragen. So weit ist die Toleranz schon heruntergekommen: keine Tugend mehr und kein Ideal, sondern bestenfalls noch ein Indiz für die Robustheit der Mehrheitsgesellschaft, für die Widerstandskraft des Aufnahmevolkes.

Eine deutsche Ayaan Hirsi Ali

Den Verdacht der Unverträglichkeit haben Fallgeschichten genährt, die von der Unerträglichkeit eines Lebens nach islamischen Geboten handeln. Pathologisches Denken beherrscht das Feld der Islamdiskussion. Die Sozialschädlichkeit muslimischer Normen gilt als erwiesen durch die Überlebensberichte der populären Sachliteratur. Ein großes Publikum glaubt, in diesen Erfahrungsberichten das sicherste Wissen über den Islam zu finden. Denn im Unterschied zu Statistiken, Regierungserklärungen und Worten zum Sonntag oder Freitag können sie ja nicht beschönigt sein. Die hierzulande erfolgreichste Lieferantin solchen Wissens mit Echtheitssiegel ist Necla Kelek. Sie spricht aus eigener, bitterster Erfahrung: Das ist ihre eigentliche Autorität. Als Expertin in eigener Sache lenkt sie nicht die Vermutung auf sich, wie Verbandsvertreter, Wissenschaftler und Politiker ein Gruppeninteresse zu vertreten. Ihr Buch «Die fremde Braut. Ein Bericht aus dem Inneren des türkischen Lebens in Deutschland» erschien im Februar 2005 und war eine Sensation.

Es kam zum richtigen Zeitpunkt. Am 2. November 2004 war Theo van Gogh in Amsterdam ermordet worden. Ayaan Hirsi Ali, die mit van Gogh den Kurzfilm über die Unterwerfung der muslimischen Frau produziert hatte, musste untertauchen, weil der Mörder gedroht hatte, sie werde das nächste Opfer werden. Mit Necla Kelek betrat die deutsche Hirsi Ali die Debattenbühne, und seit 2006 Ayaan Hirsi Alis Autobiographie auf den Markt kam, beglaubigen sich die Geschichten der beiden Frauen aus Istanbul und Mogadischu gegenseitig. Im Frühjahr 2005 zeichnete sich der klägliche Untergang der rot-grünen Bundesregierung ab. Die Verunsicherung eines geistig-sozialen Milieus, das sich gerade noch mit der Geschichte im Bunde gewähnt hatte und nun sein «Projekt» schon vor Ablauf der zweiten Legislaturperiode gescheitert sah, dürfte Necla Keleks Erfolg begünstigt haben. Zwar galt die Reform des Staatsbürgerschaftsrechts als eine der wenigen Errungenschaften der Ära Schröder-Fischer. Aber indem Frau Kelek die deutschtürkische Klientel der Reformer an den Pranger stellte und von Untaten gegen Frauen mitten in Deutschland sprach, über die linke Fremdenfreundlichkeit hinweggesehen habe, offerierte sie den enttäuschten Anhängern der entkräfteten Regierung sozusagen eine moralische Erklärung für ihre Depression. Als Versagen der Menschenrechtspolitik bewertete die Buchautorin die Dunkelziffer erzwungener Ehen unter Zuwanderern aus Anatolien. Mit den Menschenrechten hatte die Regierung aus SPD und Grünen sogar einen Krieg gerechtfertigt. Wenn aber das amtliche Bild der schönen bunten Republik dazu gedient hatte, ein System der Unterdrückung von Frauen zu verstecken, dann hatte die Regierung ihr Schicksal am Ende womöglich verdient. Der Ärger über vielerlei Unprofessionalitäten und besonders über den frappanten Elanverlust des Kanzlers mochte sich läutern zum schlechten Gewissen und damit immerhin zu einem höheren Standpunkt erheben.

Jedenfalls wurde die Autorin der «Fremden Braut» zur Heldin in emanzipierten Kreisen. Der Innenminister der Schröder-Regierung, der Sozialdemokrat Otto Schily, rezensierte das Buch im «Spiegel». Wie der einstige Terroristenanwalt und Mitbegründer der «Grünen» sich im Ministeramt mit Law-and-Order-Rhetorik profiliert hatte, so machte Necla Kelek die am rechten Rand des politischen Spektrums gängige Polemik gegen das «Gutmenschentum» unter den Leuten salonfähig, die mit dem Begriff gemeint waren. Als Stipendiatin der Hans-Böckler-Stiftung hatte Frau Kelek ihre politische Sozialisation in der Gewerkschaftswelt durchlaufen. Heute verspricht sie sich für ihre Anliegen längst nur noch bei den «bürgerlichen Parteien» Resonanz – wenn überhaupt. Auf den Umschlag der «Fremden Braut» setzte der Verlag Kiepenheuer und Witsch eine der wirkungsvollsten Losungen der Islamdiskussion: «Dieses Buch räumt mit Multikulti-Illusionen auf.»

Die Familie des Frauenhändlers

Wie für die Doktorarbeit über den Islam in der Schule hat Necla Kelek für ihr Buch über Bräute in der Fremde biographische Interviews geführt. In der akademischen Arbeit breitet sie erst ab Seite 100 ihre Gesprächsnotizen aus, weil sie zunächst den Forschungsstand darzulegen und ihre eigene Theorie zu entwickeln hat. Im Buch für das große Publikum schickt sie der Fallstudiensammlung ihre eigene Geschichte voraus. Die erste Hälfte des Buchs nimmt die Erzählung der Schicksale ihrer Familie ein, die sie in romantischer Ausmalung und märchenhafter Verdichtung darbietet. Der Erfahrungsbericht aus der Welt des muslimischen Mannes ist auf dem Buchmarkt eingeführt als Subgenre einer autobiographischen Literatur, die von Frauen hauptsächlich für Frauen verfasst wird. «Nicht ohne meine Tochter» von Betty Mahmoody (1987) und «Wüstenblume» von Waris Dirie (1998) wurden internationale Bestseller. Im Kaukasus beginnt Necla Keleks Familiensaga, bei den Tscherkessen, die in der zweiten Hälfte des neunzehnten Jahrhunderts von der russischen Kolonialmacht aus ihrer Heimat verdrängt wurden. Der Urgroßvater der Autorin soll über das Schwarze Meer nach Istanbul gekommen sein, mit einer «Schiffsladung schöner tscherkessischer Mädchen», die er dem Sultan Abdul Hamid II. verkaufte. «Die Geschichte ist so wahr wie die Geschichten, die an den Lagerfeuern der Karawanserei erzählt werden.»

Die Mutter der Autorin und andere Verwandte verbürgen sich dafür, dass der Ahnherr allein an Bord gewesen ist, ohne die menschliche Ware, die vielleicht doch den Grundstock des anatolischen Wohlstands der Sippe gebildet hat. Ironisch führt Necla Kelek das Leitmotiv ihrer Analyse des Zwangsheiratsmarktes ein, das verschwiegene Familienkalkül. Keine Lizenz zur Lagerfeuerunterhaltung nimmt sie für ihre Schilderung des Lebens im Harem in Anspruch. Sultane, Statthalter und Wesire gaben sich einer «entfesselten Erotomanie» hin. Genauso hat die männlich-westliche Phantasie vom Orient, der Orientalismus, das Serail dekoriert. Necla Keleks These ist, dass die Unsitten einer bäuerlichen Brautpreisökonomie ohne Mitreden der Brautleute die höfische Sklavenhaltung als Urelement islamischer Herrschaft reproduzieren.

Der Großvater mütterlicherseits, erzählt Necla Kelek weiter, entdeckte die Großmutter, die Tochter des Frauenhändlers, der sich selbst «ganz romantisch für seine Jugendliebe» entschieden hatte, beim Hausfriedensbruch nach einem Hochzeitsfest im Küchenschrank der reichen Leute und entführte sie. «Er zog sie an den Haaren aus dem Schrank, hob sie auf sein Pferd und ritt mit ihr davon.» In der nächsten Generation überließ es der Vater immerhin seiner Mutter, Brautwerber auszuschicken, um das Mädchen zu kaufen, das er einmal in seinem Leben gesehen hatte, vom Pferd aus, auf einem Hochzeitsfest. War es wirklich in beiden Fällen ein Pferd und definitiv kein Esel oder Maultier? Das Tier ist als Symbol der Männlichkeit eingesetzt. Auch bei der Hochzeit von Necla Keleks Bruder, die im August 2002 am Marmara-Meer stattfand, erschien der Bräutigam «hoch zu Pferde». Vorletztes Kapitel: Die Eltern der Autorin haben trotz der Auswanderung nach Deutschland ihre beiden ältesten Kinder nach schlechtem Brauch verheiratet. Für den älteren Sohn fanden sie, nachdem eine Liebesheirat mit einer Cousine sich zerschlagen hatte, durch Vermittlung von Bekannten eine Kurdin in Lemgo, die als Mitgift leider die besonders strengen Ehrbegriffe ihres Volkes im Gepäck hatte; die ältere Tochter wurde einem schwer vermittelbaren Verwandten im Heimatort ausgeliefert, einem in «ärmlichen Verhältnissen» aufgewachsenen Grundschullehrer. «Bis heute – die Ehe ist längst gescheitert –

wirft sie uns allen vor, wir hätten sie einfach abgeschoben.» Necla Kelek gibt den Vorwurf ihrer Schwester stillschweigend weiter an die deutschen Ausländerfreunde, die sich im Kampf gegen die Einschränkung des Asylrechts verausgabten und sich für Abschiebungen aufgrund elterlicher Anordnung nie interessiert haben.

Alles, was erzählt worden ist, müsste eigentlich zulaufen auf den Eintritt der Autorin ins heiratsfähige Alter, auf einen Versuch des Vaters, das Gesetz der Familie, den Fluch der Herkunftswelt, auch an ihr zu vollziehen. Der Titel des Buches könnte diese Erwartung nahelegen. Aber Necla Kelek hat zum Glück präventiv rebelliert. Ihr Vater kam schon mit ihrem Widerstand gegen die hergebrachten Schutzmaßnahmen in der Pubertät nicht zurecht. Nach einem letzten Auftritt in der Tyrannenrolle – mit einem Beil verschaffte er sich Zutritt zum Zimmer der Tochter, um sie nach Vorväterart an den Haaren zu packen – verließ er zuerst Deutschland und dann die Familie. In jeder Generation erneuert sich in dieser Familiengeschichte das Verhängnis der Geschlechterordnung: Das mythische Muster der unausweichlichen Wiederholung legt die Übermacht der Kultur offen. Nur der mehr oder weniger freiwillige Abtritt des Vaters sprengt die Kette. Dieser Duran Kelek, den seine Tochter nie wiedergesehen hat, ist kein Held des Rückzugs gemäß dem welthistorischen Typus, den Hans Magnus Enzensberger unter dem Eindruck der Gestalt des Generals Jaruzelski beschrieben hat; der auch geschäftlich gescheiterte Patriarch organisierte nicht die Abwicklung des eigenen Regimes, sondern ergriff überstürzt die Flucht. Aber immerhin befahl ihm die Scham einmal das Richtige.

Adam und Eva auf dem Dorfe

Szenen prägen sich ein in dieser Geschichte vom Leid, das sich fortpflanzt, Szenen, die die Überdeutlichkeit von Traumbildern haben. Bei ersten Begegnungen, ersten Berührungen, wenn in vollkommener Unschuld Vertrauen investiert wird, enthüllt sich sogleich das Böse eines Systems schrankenloser Gewalt in intimen Verhältnissen. Als Necla fünf Jahre alt war, nahmen die Eltern sie mit in die alte Heimat, nach Pinarbashe in Anatolien. Der Vater der Mutter lag im Sterben. Auf dem Weg ans Sterbebett mussten sie der Mutter des Vaters ihre Aufwartung machen. Die Witwe war die Herrin über ein mehrstöckiges Holzhaus im osmanischen Stil, ein «dunkles Traumschloss». Necla sah ihre Großmutter zum ersten Mal in ihrem Leben. Die alte Frau stand oben auf dem Absatz einer steilen Treppe, mit einem Schlüsselbund an der Hüfte und einem Turban auf dem Kopf. «In der rechten Hand hielt sie eine kurze Peitsche. Ich blieb auf der untersten Stufe, mit einer Hand auf dem Geländer stehen, und sie kam mir entgegen. Sie sah meine roten Fingernägel, nahm die Peitsche, schlug damit auf meine Hand und sagte: ‹Allah wird sie dir einzeln ausreißen, wenn du gestorben bist.›» Das Wissen über die Binnenverhältnisse muslimischer Familien, das die Enkelin der Peitschenschwingerin ausbreitet, stammt aus erster, malträtierter, um ein Haar abgehackter Hand.

In einem späteren Kapitel wird das herrische Auftreten der seit Jahrzehnten verwitweten Agrarunternehmerin in den geschlechtersoziologischen Kontext der Aufbruchsjahre der Republik Kemal Atatürks eingeordnet. Die Großmutter übernahm die Rolle ihres verstorbenen Gatten und erhob Anspruch auf dessen Ansehen. War das wirklich, wie ihre Enkelin suggeriert, erst dank der Zivilrechtsreform Atatürks möglich? Bis heute ist das Patriarchat auf dem Land weniger strikt als in der Stadt. Erkennbar wird der Wille Necla Keleks, dem Gründer der Republik einen Platz in ihrer Familiengeschichte zuzuweisen. Wenn die Witwe öffentlich in Erscheinung trat, fügte sie sich den überlieferten Schicklichkeitsstandards nicht. Im Gegenteil legte sie «ein geradezu despotisches Selbstbewusstsein» an den Tag, «das sie dazu befähigte, sich über die Tradition hinwegzusetzen». Zunächst erregte sie Anstoß, aber «als die fast Hundertjährige immer noch die Schlüsselgewalt über Haus und Hof ausübte und rauchend und mit der Peitsche in der Hand die Geschicke ihres Clans lenkte», war sie längst zur «regionalen Legende» geworden. Warum ließ sie ihre fünfjährige Enkelin wie eine auf frischer Tat ertappte Diebin spüren, dass sie sich hüten solle, sich über die Tradition der unlackierten Fingernägel hinwegzusetzen? Die Großmutter soll nach dem Peitschenhieb eine Küchenhilfe aufgefordert haben, ihr den kleinen Teufel aus den Augen zu schaffen. Von einem besonders engen Verhältnis zu Allah ist im Übrigen nicht die Rede.

Eine vergleichbare emblematische Bedeutung hat die Szene, mit der Necla Kelek die Schilderung der Hochzeitsnacht ihrer Eltern einleitet.

Der Bräutigam ist noch auf dem Hochzeitsfest, von dem die Braut ausgeschlossen ist. Sie wartet im Schlafzimmer. Man hat ihr gesagt, sie solle sich vorbereiten, aber sie weiß nicht, worauf sie sich vorzubereiten hat. Nur im Flüsterton ist unter den Frauen in ihrem Elternhaus darüber gesprochen worden, man hat ihr geraten, sich hinzulegen und zu beten. Müsste ein solcher Viktorianismus in der Nachkommenschaft eines Frauenhändlers nicht überraschen? Ein «Henna-Abend» zum Abschied der Braut von ihrer Mutter und ihren Freundinnen, wie ihn Necla Keleks Schwägerin 2002 feierte, soll jedenfalls nicht stattgefunden haben. Seit Tagen hat die Braut nichts Richtiges gegessen, so nimmt sie, während sie wartet, einen Apfel aus der Obstschale auf dem Tisch vor dem Fenster und beißt hinein. Sie hat nicht bemerkt, dass ihr Mann ins Zimmer getreten ist. «Als er sie am Fenster in ihrem Brautkleid stehen sah, den angebissenen Apfel in der Hand, ging er auf sie zu, holte aus und schlug ihr mit der flachen Hand ins Gesicht. ‹Wage es nie wieder, ohne zu fragen irgendetwas in diesem Hause zu nehmen!›» Dieser Prolog der Ehetragödie parodiert die biblische Erzählung von Adam und Eva, den Mythos vom Sündenfall.

Die unaufgeklärte Frau, der die Frauen der eigenen Familie das Wissen vorenthalten haben, beißt arglos in den Apfel. Sie wird bestraft, weil sie für die sexuellen Bedürfnisse des Gatten da sein soll wie das Obst in der Schale für den Hunger des Hausherrn. Obwohl sie sich gar nicht auflehnen wollte, hat sie gegen das Gebot der perfekten Passivität verstoßen. Auch im Koran steht die Geschichte vom verbotenen Baum; dort wird nicht gesagt, wer die erste Frucht pflückte. Wie die Hochzeitsnacht begann, so endete sie. «Leman schrie das erste Mal um ihr Leben.» Wie die Ehe begann, so blieb sie. Drei Jahre lang, erzählt Homer, hat Penelope Nacht für Nacht wieder aufgetrennt, was sie am Tag gewebt hatte, als Odysseus, ihr Gemahl, nicht nach Hause kam und in der Männerwelt schon als tot galt. Dreißig Jahre lang, erzählt Necla Kelek, hat ihre Mutter Morgen für Morgen dem Vater die Schuhe gebunden und ihm den gemurmelten Fluch hinterhergeschickt: «Möge Allah mir deine Leiche bringen.» Irgendwann kam er seltener und eines Tages gar nicht mehr nach Hause. Der unfromme Wunsch ist eine Travestie des täglichen Gebets, der elementaren muslimischen Frömmigkeitsübung.

Die erste der durch Abmachung der Eltern vermählten, unvorbereitet nach Deutschland verfrachteten Frauen, die Necla Kelek in «Die fremde Braut» zu Wort kommen lässt, trägt im Buch den Namen Zeynep. Die Autorin hat sie in einer Moschee kennengelernt und sprechen können, an dem einzigen öffentlichen Ort, den Frauen wie Zeynep ohne ihre Männer aufsuchen können. Zeynep war sechzehn, als ihre Eltern sie fortgaben. Sie ließen sich für ihre Tochter noch nicht einmal etwas zahlen. «Deutschland schien als Brautpreis wertvoll genug.» Als der Handel perfekt war, verfügten die Eltern des Bräutigams über das Mädchen, «wie man ein Schaf aus der Herde holt». In Deutschland musste sie für die Großfamilie ihres arbeitslosen Mannes die Drecksarbeit machen. Sie bekam drei Kinder und musste sich auch noch um die drei Kinder ihrer Schwägerin kümmern. Im Gespräch in der Moschee hat Zeynep davon berichtet, dass die Geschichte ihrer Ehe eine glückliche Wendung genommen habe. «Jetzt sitzt sie vor mir und sagt stolz: ‹Seit ich in die Moschee gehe, ist alles leichter geworden. Und mir geht es viel besser. Seit die Frau Hodscha da ist, trage ich ein Kopftuch.›» Ausführlich zählt die junge Frau auf, was sich alles in ihrem Leben geändert hat, seit sie die Koranlektürestunden unter weiblicher Leitung besucht und die dem Muslim vorgeschriebenen fünf Gebete am Tag verrichtet: ihre Einstellung, ihr Selbstbild, ihr Verhalten und das Verhalten der anderen. Sie schlägt die Kinder nicht mehr, sondern spricht mit ihnen. Zu ihrem Mann hat sie endlich ein gutes Verhältnis. Nicht weil sie sich mit ihren Gehorsamspflichten abgefunden hätte – im Gegenteil: Er hört auf sie und ist auf sie angewiesen. Sie hat sich eine Arbeitsstelle gesucht. Zusammenfassung: «Seit ich bete, bin ich eine starke Frau.»

Zeynep besucht eine Moschee im Hamburger Schanzenviertel, die vom staatsnahen türkischen Dachverband Ditib getragen wird. Allem Anschein nach handelte es sich bei Necla Keleks Befragungen von Ehefrauen, die aus der Türkei geholt wurden, zunächst um ein Anschlussprojekt nach dem Modell ihrer Feldforschungen in Wilhelmsburg. Gesprächsprotokolle sind der empirische Kern der Doktorarbeit. Tatsächlich drängt es sich für den Leser der Dissertation auf, die Auskünfte Zeyneps, die die Religion ihre Rettung nennt, im

Sinne der Ergebnisse von Necla Keleks erstem Buch zu interpretieren.

Der liberale englische Historiker Thomas Babington Macaulay charakterisiert in seinem Essay über Friedrich den Großen den «Anti-Machiavell», die von Voltaire anonym zum Druck gebrachte Schrift des Kronprinzen, als «eine erbauliche Predigt gegen Raubgier, Treulosigkeit, Willkürherrschaft und ungerechten Krieg, kurz: gegen fast alles, weshalb ihres Verfassers jetzt unter den Menschen gedacht wird». In einem ähnlichen Verhältnis steht Necla Keleks Erstling «Islam im Alltag» aus dem Jahr 2002 zur Serie ihrer Bestseller.

Die These der Doktorarbeit lautet: Der Islam ist kein Integrationshindernis. Im Gegenteil: Jugendliche, die das Gefühl haben, in zwei Welten zu leben, finden in der Religion die Brücke zwischen den Erwartungen der Herkunftskultur, die in den Familien weitergegeben werden, und den Forderungen der deutschen Gesellschaft, in der sie ihre Zukunftschancen suchen müssen. Nahezu alle von Necla Kelek befragten Schüler beschrieben sich als gläubig. Das Ensemble der Praktiken und Einstellungen, die im Einzelfall unter diesem Glauben verstanden werden sollten, musste sich jeder einzelne selbst zusammenstellen. Im Alltag eines Schülers mit Stundenplan und Freizeitaktivitäten, die in der Welt der Gleichaltrigen de facto ebenfalls als obligatorisch erlebt werden, ist ein frommes Leben von vornherein unmöglich, wenn man nicht eine Auswahl unter den religiösen Geboten trifft, um denen zu folgen, denen man tatsächlich folgen kann. Die Kompromisse bei Gebetszeiten und Fastenregeln, über die Necla Kelek so minutiös Buch führte wie Emmanuel Le Roy Laduries Inquisitoren über die Gebräuche der Ketzer von Montaillou, belegen eine Individualisierung mit objektiver und subjektiver Seite: Die Vielfalt der Frömmigkeitsübungsprogramme stellt sich ein, weil jeder mit sich selbst zu Rate gehen muss.

Ein besonders wichtiger Befund, illustriert an einer Schülerin mit streng gebundenem Kopftuch, die Karatefilme liebt und Jura studieren will: Gerade der Abstand zwischen traditioneller Glaubenswelt und moderner Lebenswelt schafft den Freiraum und den Bedarf für eine reflektierte Religiosität. Dem «individuellen Bezug zu Gott» entspricht dann mit Gottes Segen ein Selbstbewusstsein, das islamische Lebensformung und westliche Neugier verbindet. Die Kampfsportfilmfreundin absolviert als einzige in ihrer Klasse täglich den Parcours der fünf Gebete. Necla Kelek stellte ihr 2002 eine positive Integrationsprognose aus. Die Schüler der zehnten Klasse konnten sich über ihre Chancen und Sorgen in der Möglichkeitsform äußern. Es ist das Privileg der Jugend, dass man sich die unterschiedlichsten Ziele setzt, ohne die Probe zu machen, ob sie auch zusammenpassen. Sollte Necla Kelek deshalb in ihrer Doktorarbeit die Schwierigkeiten unterschätzt haben, die ein Bürger, Marktteilnehmer, Medienkonsument und Familienmensch in Deutschland hat, wenn er sich außerdem und in erster Linie als Muslim versteht? Das Problem des Pflichtenüberhangs, das im hektischen Großstadtleben bei wörtlicher Befolgung der Gebetsvorschriften entsteht, wollten die meisten Schüler ausdrücklich mit einem Moratorium lösen: Später, nach der Pilgerreise nach Mekka, sollte es für sie keine Ausnahmen und keine Ausreden mehr geben. Die Frauen, denen sich Necla Kelek in ihrem zweiten Forschungsvorhaben zuwandte, waren im Alter der Schüler verheiratet worden, die meisten ungefragt. Über Optionen und Präferenzen hatten sie nichts zu berichten.

Um so gewichtiger im zweiten Sample dann das Zeugnis Zeyneps. Sie hat die Verhältnisse, die ihr aufgezwungen wurden, so verwandelt, dass die Mitglieder der Familie nun wie freie Menschen miteinander umgehen, die einander etwas zu sagen haben und aufeinander angewiesen sind. Es gibt für sie mit ihrer Arbeitsstelle nun eine Welt außerhalb der Familie, und man darf deshalb hoffen, dass das Land, in dem sie lebt, ihr nicht ewig fremd bleiben wird. Das alles verdankt sie nach ihren Worten der Religion, die sie zu einer anderen Person gemacht hat: Die Umwelt bringt ihr Respekt entgegen, und sie respektiert sich selbst. Muss man nicht feststellen, dass ihr trotz objektiver Verweigerung der Teilhabe durch subjektive Aneignung der religiösen Verhaltenserwartungen die Integration gelungen ist – jedenfalls so viel Integration, wie sie in ihrer Lage überhaupt zustande bringen konnte? Und sollte man diesen Effekt der frommen Selbstdisziplin nicht Emanzipation nennen? Eine solche Deutung auf der Linie der Doktorarbeit nimmt Necla Kelek in «Die fremde Braut» nicht vor. Sie wird aber auch nicht ausdrücklich verworfen – offenkundig deshalb nicht, weil die Autorin sich sicher ist, dass sie dem Leser des Buches, der die Doktorarbeit nicht gelesen hat, vollkommen abwegig erscheinen müsste.

Zwei Sorten der Evidenz

Es mag sein, dass wir in der Zeynep-Episode das Fragment einer Volksausgabe und Fortsetzung der Dissertation vor uns haben, die Necla Keleks zweites Buch hatte werden sollen: «Islam im Alltag II», erörtert am heikelsten Gegenstand, dem Verhältnis von Mann und Frau in der Ehe. 2002 kam die Doktorarbeit heraus, drei Jahre später «Die fremde Braut». Irgendwann in dieser erstaunlich kurzen Zeit muss Necla Kelek zu dem Schluss gekommen sein, dass die These der Dissertation falsch und das Gegenteil richtig ist: Der Islam verhindert die Integration. Ein vielleicht bereits vorhandenes Unterkapitel musste nicht unbedingt durch die Einfügung von Schlussfolgerungen im Sinne der neuen These umgeschrieben werden. Denn mit der Meinung hat Necla Kelek zwischen 2002 und 2005 auch die Textsorte gewechselt. In der Doktorarbeit hatte sie ihre Argumentation nach den Transparenzregeln des wissenschaftlichen Arbeitens strukturiert. Jede Behauptung muss belegt werden; es muss deutlich werden, wie sie begründet wird, wohin sie führt – und vor allem: wie weit sie reicht. Einem wissenschaftlichen Satz soll man seinen Geltungsradius ablesen können. Das macht die Lektüre akademischer Gesellenstücke mühselig. «Die fremde Braut» ist ein Sachbuch ohne Fußnoten, das literarische Beglaubigungstechniken verwendet.

Zum Einsatz kommt eine Rhetorik der zweifachen Evidenz. Einerseits werden drastische Einzelfälle vor Augen geführt, die dem Leser die Sprache verschlagen und Nachfragen erübrigen. Die farbigen Einzelheiten sind suggestiv, haben bei näherem Hinsehen allerdings bisweilen nur eine symbolische Bedeutung. Andererseits fallen nebenbei hochallgemeine Sätze, die weder belegt noch begründet werden. Sie werden als selbstverständlich vorausgesetzt – und damit als selbstverständlich durchgesetzt. Selbst die Autorin kann nicht jede Behauptung wörtlich meinen. Etwa die Unterstellung, der typische in Deutschland sesshaft gewordene türkische Gastarbeiter spreche kein Deutsch: «Schließlich hat sich jeder in Deutschland lebende Türke irgendwann persönlich entschlossen, in diesem Land zu bleiben. Spätestens von diesem Zeitpunkt an hätte er anfangen können, Deutsch zu lernen. Aber stattdessen haben die Türken sich massenhaft in ihre Moscheen zurückgezogen und verteidigen ihre islamische Welt.» Stattdessen!

So steht es da. Und so hat es der Verlag Kiepenheuer und Witsch in die Welt hinausgehen lassen, der Verlag von Heinrich Böll und Günter Wallraff.

Weiter im Text: «Sie haben sich längst ihre eigene Parallel-Gesellschaft geschaffen, auch mithilfe der deutschen Errungenschaften von Sozialversicherung und Arbeitslosenunterstützung.» Das Innere des türkischen Lebens in Deutschland hat Necla Kelek erkundet, eine dunkle Region, in der die Landessprache nicht gelernt und stattdessen zu einem fremden Gott gebetet wird. Die Wahrheit, die Necla Kelek von ihrer Expedition mitgebracht hat, ist, wie die Familiensoziologin Elisabeth Beck-Gernsheim notierte, «mit den schlimmsten Angstphantasien fremdenfeindlicher Deutscher identisch». Wir haben es mit einem geschlossenen System der Vorurteile zu tun: Der Moscheebesuch ersetzt den Türken den Deutschkurs, und finanziert werden Moscheebau und Müßiggang aus den Sozialabgaben der Deutschen, in deren Arbeitsmarkt sich die Türken nicht integrieren wollen. Thilo Sarrazin behauptet in der Einleitung seines Buches, «türkische Migranten» sprächen «auch in der dritten Generation noch nicht richtig deutsch», weil sie nicht richtig deutsch sprechen wollten. Es handelt sich um eine der vermeintlichen Tatsachen, die zu belegen der Autor nicht für nötig hält. Die 2009 publizierte Untersuchung «Zuwanderer in Deutschland» des Instituts für Demoskopie Allensbach kam zu dem Ergebnis, dass 70 Prozent der Personen mit türkischem Migrationshintergrund gute bis sehr gute Deutschkenntnisse haben. Der Fortschrittsbericht des Bundesamts für Migration und Flüchtlinge aus dem Jahr 2010 bietet eine Aufschlüsselung nach Alter und Geschlecht. Über mindestens gute Deutschkenntnisse verfügen demnach 83,5 Prozent der bis 34 Jahre alten Männer und 58,4 Prozent der Männer über 35 Jahre, 34,9 Prozent der älteren und 70 Prozent der jüngeren Frauen. In beiden repräsentativen Untersuchungen wurde die Einstufung der Sprachbeherrschung von den Interviewern vorgenommen.

Der Rückstand der Frauen ist dramatisch genug. Bei Necla Kelek, deren Thema er doch sein sollte, verschwindet er an der zitierten Stelle hinter dem Propagandabild des Türken, der zu faul und zu stolz ist, um Deutsch zu lernen, aber nicht zu stolz, um sich von den Deutschen seine Faulheit finanzieren zu lassen. Es ist eine Schlüsselstelle des Buches, das die Autorin zum Star machte. Sie wendet sich hier, im Kapitel «Die Schuldfrage – deutsch und türkisch», nicht an die Türken, sondern an die Deutschen, die nicht aufhören wollen, die Schuld für die Integrationsprobleme bei sich selbst zu suchen. «Das kann ich nicht verstehen.» Paradoxerweise gleicht dieses Unverständnis der Haltung männlicher Türken in Deutschland, die sich der Integration mit der Behauptung verweigern, den Deutschen fehle der Sinn für nationale Ehre, und zur Begründung auf die Vergangenheitsbewältigung verweisen. Der Stolz ist ein Hauptinhalt der Ethik des Kemalismus: Das nationale Kollektiv soll Schuld nie bei sich selbst suchen.

Beim Freiburger Dahrendorf-Gedenken beklagte Necla Kelek, den Schulkindern werde in Deutschland vom ersten Tag an beigebracht, die Regierung und die Parteien zu kritisieren. Sie müssten zuerst doch den Respekt vor dem Staat lernen. Damit erntete sie heftigen Zwischenapplaus bei einem Teil des Publikums. Es überrascht nicht, dass auch in den Augen mancher freidemokratischer Honoratioren die Staatskritik in der Schule zu weit getrieben worden ist. Dieselben Würden- und Leistungsträger werden allerdings wohl in der Wirtschaftspolitik für den Grundsatz «Privat vor Staat» kämpfen. Der kemalistische Staatskult müsste ihnen ebenso zuwider sein wie eine Schulpolitik, die Eltern im Namen der Integration die Möglichkeit nehmen will, die richtige Schulform für ihre Kinder auszuwählen. Kemal Atatürk übernahm das französische Prinzip des Laizismus und ließ sich zusätzliche Sicherungsmaßnahmen einfallen. Zu eng, glaubte er, war die Volksreligiosität mit der zivilisatorischen Rückständigkeit seines Landes verbunden, als dass er die Gläubigen sich selbst hätte überlassen dürfen. So ruft Necla Kelek nach der staatlichen Überwachung der Moscheen. In Freiburg forderte sie: «Der Staat muss mir den Raum geben, diese Menschen auch zu kontrollieren.» Es darf nicht sein, dass ungestraft Verfassungswidriges gepredigt wird. Zwar soll wohl in der deutschen Republik die säkulare Öffentlichkeit die Aufgaben der türkischen Religionsbehörde übernehmen. Aber der Staat muss nach Frau Kelek «einschreiten», wo menschenrechtswidrige Bräuche mit religiösen Pflichten gerechtfertigt werden. Es muss amtliche Geltung erhalten, wenn die Öffentlichkeit bei der Prüfung einer religiös begründeten Praxis zu dem Schluss kommt: «Nein, das ist keine Religion mehr.»

Ob sie von den Türken oder von den Muslimen spricht, immer bemüht sich Necla Kelek darum, ihre Urteile so allgemein zu fassen, dass der Schattenriss eines riesigen Kollektivs entsteht, einer gefährlichen Masse im Bann eines archaischen Gruppendenkens. Solche Pauschalurteile können sich als Zusammenfassung von Erfahrungen der Feldforscherin tarnen: «Respekt ist neben der Ehre der Begriff, der am häufigsten von meinen muslimischen Gesprächspartnern gebraucht wird, um sich von den Ungläubigen abzugrenzen. Mit Respekt ist aber anderes gemeint, als aufgeklärte Menschen darunter verstehen. Wenn Muslime ‹Respekt› vor dem Islam einfordern, dann meinen sie nicht die Achtung oder Anerkennung ihres Glaubens, sondern den Respekt vor dem Stärkeren – in ihren Augen die Anerkennung, dass der Orient und mit ihm der Islam auf dem Vormarsch sind. Respekt ist eine Machtfrage.»

Auch die Islamkritikerin nimmt durch ihre Wortwahl Abgrenzungen vor. Die schematische Gegenüberstellung von Muslimen und Nicht-Muslimen charakterisiert die Muslime fortlaufend auch indirekt. Aufgeklärte Menschen verstehen Respekt anders als Muslime, also gibt es unter Muslimen keine aufgeklärten Menschen. Man kann den geschichtsphilosophischen Gedanken, dem Islam stehe seine Aufklärung noch bevor, für höchst bedenkenswert halten und es dennoch geschmacklos nennen, dass Frau Kelek jeden einzelnen Muslim in den Laufstall eines seelischen Mittelalters sperrt. Polarisierung ist ihre Methode. So stilisiert sie die Moschee zum Gegenteil der Volkshochschule und identifiziert sie den Orient und den Islam. Und wir sollen ihr auch noch glauben, dass sich in den Augen der Muslime die Welt genauso darstellt. Haben ihre Gesprächspartner denn wirklich das Bild vom Vormarsch verwendet, die Wunschvorstellung der Islamisten und die Angstvorstellung der Islamkritik?

Radikalisierung durch Uminterpretation

Die Autorin gibt vor, für ihre Entschlüsselung des Codes der Respekteinforderung auf ihre Forschungen an der Gesamtschule in Wilhelmsburg zurückzugreifen. Sie lässt zwei der acht Interviewpartner aus «Islam im Alltag» wieder auftreten. Den fünfzehnjährigen Emil zitiert sie mit der Aussage, dass es für ihn eine Sünde wäre, eine Christin zu heiraten. In der Doktorarbeit hatte sie Emil als den Schüler mit den mit Abstand schlechtesten Schulaussichten vorgestellt. Den Satz des sechzehnjährigen Mete «Allah ist für mich alles» deutet sie in «Die fremde Braut» als Bekenntnis zum Vorrang des Kollektivs, der Familie, der Nation und der Weltgemeinschaft der Gläubigen. Derselbe Satz sollte in «Islam im Alltag» noch «eine emotionale, von Ritualität freie spirituelle Verbundenheit zu Gott ausdrücken», Metes Distanzierung von allen äußerlich-sozialen Definitionen des Muslim-Seins. Die Gläubigkeit des Jungen, der den Besuch der höheren Handelsschule anstrebe, erscheine «deutlich individualisiert und privatisiert», hieß es 2002; gerade diese Verinnerlichung seiner religiösen Identität habe ihm «subjektive Handlungsspielräume» einer «bemerkenswerten Liberalität und Reflexionsfähigkeit» aufgeschlossen. So äußerte er die Auffassung, dass Muslime, die in Deutschland ein Leben nach dem Buchstaben der Glaubensregeln führen wollten, das Gastrecht verletzten. Man müsse Deutsche verstehen, die bei den vielen Kopftüchern auf der Straße komisch guckten. Mete war auch der einzige Gesprächspartner, der einen mit der Gesprächssituation gegebenen Handlungsspielraum nutzte und die Gegenfrage nach der religiösen Haltung der Fragenden einbezog. Strenggläubige, sagte er, die alles täten, was im Koran stehe, würden nach dem Tod sofort ins Paradies geschickt. «Aber zum Beispiel wir beide, von uns glaube ich nicht, dass wir ins Paradies kommen.»

Um den aufgeklärten Menschen die angebliche muslimische Leitnorm des Respekts zu erklären, will Necla Kelek in «Die fremde Braut» die innere Haltung aus der Gebetshaltung ableiten. «Als Muslim unterwirft man sich, ‹respektiert› den Älteren, so wie man sich – jeden Tag fünfmal, auf den Knien gewandt, mit dem Gesicht auf dem Boden – Gott unterwirft.» Die Autorin unterlässt es, die Leser ihres zweiten Buches darüber zu informieren, dass sich aus der im ersten Buch vorgestellten Gruppe von Jugendlichen nur die Musterschülerin mit dem Karatefimmel dem geistlichen Leibesübungsritual unterzog. Alle Schüler hatte die Doktorandin nach ihrem Verhältnis zu Deutschen beziehungsweise zu Christen befragt. Tatsächlich konnte sie Äußerungen des Tenors zu Protokoll nehmen, den Deutschen fehle es an Stolz und Respekt. Ebenso wurde aber Bewunderung artikuliert für den freien Lebensstil der deutschen Mitschüler. Eine Schülerin, die kein Kopftuch trug und ihren Freundinnen vorhielt, wenn sie schon Kopftuch trügen, müssten sie aber auch beten, malte sich aus, dass sie auch als Christin hätte aufwachsen können: Dann wäre auch sie frei erzogen worden, und dann könnte ihr gleichgültig sein, welcher Religion sie angehörte.

Eine der Grundannahmen der Islamkritik ist, dass die Unterscheidung von Gläubigen und Ungläubigen die gesamte soziale Wahrnehmung der Muslime regiere. Wie der Schweinekommunismus von George Orwells «Farm der Tiere» auf die Parole «Vier Beine gut, zwei Beine schlecht!» gegründet ist, so müsste ein Muslim insgeheim ständig vor sich hinmurmeln: «Schweinefleischverschmäher gut, Schweinefleischfresser schlecht!» Alle von Necla Kelek porträtierten Wilhelmsburger Jugendlichen beschreiben sich als gläubig. Das bedeutet aber nicht, dass sie in ihrer Alltagssprache die Deutschen in erster Linie als Ungläubige bestimmen – obwohl sie nicht viele deutsche Mitschüler und kaum deutsche Freunde haben. Für die von Necla Kelek nach ihrer Wende zur Islamkritik verbreitete Behauptung, das Gruppengefühl der (frommen) Muslime stelle sich durch Abgrenzung entlang der Linie rein/unrein her, bietet ihre wissenschaftliche Monographie erst recht keinen Beleg.

Nachdem die Autorin von «Die fremde Braut» Mete und Emil als gewaltbereite Muttersöhnchen porträtiert hat, skizziert sie ein demographisches Szenario, das schockieren soll: «Wilhelmsburg ist so etwas wie unser aller Zukunftsvision.» Emil, ihr am schlichtesten gestrickter Gewährsmann, hatte sich die Zukunft tatsächlich so vorgestellt. In Deutschland könne man gut leben, weil jetzt fast überall Türken seien. «Bald wird die Mehrheit Türken sein.» Aber auf die Zuspitzung der Machtfrage wollte es Emil, der von seinen eigenen Fähigkeiten eine realistische Vorstellung hatte und von denen seiner Landsleute vielleicht eine zu skeptische, nicht ankommen lassen: «Die Oberleitung, Präsidenten und so, die sollen Deutsche sein. Denn wenn es jetzt türkische Präsidenten und so hier gibt, dann ist es gleich wie in der Türkei.» Mete, der nicht damit rechnete, ohne Umweg ins Paradies zu kommen, gab an, er respektiere natürlich die Christen, was ja schon im Koran geboten werde. «Jeder hat seinen eigenen Glauben, das muss man respektieren.» Mit dieser Respektbekundung wollte Mete sich den Christen nicht unterwerfen. Er konnte ganz selbstverständlich der Toleranz im zivilisierten Umgang Ausdruck geben, ohne von der Befürchtung heimgesucht zu werden, die Sache des Islam durch Appeasement geschwächt zu haben.

Der importierte Imam

Den Leser des Kapitels über die Zukunftsvision Wilhelmsburg entlässt Necla Kelek mit dem Wort des Imams einer Hamburger Moschee, einer schwülstigen Beschwörung der Pflichten gegenüber der Mutter. «Wer die Mutter verletzt, wird als ewig Verletzter verdammt sein.» Hier sollen sich, so ist die Platzierung des Zitats zu verstehen, die unheilbaren psychosexuellen Ursachen der muslimischen Misere zeigen. Ein Muslim kann sich nicht emanzipieren, kann in der Gesellschaft der freien Menschen nicht ankommen, denn er darf sich nicht abnabeln. Der Jenseitsglaube und die Mutterbindung sind untrennbar verwachsen. In den Interviews mit den Wilhelmsburger Schülern frappiert die Selbstverständlichkeit, mit der sie über ihre Erwartung sprechen, dass sie für ihren laxen Umgang mit den Glaubensregeln in der Hölle werden büßen müssen. Dass die Eschatologie diesen Platz im Alltag der jungen Muslime einnimmt, ist wohl der markanteste Unterschied zu allem, was eine Paralleluntersuchung über die Vorstellungswelt ihrer christlichen Mitschüler hätte herausfinden können. Was aber in ihren Aussagen fehlt, ist jede ehrfurchtsvolle Bezugnahme auf Predigerworte.

Die Schüler gehen nicht eben häufig in die Moschee, und ein Imam als spiritueller Führer oder auch nur als Auskunftsinstanz wird von niemandem erwähnt. Jeder musste mit sich selbst ausmachen, welche Verbindlichkeit die überlieferten Normen für ihn haben sollten – aber in diesen Klärungsprozessen hätte die Auseinandersetzung mit der Autoritätsfigur des Vorbeters doch hilfreich sein können. Der Imam als Donnerer oder Einflüsterer, dessen Wort Moralgesetz ist, verdankt seine prominente Rolle in Necla Keleks Bericht aus dem türkischen Leben nicht sozialwissenschaftlicher Empirie über dieses Leben. Unerschütterlich verbreitet er Furcht und Schrecken – bei den Leuten, denen der Islam unheimlich ist. Dem einen oder anderen Leser, der sein Vorwissen hier bestätigt zu sehen glaubt, mag durch den Kopf gehen, dass er für seinen Teil sich meist nicht viel merkt, wenn der Pfarrer predigt. Aber so unterscheidet sich eben christliche Geistesfreiheit von muslimischer Unterwerfungskultur! In ihren regelmäßigen Warnhinweisen zum Stand des Vormarschs des Orients vergisst Necla Kelek nie zu erwähnen, dass wir nicht wissen, was in den Moscheen gepredigt wird. Die Überwachung der Freitagsgebete durch den Verfassungsschutz entspräche ihrer Auffassung der Trennung von Kirche und Staat.

Im Zeichen des Widerstands

2005, im Jahr des Erscheinens von «Die fremde Braut», erhielt Necla Kelek für dieses Buch den Geschwister-Scholl-Preis. Satzungsgemäß würdigten die bayerischen Buchhändler und die Stadt München das Manifest des Kampfes gegen Brautkäufer und Wegschauer als ein Buch, «das von geistiger Unabhängigkeit zeugt und geeignet ist, bürgerliche Freiheit, moralischen, intellektuellen und ästhetischen Mut zu fördern und dem gegenwärtigen Verantwortungsbewusstsein wichtige Impulse zu geben». Die meisten Scholl-Preisträger hatten sich in ihren preisgekrönten Werken mit dem Nationalsozialismus befasst. Dass die Jury von dieser Regel abwich, machte die Verleihung an Necla Kelek zu einer besonders starken Aussage: Der Kampf der Autorin gegen die Zwangsehen und gegen das, was sie als Verschwörung des Schweigens in der Gemeinschaft der türkischen Einwanderer beschrieb, wurde in eine Kontinuität zum Widerstand gegen Hitler gerückt. Heribert Prantl, Innenpolitikchef der «Süddeutschen Zeitung» und Preisträger des Jahres 1994, stellte sich in der Laudatio der heiklen Aufgabe, auf die Ratschläge des Buches einzugehen, deren Umsetzung der bürgerlichen Freiheit einen schlechten Dienst erwiesen hätte. Zwei Erwägungen führte der Laudator zusammen, um zu erklären, dass das Buch Sätze enthält, die sogar dem Rezensenten Otto Schily, einem Mann des schroffsten republikanischen Monokulturalismus, zu weit gegangen waren. Prantl hielt Necla Kelek eine rhetorische Strategie der Dramatisierung zugute, der kontrollierten Übertreibung. Um die Öffentlichkeit aufzurütteln, habe sie mit Verallgemeinerungen operiert. Das große Unrecht sollte nicht kleingeredet werden. Schrille Töne wirken fast immer unglaubwürdig – hier nicht, weil Necla Kelek, wie Prantl zu spüren meinte, aus schmerzlicher Erfahrung schrieb, so dass die Verzerrungen zum Signum der Authentizität wurden. «Necla Kelek schreit in ihrem Buch. Sie ist wütend und zornig.» Die Autorin machte sich zum Organ ihrer Mutter und aller anderen türkischen Frauen, deren Schreie überhört worden waren. Leidensgeschichte und Wirkungswille, Kalkül und Passion kamen zusammen: Die Kraft des Buches führte Prantl in seinem freimütigen Porträt der Verfasserin auf eine heikle Symbiose von Entgrenzung und Disziplinierung zurück.

Hier schrieb, so las Prantl das Buch, eine Frau, die nicht anders konnte und doch genau wusste, was sie tat: Den Satz, dass «eine Kultur, die dem einzelnen die Menschenrechte verweigert, nicht demokratiefähig» sei, gebrauchte Necla Kelek laut Prantl als Waffe. Sie habe damit zugeschlagen, legte der frühere Staatsanwalt dar, im Affekt, genauer gesagt «im sthenischen Affekt». Die Einteilung in sthenische und asthenische Affekte findet sich in Kants «Anthropologie in pragmatischer Hinsicht». Kant definiert den Affekt als «Überraschung durch Empfindung», die das Gemüt die Fassung verlieren lässt. Er unterscheidet die sthenischen Affekte, die Affekte aus Stärke wie den Zorn, von den Affekten aus Schwäche, den asthenischen Affekten, wie der Angst. Die kraftvollen Affekte sind nach Kant «von einer erregenden, dadurch aber oft auch erschöpfenden Beschaffenheit». Bei Necla Kelek ist Erschöpfung noch nicht zu bemerken. 2005 wollte Prantl zugunsten der Preisträgerin noch annehmen, «mit einem solchen Satz» wie dem «von der Integrationsfeindlichkeit der muslimischen Kultur» bediene Necla Kelek nur «vordergründig die Vorurteile einer aufgeschreckten deutschen Gesellschaft». Seitdem hat sich die deutsche Gesellschaft nicht wieder beruhigt, und Necla Kelek scheint es in allen ihren weiteren Büchern wie in der dichten Folge ihrer Artikel und Reden darauf angelegt zu haben, die Mehrheit in ihren Vorurteilen über die Türken zu bestärken.

Prantl hatte sich in jener Feierstunde in der Großen Aula der Münchner Universität auch als Pädagoge versucht und mit der gebotenen Behutsamkeit eine mögliche Entwicklungslinie des furiosen religionskritischen Engagements der Preisträgerin gezogen. Er stellte sich als Katholik vor, der von Zeit zu Zeit an seiner Kirche leide und daher mit der Islamkritikerin mitleiden könne. Um «Necla Keleks generalisierende Bedenken über das Zueinanderpassen von Islam und Demokratie» einordnen zu können, brachte er einen historischen Vergleich ins Spiel. Die christlichen Kirchen hätten auch erst vor kurzer Zeit ihren Frieden mit der Demokratie gemacht. Keinem zur Ehre der Altäre erhobenen Scholastiker sprach Prantl dieses Verdienst zu, was seine eigene Konfession betraf, sondern einem Lebenden: dem 1930 geborenen ehemaligen Bundesverfassungsrichter Ernst-Wolfgang Böckenförde. Bei der Lektüre der «Fremden Braut», erzählte Prantl, sei ihm Tilmann Mosers «Gottesvergiftung» eingefallen, die Anklagerede des Psychoanalytikers gegen den christlichen Gott aus dem Jahre 1976. «Heute sagt er von seinem Buch, es komme ihm ein Stückchen hochmütig vor.» In Necla Keleks Schreibkarriere ist seit 2005 eher eine Verhärtung eingetreten. Mit ihrem Sendungsbewusstsein zieht sie den Vorwurf des Hochmuts auf sich, der keineswegs nur in der Moscheetürsteherszene des Umfelds der Islamverbände gegen sie erhoben wird. Beim dritten oder vierten Buch kann man eben nicht mehr jede maßlose Formulierung mit einer überraschenden Zornesaufwallung erklären.

In seinem Bemühen um eine liberale, gleichsam verfassungskonforme Lesart der Kelekschen Islamkritik ging Prantl so weit, die Technik der systematischen Übertreibung als literarisches Spiel verstehen zu wollen, als die Ersetzung des Wahrheitsanspruchs durch den Schockeffekt in einer Philosophie des Als-ob. Heute wird man nicht mehr auf den Gedanken kommen, dass die «pauschalisierenden Sätze von Necla Kelek» nur «so tun, als sei der Islam per se ein großes Integrationshindernis». Sie sagen das so, und sie sind so gemeint.

Die Islamkritiker sehen sich als schreibende Eingreiftruppe in der großen westlichen Tradition der Intellektuellen, der militanten Freunde der Menschheit. Der öffentliche Protest gegen empörendes Unrecht ist die vornehmste Pflicht des Intellektuellen. Seit jeher hat der Intellektuelle daher in einer besonders nahen Beziehung zu den Opfern gestanden. Voltaire erkämpfte den postumen Freispruch des Protestanten Jean Calas, der hingerichtet worden war, weil er angeblich durch die Ermordung seines Sohnes dessen Konversion zum Katholizismus hatte verhindern wollen. Zola klagte die Verfolger des Hauptmanns Dreyfus an, der als Jude und als Elsässer sogleich doppelt verdächtig gewesen war, als ein deutscher Spion gefunden werden musste. Immer wieder sind aus unterdrückten Klassen und Völkern intellektuelle Vorkämpfer der allgemeinen Gerechtigkeit hervorgegangen. Ungewöhnlich ist, dass bei Islamkritikerinnen wie Ayaan Hirsi Ali die eigenen Erlebnisse zum wichtigsten Beweis der Anklage werden. Der Opferstatus garantiert die Wahrheit der Kritik. Die Kritik der Kritik steht von vornherein im Verdacht der Respektlosigkeit. Der Laudator Prantl klammerte seine politischen Bedenken gegen die Programmatik von «Die fremde Braut» ein und fand den Grund der Preiswürdigkeit des Buches in der Einheit von Leben und Werk: «Necla Kelek rechnet ab mit dem Islam, wie sie ihn erlebt und erlitten hat.»

Eine Kindheit in Istanbul

Inwiefern hat Necla Kelek den Islam erlitten? Ihre Eltern waren nach ihrer eigenen Darstellung schon in der anatolischen Welt, in der sie aufgewachsen waren, keine strenggläubigen Muslime gewesen. In der tscherkessischen Minderheit der Türkei ist ein liberales Verständnis des Islam verbreitet. Kemal Atatürk, der Gründer der türkischen Republik, war das Idol des Vaters, und um ein Leben im Geiste Atatürks führen zu können, zog Duran Kelek mit seiner Frau nach Istanbul. In den Erinnerungsbildern aus Necla Keleks Kindheit in Istanbul ist die Atmosphäre der Freiheit mit Freilichtkinos, amerikanischer Mode und Sonntagen am Strand ein Resultat der Reformation Atatürks, der Verbannung des Islam aus der Öffentlichkeit. «Meine Mutter hat nie Kopftuch getragen, es wäre ihr auch im Traum nicht eingefallen und damals ohnehin in Istanbul unmöglich gewesen. Keine Frau, die auf sich hielt, hätte ein Kopftuch umgebunden.» Eine Frau, die auf sich hält, trägt kein Kopftuch: Dieser Gedanke steht unausgesprochen noch immer hinter Necla Keleks Position in der Kopftuchdebatte. Die Frage nach der Freiwilligkeit, mit der sie häufig von Interviewern konfrontiert wird, ist insofern falsch gestellt. Freiheit ist für Necla Kelek eine Sache der sozialen Evidenz, keine unter Gleichberechtigten gebotene Zuschreibung. Eine Frau, die sich verschleiert, ohne dazu gezwungen zu sein, lässt es an Selbstachtung fehlen und wird mit Herablassung gestraft.

Die Mutter sorgte in Necla Keleks Kindheit dafür, dass im Ramadan gefastet wurde. Am Zuckerfest zum Abschluss des Ramadan ging der Vater ausnahmsweise in die Moschee. Aber dieses Feiern islamischer Feste vergleicht Necla Kelek mit der Konvention derjenigen Christen, die nur zu Weihnachten noch in die Kirche gehen, weil das zur «gesellschaftlichen Kultur» gehört. Ihr Vater verspürte einen so starken Drang nach Westen, dass er schon vor der Auswanderung nach Deutschland das gemütlichste Ritual dieses Kulturchristentums übernahm: Zum Jahreswechsel stellte er einen Plastikbaum mit elektrischen Kerzen auf. Von Weihnachten erzählte er den Kindern allerdings nichts; es war ein Silvesterbaum für die «moderne weltoffene Familie». In der Großstadt führte die Kleinfamilie ein Leben ohne Verwandte und ohne Gott. «Wir hatten die Sitten und Gebräuche des Landes hinter uns gelassen wie auch seine Religion.» Dank Atatürk kannten Necla und ihre Geschwister die Koranschule nicht. «Die Kinder wurden nicht von Imamen unterrichtet und zum Glauben angehalten, sondern von staatlich ausgebildeten Lehrern in Religionsgeschichte unterwiesen.»

Onkel Alis Wundermacht

1964 folgte der Vater dem Lockruf des westdeutschen Wirtschaftswunders. Er ließ sich in einer Kleinstadt in der Nähe von Hannover nieder und holte zwei Jahre später die Familie nach. Die Familienkrise, die zur Rückkehr des Vaters in die Türkei führen sollte, kündigte sich 1970 an, als Necla dreizehn Jahre alt war. Ihr Vater verbot ihr die Teilnahme am Sport- und Schwimmunterricht. Das waren ihre Lieblingsfächer! Ihre Mutter sorgte dafür, dass sie kaum noch aus dem Haus ging. Keine dieser förmlichen und informellen Maßnahmen wurde, wenn wir der detailreichen Darstellung in «Die fremde Braut» folgen, mit dem Willen Allahs, den Geboten des Koran oder den hergebrachten Erwartungen an ein frommes Leben begründet. Die Eltern beriefen sich auf das, was «passend» war gemäß der Meinung der Landsleute, auf die Standards der türkischen Gemeinschaft, die mittlerweile in dem niedersächsischen Städtchen herangewachsen war. Auch bei der Verheiratung der beiden älteren Geschwister spielten religiöse Vorstellungen von der rechten Ehe offenbar nicht hinein, weder bei der Auswahl des Ehepartners noch bei der Abwicklung des Handels.

Die Keleks sind in Deutschland nicht fromm geworden. Es ist

nicht so, dass die Eltern, die in der Türkei den Glauben schon hinter sich gelassen hatten, in der christlichen Umwelt ihr Muslim-Sein wiederentdeckt hätten: Diese doppelte Ironie gibt die Geschichte bei aller Kunstfertigkeit der Erzählerin nicht her. Ein eigenes Kapitel in «Die fremde Braut» erzählt allerdings davon, wie der Islam im deutschen Wohnort der Familie Kelek einzog und das gesamte Leben der Einwanderer veränderte. Zehn Jahre lang war man ohne Gebetsraum ausgekommen, heute gibt es in der kleinen Stadt drei Moscheen. «Langsam, aber unaufhaltsam wurden aus den Gastarbeitern Türken und aus den Türken Muslime.» Dieses Kapitel gibt nicht etwa den Rahmen für die Schilderung der Konflikte in der Familie vor, sondern wird später eingeschoben. Es ist eine der Episoden des Buches, deren Gestaltung einer Märchenlogik folgt. Ein einziger Mann, ein später Neuankömmling, soll den Umsturz der Sitten bewirkt haben: Onkel Ali, ein Landarbeiter aus Anatolien, der mit der schweren Arbeit in der Fahrzeugfabrik nicht zurechtkam, dann aber eine Stelle bei der Stadtreinigung erhielt, «die ihm sehr viel besser gefiel».

Im Hinterzimmer eines von Ali gemieteten Ladens wurde der erste Gebetsraum eingerichtet. Schon Jahre vorher hatten Ali und seine Frau es aber geschafft, allein durch ihr Beispiel fast alle Türken am Ort dazu zu bringen, ihr Alltagsverhalten auf die strenge Befolgung islamischer Normen umzustellen. Als Alis Frau mit fest gebundenem Kopftuch und im langen geblümten Rock des anatolischen Dorfs auf die deutsche Straße trat, fiel sie auf. «Denn alle türkischen Familien in unserer kleinen Stadt waren städtisch, modisch gekleidet.» Alle? Alle. Als die Nachbarinnen Belehrungen über die Vorbereitung auf den Ramadan erhielten, wurde zuerst noch gelästert. «Der Islam war bisher kein Thema gewesen, alle waren sich einig, er ‹passt nicht hierher›.» Alle? Alle. Warum haben sich denn dann alle den importierten Regeln gebeugt? Warum ist Necla Keleks Vater samstags aufs Land gefahren, um einen Hammel zum Schächten zu kaufen? Die Ausstattung eines charismatischen Reformers hatte Ali nicht mitgebracht: «ein kleiner dicker Mann mit lustigen Augen», der leidenschaftlich gern aß. Er genoss kein Sozialprestige, das seine Handlungen von vornherein nachahmenswert hätte erscheinen lassen. Im Gegenteil: Die Kollegen und Bekannten folgten einem Vorbild, das ganz unten in der sozialen Hierarchie stand. In der Fabrik hatte Ali sich als faul und unkooperativ eingeführt. Dass die Müllabfuhr ihn aufgefangen haben soll, ist wieder einmal so ein Wink Necla Keleks für ihre deutschen Leser: Der Staat alimentierte den Lehrer der Desintegration; auf dem freien Markt hätte der Kaftantaschen-Savonarola keine Chance gehabt.

Die Anstellung bei der Stadt verdankte Ali dem Vater der Autorin. Das Detail ist aufschlussreich, weil wir über die soziale Stellung von Duran Kelek in Deutschland wenig und über seine Tätigkeit so gut wie nichts erfahren. Es soll ihm in mehr als zehn Jahren «nicht gelungen» sein, in Deutschland «geschäftlich Fuß zu fassen». Immerhin tat die Stadtverwaltung ihm noch etliche Jahre nach seiner Ankunft den Gefallen, einen offenkundig für die Arbeitswelt schlecht geeigneten Landsmann einzustellen. Necla Kelek berichtet, ihr Vater habe Deutschland für seinen Misserfolg verantwortlich gemacht. Er ist das Urbild jener Integrationsverweigerer, denen sie in ihren Reden und Fernsehpredigten vorhält, die Schuld für eigenes Versagen auf die Deutschen abzuwälzen. Auch insofern soll gelten, was Necla Kelek 2005 in der «Zeit» schrieb, dass die Geschichte ihrer Familie «in vieler Hinsicht ganz typisch für die türkische Entwicklung und den Migrationsprozess» sei. Aber trifft das auf den ökonomischen Status des Vaters und damit auf die materiellen Voraussetzungen der Deutschlanderlebnisse der Familie zu? Im «Zeit»-Artikel gab Necla Kelek an: «Mein Vater ging als einer der ersten ‹Gastarbeiter› nach Deutschland.»

Der Prinz in der Fremde

Duran Kelek, geboren wohl 1920, war der älteste Sohn eines Landbesitzers, der es als Hufschmied zu großem Wohlstand gebracht hatte. Er besuchte das Gymnasium. Als «Prinz» seiner Familie nahm er in die Großstadt die «Haltung» mit, «lieber andere arbeiten zu lassen als selbst Hand anzulegen». So erlitt er schon auf halbem Weg in den fernen Westen die Kränkung, die ihm dann noch einmal in Deutschland widerfuhr: «Es ging ihm geschäftlich nicht gut, er hatte in Istanbul nicht wirklich Fuß fassen können.» Er «arbeitete als Kaufmann» – mehr teilt Necla Kelek nicht mit. «Wir wussten nicht, was er tagsüber tat. Er redete nicht darüber.» Jedenfalls hatte er die Grundregel des Kaufmannsberufs nicht verinnerlicht. «Er gab mehr Geld aus, als er einnahm. Bald fehlte es an allen Ecken und Enden.» Trotzdem suchte er sich auch in Deutschland keinen Job in der Fabrik. Er war kein Arbeiter und insofern gerade nicht typisch für die erste Generation der Gastarbeiter. Als Geschäftsmann kam er nach Deutschland, und er machte im Hinterland von Hannover eine so gute Figur, dass sich ihm sogleich die Türen der Honoratioren öffneten. Als seine Töchter bei ihm einzogen, war er schon «mit dem Arzt und dem Rechtsanwalt der Stadt befreundet». Er muss erstaunlich schnell Deutsch gelernt haben.

Das Drama des Migranten Duran Kelek ist die Geschichte eines Statusverlusts. In der Heimat gehörte seine Familie zur Führungsschicht der Republik. Als er für die Übersiedlung nach Istanbul die standesamtliche Eintragung seiner Heirat benötigte, half ihm der Bürgermeister seiner Heimatstadt, ein Onkel. Und als er zur Vorbereitung des Umzugs nach Deutschland seine Töchter zu seinem Bruder schickte, arbeitete dieser mittlerweile auf dem Rathaus, das ihm einen Dienstwagen mit Fahrer stellte. Sein Sohn durfte seinen Militärdienst als Fahrer eines Generals ableisten. Die unglaubliche Geschichte des Missionars auf dem Müllwagen, der die eleganten Diasporatürkinnen unter das Kopftuch zwang, ist symbolisch zu lesen: Der Moscheebau, der aus der türkischen Siedlung ein türkisches Dorf macht, ist die Rache der Unterschicht, der analphabetischen Landarbeiter Anatoliens, an der säkularen Oberschicht.

«Die fremde Braut» bezieht Stellung im innertürkischen Kulturkampf zwischen der islamisch-demokratischen Partei des Ministerpräsidenten Erdogan und dem kemalistischen Staatsapparat. Das republikanische Ideal, in das die Autorin alle Hoffnungen ihrer Kindheitswelt legt, verkörpert ein angeheirateter Onkel mütterlicherseits, «eine hohe Persönlichkeit» aus dem Bilderbuch der Staatsbürgerkunde für die Vorschule. «Onkel Enischte ist ein kluger Mann und ein Patriot. Als 2001 [richtig: 2002] die sozialdemokratische Regierung bei den Parlamentswahlen weniger als drei Prozent der Stimmen bekam und die islamistische AKP von Tayyip Erdogan die Regierung übernahm, marschierte er zum Mausoleum Anit Kabir in Ankara, legte einen Blumenstrauß am vierzig Tonnen schweren Marmorsarg des

Mustafa Kemal Pascha nieder und bat den Vater der Türken persönlich um Entschuldigung.» Von Beruf war der Onkel – Enischte heißt Schwager – ein Archäologe und Museumsbeamter, der seine Laufbahn als Museumsdirektor beschloss.

Das Fiasko der Sechzig

Im Februar 2006 veröffentlichte «Die Zeit» unter der Überschrift «Gerechtigkeit für die Muslime» einen adressatenlosen Offenen Brief, der den wachsenden Einfluss einer in populären Sachbüchern verbreiteten Islamkritik auf die Öffentlichkeit und in der Politikberatung beklagte. Die Autoren erhoben den Anspruch, im Namen der Wissenschaft zu sprechen; die sechzig Unterzeichner wurden als Migrationsforscher vorgestellt. In der Hauptsache war der Text eine Attacke auf die Glaubwürdigkeit von Necla Kelek, der die Diskrepanzen zwischen der Doktorarbeit und dem Bestseller «Die fremde Braut» vorgehalten wurden. Auch Necla Keleks Doktormutter, die frühere Hamburger Ausländerbeauftragte Ursula Neumann, hatte den Offenen Brief unterschrieben. Der Ethnologe Werner Schiffauer, dessen Feldforschungen bei den Gastarbeitern aus einem anatolischen Dorf den Erkundungen Necla Keleks im Schüleralltag die Richtung gewiesen hatten, gehörte nicht zu den Unterzeichnern und wurde in der Presse mit dem Satz zitiert: «Nicht Necla Kelek sollte man angreifen, sondern die deutsche Öffentlichkeit, die nur auf so jemanden wie Kelek gewartet hat, die den Leuten all das bestätigt, was sie schon immer über Muslime gedacht haben.»

Kurioserweise hatte die Redaktion den Gastbeitrag als Petition etikettiert. Wenn die Verfasser auf diesem Weg die Öffentlichkeit förmlich bitten wollten, Necla Kelek nicht mehr unkritisch Gehör zu schenken, so haben sie das Gegenteil erreicht. Wie Schiffauer wohl vorausgesehen hatte, beglaubigte die Schärfe der unter Federführung eines linken Aktivisten und Popredakteurs entstandenen Polemik Necla Keleks stärkste Position: ihre Opferrolle. Jürgen Kaube konnte in der F.A.Z. enthüllen, dass nicht alle sechzig Migrationsforscher über Migration geforscht hatten und einige schwerlich überhaupt als Forscher anzusprechen waren. Weithin setzte sich im Publikum der Eindruck durch, dass Frau Kelek wirklich eine tapfere Tabubrecherin war, die gegen ein Kartell der subventionierten Schönfärber kämpfen musste. Journalisten drehten den Spieß der Kelek-Kritiker um und riefen nun eine «notwendige Debatte» über die Versäumnisse der Integrationsdebatte aus. Sie hielten es nicht für notwendig, die Hinweise auf den Sinneswandel Necla Keleks in den drei Jahren zwischen ihrem fachwissenschaftlichen und ihrem öffentlichen Debüt zu überprüfen. Auch Necla Kelek selbst ging in ihrer Replik auf den Vergleich zwischen ihren beiden Büchern nicht ein – aus gutem Grund. Sie hätte nicht bestreiten können, dass sie in «Die fremde Braut» tatsächlich, wie die Autoren des Offenen Briefs feststellten, «das genaue Gegenteil» der These ihrer Dissertation vertritt.

Kelek mit Kelek gelesen

In Kapitel 3.3 von «Islam im Alltag» hat sie die Brauchbarkeit einer gebräuchlichen Formel untersucht: «Islam und Moderne – ein Antagonismus?» Sie zeigte damals, dass dieses Denkmuster des unvermeidlichen Gegensatzes so verbreitet ist, weil es den didaktischen Bedürfnissen der Medien, aber auch der Wissenschaft entgegenkommt. «Die Begriffe Tradition und Moderne gehören zu den gängigsten Merkmalen der Beschreibung und Analyse zeitgenössischer islamischer Kulturen. Ihre Beliebtheit etwa in Überschriften wie ‹Der Islam zwischen Tradition und Moderne› resultiert aus ihrer Assoziationskraft, die alltagsweltliche Bilder von traditioneller Lebens- und Wirtschaftsweise dort und Attribute des Fortschritts und der Zivilisation hier gegeneinander stellt und plausibel erscheinen lässt. Gleichzeitig transportieren die Begriffe Tradition und Moderne auch Vorstellungen von unterschiedlichen ethischen, ästhetischen und kulturellen Werten. Dabei stehen Tradition und Islam im westlichen Diskurs häufig synonym als Beschreibung einer tendenziell totalitären Kultur, die der christlichen antinom gegenübersteht und in der die Tradition bzw. der Islam den Menschen beherrsche. Dagegen wird mit dem Begriff Moderne ein idealisiertes Bild der westlichen, bürgerlichen Gesellschaft assoziiert, in der der aufgeklärte moderne Mensch die moderne Welt beherrsche. Während hier ein aktives Verhältnis zur Welt gezeichnet wird, wird für die traditionale Gesellschaft ein passives Weltverhältnis unterstellt. Mit dieser simplen Deutung wird die Aneignung von Moderne als sozialer und kultureller Akt der Befreiung von Tradition verstanden.» Soweit Kelek 2002. Dagegen Kelek 2005: «Die Tradition frisst die Moderne.»

Den luziden Absatz der Doktorarbeit über ein Islamverständnis im Bann der eigenen Gegensatzkonstrukte und Scheinevidenzen könnte man als Rezensent jedes späteren Kelek-Buchs übernehmen. «Die Tradition frisst die Moderne.» Dabei wäre es umgekehrt richtig! Folgender Satz aus «Die fremde Braut» soll eine Analyse der Auswirkungen der «Islamisierung der türkischen Gesellschaft» auf die Migranten in Deutschland sein: Neuerdings «kommen die alten Traditionen und Bräuche, von denen man glaubte, sie seien durch Atatürks Reformen und durch die Moderne überwunden, wieder zur Anwendung». Den durch die jüngste Geschichte erschütterten republikanischen Glauben an die Überwindung der Tradition fasst die Islamkritikerin nicht kritisch ins Auge. Sie fragt nicht, ob dieser Glaube vielleicht deshalb im Irrtum war, weil der Staatsgründer sich genau dem idealistischen Traumbild der Modernisierung durch schiere Willenskraft verschrieben hatte, das sie an der zitierten Stelle der Doktorarbeit auseinandergenommen hat. Die Befreiung von der Tradition sollte für die Aneignung der Moderne genügen. Die autoritären Züge der türkischen Verfassung wie auch des Bildungssystems, in dem eine säkulare Elite ein Aufklärungsmonopol reklamierte, konservieren die heroische Vision, dass der moderne Mensch zur Herrschaft über seine Welt berufen ist. Über solche Motive einer Kritik des Kemalismus, die in der Türkei keineswegs nur von islamisch-konservativen Autoren, sondern auch von liberalen Intellektuellen vorgetragen wird, erfahren Necla Keleks Leser nichts.

Sie selbst predigt die voluntaristische Lehre, dass der freie Mensch der Herr seines Schicksals sei, in einer enthusiastischen Fassung, die an die amerikanische Ersatzreligion des positiven Denkens erinnert. In ihrer Schreibkarriere ist ein stillschweigender Austausch der Autoritätsgrundlage eingetreten. Sie spricht nicht mehr als Opfer, sondern emphatisch als Nicht-Opfer. Sie will kein Opfer sein, will Verantwortung für das tragen, was ihr geschieht. Und so sollen auch alle anderen auf die Welt, den Arbeitsmarkt und die Post vom Sozialamt blicken. Vom Bürger verlangt sie als Vorleistung für die Gewährung des Bürgerrechts, dass er seines Glückes Schmied sein will.

Ihre Leserschaft erwartet von ihr inzwischen wohl auch keine neuen

Enthüllungen aus dem Innenleben der Einwanderergesellschaft mehr. Die Moscheebesuche, die sie in ihrem Buch «Himmelsreise» aus dem Jahr 2010 schildert, lassen sich nicht mehr als Feldforschung ausgeben. Es handelt sich um Inspektionen, die testen, ob der örtliche Imam so klug ist, die prominente Kritikerin höflich zu behandeln. Offenbar gibt es bei diesen Überraschungsvisiten so selten Zoff, dass es für ein Format im Privatfernsehen nicht reichen wird. Die Soziologin ist im Hauptberuf heute Akteurin der Medienwelt. Ihr «Kampf gegen die Wächter des Islam», der sich doch schon unter den Augen der Öffentlichkeit abspielte, gibt den Stoff her für ein eigenes Buch. Mit ihrem sprudelnden Redefluss hat sie den Bonus der Authentizität bewahren können. Echt wirkt, dass sie eine Freude an einfachen Sätzen hat und dass sie die erste Person Singular nicht scheut. Wie ihr Onkel Enischte jederzeit darauf vorbereitet war, «einen langen, einen sehr langen Vortrag über die Größe der Türkei und des verehrungswürdigen Atatürk» zu halten, so lässt die Nichte keine Gelegenheit aus, ihr deutsches Publikum mit einer kurzen Lobrede auf das Land zu rühren, in dem sie es so weit gebracht hat.

Republiken sind, das lehrt die historische Erfahrung, tatsächlich darauf angewiesen, dass bei ihren Bürgern die Einstellung vorhanden ist, für die der Althistoriker Christian Meier das schöne Wort «Könnens-Bewusstsein» erfunden hat. Man muss sich zutrauen, die Dinge in die Hand zu nehmen und die Chance der ungewissen Zukunft zu ergreifen. Das gilt für den Freistaat in einer Welt von Rivalen und auch für den einzelnen Bürger im Wettbewerb mit seinesgleichen. Aber wenn man sich im Club der Glücksschmiede erzählen lässt, auch das Unglück sei immer ein selbstgemachtes und jeder Verweis auf widrige Umstände die Ausflucht von Faulenzern und Defätisten, dann mutiert die republikanische Motivationslehre zur Philosophie der Starken und Besitzenden. In ihrer Doktorarbeit hat Necla Kelek einen ideologischen Mechanismus beschrieben, der einrastet, wenn Forschung über den Islam mit der politischen Frage nach Zugehörigkeit und Ausschluss verkoppelt wird. Schon die Grundbegriffe werden dann so formuliert, dass mit ihrer Verwendung Zustimmung und Distanzierung gefordert werden. «Was als modern und was als traditionell anzusehen ist, entscheidet der Konsens der Eliten, welche die Begriffe definitorisch verwenden.»

Als Autorin von «Die fremde Braut» ist Necla Kelek in die Sphäre der Eliten aufgestiegen. Seitdem wählt sie ihre Worte ohne jene selbstkritische Kontrolle auf undurchschaute Nebenwirkungen, die, wie die Doktorandin dargelegt hatte, der Anfang der Wissenschaft ist. Sie arbeitet nicht mehr mit Begriffen, sondern spricht in Formeln. Nach ihrer eigenen Aussage steht sie im «Kampf um die Deutungsmacht». Legt man an die Entwicklung der Autorin einen intellektuellen Maßstab an, muss man von Regression sprechen. Aber das Absehen von Rücksichten, Kautelen und Nuancen ist ein auffälliges Verhalten, das im sozialen Zusammenhang der Elitenverständigung seinen guten Sinn hat. Necla Kelek demonstriert, dass sie die Definitionshoheit, auf die sie Anspruch erhebt, ganz selbstverständlich ausübt. Zu simpel ist angesichts dieser Art von Selbstsicherheit die Erklärung des Migrationsforscherkollektivs für den Widerspruch zwischen Gesamtschulfeldstudie und Zwangsehenreport, die Autorin habe «die eigenen – und zwar wissenschaftlich abgesicherten – Erkenntnisse mutwillig verbogen, um am Buchmarkt einen Erfolg zu landen». Die in «Die fremde Braut» bereits mit äußerster Schärfe vorgetragenen Ansichten hat Necla Kelek in drei weiteren Büchern verbreitet – mit der Begeisterung, Ausdauer und Ehrlichkeit der Konvertitin.

Der Erpresser kam davon

In Interviews wurde sie gelegentlich mit der Frage nach dem Bruch in ihrer Werkbiographie konfrontiert. Sie erzählte dann eine Fabel von unglücklicher Assimilation: «Als ich 1997 meine ersten Interviews mit jungen Muslimen auswertete und von neonazihaften Entwicklungen sprach, hat mir mein Professor deutlich gemacht: So etwas darfst du hier nie wieder sagen. Es gibt in meiner Doktorarbeit auch kritische Töne, aber ich habe meine Ergebnisse den Vorstellungen des Instituts angepasst. Ich habe nicht geglaubt, dass etwas anderes durchgeht.» Bei anderer Gelegenheit behauptete sie sogar, der Professor habe explizit mit der Verhinderung der Promotion gedroht. Sie will sich also in der Lage einer zwangsverheirateten Frau befunden haben: Opfer einer Nötigung (§ 240 StGB: «Wer einen Menschen rechtswidrig mit Gewalt oder durch Drohung mit einem empfindlichen Übel zu einer Handlung, Duldung oder Unterlassung nötigt, wird mit Freiheitsstrafe bis zu drei Jahren oder mit Geldstrafe bestraft.») in besonders schwerem Fall (Abs. 4: «liegt in der Regel vor, wenn der Täter seine Befugnisse oder seine Stellung als Amtsträger missbraucht»), erstattete sie aus Angst keine Anzeige. Die unüberprüfbare Story (der Beschuldigte, mutmaßlich leicht zu ermitteln, würde ja nicht gestehen) erlaubt die Umdeutung unbequemer Tatsachen im Lichte einer später erkannten Wahrheit, wie sie für Konversionserzählungen typisch ist. Als Anlage zur Anklageschrift im Prozess gegen die Mafia der Integrationsoptimisten kann «Islam im Alltag» so «Die fremde Braut» am Ende doch noch verifizieren.

Allerdings ist es wenig plausibel, wenn Necla Kelek zu verstehen gibt, sie habe das eine oder andere Ergebnis dem angepasst, was die Prüfer erwartet hätten. Das klingt nach Retuschen im Detail, in Anhängen versteckten Daten und sprachlichen Konzessionen. In Wahrheit entspricht der konsequent durchgeführte Ansatz der Untersuchung den damaligen Vorstellungen am Hamburger Forschungsschwerpunkt Interkulturelle Bildung. Diesen Ansatz hat sie später verworfen – und damit alle Ergebnisse der Doktorarbeit. Es gibt Versatzstücke des theoretischen Teils, denen man wiederbegegnet, Aussagekomplexe, vor denen jetzt das umgekehrte Vorzeichen steht. In der Doktorarbeit stellt sie die Theorie der Soziologin Ursula Mihciyazgan vor, wonach die türkischen Muslime ein geschlossenes, dem westlichen Denken entgegengesetztes Weltbild haben, mit dessen Wandel unter dem Eindruck deutscher Gepflogenheiten nicht zu rechnen ist. Mit ihrer Wilhelmsburger Empirie wollte sie diese Lehre vom unüberwindlichen Nebeneinander widerlegen. Aber recht bald nach Drucklegung der Dissertation muss eine innere Stimme ihr gesagt haben, was der Frankenkönig Chlodwig bei der Taufe aus dem Mund des heiligen Bischofs Remigius gehört hatte: Bete an, was du verbrannt hast; verbrenne, was du angebetet hast! Seitdem vertritt sie ohne Schwanken die Mihciyazgan-Doktrin der antagonistischen Weltbilder.

Der eine Hauptsatz dieser türkischen Soziokosmologie ist der Primat der Gemeinschaft, der andere die «vertikale Trennung» der Lebenswelt entlang der Geschlechtergrenze. Die 1986 mit einem «intrakulturellen Vergleich türkischer Lebensgeschichten» promovierte Soziologin Mihciyazgan hatte mit ihren Befunden zur religiösen Praxis türkischer Migranten in Hamburg ein Programm des Multikulturalismus begründet: Deutsche Behörden sollten mit organisatorischen Arrangements Räume für die türkische Wertewelt schaffen, insbesondere durch Geschlechtertrennung. Necla Kelek übernimmt die These von der ein für allemal fixierten türkischen Mentalität und zieht die entgegengesetzte Konsequenz.

Es gibt eine islamische Kultur, die das Denken und Handeln auch der Muslime bestimmt, die sich nicht an Gebetszeiten und Fastenvorschriften halten: ein mentales Erbe, das sie, wie Mihciyazgan und Kelek mit einem Begriff der Phänomenologie sagen, als «das fraglos Gegebene» vorfinden. Diese fundamentale Annahme der Doktorarbeit hat Necla Kelek nicht revidiert; die Überzeugung von der determinierenden Kraft dieser Kultur ist das fraglos Gegebene in allen ihren Büchern. 2002 hatte sie noch angenommen, das zunächst als fraglos geltend Empfundene werde im Alltag der Muslime durchaus mit Gegenfragen und Rückfragen konfrontiert, so dass sich Fraglosigkeiten verändern könnten, sogar recht rasch. Seit 2005 steht für sie fest, dass die islamische Kultur gar keine Fragen erlaubt. Mit Schiffauer hatte die Autorin von «Islam im Alltag» die Friktionen bei der Berührung widersprüchlicher Verhaltenserwartungen als Momente eines Prozesses des fortwährenden Aushandelns deuten wollen. Es fällt ins Auge, weshalb diese diskursive Kulturtheorie Necla Kelek im Rückblick unbefriedigend erscheinen musste. Sie verwandelt alle Konflikte in Sprache, lässt Sprachlosigkeiten verschwinden und hat keine Sprache für die Erfahrung der Gewalt.

Die fremde Tochter

Seit 1898 debattiert die Soziologie «das Adam-Smith-Problem»: Wie passen die beiden Hauptwerke des schottischen Philosophen zusammen, die «Untersuchung über Natur und Ursachen des Wohlstands der Nationen» und die «Theorie der moralischen Gefühle»? Die Berliner Psychologin Renate Haas hat eine ebenso scharfsinnige wie einfühlsame Lösung des Necla-Kelek-Problems vorgeschlagen. «Die fremde Braut» könnte auch «Die fremde Tochter» heißen. Das Buch ist die Geschichte einer Befreiung vom Vater, eines Konflikts, der ausgetragen werden musste. Die Zwangsehe ist die Chiffre für das Grundübel der modernen türkischen Kultur, der Latenz der patriarchalischen Gewalt. Als Necla Kelek die Schülerinnen und Schüler in Wilhelmsburg befragte, hatte sie durch das Setting der Interviews dafür gesorgt, dass sie auf parallele Geschichten zu ihrem eigenen Drama gar nicht stoßen konnte. Um der «Komplexität und Intimität des Themas» gerecht zu werden, sah sie davon ab, «etwa erkennbare Widersprüchlichkeiten der Beantwortung und Darstellung in der Konfrontation mit den Befragten aufzulösen». Wenn also eine Schülerin Ideale schilderte, die sich mit den elterlichen Vorstellungen schlecht vertrugen, und sich dennoch zur Gehorsamspflicht bekannte, dann fragte die Forscherin nicht nach. Für das Vertrauensverhältnis, das auf diese Weise zustandekommen sollte, lag ein kulturelles Muster parat, das beiden Seiten vertraut war: Die Interviewerin wurde «von den Befragten meist als ‹abla› (große Schwester) angesprochen», mit einer «Höflichkeitsform, die Achtung und Nähe gleichermaßen ausdrückt». In «Die fremde Braut» wird die große Schwester als Komplizin und Opfer des patriarchalischen Systems des doppelten einseitigen Respekts entlarvt, der von den Frauen den Männern und von den Jüngeren den Älteren entgegenzubringen ist. Necla Kelek widerrief «Islam im Alltag», so Renate Haas, um sich noch einmal von ihrem Vater zu befreien.

Dessen Rolle in der Geschichte der Ankunft seiner Tochter in Deutschland bleibt höchst ambivalent. Fast möchte man an den Typus des tragischen Helden in Gründungsmythen denken, der ein Verbrechen begehen muss, um ein Gemeinwesen ins Leben zu rufen. Wie John Wayne in «Der Mann, der Liberty Valance erschoss» James Stewart den Ruhm und die Frau überließ und einsam seine Tage beschloss, so verschwand Duran Kelek gerade noch rechtzeitig aus dem Leben seiner jüngeren Tochter, bevor ihre Verheiratung auf die Familientagesordnung kommen konnte. Necla Kelek führt heute das Leben im freien Westen, das der Traum ihres Vaters gewesen war, und mit ihrem Konzept einer vertikalen Trennung von Religion und Öffentlichkeit hält sie der Republik Atatürks die Treue, deren Verheißungen den Vater einst nach Istanbul hatten ziehen lassen. Dass der Vater sich im deutschen Exil als Gewaltherrscher entpuppte, wird in «Die fremde Braut» nicht motiviert; der nachgetragene Ali-Schwank hat eher die Funktion eines Lehrstücks, das die deutschen Liebhaber der türkischen Küche vor dem Fastenbrechen mit den jovialen Betbrüdern aus Anatolien warnt. Archaische Gewalten scheinen sich der braven Republikaner bemächtigt zu haben, als die Eltern Kelek sich mit dem Unabhängigkeitsdrang der Kinder beschäftigen mussten. In ihrem Beitrag zur interkulturellen Bildungsforschung hatte Necla Kelek annehmen wollen, dass auch ein bigotter Chauvinist etwas mit sich ausgehandelt hat. Ihr Bericht aus dem Inneren ihres Familienlebens legt die Übermacht einer Kultur frei, die im Fall des Widerstreits mit natürlichen Empfindungen keine innerpsychische Überzeugungsarbeit leisten muss. Mit einem solchen Kulturdeterminismus, so die Pointe von Renate Haas, «‹gelingt› Kelek nachträglich die Versöhnung mit ihrem Vater: dessen Gewaltakt wird ‹kulturalisiert›; er selbst ist nun ‹Opfer› einer rückständigen muslimisch-türkischen Erziehung».

Necla Kelek zerschlägt den Familienknoten – und handelt sich damit ein eklatantes Glaubwürdigkeitsproblem ihres politischen Programms ein. Ehrenmord, Zwangsehe, Prügelstrafe, Ausgehverbot: Alle diese Maßnahmen eines selbstzerstörerischen Schutzes der Familie haben nach Necla Kelek ihre Wurzel im Islam, einem totalen Normsystem, das den einzelnen Menschen der eingebildeten Gemeinschaft zum Opfer bringe. Daher lautet das Keleksche Programm: Der Koran darf nicht mehr wörtliche Aufzeichnung des Wortes Gottes sein, das Beispiel des Propheten soll nicht mehr in allen Zweifelsfällen der Alltagsmoral konsultiert werden. Eine Säkularisierung und Aufklärung des Islam ist kein geschichtsphilosophisches Desiderat, sondern eine politische Forderung von höchster Dringlichkeit. Wenn aber ein gebildeter Kaufmann aus guter Familie, ein Verehrer Atatürks, der nicht betet, nicht in die Moschee geht und nur seiner Frau zuliebe fastet, vom Gottesstammesdenken überwältigt wird, ohne dass er nun den Namen Gottes in den Mund nähme, welche zivilisierende Wirkung soll dann von der Reformation des Islam zu erwarten sein?

Selbst wenn man den Fall Duran Kelek nicht als Beleg dafür nimmt, dass die Gewaltbereitschaft türkischer Väter noch andere kulturelle Ursachen und Gründe hat, die vom Islam unabhängig sind, selbst wenn man Necla Kelek in der Annahme folgt, dass hier eben die islamische Tiefenstruktur der Kultur durchgeschlagen ist, die auch einen Weihnachtsbaumkäufer mit Weinvorrat einholt, erheben sich ernste Zweifel an der von ihr vorgeschlagenen Abhilfe. Necla Keleks Antwort folgt der Logik der schwarzen Pädagogik. Die Radikalkur hat nicht angeschlagen? Dann eben noch radikaler! Renate Haas: «Die Reform Atatürks, dessen Anhänger ihr Vater war, führt Kelek in Deutschland fort, übertrumpft sie noch in gewisser Weise.»

Aus dem Islamischen Kulturkreis

In einem Fernsehgespräch mit Peter Voß, dem früheren Intendanten des Südwestrundfunks, lehnte es Necla Kelek im Oktober 2010 ab, sich als Muslimin zu bezeichnen. Dafür müsste sie sich ja zu dieser bestimmten Religion bekennen, sie leben und praktizieren. Voß fragte nach: Das tue sie nicht? «Das tue ich nicht. Ich gehöre zum Kulturkreis, zum islamischen Kulturkreis vielleicht.» Voß war überrascht. Um sich ihm zu erklären, ging sie zurück ins Paradies ihrer Kindheit. «Ich hatte das Glück, in einer Republik auf die Welt gekommen zu sein, das war die Türkei.» Dort stellte sich die Frage nach der Religion gar nicht. «Dass wir Muslime sind, haben eigentlich weder meine Eltern noch ich jemals gesagt, sondern wir waren Türken.» Keine Muslime, sondern Türken. Und so eben heute: Keine Muslimin, sondern Deutsche.

Dass Voß verwundert war, ist nicht verwunderlich. Necla Kelek tritt gewöhnlich durchaus als Muslimin auf. In ihrem Buch «Himmelsreise» richtet sie ihre Botschaft als Muslimin an die muslimischen Leserinnen, die sie auffordert, das Kopftuch abzulegen. Sie widerspricht nicht, wenn sie als gläubig beschrieben wird. Im Chat bei «Anne Will» wendet sie sich muslimischen Fragern fast im Ton einer älteren Schwester zu: «Es liegt an uns Muslimen, endlich den Alltag zu säkularisieren, damit der Glaube als Privates gelebt werden kann.» Ein weiteres ihrer Bekenntnisse: «Glaube ist für mich etwas Privates, das mir persönlich gehört, und ich würde mir auch wünschen, dass ich in der Art, wie ich denke und glaube, auch Räume hätte und Menschen hätte, mit denen ich das teilen könnte, aber das ist im Islam noch nicht möglich.» Sollte man den Glauben der Erfolgsautorin nicht tatsächlich als ihre Privatangelegenheit behandeln? Ganz so einfach geht das nicht. Necla Kelek ist die Lieblingsmuslimin sehr vieler Deutscher, darunter vieler, die etwas zu sagen haben. Professor Higgins in «My Fair Lady» zerbricht sich den Kopf über die Frage: «Why can't a woman be more like a man?» So fragen sich Politiker, Chefredakteure und Stiftungsverwalter, tolerante Zeitgenossen, die sich endlich Fortschritte in der Integrationsdebatte wünschen: Warum können nicht mehr Muslime sein wie Necla Kelek?

Sie verkörpert das Telos der islamischen Aufklärung, die man sich hierzulande wünscht und von deren Fortschritten mancher abhängig machen will, ob der Islam weiter toleriert werden soll. Ihr Verbündeter Ralph Giordano wiederholt unermüdlich, dass der Islam am heftigsten von Musliminnen wie Necla Kelek kritisiert werde. Sie weiß, wovon sie spricht: Die Autorität ihrer Islamkritik soll darin begründet sein, dass diese Kritik von innen kommt. Als Person wird sie zum Maßstab gemacht, wobei die Einheit von Person und Sache unterstellt wird, auf die die Gretchenfrage zielt. Es ist vor diesem Hintergrund durchaus informativ, wo man ihre Auffassungen im weiten Spektrum der muslimischen Traditionsauslegung und Glaubenspraxis lokalisieren kann. Aus ihrem eigenen Mund haben wir gehört: Für die Art ihres Denkens und Glaubens gibt es im Islam noch keinen Raum. Nirgendwo auf der Welt steht eine Moschee, in der sie mit Muslimen verwandter Denkungsart ihren Glauben teilen könnte.

Den Beirat der Giordano-Bruno-Stiftung, des deutschen Sprachrohrs des «neuen» Atheismus nach dem Evangelium des Biologen Richard Dawkins, hat Necla Kelek 2007 verlassen. Sie hält aber daran fest, dass die von Darwin angestoßene Religionskritik «dem Menschen einfach gut getan» habe. Erlebt hat sie, «dass eine Religion durchaus in einer aufgeklärten Gesellschaft ankommen kann». Unter einer Bedingung: «Diese Religion muss die Menschen in der Aufklärung begleiten, sie kann einfach nicht einen stumpfsinnigen Aberglauben weitergeben.» Die Verehrung, die Necla Kelek genießt, provoziert immer wieder den Einwurf, sie sei keine echte Muslimin. Auf dieses Argument reagiert die säkulare Öffentlichkeit verständlicherweise höchst empfindlich. Man weiß, dass die Apostasie nach islamischer Lehre mit dem Tod bestraft wird, und hält es deshalb mit Grund für eine offene Frage, ob der Islam ein Recht der Religionsfreiheit akzeptieren kann. Was es bedeutet, dass den Muslimen in Foren wie der Islamkonferenz Frau Kelek als die Islamsachverständige des öffentlichen Vertrauens entgegentritt, kann man sich durch einen Vergleich klarmachen. Das Berufsbild des Islamkritikers ist dem Modell des Kirchenkritikers nachgebildet. Lüde der Bundesinnenminister die katholische Kirche zu Beratungen über eine Überarbeitung des Reichskonkordats ein, müssten die Bischöfe nicht damit rechnen, in dieser Runde Hans Küng im Amt eines Sprechers der aufgeklärten Katholiken zu begegnen. Aber selbst Hans Küng fordert nicht, wegen der Beschränkung des Priestertums auf Männer müsse die Feier der heiligen Messe im Geltungsgebiet des Grundgesetzes unterbunden werden.

Im November 2010 nahm Necla Kelek in der Frankfurter Paulskirche den Freiheitspreis der Friedrich-Naumann-Stiftung entgegen. Die Laudatio hielt Alice Schwarzer. Eine Bloggerin, die gegen die Verleihung protestiert hatte, erhielt von der Juryvorsitzenden, der Wirtschaftsjournalistin Karen Horn, die Antwort, die Jury habe ihre Entscheidung einstimmig getroffen. «Hervorgehoben hat sie in ihrer Begründung das couragierte Auftreten Dr. Necla Keleks in der Integrationsdebatte, ihren Einsatz für die Rechte der Frau sowie den erfolgreichen Versuch von Frau Dr. Kelek, westliche Werte und islamische Frömmigkeit/Religiosität miteinander zu verbinden.» Mit der Synthese von Werten und Frömmigkeit war nicht bloß eine intellektuelle Leistung der Preisträgerin gemeint, ein religionsphilosophischer Entwurf. Der erfolgreiche Versuch (wie im Staatsexamen oder beim Hochsprung!) soll Necla Kelek auch in ihrem Leben gelungen sein. Das geht aus dem Wortlaut der Jurybegründung hervor: «Necla Kelek ist der lebendige Beweis dafür, dass der Islam und der freiheitlich-demokratische Wertekanon keine Gegensätze sind.» Ihre Vorgänger als Empfänger des alle zwei Jahre verliehenen Preises waren Hans-Dietrich Genscher und Mario Vargas Llosa. Als Hoffnungsträgerin wurde sie ausgezeichnet: Die Ehrung erfolgte nicht so sehr im dankbaren Rückblick auf das, was sie getan oder geschrieben hat, als vielmehr im optimistischen Ausblick auf das, was sie repräsentiert. Die subventionierte Migrationsforschung steht im Verdacht der Blauäugigkeit. Mit wohlwollenden Beschreibungen der Bildungsaussichten von Einwandererkindern begünstige sie eine Sozialpolitik des Daumendrückens. Das Daumendrücken, das darauf setzt, dass die Frömmigkeit, wie Necla Kelek sie meint, in irgendeiner Weise repräsentativ ist für die Muslime in Deutschland, gilt dem Feldspieler, der für den Torwart eingewechselt wird.

Der deutsche Pass

Das Fernsehgespräch mit Peter Voß wurde erst nach der Entscheidung der Friedrich-Naumann-Jury aufgezeichnet. Aber schon am 6. April 2008 hatte Necla Kelek im Schweizer Fernsehen die Frage, ob sie eine Muslimin sei, nicht mit Ja beantwortet. «Das stand so in meinem türkischen Pass», erzählte sie als Gast der «Sternstunde Philosophie» bei Roger de Weck, «in meinem deutschen Pass steht religionsfrei.» Sie sei muslimisch erzogen worden, bezeichne sich aber nicht mehr als Muslimin, sondern als säkulare Muslimin. Das Muslim-Sein dieser säkularen Muslimin bezeichnet, so meint sie, nicht ihren herrschenden Gedanken, sondern das Joch, dem sie entronnen ist. Die Selbstbeschreibung ist ein Synonym für das Wort «Ex-Muslimin» ohne die Kaltschnäuzigkeit dieser Analogiebildung zu Ex-Freund und Ex-Kanzler. Obwohl die These des Göttinger Islamwissenschaftlers Tilman Nagel, der Islam sei zur Säkularisierung unfähig, große Beachtung gefunden hat, wird selten gesehen, wie paradox der zur Eindämmung der Islamverbände eingesetzte Begriff des säkularen Muslims ist. Necla Kelek ist das nicht anzulasten. Da sie den Lobbyisten der nicht-säkularen Muslime die systematische Verschleierung der Konsequenzen einer wortgläubigen Koranexegese unterstellt, ist ihr nach dem Voß-Interview zwar der Vorwurf nicht erspart geblieben, sie praktiziere ihrerseits die nach islamkritischer Lehre den Muslimen erlaubte Verstellung, wenn sie vor anderem Publikum beteuere, sie brauche ihren Glauben. Aber im öffentlichen Privatissimum mit Roger de Weck hat sie in aller Deutlichkeit auseinandergelegt, woran sie alles nicht glaubt.

Glaubt eine säkulare Muslimin an Allah? «Eine säkulare Muslimin darf Allah infrage stellen.» Ist die Voraussetzung, um Allah infrage zu stellen, an ihn zu glauben? «Nein: an den Verstand zu glauben, an die Vernunft zu glauben, an Rationalität zu glauben, erst einmal an den Menschen zu glauben, der die Fähigkeit zu denken hat.» Durch de Wecks kluge Nachfragen entstand Keleks kleiner Katechismus. Soll der Sohn der säkularen Muslimin in die Moschee gehen? Er «soll diese Häuser, die von Menschen geschaffen sind, gerne anschauen», soll wissen, «dass Menschen an Götter glauben». Die Menschen seien auf Rituale angewiesen, «das darf aber nicht dazu führen, dass sich daraus Sektierertum, eine bestimmte Art von Abgrenzung entwickelt».

Religiöse Pluralität ist sektiererisch: Hier wird hinter dem Homogenitätsideal tatsächlich das Religionsverständnis des islamischen Kulturkreises erkennbar – die natürliche Religion, der alle Menschen von Geburt an angehören. Die Republik findet ihre Identität in der Wiederherstellung dieser ursprünglichen Einigkeit: «Ich erwarte von den Nationen, dass sie endlich die Religion von der Politik trennen und zu Nationen werden.» Die säkulare Muslimin verdankt ihre Existenz den säkularen Verhältnissen: «Die Religion, die ich im Kopf habe, ist eine spirituelle, die ich selbst definiere, und das sagt mir kein Imam, kein Hodscha, sondern ich. Ich bin ein Ich geworden in einer Zivilgesellschaft.»

Als de Weck erzählte, dass er auch in islamischen Ländern viele Menschen getroffen habe, die so dächten wie sein Gast, nahm das Gespräch eine Wendung vom Metaphysischen ins Apokalyptische. Necla Kelek bestritt rundheraus, dass das stimmen könne. Sie glaube nicht, dass diese ihr unbekannten, namenlosen Muslime «wirklich innerlich säkular» seien, und sie wisse auch nicht, welche Fragen de Weck «ihnen gestellt» habe. Indem sie aussprach, dass sie in der islamischen Welt nicht einmal auf Verbündete im Geiste zu hoffen hat, hatte sie die Frontlinie eines Weltbürgerkriegs gezogen. Angesichts der «diktatorischen Herausforderung» konnte sie nur noch höhnisch vom Anspruch der Muslime auf Religionsfreiheit sprechen. «Ohne dass sie in diesem Land angekommen sind, ohne dass sie ein Stück der europäischen Werte angenommen haben, suchen sie hier diktatorisch ihre Männerhäuser aufzubauen.» Die Herausforderung müsse angenommen werden, «sonst ist Europa bald verloren». De Wecks zunehmend skeptische Einwürfe – seien europäische Werte nicht auch das Differenzierungsvermögen und der Zweifel? – führten nur dazu, dass sie sich noch mehr hineinsteigerte ins Warnen vor dem Untergang. «Europa zweifelt ständig an sich; das ist das, worüber ich mir immer mehr Gedanken mache: dass es Europa auch zum Verhängnis werden kann.»

Immer fanatischer wurde ihr Ton, und als sie eine Erziehungsdiktatur herbeigeredet hatte, fiel ihr am Ende ein, dass sich die Muslime ja selbst aufklären sollen. Plötzlich nahm sie das paternalistische Programm zurück. «Ich kann ja auch nicht alles von den Europäern verlangen. Sie sind ja nicht die erwachsenen Eltern, die jetzt über die

Kinder wachen und die Kinder erziehen sollen; sondern diese Kinder, die ich manchmal sehr verzogen finde, müssen endlich erwachsen sein, um einen Platz in Europa als denkende Menschen einnehmen zu können.»

Zur Verteidigung eines Fernsehkrimis mit Ehrenmord-Handlung hat Necla Kelek einmal zu bedenken gegeben: «Wenn wir genau hinsehen, steckt in jeder Biographie eine ganze Welt.» Sie hat es ihr Glück genannt, dass ihr Vater eines Tages einfach fort war und die Familie ihrem Leben überließ. So soll auch der Islam aus der Welt verschwinden.

KAPITEL 5

«Hier isch die Fahrkart!»
Der Muslim-Test in Baden-Württemberg

Marinelli. *Und können gehn! - Ja, ja, das ist das Ende vom Liede! und würd' es sein, gesetzt auch, ich wollte noch das Unmögliche versuchen. – Das Unmögliche sag ich? – So unmöglich wär' es nun wohl nicht; aber kühn!*

Emilia Galotti, Dritter Aufzug, Erster Auftritt

Am 1. Oktober 2003, eine Woche nach dem Kopftuchurteil des Bundesverfassungsgerichts, erschien in der «Frankfurter Allgemeinen Zeitung» ein Gastkommentar von Michael Bertrams, dem Präsidenten des Verfassungsgerichtshofs und des Oberverwaltungsgerichts für das Land Nordrhein-Westfalen in Münster. Der kurze Beitrag wurde in den Pressespiegel des baden-württembergischen Innenministeriums aufgenommen und gelangte auf den Schreibtisch des Leitenden Ministerialrats Rainer Grell. Mit Grells Lektüre des Artikels von Bertrams begann, was der Beamte nach seiner Pensionierung in einem im Internet publizierten Buch dargestellt hat: «Die Geschichte des ‹Muslim-Tests› in Baden-Württemberg». «Muslim-Test», das war ein journalistischer Name für den «Gesprächsleitfaden», dessen Verwendung eine zum 1. Januar 2006 in Kraft getretene Verwaltungsvorschrift des Stuttgarter Innenministeriums den vierundvierzig Einbürgerungsbehörden des Landes vorschrieb. Grell hält der Presse vor, dass sie mit dem Etikett «Muslim-Test» den muslimischen Verbänden das Stichwort für den von ihm allerdings ohnehin erwarteten Protest geliefert habe. Trotzdem übernimmt er die volkstümliche Bezeichnung in Anführungszeichen in den Buchtitel. Aus dem Buch geht auch hervor, dass sie zutreffend ist.

Für die Islamische Glaubensgemeinschaft Baden-Württemberg, den Islamrat für die Bundesrepublik Deutschland und den Zentralrat der Muslime in Deutschland verfasste der Bremer Rechtsanwalt Rolf

Gössner eine «Rechtspolitisch-gutachterliche Stellungnahme zum Gesprächsleitfaden für Einbürgerungsbehörden in Baden-Württemberg». Grell verspottet den Gutachter als typischen Achtundsechziger, dessen Obrigkeitskritik für den Lebenszeitbeamten heuchlerische Attitüde ist («aller Staatsgewalt abhold, gleichwohl Lehrbeauftragter an verschiedenen Universitäten usw.»), vermerkt aber positiv: «Die korrekte Bezeichnung unseres ‹Fragebogens› gleich im Titel des Gutachtens stieß natürlich auf meine ungeteilte Sympathie.» Wenn dieser Satz ironisch gemeint ist, haben wir es mit Selbstironie des Autors zu tun. Man kann sich gut vorstellen, dass Grell das Deckblatt der Stellungnahme tatsächlich mit Befriedigung zur Kenntnis genommen hat. Die richtige Verwendung der Amtssprache war in seiner Welt ein Wert an sich. Grell rügt beispielsweise, dass die Medien sorglos vom Erwerb nicht der Staatsangehörigkeit, sondern des Passes sprechen. Der Ausdruck «Staatsbürgerschaft» ist ebenfalls falsch, das ist der amtliche Terminus in Österreich. Der an die Einwanderungsbehörden verschickte Fragenkatalog war nicht der «Fragebogen», von dem man in der Presse las; auch musste er nicht abgearbeitet werden, sondern sollte den Beamten eben lediglich durch das Gespräch mit dem Bewerber leiten. Der offizielle Begriff auf dem im Übrigen natürlich parteiischen, schlecht gearbeiteten, eines Juristen nicht würdigen Gutachten («Tut mir leid, Kollege Gössner!») verschaffte Grell Genugtuung als Memento der Sachlichkeit in Tagen des entfesselten Unverstands.

Freilich hat es etwas Erniedrigendes, in einer solchen Formalie seinen kleinen Triumph suchen zu müssen. Grell macht sich in seinen Denkwürdigkeiten abwechselnd klein und groß. Der Untertitel lautet: «30 Fragen, die die Welt erregten (nicht nur die islamische)». Grell sieht sich als einen Beamten, der einfach seine Pflicht getan hat. Er legt Wert auf seine Autorschaft an den dreißig Fragen und betont gleichwohl, dass er rechtlich gesehen nur im Auftrag handeln konnte und sein vorgesetzter Abteilungsleiter sowohl dem Projekt zustimmen als auch das Ergebnis abzeichnen musste. Die Aufregung über sein Werk will er einerseits als maßlos und künstlich abtun, andererseits legt er den Vergleich mit dem Karikaturenstreit nahe, dessen globale Eskalation sich vorbereitete, während Deutschland über die baden-württembergische Handhabung des Staatsangehörigkeitsgesetzes diskutierte. Cem Özdemir richtete eine Anfrage an die EU-Kommission, alle fünf

Fraktionen der Parlamentarischen Versammlung des Europarates unterstützten eine Eingabe an das Ministerkomitee, als Abgesandter der OSZE verlangte ein türkischer Botschafter einen Termin bei Innenminister Heribert Rech – Stationen eines Papierkriegs, der Grell in den Abendstunden seiner Laufbahn nicht mehr die philosophische Ruhe rauben konnte. «Die Antwort des Ministerkomitees lag bis zu meinem Ausscheiden aus dem aktiven Dienst noch nicht vor.» Mit einer Art Stolz erfüllt es ihn dennoch, dass seine so sorgfältig vorbereitete Verwaltungsvorschrift in der supranationalen bürokratischen Parallelwelt Aktivitäten allerhöchster Stellen auslöste. Die drei Sonderberichterstatter zu zeitgenössischen Erscheinungsformen von Diskriminierung des Hohen Kommissars der Vereinten Nationen für Menschenrechte richteten einen Dringenden Appell an Bundesaußenminister Steinmeier. «Ja, lieber Leser, der Arm des Islam reicht weit, viel weiter als wir uns in unserer Schulweisheit träumen lassen (frei nach Shakespeares Hamlet).»

Saboteure im eigenen Haus

Mehrfach bittet der Verfasser seinen lieben Leser um Nachsicht, weil die vor ihm ausgebreiteten Vorlagen und Protokolle ihn langweilen könnten. Wäre alles mit rechten Dingen zugegangen, müsste Grells Tätigkeit kein Interesse beanspruchen. Er gibt zu, dass es ungewöhnlich ist, als Beamter eine zweihundertdreißigseitige Rechtfertigungsschrift in eigener Sache zu publizieren, zumal seine Sache seiner Überzeugung nach gar keiner Rechtfertigung bedarf. Gerne hätte er den politischen Ruhm dem Minister überlassen und den internen dem Abteilungsleiter. Aber seine Arbeit wurde sabotiert. Am 13. September 2005 erließ das Innenministerium die Verwaltungsvorschrift zur Einführung des Leitfadens. Am 17. Januar 2006 ließ das Ministerium einen zweiten Erlass zur Erläuterung der neuen Vorschrift hinausgehen. Der Öffentlichkeit war der Leitfaden allerdings schon in der von Grell aufgesetzten Pressemitteilung vom 14. Dezember 2005 erläutert worden. War der nachgeschobene Erlass zum Erlass ein harmloser Fall von Papierverschwendung? Oder behandelte man die Vorschrift als erläuterungsbedürftig, um sie auf dem Weg behutsamer Interpretation stillschweigend aufzuheben? Dann könnte sich Tariq Ramadan, der

Houdini der Koranauslegung, von den Vorgesetzten des braven Grell womöglich noch ein paar Tricks abschauen. Der von Grell gezeichnete Januar-Erlass gab den Einwanderungsbehörden Empfehlungen zur Verwendung des Leitfadens und wies darauf hin, dass ein Gespräch auch bei Antragstellern aus muslimischen Ländern «vielfach» gar nicht «angezeigt» sein werde.

Zwei Tage nach der Ausfertigung des Erlasses fand im Bundestag eine von den Grünen herbeigeführte Debatte statt, in der Innenminister Rech «Fehlinterpretationen und Missverständnissen» entgegentrat: «Unsere Einbürgerungsbehörden sollen im Einbürgerungsgespräch den Leitfaden selbstverständlich nicht nur in Gesprächen mit Angehörigen islamischer Staaten heranziehen. Auch bei Bewerbern aus islamischen Ländern soll der Leitfaden keineswegs ausnahmslos auf alle Bewerber angewendet werden. Wenn die Behörde annehmen darf, dass sich der Bewerber zu unserer Verfassung bekennt, wäre ein Gespräch anhand des Leitfadens überflüssig.» An diese Linie hielt sich auch Clemens Binninger, der CDU-Abgeordnete für den Wahlkreis Böblingen, ein Polizist, der sich vom Streifenbeamten zum Projektverantwortlichen des Innenministeriums für die Einführung betriebswirtschaftlicher Instrumente bei der Polizei hochgearbeitet hatte und vor seiner Wahl in den Bundestag ein Jahr lang Referent für Innen- und Sicherheitspolitik im Staatsministerium unter Erwin Teufel gewesen war. «Fakt ist: Im gesamten Gesprächsleitfaden wird nicht einmal konkret nach der Religion gefragt. Fakt ist: Die Anwendung dieses Gesprächsleitfadens ist in keiner Weise auf bestimmte Staaten oder Personengruppen eingegrenzt.» Im selben Sinne konnte Ministerpräsident Oettinger am 1. Februar 2006 im Landtag behaupten: «Der Gesprächsleitfaden soll immer dann – und nur dann – zur Anwendung kommen, wenn Zweifel an der Bejahung der Werteordnung unserer Verfassung bestehen, und zwar unabhängig von der Religion des Bewerbers. Von einer Stigmatisierung von Muslimen kann keine Rede sein.» Die von islamischem Terrorismus bedrohten Regierungen hatten sich seit dem 11. September an die Sprachregelung gehalten, dass es einen «Generalverdacht» gegen Muslime nicht geben dürfe. Auf eine entsprechende Deutung des Leitfadens wollte Ulrich Noll, der Fraktionsvorsitzende der FDP, in der Landtagsaussprache das vom Koalitionspartner geführte Innenministerium verpflichten: Seiner Partei sei «extrem wichtig», dass «eben nicht gegen Angehörige einer bestimmten Religionszugehörigkeit möglicherweise ein Generalverdacht hineininterpretiert wird». Der Presse warf Noll vor, den «Eindruck» zu erwecken, es sei «zu Beginn der Diskussion möglicherweise anders gedacht gewesen, als es jetzt definitiv klargestellt worden ist». Rech wies ebenfalls den Begriff des Generalverdachts zurück. Dass die Mehrzahl der vertiefenden Gespräche mit Muslimen geführt werde, erkläre sich aus ihrem Anteil an der Gesamtmenge der Bewerber.

Cartesische Inquisition

In Baden-Württemberg ist der Justizminister in Personalunion der Ausländerbeauftragte (seit 2006: Integrationsbeauftragte) der Landesregierung. Obwohl der freidemokratische Amtsinhaber, der Fachhochschulprofessor Ulrich Goll, bei der Ausarbeitung des Leitfadens nicht hinzugezogen worden war, exponierte er sich, indem er die Landtagsopposition zurechtwies: «Es ist gerade nicht so, dass er nur oder in erster Linie gegenüber einer Gruppe zur Anwendung kommt, bei der generell an der verfassungsmäßigen Einstellung gezweifelt wird. Das ist nicht so.» Rech rühmte das Konzept seines Hauses als einen «gut kartesianischen Ansatz». Der «Vater der modernen Philosophie und Wegbereiter der Aufklärung, René Descartes», habe ebenfalls methodisch am Zweifel angesetzt. An dieser Stelle verzeichnet das Landtagsprotokoll einen Zwischenruf Winfried Kretschmanns, des Vorsitzenden der Grünen-Fraktion: «Da hat er aber den Selbstzweifel gemeint, der Descartes!» Unbeirrbar verkündete der Minister, der im Bundestag schon Petrarca zitiert hatte: «Aber keine Sorge! Wir gehen nicht so weit wie Descartes, dass wir den Zweifel zur generellen Methode erheben.»

In Wahrheit war der allgemeine, von jedem einzelnen muslimischen Bewerber im Einzelgespräch auszuräumende Zweifel das Prinzip der Prüfung anhand des Leitfadens. Der Generalverdacht ist nicht von der Presse in die Fragensammlung hinein-, sondern vom Innenministerium hinausinterpretiert worden. Aus dem im Anhang von Grells Buch dokumentierten Wortlaut der Anweisungen an die lokalen Behörden geht das zweifelsfrei hervor. Maßgeblich für die Handhabung des Leitfadens war nach dem Erlass vom 13. September 2005 das Protokoll der Besprechungen, die Grells Referat im Juni und Juli mit den Einbürgerungsbehörden der vier Regierungspräsidien abgehalten hatte. Entsprach das vom Antragsteller unterschriebene Bekenntnis zu den Hauptinhalten des Grundgesetzes wirklich seiner Überzeugung? Das Protokoll hielt fest: «Zweifel bestehen generell bei Muslimen». Das Gespräch war zu führen mit Bürgern der 57 Staaten der Islamischen Konferenz sowie mit Muslimen aus anderen Staaten, ferner mit Fundamentalisten anderer Religionszugehörigkeit und mit sonstigen verhaltensauffälligen Bewerbern. Für die beiden letzten Gruppen wurde nur mit einer geringen Zahl von Fällen gerechnet. Die späteren öffentlichen Erklärungen der Regierung stellten es als Selbstverständlichkeit hin, dass bei vielen muslimischen Bewerbern die Frage nach der inneren Übereinstimmung mit dem Grundgesetz nicht aufgeworfen werden müsse – wegen offenkundig erfolgreicher Integration. Doch gerade ein solches an Tatsachen wie Familienverhältnisse und Vereinsmitgliedschaften anknüpfendes Vertrauen durften die Behörden nach dem verbindlichen Besprechungsprotokoll keinem einzigen Muslim entgegenbringen. Aus der besonderen Autorität des Korans, der das ganze Leben des frommen Muslims regiert, schloss Grell auf eine besondere muslimische Innerlichkeit, die in anderer Weise opak sein soll als die Überzeugungen eines Christenmenschen. Da «niemand erkennen kann, ob ein muslimischer Einbürgerungsbewerber dem traditionellen Verständnis des Koran anhängt oder dem ‹aufgeklärten› sog. Euro-Islam, bestehen bei ihm aufgrund dieser Ausgangslage generell Zweifel». Mit «erkennen» war hier «aus den Akten erkennen» gemeint. Aber auch im Gespräch kann man theologische Meinungen nicht erkennen, sondern nur das Äußern solcher Meinungen zur Kenntnis nehmen. Dem Leitfaden lag eine religionssoziologische These zugrunde, eine Hauptannahme der Islamkritik. Ein Wörtlichnehmen des Korans sei «nach unserem westlichen Staatsverständnis unannehmbar» – der Islam sei aber eine Religion, die gar keine Alternative zum wörtlichen Verständnis ihrer heiligen Schrift kenne. Daher bleibt gegenüber dem Muslim, dem sein gesetzlicher Anspruch auf Einbürgerung nicht abgeschlagen werden kann, ein Restverdacht zurück. Ein Muslim ist immer ein Deutscher auf Widerruf.

Innenminister Rech hatte schon am 11. Januar, sechs Tage vor dem «Erläuterungserlass», in der «Stuttgarter Zeitung» sogar erklärt, die «weitaus überwiegende Zahl» muslimischer Antragsteller werde «ohne Gespräche eingebürgert». Hätte Rech als Landrat oder Bürgermeister die Anweisung erteilt, nicht jeden Muslim zu befragen, hätte sein Ministerium eine solche Aufforderung, von der Verwaltungsvorschrift vom 13. September abzuweichen, als rechtswidrig bewerten müssen. In der Öffentlichkeit rief es Befremden, ja Heiterkeit hervor, dass gar nicht der Versuch gemacht worden war, mit den Fragen ein breites Spektrum denkbarer verfassungsfeindlicher Einstellungen abzudecken, so dass sich eine hohe muslimische Durchfallquote nicht schon beim Blick aufs Papier als der Sinn des Unternehmens dargestellt hätte. Sämtliche Fragen betrafen die Reizthemen des populären Islambildes, das sich seit der Kopftuchdebatte festgesetzt hatte, also vor allem die Rechte der Frauen und die Standards der fortgeschrittenen Sexualmoral. Nr. 7: «Halten Sie es für zulässig, dass ein Mann seine Frau oder seine Tochter zu Hause einschließt, um zu verhindern, dass sie ihm in der Öffentlichkeit ‹Schande macht›?» Nr. 25: «Was halten Sie davon, wenn ein Mann in Deutschland mit zwei Frauen gleichzeitig verheiratet ist?» Nr. 29: «Stellen Sie sich vor, Ihr volljähriger Sohn kommt zu Ihnen und erklärt, er sei homosexuell und möchte gerne mit einem anderen Mann zusammen leben. Wie reagieren Sie?» In Grells Denken war es abwegig, von einer Ungleichbehandlung abzulenken, die sachlich geboten und deshalb auch rechtlich erlaubt war – da Artikel 3 Absatz 1 des Grundgesetzes «nur gebietet, gleich gelagerte Sachverhalte auch gleich zu behandeln». Die Leiter der Einwanderungsbehörden hatten ohnehin Bedenken wegen der zeitlichen Anforderungen des neuen Verfahrens geäußert. Fragen, deren Zweck gewesen wäre, Muslimen vorzugaukeln, das Land Baden-Württemberg nehme sich auch vor Anhängern einer Restauration der Habsburger oder Feinden des nach Artikel 79 Absatz 3 des Grundgesetzes auf ewig geschützten Föderalismus in Acht, hätten gegen alle Regeln der ordnungsgemäßen Zeithaushaltsführung verstoßen.

Minister ohne Aktenkenntnis

Die Pressemitteilung vom Dezember 2005 hatte die Ratio der Verwaltungsvorschrift korrekt, erschöpfend und unmissverständlich erläutert. «Soweit die Sicht desjenigen, der sich zum Zeitpunkt des ‹Erläuterungserlasses› mehr als zwei Jahre mit der Problematik beschäftigt hatte. Aus der Sicht eines Ministers, auf den täglich eine Fülle von Themen einströmen, unter denen der Gesprächsleitfaden – jedenfalls zunächst – nur eines unter vielen war, stellte sich die Sache vermutlich tatsächlich so dar, wie sie nach außen verkündet wurde: Also kein Rückzieher, sondern lediglich Klarstellung dessen, was von Anfang an gemeint war.» Grell unterstellt Innenminister Rech also nicht, er habe die Öffentlichkeit irregeführt und seinen treuen Beamten absichtlich desavouiert, als er im Landtag bestritt, «mit dem Erlass vom 17. Januar eine Kurskorrektur vorgenommen zu haben». Lieber hält er ihm zugute, dass er über die von ihm verantwortete Beschlusslage nie im Bilde gewesen sei. Zwei Jahre Arbeit für die Katz, weil der Minister die Akten nicht gelesen hat und der Presse entgegenkommen will.

Beschweren kann sich der Beamte darüber nicht. Er verarbeitet das Erlebnis, indem er ihm eine anthropologische Deutung gibt. «So wie die Wahrnehmung ein und desselben Gegenstandes durch ein Kind und einen Erwachsenen (oder durch einen Muslim und einen Europäer) völlig unterschiedlich sind oder sein können, so ist es wohl auch zwischen einem Fachbeamten und einem Politiker. Die Wahrnehmung der Realität kann bei beiden erheblich voneinander abweichen, ebenso wie der Inhalt ein und desselben verwendeten Begriffs.» Der Autor des Muslim-Tests wird eingeholt von der Fatalität, deren Bann der Test hatte brechen sollen, durch Aufdeckung der Tatsache, dass Muslime und Deutsche einander nicht verstehen. Grell bleibt unverstanden im eigenen Haus, weil im obersten Stock der Kalif thront. Wer ist in dieser Beziehung das Kind, wer der Erwachsene? Sieht der Fachbeamte sich als den versierten Ratgeber, dessen wohlüberlegte Pläne von der Naivität eines schwererziehbaren Fürsten durchkreuzt worden sind? Zur grauen Eminenz, zum Minister hinter dem Minister stilisiert Grell sich nicht, obwohl ihm die Feststellung wichtig ist, dass die Initiative zum Leitfaden «von unten» und nicht «von oben» ausging. Der Leitende Ministerialrat blickt kopfschüttelnd zum Minister auf: Ein kluges Spiel hatte der Kleine sich ausgedacht – und vergessen, dass in der Welt der Großen andere Regeln gelten. Dort kommt es mehr darauf an, wie eine Sache wirkt, als darauf, wie gut sie durchdacht ist.

Das Fiasko des Tests bestätigte alle Lektionen von Grells Berufserfahrung. Er lässt sich in einem Sarkasmus über die Politiker aus, der auch auf Kosten des Beamten geht, der sich pflichtgemäß fünfunddreißig Jahre lang mit den Verhältnissen arrangiert hat. Buckminster Fuller, den Guru der Tüftler und Weltretter, zitiert er gleich zweimal mit der Definition, Politik sei aktive Ignoranz. Das apokryphe Zitat stammt aus demselben Internet-Schatzkästlein, in dem man die Sentenzen von Ernst Jandl und Laotse findet, mit denen der Autor seine «Persönliche Schlussbetrachtung» eröffnet: «Man darf beim Schreiben keine Ehrfurcht haben.» und «Die Wahrheit hat noch keinem geschadet – außer dem, der sie ausspricht.» Das Suhrkamp-Bändchen des amerikanischen Philosophen Harry Frankfurt mit dem Titel «Bullshit» hat Grell angezogen; dort fand er Variationen seines Buckminster-Fuller-Motivs: «Gerade in dieser fehlenden Verbindung zur Wahrheit – in dieser Gleichgültigkeit gegenüber der Frage, wie die Dinge wirklich sind – liegt meines Erachtens das Wesen des Bullshits.» Die Politiker wissen nichts und «treffen die Entscheidungen, von denen unser aller Schicksal abhängt». Auch Thilo Sarrazin hat aus seinem Beamtenleben die Erfahrung mitgenommen, dass Unwissenheit Macht ist. Um politisch zu überleben, töteten seine Chefs ihr Wahrheitsinteresse ab. «Es liegt ja durchaus ein Stück politischer Weisheit darin, sich auf lösbare Probleme und mehrheitsfähige Vorschläge zu konzentrieren. Aber das erschwert sowohl die klare Analyse als auch die passende Therapie, und wenn man nicht aufpasst, wird einem das Gehirn bis zum Verlust der Urteilskraft vernebelt.»

Grell beschreibt sich als subaltern und bestätigt diese Selbsteinschätzung mit dem Niveau seiner Witze: «Im Büro habe ich frustrierte Mitarbeiterinnen und Mitarbeiter dadurch motiviert, dass ich sie auf die Vorteile der Tätigkeit in einem Ministerium aufmerksam gemacht habe: Schauen Sie, fürs Kabarett müssen Sie Eintritt bezahlen, und hier kriegen Sie's umsonst und werden noch dafür bezahlt.» Grells Memoiren sind die Vorlage für einen Roman des Ressentiments. Fachwissen muss sich der Dummheit fügen, und noch nicht einmal Anpassung wird honoriert: Dieser Staatsdiener hat den Staat als die organisierte Unvernunft erlebt und meint doch, an seiner Pflicht nicht irregeworden zu sein. Mit seinem Erinnerungswerk möchte er «den Leser ein wenig hinter die Kulissen und zuweilen auch hinter die Stirnen blicken lassen, zumindest hinter die Stirn desjenigen, der für den ‹Muslim-Test› auf Fachebene die Verantwortung trägt».

Hinter dieser Stirn soll man keine originellen Gedanken vermuten. Grell denkt über die Muslime, was, wie er meint, jeder loyale Bürger der Bundesrepublik denken muss, der den Koran und die gängige Literatur über den Islam studiert. Der Historiker in eigener Mission hat seinem Buch den Obertitel «Dichtung und Wahrheit» gegeben. Alle Fehlinformationen der Presse, alle kosmetischen Bemühungen der politisch Verantwortlichen, alle Vorhaltungen der Kritiker subsumiert er unter Fiktion, um dagegen die Tatsachenwahrheit der Fachebene zu setzen. Die Kirchen hatten sich aus der Expertengruppe zur Ausarbeitung der Fragen nach der ersten Sitzung zurückgezogen. Nach der Veröffentlichung des Leitfadens teilte die Katholische Kirche mit, dass man sich in den seinerzeit geäußerten Bedenken bestärkt sehe. Grell hat sich «in diesem Zusammenhang erlaubt, intern auf das achte Gebot hinzuweisen». Gleichzeitig bezieht sich der Titel «Dichtung und Wahrheit» auf den übergreifenden Zusammenhang der deutschen Islamdiskussion. Dort begegnete Grell die Problematik seines Berufslebens als Schicksalsfrage der Nation wieder: Evidentes Wissen wird aktiv ignoriert, die einfachsten logischen Schlüsse bleiben ohne praktische Konsequenzen. Auf dem Dienstweg hat Rainer Grell nichts ausrichten können, darum bringt er unters Volk, was in seinen Akten steht. Nur noch der Wahrheit verbunden, zu Zurückhaltung und Mäßigung nicht mehr verpflichtet, legt er seine Geschichte weitschweifig und kleinlich dar, einer der rechtschaffensten zugleich und entsetzlichsten Büromenschen seiner Zeit.

Wie alles anfing

Die «Geburtsstunde» des Gesprächsleitfadens datiert Grell mit der Präzision, die dem Beamten zweite Natur ist, auf den 2. Oktober 2003. Er las den Artikel von Bertrams also am Tag nach dem Abdruck in der F.A.Z. Ein Satz erregte seine Aufmerksamkeit: «Eine Lehrerin, die auf dem Tragen des islamischen Kopftuchs beharrt, bekennt sich nicht ohne Vorbehalt und widerspruchsfrei zu unserer Verfassung und ihren Werten.» Mit dem Karlsruher Urteil hatte ein langjähriger Rechtsstreit zwischen dem Land Baden-Württemberg und der Lehramtsbewerberin Fereshta Ludin ein vorläufiges Ende gefunden, das Konsequenzen für den gesamten öffentlichen Dienst haben konnte.

Natürlich nahm ein Leitender Ministerialrat im Innenministerium zur Kenntnis, was einer der ranghöchsten Verwaltungsrichter der Republik dazu zu sagen hatte. Es mag verwundern, dass Grells Interesse durch einen einzelnen Satz geweckt wurde, den Satz, der die überaus klare Argumentation des Artikels noch einmal zusammenfasste. Freilich ist offensichtlich, was Grell in diesem Satz ins Auge fiel: das Wort «bekennt». Stellen wir es uns so vor: Hinter seiner Stirn machte es klick, und sein juristischer Verstand war aktiviert. Eine Analogie war ihm aufgegangen: die Gleichartigkeit zweier Probleme, die gleichartige Lösungen nahelegte. Das ungelöste Problem in seinem Zuständigkeitsbereich hatte er bis dahin vielleicht noch überhaupt nicht bemerkt. Erst im Februar 2003 hatte Grell die Leitung des Referats «Staatsangehörigkeitsrecht, Personenstandsrecht, andere Rechtsgebiete» übernommen. Seine Versetzung war laut den «Stuttgarter Nachrichten» «plötzlich» erfolgt, «aus organisatorischen Gründen». Darin lag eine gewisse Ironie, war doch in den fünfzehn Jahren zuvor die Optimierung der Organisation der Arbeitsabläufe im Ministerium seine Aufgabe gewesen.

Als Leiter der Stabsstelle für Verwaltungsreform hatte Grell eine Position inne, die ihm im Staatsapparat des Landes der Techniker ein besonderes Prestige verschaffte. Er war zuständig für das Querschnittsthema Informations- und Kommunikationstechnologie, kurz IuK-Technologie, gelegentlich auch Infrastruktur zweiter Ordnung genannt. Musterlösungen mussten im Musterländle der Anspruch sein. Die Stabsstelle gab eine eigene Schriftenreihe heraus mit Abhandlungen wie «Das Mitarbeitergespräch in der Landesverwaltung Baden-Württemberg. Beratung, Zielvereinbarung, Förderung». Grell trat auch selbst als Autor von Fachpublikationen in Erscheinung, veröffentlichte etwa Aufsätze über «Schriftgutverwaltung und Vorgangsbearbeitung in der Landesverwaltung Baden-Württemberg», «IT-gestützte Vorgangsbearbeitung in Zeiten knapper Haushaltsmittel» oder «Einheitliche Bewertung von Funktionen und Preisen bei Angeboten im Rahmen einer Gesamtbetrachtung». Die besondere Tücke des Objekts Verwaltung liegt darin, dass es aus Menschen zusammengesetzt ist, die zudem ganz überwiegend Lebenszeitstellen innehaben. So musste Grell das eine oder andere Reformvorhaben mit einer melancholischen Notiz zu den Akten legen: «Telearbeitsplätze in der Landesverwaltung Baden-Württemberg: Bilanz eines gescheiterten Projekts». Ihm blieb das Schicksal des Reformers nicht erspart, nach Durchführung einer Maßnahme nicht zu wissen, ob sie mehr Reformbedarf beseitigt oder geschaffen hat. Eine seiner letzten Veröffentlichungen als Leiter der Stabsstelle deutete diese Erfahrung des Paradoxen schon im Titel an: «Outsourcing – Ende oder Anfang aller Probleme?»

Der Landesrechnungshof monierte 2009 in einem Gutachten für den Landtag, dass die ressortübergreifende IuK-Steuerung in der Stabsstelle Verwaltungsreform auf Referatsebene angesiedelt war. Der Stabsstelle fehlten die «Durchsetzungswerkzeuge». Wenn sie einer Beschaffung oder einem Vorhaben nicht zustimme, könne das jeweilige Ministerium das Geld trotzdem ausgeben. Ein gewisser Schlusspunkt der Verwaltungsreform wurde erreicht, als die Stabsstelle für Verwaltungsreform infolge dieser Kritik neu organisiert wurde und ihren Namen verlor. In einem Vortrag an der Deutschen Hochschule für Verwaltungswissenschaften in Speyer hatte der Pensionär Grell schon am 15. Mai 2007 Bilanz gezogen. Naturgemäß eine schonungslose. «Schminken wir uns zwei Vorstellungen ab: dass Aufgabenkritik je zu einer spürbaren Entlastung der Verwaltung führen wird und dass beim Bürokratieabbau jemals etwas Nachhaltiges herauskommen wird.» Zur Begründung zitierte er das Trostwort aller frustrierten Beamten, das sogenannte Peter-Prinzip: «In einer Organisation steigt jede Person so lange auf, bis sie auf der Ebene ihrer Inkompetenz angekommen ist.»

Bekenntnis laut Gesetz

In seiner letzten Verwendung im Innenministerium hatte Grell es von 2003 an mit dem Staatsangehörigkeitsgesetz zu tun, das 2000, unter der rot-grünen Bundesregierung, geändert worden war. Es bestimmt, dass ein Ausländer, der acht Jahre lang in Deutschland gelebt hat, auf Antrag einzubürgern ist, sofern er sieben Bedingungen erfüllt. Die erste Bedingung verlangt, dass er «sich zur freiheitlichen demokratischen Grundordnung des Grundgesetzes für die Bundesrepublik Deutschland bekennt» und erklärt, dass er keine Bestrebungen verfolgt, die gegen diese Grundordnung oder den Bestand des Bundes oder eines

Landes gerichtet sind. Grell hatte sein Gesetz im Kopf und sah: Das «bekennt» in der Zeitung und das «bekennt» im Gesetzbuch passten zusammen wie zwei Memory-Karten. Auch die Verwaltung, unreformierbar eingezwängt zwischen «Das haben wir schon immer so gemacht» und «Das haben wir noch nie so gemacht», hat ihre Heureka-Momente. Grells «erster Gedanke» war: Was «für das Bekenntnis einer angehenden Beamtin nach dem jeweiligen Landesbeamtengesetz» galt, musste «an sich auch für das entsprechende Bekenntnis eines Einbürgerungsbewerbers zur freiheitlichen demokratischen Grundordnung» gelten.

Nach dem baden-württembergischen Landesbeamtengesetz konnte damals noch nicht angenommen werden, dass eine Lehrerin mit dem Kopftuch ihre Distanz zum Grundgesetz zu erkennen gab. Bertrams hatte das Urteil des Bundesverfassungsgerichts kritisiert und die Landesgesetzgeber aufgefordert, der von Karlsruhe verkannten Natur des muslimischen Kopftuchs Rechnung zu tragen. Die Befürworter eines Kopftuchverbots in den Landtagen lehnten Einzelfallregelungen mit dem Argument ab, eine Gewissensprüfung sei nicht wünschenswert oder sogar unmöglich. Oft wurde auf die Abschaffung der Prüfungsausschüsse für Kriegsdienstverweigerer hingewiesen. Grell hingegen führte für seinen Zuständigkeitsbereich schon mit einem Erlass vom 22. Oktober 2003 Einzelfallprüfungen ein. «Das Bekenntnis des Einbürgerungsbewerbers zur freiheitlichen demokratischen Grundordnung ist eine elementare Voraussetzung für die Einbürgerung und deshalb mit größter Sorgfalt zu prüfen. Ein schematisches Vorgehen wird der Bedeutung des Bekenntnisses nicht gerecht.» Die Einbürgerungsbehörden mussten sich durch schriftliche Befragung oder «in einem persönlichen Gespräch davon überzeugen, ob der Einbürgerungsbewerber lediglich ein formales Lippenbekenntnis abgibt oder ob er wirklich zu seinen Worten steht». Der Pleonasmus des formalen Lippenbekenntnisses lässt ahnen, dass zeremonielle Umstände bei der Einbürgerung hauptsächlich der Selbstvergewisserung des Staates dienen: Wenn die Verwaltung ausdrückliche Bekenntnisse fordert, dann hat diese Forderung selbst die Funktion eines Bekenntnisses, das wie von selbst eine feierliche Form annimmt.

Im Pathos steckt das Risiko der Überforderung. Das Ministerium halste den Einbürgerungsbehörden eine anspruchsvolle Prognostik auf. Wie wollten sie prüfen, ob ein Bewerber wirklich – wirklich! – zu seinen Worten stand? Man konnte den Neubürger ja nicht auffordern, für den Wiederaufbau des Berliner Stadtschlosses zu spenden oder einen Antrag auf Aufnahme in die CDU zu unterschreiben. Die Einwanderungsbehörde gibt dem Antrag nach Paragraph 10 des Staatsangehörigkeitsgesetzes entweder statt oder nicht. Diese aus der Regelungsmaterie folgende Eindeutigkeit der bürokratischen Entscheidung lud Grell schon in seinem ersten Erlass moralisch auf durch Unterschiebung eines abstrakten Ideals vom Staatsbürger und eines ebenso abstrakten Gegenbildes. Man kann nur entweder Deutscher sein oder nicht, ganz oder gar nicht. Der Erlass übersetzte diese Voraussetzung des Verfahrens in die Vorgabe eines Charaktertests. Ganz Deutscher, das sollte heißen: hundertprozentiger Deutscher. Auf der Einbürgerungsbehörde erschien – so stellte Grell sich die Sache vor, der wahrscheinlich nie einen Einbürgerungsantrag bearbeitet hatte – entweder ein standhafter Ehrenmann oder ein durchtriebener Heuchler. Am sprachlichen Detail der internen Anweisung eines übermäßig beflissenen Beamten wird eine Gefahr der Integrationsdebatte sichtbar: übertriebene Vorstellungen vom Grad des seelischen Einklangs unter Staatsbürgern.

Dass Loyalität mit einem für Grells weitere Bemühungen entscheidenden Adjektiv auch «innere» Zustimmung bedeutet, ist ältester Bestand republikanischer Theorie seit der Antike. Auch die für die Weimarer Staatsrechtslehre so wichtige Idee der Homogenität mag man in die Sprache eines individualistischer denkenden Zeitalters übersetzen können. Aber Grells Bekenntnisprüfung setzt voraus, dass die demokratische Gesinnung so etwas ist wie die deutschen Sprachkenntnisse, nur dass sich ihr Fehlen leichter kaschieren lässt. Nach der Argumentation des Gerichtspräsidenten Bertrams war die fromme Muslimin ohne politische Motive wie eine Verfassungsfeindin zu behandeln, weil sie darauf bestand, in islamistischer Verkleidung in der Schule zu erscheinen. So war bei Grell der unpolitische Neubürger nicht vorgesehen, der seit acht Jahren oder länger friedlich in Deutschland lebte, auch die rechtlichen Bedingungen dieses Friedens zu schätzen gelernt hatte, aber nie auf den Gedanken gekommen wäre, sich an einem Aufsatzwettbewerb der Bundeszentrale für politische Bildung zum Lob der Demokratie zu beteiligen.

Die wenigsten geborenen Deutschen wüssten auf Anhieb zu nennen, was alles zur freiheitlichen demokratischen Grundordnung gerechnet wird und was nicht. Nun muss man zu Grells Entlastung sagen, dass nicht er, der penible Gesetzesanwender, darauf verfallen war, seelischen Tatsachen, also Zuständen, die gemeinhin in die Kompetenz der Lyrik fallen, Relevanz im Einbürgerungsverfahren zuzusprechen. Er berief sich auf die Gesetzesbegründung der Regierung Schröder. Demnach wird durch das Bekenntnis des bisherigen Ausländers zum Kerngehalt des Grundgesetzes «seine innere Hinwendung zur Bundesrepublik Deutschland dokumentiert». In der Bildersprache des europäischen Absolutismus war eines der beliebtesten Embleme die Sonnenblume. Wie die Sonnenblume sich der Sonne entgegenreckt, so richtet sich der Untertan am Fürsten aus. Solche Zuwendung braucht offenbar auch die Republik.

Vor Grells Erlass hatten sich die Behörden damit abgefunden, dass das vom Eingebürgerten abgelegte Bekenntnis in derselben Weise dessen innere Hinwendung zur Bundesrepublik dokumentierte wie der Kauf eines Trikots des FC Bayern München die innere Hinwendung des Fußballfans zum deutschen Rekordmeister. Der Text des Bekenntnisses wurde als Vordruck bereitgehalten. Wie hätte man auch in die Kandidaten hineinsehen können? Der F.A.Z.-Artikel von Bertrams machte die Röntgenbrille entbehrlich. Durch ihr äußeres Verhalten, behauptete der Gerichtspräsident, ließ die verschleierte Lehrerin sichtbar werden, dass ihr die innere Haltung für den Beamtendienst fehlte. Sie bekannte sich «nicht ohne Vorbehalt und widerspruchsfrei zu unserer Verfassung und ihren Werten». Alle Spekulationen über die Motivlage schob Bertrams beiseite, indem er die Frage der Eignung für den Staatsdienst auf ein logisches Problem reduzierte. Dieser objektivierende Zugriff dürfte den Staatsdiener Grell an dem Satz, den er sich merkte, fasziniert haben: der mit einem einzigen Blick vorgenommene Abgleich von Bekenntnis und Bekennerin, die von aller Hermeneutik entlastete Protokollsprache. Vorbehalt und Widerspruch mussten nicht eingeordnet, sondern nur festgestellt werden. Über Dutzende von Seiten hatten sich die acht Karlsruher Richter, Mehrheit und Minderheit, mit den Motiven der Frau Ludin abgemüht! Bertrams brauchte für die Erledigung der Sache nicht einmal zwei Blatt DIN A4. Und nun sah auch sein Stuttgarter Leser klar: Mit einem Schlag hatte sich der Nebel religionshistorischer Assoziationen verzogen, der das Bekenntnis eingehüllt hatte. Grell hatte es mit einem Problem zu tun, wie es ihm aus der Stabsstelle für Verwaltungsreform vertraut war. Das Einbürgerungsverfahren hatte einen digitalen Ausgang: Entweder der Bewerber verließ es als Deutscher oder als Ausländer. Das nachträgliche Zusatzvotum aus Münster zum Urteil aus Karlsruhe ließ es denkbar erscheinen, auch den Zwischenschritt der Bekenntnisfrage in binären Code zu übersetzen. Es ging um Kompatibilität oder Inkompatibilität, letztlich um Stecker und Steckdose.

Wie halten Sie's mit der Religionskritik?

Die Urversion des Gesprächsleitfadens, die Grell Ende Februar 2004 fertiggestellt hatte, umfasste elf Fragen. Ursprünglich war vorgesehen, den Einbürgerungsbehörden zusammen mit der Frageliste ein sechsundzwanzigseitiges Papier mit Grundinformationen zum Islam zu übersenden. Im Zuge der Abstimmung mit dem Landesamt für Verfassungsschutz, dessen zuständiger Abteilungsleiter Herbert Landolin Müller sehr häufig von Presse und Rundfunk als Islamismus-Experte konsultiert wird, zog Grell seine Ausarbeitung zurück. Zum einen war er zu der Einsicht gelangt, dass die Unterscheidung von Islam und Islamismus, die er aus Verlautbarungen der rot-grünen Bundesregierung übernommen hatte, das Problem nicht traf. Zum anderen verständigte man sich auf das Ziel, «theologische Auseinandersetzungen zwischen Einbürgerungsbehörden und Antragstellern zu vermeiden». Religiöse Einstellungen sollten nicht Gegenstand der Prüfung sein. Dennoch hatte die vierte der dreißig Fragen, die schließlich am 19. Juli 2005 dem Minister vorgelegt und vom Amtschef genehmigt wurden, den Wortlaut: «Wie stehen Sie zu Kritik an einer Religion? Halten Sie diese für zulässig? Setzen Sie sich damit auseinander?» Die Fragen sollten zunächst wörtlich vorgelesen, dann aber gemäß dem Horizont des Befragten erläutert werden. Es war somit Sache des Sachbearbeiters, den unbeholfenen unbestimmten Artikel in Frage Nr. 4 durch das gemeinte Possessivpronomen zu ersetzen und den Antragsteller auf den Kopf zu zu fragen, wie er zu Kritik an seiner Religion stehe.

So wurde in Baden-Württemberg die Haltung von Muslimen zur Islamkritik ausdrücklich zum Kriterium im Einbürgerungsverfahren gemacht – wohlgemerkt bei Personen, die im Übrigen die Anforderungen für den Anspruch auf Einbürgerung nach acht Jahren erfüllten. Ein Hauptsatz der rigorosen Islamkritik wurde zur Maxime staatlichen Handelns: die Vermutung, dass nur Muslime, die den Islam kritisch betrachten und seine Reform durch historisch-kritische Auslegung der Quellen befürworten, als Staatsbürger geeignet sind. Wenn die Koranbuchstabengläubigen schon Deutsche sind, hat der Staat keine Handhabe gegen ihr unaufgeklärtes Denken, selbst wenn sie es nicht für sich behalten. Um so wichtiger war in Grells Augen die Zuständigkeit seines Referats, die Einlasskontrolle. Wer in Deutschland, aber nicht in der Gegenwart angekommen war, konnte abgewiesen werden, wobei Grell davon ausging, dass ein Muslim, der seinen Verstand eingemauert hatte, häufig auch seine Frau und seine Töchter einsperrte. In Loriots Sketch «Eheberatung» äußert Herr Blöhmann gegenüber der Paartherapeutin Frau Dr. K. die Befürchtung, dass ihm bei ungenauer Spezifizierung seiner Lieblingsfarbe eine unvorteilhafte Einsortierung seitens einer auf Korrelationen fixierten angewandten Psychologie drohe. «Doch-doch, Sie sehen nachher in so einer Tabelle nach, und da steht dann bei ‹Grau›: Herr Blöhmann schlägt seine Gattin.» In der von Grell ersonnenen peinlichen Befragung konnte es Herrn Osman wie Herrn Blöhmann ergehen. Grell hatte in den Tabellen des 1927 in Berlin gegründeten, seit 1981 in Soest ansässigen Zentralinstituts Islam-Archiv Deutschland nachgeschlagen. Immer wieder verwies er darauf, dass 2004 in der Jahresumfrage des Archivs 21 Prozent der befragten Muslime die Frage «Glauben Sie, dass das Grundgesetz und der Koran miteinander vereinbar sind?» verneint hatten. Der Anteil der Befragten, die mit Ja geantwortet hatten, war gegenüber 2003 von 63 auf 67 Prozent gestiegen.

Die Bedenken der Praktiker

Dreißig Einbürgerungsbehörden hatten im Zuge der Besprechungen mit Grells Referat schriftlich Stellung genommen und überwiegend sehr grundsätzliche Bedenken geäußert. Die Einwendungen der Fachleute der örtlichen Behörden und die Antworten des Ministeriums in Grells ausführlichem Protokoll sind gleichermaßen aufschlussreich. Zweifel an der Verfassungsmäßigkeit des Vorhabens ließ Grell ins

Leere laufen, indem er sich auf eine interne Perspektive zurückzog: Rechtmäßig war in der pragmatischen Sicht des Praktikers das Verwaltungshandeln, das vor den Verwaltungsgerichten Bestand hatte. «Natürlich weiß derzeit kein Mensch, was die Gerichte dazu sagen werden. Aber das sollten wir in Ruhe abwarten und nicht schon vorher die Segel streichen.» Man stelle sich vor, diese Sätze hätten im Besprechungsprotokoll eines Dachverbandes von Moscheegemeinden gestanden, das dem Verfassungsschutz in die Hände gefallen wäre. Thema: Muezzinruf und Lärmschutzgesetze. Den kühlen Funktionalismus des Ausreizens gerichtlicher Spielräume hätte Grell gewiss als Indiz mangelnder innerer Hinwendung zum Grundgesetz ausgelegt – obwohl es das gute Recht von Privatleuten ist, das eigene Interesse gerichtlich geltend zu machen und mit Gottvertrauen auf die letzte Instanz zu warten. In einer anderen Lage sind Beamte auch dort, wo der Staat Prozessgegner werden könnte. Sie müssen das Prinzip der Gesetzmäßigkeit der Verwaltung als Tugend verinnerlichen. Im «Leitbild der Landesverwaltung Baden-Württemberg», das die Stabsstelle für Verwaltungsreform 1996 in Umlauf brachte, heißt es: «Die Mitarbeiterinnen und Mitarbeiter sind an Recht und Gesetz gebunden. Bei ihrem Verwaltungshandeln schöpfen sie die rechtlichen Gestaltungsspielräume aus, zeigen aber auch die durch das Recht gesetzten Grenzen und die erwarteten Mitwirkungen auf.»

Es wurde seitens der kommunalen Ausländerämter zu bedenken gegeben, der einzige Weg zur Enttarnung von Extremisten sei die Anfrage beim Verfassungsschutz. Zu befürchten sei, «viele Einbürgerungswillige, die hier friedlich sowie ordentlich mit der deutschen Wohnbevölkerung zusammenleben und auch nicht ansatzweise islamistische Ziele verfolgen», würden «von der Möglichkeit der Einbürgerung ausgeschlossen». Diese Einwände verkannten die Intention des neuen Verfahrens. Das obligatorische Gespräch sollte verhindern, «dass ‹ganz normale› orthodoxe Muslime eingebürgert werden, die unsere Werteordnung ablehnen», potentielle Unterstützer der getarnten Kämpfer eines Heiligen Guerillakrieges. Diese Gruppe, die 21 Prozent der Umfrage des Islam-Archivs plus Dunkelziffer, ist nach Grells Kalkulationen mindestens zwanzigmal so groß wie der Kreis der Islamisten, die der Verfassungsschutz auf ein Hundertstel der muslimischen Bevölkerung in Deutschland schätzt. Angesichts dieser Relation muss zunächst überraschen, dass Grell gegenüber den Einbürgerungsbehörden erklärte, das Ministerium rechne nicht unbedingt mit einem Anstieg der Ablehnungsquote. Für Grell kam es aber hauptsächlich darauf an, dass das Bekenntnis mit Versicherungen über die Freiheit der Ehepartnerwahl, des Religionswechsels und des Kleiderkaufens angereichert wurde. Damit traf der Staat Vorsorge für die Rücknahme der Einbürgerung bei arglistiger Täuschung. «Ein späterer Gesinnungswandel könnte bei diesen grundlegenden Fragen schwerlich ins Feld geführt werden.» Entgeistert hielten später die politischen Gegner der Regierung Oettinger vor, jeder halbwegs helle Aspirant könne den Fragen entnehmen, welche Bewertung der deutschen Grundgesetznormen und orientalischen Bräuche von ihm erwartet werde. Die Muslime mussten eine besondere Kränkung darin sehen, dass man sie auch noch als Dummköpfe einstufte. Das Argument der leicht erratbaren richtigen Antwort wurde Grell schon von seinen Beamtenkollegen entgegengehalten. Er stimmte der Einschätzung zu und erklärte laut eigenem Protokoll mit charakteristischer Nonchalance: «Wir halten das aber nicht für tragisch.» Denn für realistisch hielt er offenbar das Szenario, dass die Verwaltungsgerichte serienweise Aberkennungen der Staatsangehörigkeit wegen Gesinnungsschwindels aussprechen würden.

Mehrere Fragen betrafen die Berufsfreiheit der Frauen. Die Aussage, die Frau sei hinter dem Herd besser aufgehoben, war gemäß einer Anweisung des Ministeriums «negativ zu bewerten», weil der Bewerber sich damit gegen die Gleichberechtigung ausspreche. Solche Vorgaben riefen einen Einwand hervor, der in der Öffentlichkeit auf besonders starke Resonanz stieß: Muslimen wurden Einstellungen in Fragen der häuslichen Lebensordnung als verfassungsfeindlich vorgeworfen, die mindestens in der Wählerschaft der in Stuttgart regierenden CDU noch weit verbreitet waren und vor gar nicht langer Zeit sogar die Programmatik der Unionsparteien geprägt hatten. Insbesondere an die Fragen zur Homosexualität knüpfte ein Scherz an, den sich auch Armin Laschet, der christdemokratische Integrationsminister von Nordrhein-Westfalen, nicht verkneifen wollte: Gut, dass Papst Benedikt XVI. die deutsche Staatsangehörigkeit hat – in Baden-Württemberg wäre er nicht eingebürgert worden. Dass ein von der CDU geführtes Innenministerium die Selbstdarstellung der Verfassung auf Geschlechtergleichheit und Antidiskriminierung zuschnitt, ist ein historisches Datum. Grell dürfte allerdings gar nicht daran gedacht haben, dass man auch die Hausfrauenehe unter CDU-Stammwählern zum Fall für den Verfassungsschutz erklären könnte. Wie Rüdiger Wolfrum, Direktor am Max-Planck-Institut für ausländisches öffentliches Recht und Völkerrecht, in einem Gutachten im Auftrag der Heidelberger Oberbürgermeisterin Beate Weber feststellte, ist das Gerüst des Gesprächsleitfadens «die Konstruktion einer hermetisch geschlossenen fremden Wertordnung». Freiheitlich-demokratische Grundordnung und Islam stehen sich gegenüber als zwei Wertewelten, die nichts gemein haben. Ähnliche Verhaltensweisen, selbst ähnliche Präferenzen können dann ganz Unterschiedliches bedeuten.

Ein Professor aus Kairo

Über die Quellen des Islambildes, von dem sich das Ministerium bestimmen ließ, gibt die Pressemitteilung vom 14. Dezember 2005 in aller wünschenswerten Deutlichkeit und Ausführlichkeit Auskunft. Dort wird erklärt, warum Baden-Württemberg sechs Jahre nach dem Inkrafttreten des neuen Staatsangehörigkeitsrechts ein eigenes Prüfungsverfahren einführte: In der Zwischenzeit hätten sich «Erkenntnisse» ergeben, wonach «namentlich Muslime» bei der Ablegung des Bekenntnisses zur freiheitlich-demokratischen Grundordnung «in Konflikte geraten könnten». Dass jeder Muslim mit dem amtlichen Verdacht der undemokratischen Denkweise belegt wurde, war demnach eine Maßnahme zum Schutz seines Gewissens! Die Erkenntnisse, auf die das Ministerium sich stützte, konnte jeder Baden-Württemberger der Zeitung entnehmen. Durch «nahezu tägliche Presseberichte» erfuhr die Öffentlichkeit, dass «mitten in Deutschland die Menschenrechte Tausender islamischer Frauen mit Füßen getreten» wurden. Von den bösen Erfahrungen, die Grell auf jeder Stufe seiner Laufbahn mit der «desinformativen Berichterstattung» der Journalisten gemacht hatte, konnte er abstrahieren, wenn es um den Islam ging. In der Ermordung der jungen Berlinerin Hatun Sürücü am 7. Februar 2005 hatten nach Darstellung der Pressemitteilung «Tendenzen zur Abgrenzung» der Muslime «von der deutschen Bevölkerung» einen «traurigen Höhepunkt» erreicht. Wie hängen Morde im Namen einer barbarischen Familienmoral mit der muslimischen Religion türkischer oder kurdischer Einwanderer zusammen? In dieser überaus schwierigen Frage übernahm das für Polizei und Verfassungsschutz zuständige baden-württembergische Innenministerium die Schuldzuweisung der Islamkritik. Die «Zweifel, ob bei Muslimen generell davon auszugehen sei, dass ihr Bekenntnis bei der Einbürgerung auch ihrer tatsächlichen inneren Einstellung entspreche», begründete das Ministerium mit «Informationen», wie man sie jenseits der Presse auch in neueren Buchveröffentlichungen finde. Fünf Autoren werden in der Pressemitteilung genannt: Seyran Ateş, Necla Kelek, Ayaan Hirsi Ali, Mark A. Gabriel und Bassam Tibi.

Dem allgemeinen Publikum dürfte Mark A. Gabriel am wenigsten sagen. Er ist der einzige Gewährsmann, der in der Mitteilung des Ministeriums vorgestellt wird. Der Name sei das «Pseudonym eines ehemaligen islamischen Imams und Professors an der Al-Azhar-Universität in Kairo». Damit kann in der Tat noch nicht einmal Bassam Tibi konkurrieren, der emeritierte Professor der Georg-August-Universität Göttingen und nach eigener Zählung achtzehnfache Gastprofessor, der zwar den «Euro-Islam» und die «Leitkultur» erfunden hat, aber nie als Imam tätig gewesen ist, weder als islamischer noch als christlicher. In Grells Buch nimmt Mark A. Gabriel unter den Koryphäen der Islamkritik eine herausgehobene Stellung ein, die der Autor mit einem einfachen Gedanken begründet: «Einer der besten Zeugen für ein authentisches Verständnis des Islam dürfte jemand sein, der beide Seiten kennt: den Islam und das Christentum.» Die Stelle des Imams soll Gabriel demnach an einer Moschee in Gizeh bekleidet haben, sein Fach als Professor der Al-Azhar-Universität, die Grell fast untertreibend als «eine anerkannte Autorität in islamischen (sunnitischen) Rechtsfragen» beschreibt, soll die islamische Geschichte gewesen sein. Das Pseudonym benutze er aus Sicherheitsgründen. Genauer muss man sagen: Mit Sicherheitsgründen erklärt Gabriel, dass er den Namen nicht preisgibt, unter dem er in Kairo bekannt war. Seinen neuen Namen, zusammengesetzt aus den Namen des Evangelisten Markus und des Erzengels Gabriel, trägt er als Zeichen seiner Bekehrung zu Jesus Christus. Im Glauben der Muslime ist Gabriel der Engel, der dem Propheten Mohammed die Verse des Korans übermittelte. Der heilige Markus ist der Apostel der Kopten. Mark Gabriel firmiert als

Vortragender und auf seinen Internetseiten als Dr. Mark Gabriel. Den Doktorgrad hat er an einer christlichen Universität in Florida erworben. Seine Bücher erscheinen in christlichen Verlagen, christliche Vereine organisieren seine Vortragsreisen, die ihn auch nach Europa führen. Er erzählt dann die abenteuerliche Geschichte seines Lebens.

Aufgewachsen ist er nach seinem Bericht in einer wohlhabenden, frommen muslimischen Familie in Kairo. Mit sechs Jahren wurde er in die Koranschule von Al-Azhar geschickt, mit zwölf Jahren konnte er den Koran auswendig. Er stieg die Karriereleiter eines Religionsgelehrten Sprosse für Sprosse empor, aber mehr und mehr machten ihm Widersprüche zu schaffen: Widersprüche zwischen einzelnen Geboten des Korans und Widersprüche zwischen dem «politisch korrekten» Islam der Professorenschaft, einer Doktrin des Friedens und der Seelenruhe, und der Koranauslegung besonders frommer Kommilitonen, die in terroristischen Gruppen aktiv waren. Als er Professor geworden war, konnte er seine Zweifel nicht länger verbergen. Seine Studenten denunzierten ihn bei der Universitätsleitung. Er gab zu Protokoll, dass er den Koran nicht mehr als die Offenbarung des wahren Gottes betrachten könne. Ein Professorenkollege spuckte ihn an, er wurde wegen Blasphemie entlassen und an die Geheimpolizei gemeldet. Ein ungefähr zwanzig Mann starker Trupp in Zivilkleidung, mit Kalaschnikows bewaffnet, drang nachts ins Haus der Familie ein und nahm ihn fest. Er wurde eine Woche lang gefoltert, am letzten Tag im Gewahrsam der Geheimpolizei fast von seinem Zellengenossen umgebracht, in ein reguläres Gefängnis überstellt und nach einer zweiten Woche nach Hause entlassen. Sein Vater, der eine Lederwarenfabrik besaß, gab ihm eine Stelle. Ein Jahr lang lebte er ohne Religion, was ihm Kopfschmerzen bereitete. Zweimal in der Woche besorgte er sich Kopfschmerztabletten in der Apotheke. Eines Tages gab ihm die Apothekerin außer den Tabletten ein Buch mit – die Heilige Schrift. Zuhause schlug er die Bibel auf, an einer beliebigen Stelle. Sein Auge fiel auf den achtunddreißigsten Vers des fünften Kapitels des Matthäusevangeliums: «Ihr habt gehört, dass gesagt worden ist: Auge um Auge, Zahn um Zahn. Ich aber sage euch: Leistet einem bösen Menschen keinen Widerstand. Wenn einer euch auf die rechte Wange schlägt, dann haltet ihm auch die linke hin.»

So etwas hatte er im Koran nie gelesen. Er zitterte am ganzen Leib, denn von Angesicht zu Angesicht sah er sich dem größten Lehrer der Menschheit gegenüber. Die ganze Nacht las er weiter, und am nächsten Morgen hatte er Jesus als seinen Erlöser angenommen. Fundamentalisten setzten zwei Mörder auf ihn an, die ihm vor einem Lebensmittelladen am helllichten Tag auflauerten. Er überlebte die Messerattacke, obwohl ihm kein Passant zu Hilfe kam. Sein Vater, vor dem er seine Bekehrung geheim hielt, schickte ihn auf eine Geschäftsreise nach Südafrika. Dort freundete er sich mit einer christlichen Familie aus Indien an, die ihm zum Abschied ein Halskettchen mit einem Kruzifix schenkte. Nach der Rückkehr stellte ihn sein Vater zur Rede, weil er plötzlich Schmuck trug. Er musste ihm die Bedeutung des Kreuzes erklären. Sein Vater fiel in Ohnmacht. Als er wieder zu sich kam, verkündete er seinen Söhnen, dass er ihren Bruder, den Abtrünnigen, töten müsse. Er zog seine Pistole und schoss auf den Sohn. Dieser fand Zuflucht im Haus seiner Schwester und floh – über Libyen, den Tschad und Kamerun bis in den Kongo. Er hatte sich mit Malaria angesteckt und fiel einem ägyptischen Arzt in die Hände, der in der Ägyptischen Botschaft schon einen Sarg bestellte. «Sie waren schockiert, als ich am nächsten Morgen wieder aufwachte. Nach fünf Tagen verließ ich das Krankenhaus und begann damit, den Menschen überall zu erzählen, was Jesus für mich getan hat.»

Einige Muslime bezweifeln, dass der von den Scheintoten auferstandene Mark Gabriel je ein Professor der Al-Azhar-Universität oder ein Imam in der Pyramidenstadt gewesen ist. Seine Dissertation ist in der Universitätsbibliothek angeblich nicht nachweisbar, was seine Anhänger natürlich damit erklären, dass das Werk eines Apostaten dort nicht vorgehalten werden dürfe. Für den Status seiner Aussagen kommt es aber gar nicht darauf an, wie groß der Anteil des Legendären an den biographischen Fakten ist: Grells authentischer Zeuge legt in seinen Büchern wie «Islam und Terrorismus. Was der Koran wirklich über Christentum, Gewalt und die Ziele des Djihad lehrt» Zeugnis von der Wahrheit des Christentums ab. Seine Lebensgeschichte ist ein Exempel. Als ehrlicher Wahrheitssucher hatte er sich in der Hochschule unterweisen lassen, deren Rechtsgutachten in der gesamten sunnitischen Welt Anerkennung finden. Das Evangelium hat sich als die Lösung aller Probleme erwiesen, die er dort entdeckte; die falschen Lehren des Korans, widersprüchlich, geklaut und unmenschlich, sind

Belege für die Wahrheit der christlichen Verkündigung. Der Islam erscheint in Gabriels Büchern also in der Beleuchtung einer konkurrierenden missionarischen Weltreligion, des Christentums in seiner evangelikalen Ausprägung. Was dem Islam fehlt, ist die persönliche Hinwendung Gottes zum einzelnen Menschen, das Urerlebnis des Erweckten.

Seit den Anfängen der Erweckungsbewegung im achtzehnten Jahrhundert sind die Zeugnisse der Bekehrten das wichtigste Instrument der Mission. Die Geschichte von Gabriels Rettung durch Jesus schließt sogar Wundertaten ein. Seine Folterer sperrten ihn eines Nachts in einen Wassertank ein. Ratten schwammen im Wasser, die lange nicht mehr gefüttert worden waren. «Der Kerl ist ein Denker», höhnte einer der Schergen, «deshalb sollen Ratten seinen Kopf fressen.» Die Ratten krabbelten ihm über den Kopf, kletterten ihm auf die Schultern, bissen ihn aber die ganze Nacht lang nicht. Am nächsten Tag schlossen ihn die Wärter mit einem blutrünstigen Hund ein. Der Hund umschlich ihn wie ein Beutetier, dann ließ er sich neben ihm nieder und liebkoste mit der Zunge sein Ohr. Als die Folterknechte die Zelle öffneten, sahen sie den Gefangenen beten und den Hund neben ihm sitzen. Da sprachen sie untereinander: «Dieser Mann ist kein Mensch, sondern ein Teufel!» – «Nein, eine höhere Macht steht hinter ihm und beschützt ihn.» – «Welche Macht? Der Mann ist ein Ungläubiger. Es muss Satan sein.» Einer der schwärmerischen Amazon-Rezensenten dankt Gabriel dafür, ihm über den Satanismus des Islam die Augen geöffnet zu haben. Die Erklärung über die Umstände der Offenbarung des Korans findet dieser Leser bei Paulus im Zweiten Korintherbrief: «Kein Wunder, denn auch der Satan tarnt sich als Engel des Lichts.»

Missionare müssen ihre Kunden und ihre Wettbewerber kennen. Wo das Christentum missionarisch tätig ist, sammelt es Wissen über den Islam. Das Wissen der evangelikalen Islamkunde ist nicht einfach deshalb als unsachlich zu qualifizieren, weil sie es in polemischer Absicht zusammenträgt. Aber man sollte die Absicht kennen, wenn man im säkularen Kontext auf die Ergebnisse dieser Art von Islamforschung zurückgreift. Evangelikale Christen entnehmen den Zeitungen heilsgeschichtliche Nachrichten. Jede Bekehrung ist ein historisches Ereignis, da das Thema der Weltgeschichte der Kampf um die Seelen ist. Wie die muslimische Konkurrenz rechnen die Evangelikalen mit dem Eingreifen Gottes und mit der Anwesenheit des Teufels. Die meisten amerikanischen Evangelikalen glauben, dass das Weltende in naher Zukunft bevorsteht. Dieses apokalyptische Geschichtsbild hat einen erheblichen Einfluss auf die Beurteilung des Nahostkonflikts in der amerikanischen Bevölkerung. Es gibt einen christlichen Zionismus, denn in der Offenbarung des Johannes ist die Rückkehr der Juden ins Gelobte Land als Voraussetzung ihrer Bekehrung eines der Zeichen für das Ende der Zeiten. Science-Fiction-Romane zum Thema erreichen riesige Auflagen. Diesem Spektrum sind auch die Schriften von Mark A. Gabriel zuzuordnen. Eines seiner Bücher trägt den Titel «Islam and the Jews: The Unfinished Battle». Wie George W. Bush erlebte Gabriel den 11. September 2001 in einem Klassenzimmer in Florida. Zehn Tage später kündigte er seine Lehrerstelle – nicht, wie der Schulleiter vermutete, weil er seinen Schülern als konvertierter Muslim plötzlich verdächtig gewesen wäre. «Der Angriff auf das World Trade Center zeigte mir vielmehr, weshalb mich Gott nach Amerika geschickt hatte. Er hatte eine andere Aufgabe für mich bereit.» Zur Wahrnehmung dieser Aufgabe gehört, dass Gabriel die Dienstleistungen eines Experten für «counterterrorism training» anbietet. Die Präsidentschaft von Barack Obama hält er für ein Verhängnis. «Ich sehe seine Sympathien, seine Liebe und seine Loyalität gegenüber allem, was mit dem Islam zu tun hat.» Ausdrücklich lässt er offen, ob Obama immer noch ein Muslim ist.

Intelligenz in der Landesverwaltung

Die einflussreichsten Werke der Islamkritik stammen von Konvertiten – ob die Autoren sich haben taufen lassen oder als «säkulare Muslime» vom Islam fordern, fast alles zu verwerfen, was der großen Mehrheit der Muslime zu allen Zeiten als unbezweifelbar gegolten hat. Wie Stefan Weidner bemerkt, ist die Prominenz dieser Autoren ein Basisphänomen des gegenwärtigen Kulturkampfs, «der damit seine Verwandtschaft zu klassischen kriegerischen oder vorkriegsähnlichen Auseinandersetzungen verrät, wo, wie etwa im Kalten Krieg, Überläufer stets einen ungemeinen propagandistischen Wert hatten».

Alle von Grell in der Pressemitteilung genannten Autoren gehören in diese Kategorie. Im «Leitbild der Landesverwaltung» liest man: «Die Mitarbeiterinnen und Mitarbeiter der Landesverwaltung informieren sich und unterrichten andere. Sie wissen, dass die Qualität der Arbeit wesentlich von der Qualität der zugrunde liegenden Informationen abhängt.» Es ist nicht so, dass die von Grell benutzte islamkritische Literatur nicht informativ wäre. Aber um die Qualität von Informationen zu beurteilen, braucht man wiederum Informationen. Von wem stammen sie? Welche Absicht ist möglicherweise mit ihrer Verbreitung verbunden? Die einfachste Qualitätskontrolle besteht darin, sich aus unterschiedlichen Quellen zu informieren. Als Band 19 der Schriftenreihe der Stabsstelle erschien 1999 eine umfangreiche Monographie mit dem Titel «Qualitätsmanagement und lernende Organisation». Diese an die Führungskräfte der Landesverwaltung gerichtete Schrift unterscheidet zwischen Information und Wissen: «Information ist die systematische Zusammenführung von Daten. Wissen ist der Einbau von Information in ein Muster von Erfahrungen und Erwartungen. Muster sind individuell unterschiedliche Denk- oder Sichtweisen.» Grell hatte das Projekt Gesprächsleitfaden zwei Jahre lang vorbereitet und weiß viel über den Islam. Aber sein fleißiges Einbauen von Informationen ließ das Muster intakt. Die «Nutzung von Wissen, um neue Deutungsmuster aufzubauen und damit zu anderen Ergebnissen zu kommen», ist im Handbuch des Qualitätsmanagements die Definition von Intelligenz.

Als der Innen- und der Justizminister sich im Landtag für die fachliche Seriosität des Einbürgerungstests verbürgten, führten sie nicht Mark A. Gabriel an, den ehemaligen Professor der Al-Azhar-Universität und Doktor aus Florida, sondern Necla Kelek, die Doktorin aus Hamburg. Grell hatte sie nach der Lektüre ihres Bestsellers «Die fremde Braut» zur Mitarbeit eingeladen. Dankbar würdigt er in seinem Buch ihre Mitwirkung an der Erstellung des Fragenkatalogs: «Ihre Vorschläge (aus der Sicht der Soziologin) waren teilweise sehr weitgehend und nicht mit dem geltenden Recht vereinbar, wenngleich durchaus sinnvoll und vernünftig». Aus Gründen der Vorsicht nicht aufgegriffen wurde ihr Vorschlag, die Bewerber nach der Haltung zum Kopftuch zu befragen. In mehreren Zeitungsäußerungen sowie im Fernsehen trat die Beraterin als Verteidigerin des Leitfadens hervor.

Grell hatte sie umgekehrt in einem Leserbrief in der «taz» gegen einen kritischen Artikel verteidigt. Als Referent für Staatsangehörigkeitsrecht im Stuttgarter Innenministerium firmierend, stellte Grell ein erkenntnistheoretisches Gutachten aus: «Ihre Aussage, dass ‹Die fremde Braut› von Necla Kelek ‹vollkommen unwissenschaftlich› sei, weil ihr ‹keine Datenerhebung zugrunde› liege, kann ich nicht unwidersprochen lassen. Diese Aussage wäre nur dann gerechtfertigt, wenn es überhaupt keine entsprechenden Daten gäbe, die die Thesen von Frau Kelek stützen. Dies ist jedoch nicht der Fall.» An erster Stelle der von Grell aufgezählten Daten stehen die 21 Prozent vermeintlicher Grundgesetzgegner aus den Akten des Islam-Archivs.

Innenminister Rech zitierte im Landtag ausführlich aus Necla Keleks Lob des «Pascha-Tests» in der «taz»: «Die in der deutschen Öffentlichkeit gepflegte Kultur des ‹Alarmismus› nötigt mir einerseits immer wieder Bewunderung ab: Man ist sofort bereit, vermeintlich Schwachen, Bedrohten wortreich zur Seite zu stehen; andererseits bestürzt es mich, dass diese Solidaritätsbereitschaft oft mit Blindheit geschlagen ist – Blindheit für das, was an der eigenen Gesellschaft, der eigenen Verfassung verteidigenswert ist und im Zweifelsfalle auch verteidigt werden muss.» Die Empörung über den ganz richtig als Muslim-Test bezeichneten Fragenkatalog war kein Fehlalarm. Vergeblich leugneten die Stuttgarter Regierungsparteien den offenkundigen Sinn des Verfahrens, wobei sich der FDP-Fraktionsvorsitzende Noll mit besonders törichten Zwischenrufen hervortat. Die Opposition konnte mit der Pressemitteilung und mit den Anweisungen des Ministeriums an die lokalen Behörden den Gegenbeweis führen. Heribert Prantl hatte zwei Tage vor der Landtagssitzung in der «Süddeutschen Zeitung» die entscheidenden Passagen aus dem Erlass vom 13. September und dem Besprechungsprotokoll vom 19. Juli zitiert. Alarmistisch war Grells Ansatz, mit Standardfragen nach privaten Präferenzen Falschdenkende fernhalten zu wollen. Mit Alarmismus muss man erklären, dass die Regierung sich auf Grells krudes Unternehmen einließ und es gegen Kritik von allen Seiten «offensiv» verteidigte – so Ministerpräsident Oettinger im Landtag wörtlich. Rech, Goll und Oettinger mögen gar nicht bemerkt haben, dass sie sich in Alarmstimmung befanden, aber eben das gibt Grund zur Sorge: wie tief die Bereitschaft sitzt, von muslimischen Mitbürgern Übles zu erwarten – so dass Maßnahmen offensiver Verteidigung gegen islamische Unterwanderung geboten scheinen.

Der Innenminister versicherte, man wolle nicht gegen Muslime vorgehen, und dementierte sich selbst durch sein Kelek-Zitat. Frau Kelek hatte nicht kaschieren müssen, dass in ihren Augen ein Generalverdacht gegen muslimische Neubürger durchaus begründet ist. Der «Welt» hatte sie gesagt: «Ja, der Fragebogen bezieht sich allein auf Einwanderer muslimischen Glaubens. Aber warum? Weil bei dieser Gruppe von Einwanderern vermehrt Probleme auftauchen.» Die Konsequenz aus diesem Befund hatte sie in der «taz» in einem unappetitlichen Satz gezogen, mit dem Rech seinen Auszug beschloss: «Hören wir doch auf, Migranten und ihre andere Einstellung zu den Kernfragen der Demokratie unter Naturschutz zu stellen.» Wer nicht unter Naturschutz steht, ist zur Jagd freigegeben.

Der Atheist und der Kirchenrat

Rainer Grell stellt sich in seinem Buch als Atheist vor, der «außer an die Vernunft an nichts» glaubt. Hinter seinem einfachen Rezept der Zwangssäkularisierung des Islam steht ein einfaches Geschichtsbild. Die Bibel wird «der zeitlichen Entwicklung angepasst». Auch im christlichen Europa musste die Aufklärung mit Gewalt gegen ein religiöses Machtsystem durchgesetzt werden. In Grells Literaturverzeichnis stehen die acht bis 2004 erschienenen Bände von Karlheinz Deschners «Kriminalgeschichte des Christentums». Den Klerus bezichtigt er der Feigheit vor den Muslimen. Mit Zitaten aus dem «Lob der Torheit» des Erasmus von Rotterdam und aus einem Pamphlet von Rolf Stolz, einem Nationalrevolutionär vom einstigen Alfred-Mechtersheimer-Flügel der Grünen, stellt er die Kirchenfunktionäre als Volksfeinde hin. Ein Baustein dieses Antiklerikalismus sind kirchliche Hilfeleistungen für flüchtige Kriegsverbrecher nach 1945. Daher untermauert ein Verweis auf die Forschungen von Ernst Klee zum nationalsozialistischen Personal die Forderung, die Kirchen dürften jetzt nicht auch noch «zum Steigbügelhalter des Islam» werden.

Die Islamkritik hat eine Notzeit ausgerufen. Wer apokalyptisch gestimmt ist, erwartet die Scheidung der Geister. So kommt es zum Bündnis von dürftigem Rationalismus und entschiedenem Christentum. Albrecht Hauser, Kirchenrat im Ruhestand und Mitbegründer des Instituts für Islamfragen der Evangelischen Allianz, hat zu Grells Buch ein Vorwort beigesteuert. Der frühere Fachreferent für Mission im Evangelischen Oberkirchenrat in Stuttgart und Geschäftsführer der Württembergischen Evangelischen Arbeitsgemeinschaft für Weltmission stellt dort die muslimische Mission, Da'wa, als Strategie der Unterwanderung des Rechtsstaats dar. In der Danksagung gießt Grell sein Herz aus: Die «Begegnung mit Albrecht Hauser gehört zu den erstaunlichsten meines Lebens», war «verblüffend und beglückend zugleich». Grell sah voraus, dass Testkandidaten darauf verweisen konnten, die Spannung zwischen göttlichem Befehl und menschlicher Vereinbarung sei nicht nur ein Problem für Muslime. Er wies die Einwanderungsbehörden daher an, mit den Antragstellern sei kein Gespräch «über Islam oder Islamismus oder über religiöse Fragen überhaupt» zu führen. «Sollte Ihnen also jemand das Bibelzitat ‹Man muss Gott mehr gehorchen als den Menschen› (Apostelgeschichte 5, 29) oder irgendeine Koranstelle entgegenhalten, können Sie erwidern, dass es hier ausschließlich um die Einstellung des Einbürgerungsbewerbers zu unserer freiheitlichen demokratischen Grundordnung geht und um nichts anderes.» So trennt man Religion und Politik mit dem Fleischermesser: Die Tatsache, dass auch Christen menschliche Setzungen nicht über göttliche Gebote stellen können, ist ja nicht dadurch zum Verschwinden zu bringen, dass man ein Gespräch über die Wertordnung des Grundgesetzes als exklusiv politische Diskussion definiert.

Das Recht des Rechtsstaates mag ein Naturrecht oder die Verantwortung vor Gott und den Menschen beschwören, aber es kann auf dem Boden des Staates kein höherrangiges Recht gelten lassen. So wird Souveränität definiert, seit die römisch-deutschen Kaiser den Päpsten das Hineinregieren verbieten wollten und die europäischen Könige ihrerseits erklärten, jeder von ihnen sei Kaiser in seinem Reich. Der Gesetzesbrecher aus Glaubensnot muss die staatliche Strafe in Kauf nehmen. Es ist eine Frage der politischen Klugheit, welche Übertretungen religiöser Gebote der Staat erzwingen will. Auch mag er auf das Gewissen Rücksicht nehmen und von Sanktionen absehen; aber darauf kann es keinen Rechtsanspruch geben, wenn das Recht nicht in sich widersprüchlich sein soll. Es ist aber etwas anderes, ob der

Staat den Bruch seines Rechts durch ein als höher deklariertes Recht nicht zulässt beziehungsweise nicht duldet oder ob er leugnet, dass es zu einem solchen Konflikt überhaupt kommen kann. Eine Säkularität, die politisch festlegt, dass Gewissenskonflikte ausgeschlossen sind, und auch für diesen Satz – in wohlwollender Betrachtung: die Prognose eines metaphysischen Optimismus – Gehorsam verlangt, nimmt selbst Züge einer Religion an.

So sollte bei den Muslimen, die den Test bestanden, das Bekenntnis zum Grundgesetz an die Stelle der Religion ihrer Herkunftswelt treten, des Tyrannenkults der Frauenschinder. Der Gesprächsleitfaden war ein republikanischer Katechismus, und der Spott über den Idiotentest, den man auswendig lernen konnte, ging insofern am tieferen Sinn der Übung vorbei. Wenn man sich Integration als Einübung in demokratische Denkgewohnheiten denkt, dann konnte ein Memorieren der Formeln der Sache dienen. Wiederholte Lektüre des Grundgesetzes mochte den frommen Muslim zwingen, den im Nischendasein seines Aufenthalts als Ausländer in Deutschland verdrängten Wertkonflikt zur Kenntnis zu nehmen und eine Entscheidung zu fällen: Wollte er so ehrlich sein, dem Glauben der Väter abzuschwören, der für das hiesige Leben nicht geeignet war? Oder wollte er von der Lizenz zur Täuschung der Ungläubigen Gebrauch machen, die nach einhelliger Lehre der Islamkritik ein Hauptgedanke der muslimischen Ethik der kriegerischen Mission ist?

Grell selbst vergleicht das Bekenntnis nach Paragraph 10 des Staatsangehörigkeitsgesetzes mit dem islamischen Glaubensbekenntnis. Zwar reicht es, den Satz «Es gibt keinen Gott außer Allah, und Muhammad ist der Gesandte Allahs» zu sprechen, um Muslim zu werden. Aber «kein Geringerer als Sayyid Abul A'la Maududi» habe klargestellt, dass ein Lippenbekenntnis nicht ausreiche. Vom Götzendiener, der dem Nachsprechen einer Formel Wunderkraft zuschreibe, unterscheide sich der Muslim dadurch, dass er die Wirkung von Worten in ihrer Bedeutung suche. «Wenn die Worte nicht tief in eure Herzen eindringen und keine kraftvolle Wirkung haben, um eine Veränderung in euren Gedanken, eurer Moral und euren Taten zu bewirken, dann ist ihr bloßes Aussprechen bedeutungs- und wirkungslos.» Über die Schützengräben des Dschihad hinweg kann Grell den Philosophen des Gottesstaates mit Zustimmung zitieren. «Besser lässt sich auch unsere Position nicht beschreiben.» Auch Theologen, die nicht wie Maududi aus dem Glaubensbekenntnis die Pflicht zum Selbstopfer im Kampf für die Wiedererrichtung des Kalifats ableiten, werden der Mahnung zustimmen, dass man es erst nach reiflichster Überlegung sprechen soll, wenn man sich vollständige Klarheit über alle Konsequenzen des Satzes für das eigene Leben verschafft hat. Zu einer solchen letzten Klarheit über die Bedeutung der freiheitlichen demokratischen Grundordnung muss man nicht vorgedrungen sein, um reinen Gewissens und glaubhaft zu versichern, man wolle ein tugendhafter Bürger unter dem Grundgesetz werden. Denn Worte wie «Gott», «Allah» und «Gesandter» haben eine andere Funktion als Ausdrücke wie «das Recht auf Bildung und Ausübung einer parlamentarischen Opposition» und «die Ablösbarkeit der Regierung und ihre Verantwortlichkeit gegenüber der Volksvertretung», zwei Punkte der Legaldefinition der freiheitlichen demokratischen Grundordnung aus Paragraph 4 des Gesetzes über die Zusammenarbeit des Bundes und der Länder in Angelegenheiten des Verfassungsschutzes und über das Bundesamt für Verfassungsschutz.

Das Leben des Rechts

Der berühmte neuseeländische Historiker John Pocock lehrt seit Jahrzehnten in den Vereinigten Staaten. Dass er kein Bürger der Vereinigten Staaten geworden ist, begründet er damit, dass er den bei der Einbürgerung zu leistenden «Oath of Allegiance» nicht verstehe. Genauer: Er wäre nicht sicher, wozu er sich verpflichtete, wenn er der Verfassung der Vereinigten Staaten «true faith and allegiance» schwören sollte – obwohl oder gerade weil er ein Fachmann für die Geschichte des Lehnsrechts ist, aus dem die Begriffe der Eidesformel stammen. Was geschieht, wenn Pocock doch noch einmal zu dem Schluss kommt, nach jahrzehntelanger Teilnahme am amerikanischen politischen Leben glaube er nun zu verstehen, was damit gemeint sei, dass man einem Text dieselbe Art von Treue entgegenzubringen habe wie früher einem Fürsten? Die Einbürgerungsbehörde wird seinen Antrag wohl nicht unter Verweis auf seine früher geäußerten theologischen Skrupel zurückweisen.

Im deutschen Staatsangehörigkeitsrecht sind alle Spuren des theologischen Vokabulars der alteuropäischen Staatslehre getilgt – bis auf das Verb «bekennen». In der Begründung zum Staatsangehörigkeitsgesetz wird die vom Bekenntnis zur Grundordnung unterschiedene Versicherung, keine umstürzlerischen Absichten zu verfolgen, als «Loyalitätserklärung» bezeichnet. Aber noch nicht einmal das Wort «Loyalität» kommt im Gesetzestext vor. Die gesetzliche Definition von Loyalität ist demnach eine negative: Verzicht auf revolutionäre Pläne. Beim muslimischen wie beim christlichen Glaubensbekenntnis geht es um den Gewinn oder das Verfehlen der ewigen Seligkeit. Die freiheitliche demokratische Grundordnung umfasst dagegen Regeln für die hiesigen zeitlichen Verhältnisse, die sich so gut bewährt haben, dass wir unbedingt an ihnen festhalten wollen. Bisweilen sagt ein Politiker, sie stünden nicht zur Diskussion. Gemeint ist aber auch dann: Eine Diskussion darüber, ob wir sie alle brauchen, stellen wir uns nicht ergiebig vor. Diese Regeln sind freilich durchaus der Auslegung zugänglich und bedürftig, der Fortentwicklung durch Nachdenken. Das gilt insbesondere für die im Grundgesetz konkretisierten Menschenrechte, den letzten Punkt der Definition des Verfassungsschutzgesetzes. Während die Religionsgemeinschaften ihre Grundsätze durch zuständige Autoritäten festschreiben lassen, um beispielsweise mit dem Staat einen Vertrag über Religionsunterricht nach Artikel 7 des Grundgesetzes schließen zu können, sind die Spielregeln der Demokratie nicht dogmatisch fixiert.

Das Leben des Rechts ist nicht Logik, sondern Erfahrung: Mit diesem Satz zog der amerikanische Verfassungsrichter Oliver Wendell Holmes die Quintessenz aus der angelsächsischen Übung, dass die Richter von Fall zu Fall entscheiden und die Regeln durch allmähliche Verallgemeinerung optimieren. Die pragmatische Maxime bewahrheitet sich gerade in der Übergangszone zwischen Staat und Gesellschaft, wo die Fairnessstandards der politischen Beratungs- und Entscheidungsabläufe ausstrahlen auf andere Organisationen und Assoziationen, wo die Rechte des Bürgers gegen den Staat abfärben auf die Rechte der Bürger gegeneinander. Nachfragen muss nicht schaden, aber wer seit acht Jahren in Deutschland lebt und arbeitet, sollte eigentlich verstanden haben, was es bedeutet, Bürger eines Landes zu sein, in dem Frauen die gleichen Berufe ausüben wie Männer und das gleiche Geld bekommen sollen, in dem die Prediger aller Religionen ebenso frei sind wie die Spötter, in dem die Regierungen regelmäßig ausgetauscht werden – und in dem all dies jederzeit Thema von Massenmedien werden kann.

Während Grell im Herbst 2003 darüber nachdachte, wie man Muslime ins republikanische Gebet nehmen konnte, wurde auch im Bureau of Citizenship and Immigration Services der Vereinigten Staaten an Änderungen beim Treuebekenntnis gearbeitet. Der Chef der Behörde legte dem zuständigen Unterausschuss des Repräsentantenhauses dar, das Nachsprechen der Eidesformel garantiere nicht, dass der neue Bürger ein guter Bürger sein werde. Aber er müsse verstehen, was er verspreche. Der Satzbau und die archaischen Vokabeln der geltenden Formel bereite sehr vielen Einwanderern Schwierigkeiten. Die vorgeschlagene Verschlankung hätte Pococks Problem beseitigt: Die Verfassung wäre nicht mehr als fürstengleiche Schutzmacht personifiziert worden. Die Abgeordneten gaben der Tradition den Vorzug vor der Verständlichkeit, weshalb die Formel nicht geändert wurde. So mag die feierliche Umständlichkeit des überlieferten Wortlauts nicht nur der Würde des Moments Ausdruck verleihen, sondern auch dem anspruchsvollen Ideal der Mitarbeit an freien Verhältnissen, in die man sich hineinleben muss, ohne auf Anhieb alles zu verstehen. Die Verteilungsprobleme des demokratischen Rechtsstaats betreffen nicht die Plätze im Paradies und in der Hölle. Der Staat verspricht keine letzte Sicherheit und verlangt daher auch keine letzte Treue. Man vollführt keinen Sprung des Glaubens, um ein Bekenntnis zur freiheitlichen demokratischen Grundordnung zu unterzeichnen. Die gravitätische Wendung bezeichnet die Sicherheitsvorkehrungen einer beweglichen Gesellschaft, die sich über vorletzte Dinge verständigt, damit sie in letzten Dingen nicht einig werden muss. Zur Grundordnung gehört auch, dass jeder die Freiheit hat, eigene Gedanken über letzte Gründe und beste Ordnungen zu vertreten. Außerdem eine private Sphäre persönlicher Vorstellungen, die öffentlichen Maßstäben allgemeiner Vernünftigkeit nicht genügen müssen. Wenn der Staat hier zu viel richten oder auch nur zu viel wissen will, übernimmt er sich, weckt er die Erinnerung an den Tugendterror des Bettelmönchs Savonarola oder des Kirchenfeindes Robespierre.

Eine Intuition des Gemeinsinns

Von allen Seiten und aus allen politischen Lagern wurde der baden-württembergische Gesprächsfaden kritisiert, auch von Leuten, die wünschen, dass die Politik mehr für die Toleranz gegenüber Homosexuellen tut, oder fürchten, dass das Ideal des vom göttlichen Recht geleiteten Staates auch Muslimen, die Gewalt ablehnen, das Leben in der Demokratie schwermacht. Baden-Württemberg hatte eine Grenze überschritten. Im Protest brachte sich eine Intuition des Gemeinsinns zur Geltung, die Kardinal Lehmann, der damalige Vorsitzende der Deutschen Bischofskonferenz, in Worte fasste. Die allermeisten Menschen verspürten eine grundsätzliche Abneigung dagegen, von den Behörden über ihr Meinen, Denken und Empfinden ausgefragt zu werden. «Staatliche Gewissensprüfungen haben sich noch nie bewährt.» Die Millionen Muslime in Deutschland könnten den Fragebogen als «kollektive Misstrauenserklärung verstehen».

Am Ende der Geschichte des Muslim-Tests, mag man meinen, hatte die Zivilgesellschaft auf ganzer Linie gesiegt. Zwei Wochen nach Einführung des Fragenkatalogs hatte das Land eine stillschweigend korrigierte Gebrauchsanweisung nachgeschoben, die dem Vater des Unternehmens alle Freuden raubte. Zwar wurde der Leitfaden nach Grells Pensionierung nicht aus dem Verkehr gezogen, aber die Überarbeitungen dürften bewirkt haben, dass die von den Praktikern in den Rathäusern von Anfang an vorgetragenen Bedenken durchschlugen. Grells Wunsch, seinen Eintritt in den Ruhestand hinauszuschieben, wurde vom Dienstherrn nicht erfüllt. Er musste gehen. Es bleibt verstörend, dass die Muslime auf dem Verwaltungsweg ohne weiteres zu einer Klasse von Verdächtigen erklärt werden konnten. Wie schmal die empirische Basis von Grells Konstruktionen war, wie einseitig die Auswahl der Quellen, hat keiner der Vorgesetzten bemerkt: der Abteilungsleiter nicht, der Amtschef nicht, der Minister nicht. Unbeanstandet ging die Pressemitteilung vom 14. Dezember 2005 hinaus, in der das Verstiegene des Projekts offenkundig wird.

Der Mord an Theo von Gogh, dem erklärten Feind der islamischen Moral, und Morde an Frauen wie Hatun Sürücü legten den Gedanken nahe, dass sich nicht nur die Terroristenfahndung mit dem Typus des «Schläfers» zu beschäftigen hatte, sondern es überall unter den muslimischen Einwanderern unentdeckte Verfassungsfeinde gab. Es war ein dummer Zufall, dass damals in einem von sechzehn Bundesländern die Zuständigkeit für das Einbürgerungsrecht einem Beamten zufiel, der sich als vernunftgläubig beschrieb und den Nachweis undemokratischer Einstellungen von Gläubigen als Problem der Datenerhebung und -verarbeitung anzusehen geneigt war. Dass Grell als Pensionär sein Eiferertum und seinen Geltungsdrang publik machen musste, hat erst gezeigt, wie effektiv seine Tarnung gewesen war. In der Presse wurde Innenminister Rech der Wille zugeschrieben, unwillkommene Eingebürgerte mit kreativen Methoden wieder loszuwerden. Der «zuständige Referatsleiter Rainer Grell» trat in diesem Zusammenhang als Repräsentant einer Amtsvernunft auf, die über das Instrument des Widerrufs der Einbürgerung die statistischen Tatsachen sprechen ließ: «Ganze vier Fälle gab es von 2002 bis Oktober 2005 im Land, bundesweit waren es auch nur 84.»

Verwaltungshandeln und politische Rhetorik machen die Motive der entscheidenden Personen hinter allgemeinen Gesichtspunkten unsichtbar. Es ist die Ausnahme, dass ein Mann wie Grell uns über seine Obsessionen informiert. Bedenklich ist, dass Ministerpräsident Oettinger und Innenminister Rech in ihren Reden im Bundestag und im Landtag den Schein der Rationalität wahren konnten, als die Korrektur in der Praxis längst eingeleitet war. Die Handschrift des Referenten prägte noch die Reden, die, wie Grell verständlicherweise meinte, die Pointe seines Werks unkenntlich machen wollten. So bekundeten die Politiker ihren guten Willen, was dem Mann der Fachebene «reichlich abstrakt» vorkam. Aber das Konkrete, das beispielshalber erwähnt wurde, waren immer noch die Daten, die den Verhörplan legitimiert hatten. Die kritische Masse von 21 Prozent! Was für die Geodäten das 1799 hergestellte Urmeter im Tresor des Internationalen Büros für Maß und Gewicht in Sèvres bei Paris ist, das war für den Islam-Tester Grell dieser im Islam-Archiv zu Soest archivierte Einzelwert aus einer Umfrage des Frühjahrs 2004. Der Zahlenzauber eines einzelnen, aus jedem Kontext gerissenen demoskopischen Ergebnisses: Das ist die Scheinevidenz, mit der höchste amtliche Stellen im Staat der freiheitlich-demokratischen Grundordnung Stimmung gegen Muslime machten.

Am 4. Februar 2006, in Eningen auf der Schwäbischen Alb, fand die 21-Prozent-Wahrheit doch noch einen Mutigen in der Landesregierung, der öffentlich sagte, was nach der Logik des Muslim-Tests aus ihr folgte. Europaminister Willi Stächele sagte auf einer Wahlkampfveranstaltung der CDU: «Der Kollege Innenminister Rech hat mir gesagt, mittlerweile haben wir tatsächlich von den hier lebenden Moslems 21 Prozent, die sagen, der Koran ist nicht mit dem Grundgesetz vereinbar – das macht mich schon stutzig. Die 21 Prozent sollen gefälligst wieder weggehen. Das sag' ich in aller Deutlichkeit, und da nehm' ich auch kein Blatt vor den Mund.» Der Staatsminister machte einen Vorschlag zur Ergänzung des Gesprächsleitfadens: «Es kann doch wohl nicht wahr sein, dass ich mich am Schluss entschuldigen muss für das Grundgesetz der Bundesrepublik Deutschland. So geht's net. Da muss die erste Frage sein: Zählen Sie zu denen, die Schmerzen empfinden, wenn sie vom Grundgesetz hören? Ja? Hier isch die Fahrkart!» Die Weisheit des alten Laotse, die Grell so wertvoll ist, wurde diesmal vom Gang der Dinge nicht bestätigt. Das Aussprechen der Wahrheit schadete Stächele nicht. Die Antwort des Staatsministeriums auf die Frage der Grünen, welche Konsequenzen die Landesregierung aus den Äußerungen des Staatsministers ziehen werde, lautete: «Keine». Willi Stächele ist seit 2008 Finanzminister des Landes Baden-Württemberg.

Der Leitende Ministerialrat a. D. Rainer Grell engagiert sich heute im baden-württembergischen Landesverband der Bürgerbewegung Pax Europa e. V. Diese Vereinigung, deren Held der niederländische Parteigründer Geert Wilders ist, entstand 2008 durch die Fusion der organisierten Moscheegegner vom Bundesverband der Bürgerbewegungen mit Udo Ulfkottes Verein Pax Europa. Unter Protest gegen einen «zunehmend extremistischen Kurs» trat Ulfkotte kurz nach der Vereinigung aus. Er nahm Anstoß an Karikaturen, die Muslime als Schweine und Pädophile zeigten, und warnte: «Wenn solche Entgleisungen nicht endlich aufhören, könnte Pax Europa bald im Verfassungsschutzbericht landen – und zwar zu Recht.» So könnte die spät gefundene politische Heimat Grells, der im Vorwort seines Buchs noch angab, nie einer Partei angehört zu haben, zum Thema für seine früheren Kollegen werden. Das Schreiben ist dem Pensionär Grell zur Passion geworden. Er muss keinen Dienstweg mehr einhalten und richtet regelmäßig Briefe an Repräsentanten des Staates wie den Bundespräsidenten und die Integrationsbeauftragte der Bundesregierung. Er tritt als Gastautor in Henryk M. Broders Blog «Die Achse des Guten» auf, ist sich aber auch nicht zu fein, sich im Gästebuch von «Hart aber fair» zu Wort zu melden. Dort rügt er den Moderator, wenn Frank Plasberg in den «Jargon der MM» verfällt, der «Mainstream-Medien». Mit Stolz gebraucht Grell heute statt der Amtssprache eine andere Minderheitssprache.

Die in Grells «Dichtung und Wahrheit», diesen Bruchstücken einer groben Konfession, offenbarten Einstellungen können freilich durchaus auf Unterstützung auch im bürgerlichen Publikum zählen: die Unduldsamkeit gegenüber starken, mit den modernen Lebensumständen nicht einfach vereinbaren Überzeugungen; die Bereitschaft, Gewaltverbrechen als Exzesstaten zum Schutz solcher Überzeugungen zu deuten; das aggressiv simple Selbstverständnis eines Schutzpolizisten der Aufklärung, der einer Minderheit zu verstehen gibt, sie sei selbst schuld, wenn sie sich verdächtig mache. Die nachhaltige Resonanz der Islamkritik hat sehr viel damit zu tun, dass säkulare Religionsverächter und christliche Kreuzritter an ihrem Bündnis noch nicht irregeworden sind.

Achtzehn Jahre vor der Einführung des Muslim-Tests hatte Rainer Grell schon einmal aus der Anonymität des Beamtendaseins heraustreten müssen. Anfang 1988 informierte die baden-württembergische Datenschutzbeauftragte Ruth Leuze die Öffentlichkeit darüber, dass das Innenministerium die Namen von 159 Kritikern der Volkszählung von 1987 in einer Datei für Staatsfeinde und Terroristen gespeichert hatte. Diese Personen hatten beispielsweise bei Demonstrationen leere Volkszählungsbögen mit sich geführt oder Werbeplakate für die Volkszählung zerrissen. Ministerpräsident Späth beeilte sich, die Einschätzung kundzugeben, die Maßnahme sei wohl nicht in Ordnung gewesen. Grell, Ministerialrat in der Polizeiabteilung des Innenministeriums, hatte der Datenschutzbeauftragten da schon entgegengehalten, die meisten Terroristen hätten «mal mit Kleinigkeiten angefangen». Er hatte selbst als Referent in der baden-württembergischen

Aufsichtsbehörde für den Datenschutz gearbeitet und 1980 sogar einen Kommentar zum Datenschutzgesetz des Landes veröffentlicht. In Band 19 der Schriften der Stabsstelle für die Verwaltungsreform lesen wir: «Grundmuster können immer wieder auftauchen, wenn ein Stichwort oder ein Erlebnis Anlass dazu geben und sich in dieser Wiederholung weiter verfestigen.» Wir erkennen in der Affäre von 1988 das Grundmuster, das 2006 wieder auftauchte: Terroristen fangen klein an, islamistische Terroristen, indem sie in der Schule nicht mit Mädchen spielen und den Religionsunterricht schwänzen, wenn die Klassiker der Islamkritik durchgenommen werden. Das Grundmuster begegnet auch in dem Artikel von Michael Bertrams aus der F. A. Z., ohne den es vielleicht nie einen Muslim-Test in Baden-Württemberg gegeben hätte. Der letzte Satz des Kurzaufsatzes ist kein juristischer Schluss, sondern ein geflügeltes Wort aus der antiken Medizin, das in Deutschland seit 1945 gewöhnlich auf die Gefahr einer Wiederkehr des Jahres 1933 bezogen wird. Übrigens erfreute sich das Grundmuster in dieser rhetorischen Variante großer Beliebtheit bei den Volkszählungsgegnern. Im Kampf gegen das Kopftuch ging es laut Bertrams darum, «den Anfängen zu wehren».

KAPITEL 6

Aussichten auf den Bürgerkrieg.
Die Zerstörung der Alltagsvernunft

Werner. *Unsere Vorfahren zogen fleißig wider den Türken; und das sollten wir noch tun, wenn wir ehrliche Kerls, und gute Christen wären.*

Minna von Barnhelm, Erster Akt, Zwölfter Auftritt

Wenn Bassam Tibi einen Vortrag hält, kommt es regelmäßig vor, dass in der Diskussion Zuhörer das Wort ergreifen, die sich als Muslime zu erkennen geben und Widerspruch anmelden. Höflich, aber bestimmt setzen diese Kritiker dem Redner auseinander, er habe den Koran zu eng ausgelegt. Oder nicht eng genug. Er verkenne die Spielräume der zeitgenössischen Fortschreibung reformtheologischer Ansätze aus älterer Zeit. Beziehungsweise die Möglichkeit, im Rückgriff auf den lebendigen Urtext der Offenbarung alle versteinernden Traditionen zu überspringen. Wenn Tibis Antwort die Zweifler nicht überzeugt, setzen sie vielleicht später noch einmal nach, mit einem Brief, einem Blogeintrag oder einer Rezension. Glauben wir Ayaan Hirsi Ali, dann verstoßen solche islamischen Kritiker der Islamkritik gegen die Gebote der Religion, die sie zu verteidigen meinen. Der «Frankfurter Allgemeinen Zeitung» sagte die Buchautorin 2006: «Wenn Sie in liberalen Gesellschaften einem Wissenschaftler widersprechen möchten, brauchen Sie eine bessere Theorie, stichhaltigere Belege. Und wenn die nicht gut genug sind, gehen Sie eben nach Hause und lecken ihre Wunden, aber Sie gehen nicht los und töten den anderen, wie es die Philosophie des Islam vorschreibt.» Es ist demnach Narrheit, wenn nicht gar gotteslästerliches Hinweglesen über einen göttlichen Befehl, den Propheten des Euro-Islam mit dessen eigenen Waffen schlagen zu wollen, mit philologischen und historischen Argumenten. Allah hat für solche Zwecke andere Waffen vorgesehen. Waffen im wörtlichen Sinne. Der gottgefällige Weg der Auseinandersetzung mit Tibi führt den Gläubigen, der dem von Hirsi Ali beschriebenen Islam anhängt, ins Internet, wo er eine Bezugsquelle für Sprengstoff sucht oder wenigstens die Kontonummer einer Tarnorganisation von Al Qaida. Was soll das für eine Philosophie sein, die Widerlegung als Ermordung definiert? Eine Philosophie für eine verkehrte Welt, eine Philosophie aus der Hölle.

Mohammed Bouyeri, der am 26. Juli 2005 wegen Mordes an Theo van Gogh und Verschwörung zum Mord an Ayaan Hirsi Ali zu lebenslanger Haft verurteilt worden war, hielt am 2. Februar 2006 im Prozess gegen seine Mitverschwörer mit Erlaubnis des Gerichts eine dreistündige Rede über die Gründe seiner Tat. Er legte dar, dass der Prophet Mohammed immer wieder die Anwendung von Gewalt gegen Ungläubige gefordert habe, und ließ sich in allen Einzelheiten zu den erlaubten Tötungsmethoden ein. Nicht nur den Koran und die gesammelten Aussprüche Mohammeds zitierte er, sondern auch westliche Autoritäten, darunter Platon und Machiavelli. Ruud Peters, Professor für islamisches Recht an der Universität Amsterdam, der als Sachverständiger an den Prozessen gegen Bouyeris Netzwerk beteiligt war, gab an, dass ihm viele der von Bouyeri angeführten Quellen und Argumente unbekannt gewesen seien. Offensichtlich habe er alles wiedergegeben, was er sich in der Bibliothek des Hochsicherheitsgefängnisses angelesen habe. Dieser Studienabbrecher, der sein Plädoyer des Hasses auf Arabisch hielt, in ein altmodisches schwarzes Gewand gehüllt und mit einem rot-weißen Schal um den Kopf, ist für Hirsi Ali ein authentischer Korangelehrter. Der Mann, der sie mit dem Tode bedroht hat, gab vor Gericht die Wahrheit über die Religion zu Protokoll, in der sie eine tödliche Bedrohung für die ganze Welt sieht.

Ein Defätist namens George W. Bush

Die von Bouyeri verbüßte lebenslange Freiheitsstrafe kann nicht zur Bewährung ausgesetzt werden. Der 1978 in Amsterdam geborene Sohn von Einwanderern aus Marokko ist, von Kriegsverbrechern abgesehen, erst der achtundzwanzigste Verurteilte, der seit 1945 mit dieser Höchststrafe belegt worden ist. Seit 2004 kann sie auch gegen die Anführer terroristischer Banden verhängt werden. Der Staatsanwalt hat den Mörder van Goghs in seinem Plädoyer als Staatsfeind beschrieben. Bouyeri wolle die Demokratie mit Gewalt beseitigen und halte im staatlichen Gewahrsam unverdrossen an dieser Absicht fest. Daher müsse ihm im wörtlichen Sinne ein Platz außerhalb der Demokratie angewiesen werden: Er müsse lebenslang eingesperrt werden und das aktive und passive Wahlrecht verlieren. Die Strafhaft des Mörders ohne Reue ist zugleich die Internierung eines Dschihadisten, der die Legitimität des Gerichts bestritten und für den Fall seiner Freilassung die unverzügliche Wiederaufnahme des bewaffneten Kampfes angekündigt hat. Ayaan Hirsi Ali ist aus der niederländischen Politik ausgeschieden und in die Weltpolitik gewechselt. Die Politikberaterin leitet ihre Maximen aus der Räson eines aufgezwungenen Krieges ab. Aber wo die Regierungen alles daran setzen, Männer wie Bouyeri zu isolieren, ihre Unterstützermilieus auszutrocknen und die Triftigkeit ihrer Koraninterpretationen zu bestreiten, da erklärt Hirsi Ali jeden Muslim zum Feind. Im November 2007 verkündete sie in einem Interview mit «Reason», einer Zeitschrift des radikalindividualistischen Konservatismus, dass der Islam besiegt werden müsse. Der Interviewer, der aus Holland stammende Blogger Rogier van Bakel, legte ihr eine Präzisierung nahe. Gemeint sei ja wohl der radikale Islam? «Nein, der Islam. Punkt.» Erst nach der Niederlage könne der Islam sich vielleicht in etwas Friedliches verwandeln.

Unter dem Motto «Pro-liberty, anti-nannies» bekämpft Van Bakels Blog «Nobody's Business» den vormundschaftlichen Fanatismus frommer Muslime mit sarkastischem Pathos. Auf seinem Autorenfoto trägt er den Bombenturban aus der bekanntesten dänischen Mohammed-Karikatur. Aber an dieser Stelle des Interviews musste er ungläubig nachfragen. Wie solle man sich das denn konkret vorstellen: 1,5 Milliarden Muslime zu besiegen? Hirsi Ali kam es weniger auf die konkrete Vorstellbarkeit als auf den abstrakten Gedanken an. «Wir befinden uns im Krieg gegen den Islam. Und im Krieg gibt es keinen Kompromiss.» Dass Präsident Bush bei etlichen Gelegenheiten versichert hatte, der Islam sei nicht der Kriegsgegner, war für Hirsi Ali Defätismus. «Wenn der mächtigste Mann des Westens so redet, vermittelt er den radikalen Muslimen den Eindruck, sie hätten schon gewonnen.» Der abstrakte Duktus von Hirsi Alis Kriegskunde lenkte davon ab, dass sie von einer speziellen Form des Krieges sprach. Dass es im Krieg keinen Kompromiss («no middle ground») gibt, gilt nur bis zur Aufnahme von Friedensverhandlungen. Mit den Muslimen aber soll man nicht verhandeln können. Das historische Gesetz, dass jede Konfliktpartei einen mehr oder minder entschiedenen und einen mehr oder minder flexiblen Flügel hat, wird vom Islam außer Kraft gesetzt. Es gibt in Hirsi Alis Worten radikale Muslime, aber keine moderaten, nur passive, die nicht alle Regeln befolgen. «In Wirklichkeit gibt es nur einen Islam, der als Unterwerfung unter den Willen Gottes definiert ist. Er hat nichts Gemäßigtes an sich.» Ein liberaler und aufgeklärter Islam, ja, selbst ein quietistischer und introvertierter muss dann Einbildung und Täuschung sein.

Das Prinzip der Taqiya

Es ist ein islamkritischer Glaubenssatz, dass der islamische Glaube die Lüge erlaubt und sogar gebietet, wenn es um seine Ausbreitung geht. Für diese fixe Idee steht das Wort Taqiya – die wirkungsvollste Parole der Islamkritik. Ignaz Goldziher, einer der Begründer der Islamwissenschaft, hat dem «Prinzip der Takijja im Islam» 1906 eine kurze Abhandlung in der «Zeitschrift der Deutschen Morgenländischen Gesellschaft» gewidmet. Das Wort begegnet in den Korankommentaren als «*terminus technicus* für die entschuldbare Bekenntnisverletzung». Die Islamkritik unterschlägt die für die von Goldziher geschilderte moraltheologische Diskussion verbindliche Prämisse: Wenn erörtert wird, ob der Gläubige den Glauben verleugnen darf, ist vorausgesetzt, dass eine Situation äußerster Bedrängnis gegeben ist. Es geht somit um die islamische Fassung des moralphilosophischen Problems der Notlüge in Lebensgefahr. Im 108. Vers der achten Sure wird von Allahs Zorn gegen die Apostaten derjenige ausgenommen, der zum Abfall «gezwungen wird, während sein Herz fest im Glauben verharrt». Ein solcher entschuldigter Leugner soll Ammar ben Jasir gewesen sein, einer der ersten Anhänger Mohammeds, den die Heiden nötigten, den Propheten zu schmähen. Als er Mohammed seine Gewissensnot gestand, empfing er der Überlieferung zufolge die Weisung: «Wenn nur dein Herz beim Glauben ausharrt, so tue nur wieder dasselbe, wenn sie dich nochmals bedrohen sollten.»

Goldziher führt aus, dass die Tradition der Worte und Taten des Propheten in diesem Punkt nicht einhellig ist. Als Vorbilder werden

Getreue Mohammeds hingestellt, die sich lieber töten ließen als das Glaubensbekenntnis zu widerrufen. Es gibt Autoren, die den Fall Ammar verschweigen. Bei den «älteren Gesetzeslehrern» bleibt die Erlaubnis zur Verstellung laut Goldziher «ein Zugeständnis für die Schwächeren». Wer sich wie Ammar verhält, lässt die Gelegenheit aus, die Feinde durch die Demonstration der aus dem wahren Glauben fließenden Seelenstärke zu ärgern. Eine liberale Religionsgeschichte, die in der Verinnerlichung der Gebote ein Indiz der Rationalisierung sieht, wird als Fortschritt verbuchen, dass Gott die Taten der Menschen nach der Intention beurteile und daher mehr auf das Herz gebe als auf die Zunge. Die Islamkritik reproduziert das Klischee des verschlagenen Orientalen, wenn sie die Erlaubnis zur lebensrettenden Gottesleugnung als islamisches Sondergut ausgibt. Goldziher gebrauchte mit Selbstverständlichkeit einen Begriff der christlichen moraltheologischen Diskussion: Spätere Rechtsgelehrte hätten es «als erforderlich bezeichnet, die Verleugnung des Bekenntnisses in solchen Notfällen möglichst durch doppelsinnige Worte auszudrücken, die eine *reservatio mentalis* ermöglichen».

Der «Brockhaus» von 1839 definiert: «*Reservatio mentalis* heißt ein heimlicher, innerer oder Gedankenvorbehalt bei der Leistung von Versprechen und Eiden, denen man dadurch in seinen Gedanken eine verschiedene Bedeutung von der unterlegt, welche Andere in dem schriftlich oder mündlich gegebenen Versprechen finden können.» Es handelt sich nicht um eine Geheimlehre: «Obgleich dies unter allen Umständen eine betrügerische und unmoralische Handlung ist, haben die Jesuiten dennoch dieselbe als in vielen Fällen anwendbar erklärt, indem sie, um angeblich guter Zwecke willen, jedes Mittel zulässig betrachten.» Das Konversationslexikon ergeht sich in Konfessionspolemik, weil die angebliche Lehre der Jesuiten der Konversation den moralischen Boden entzieht: «Hiernach wäre denn niemand sicher, dass sie bei einem Versprechen sich innerlich nicht grade das Gegenteil von dem vornehmen und nach dieser Meinung beschwüren, was sie laut aussprechen und wozu sie sich dann nicht als verpflichtet ansehen.» Der «Meyers» von 1888 legt im Artikel «Jesuiten» unter der Dachzeile «Wachsender Einfluss des Jesuitismus in der Gegenwart» dar, «jeder Überschreitung innerlicher Moralität» werde «dadurch Tür und Tor geöffnet», dass die Jesuiten lehrten, «der sittliche Charakter jeder einzelnen Handlung werde durch die dabei obwaltende Absicht bestimmt, so dass unter Umständen die Übertretung sämtlicher Gebote gerechtfertigt erscheint». Insbesondere werde «jede Wahrhaftigkeit des Verkehrs dadurch zerstört, dass bei Eiden, Versprechungen oder Zeugnissen ein geheimer Vorbehalt (*reservatio mentalis*) und Zweideutigkeit des Ausdrucks als zulässig gelten».

Von einer «wachsenden Empörung» weiß das Lexikon zu berichten, «welche diese in Predigt, Beichtstuhl und Jugendunterricht verbreiteten Grundsätze allmählich hervorriefen». Mit dem Einfluss des Jesuitismus wuchs die Empörung: Das Jesuitengesetz von 1872, das den Orden vom Gebiet des Deutschen Reiches ausschloss und die Ausweisung ausländischer Jesuiten erlaubte, war in dieser Geschichtssicht eine vom normalen moralischen Empfinden gebotene Notwehrmaßnahme. Noch der «Meyers» von 1907 versichert, das Verbotsgesetz werde «von der geistigen Elite des deutschen Volkes» getragen, «und zwar der protestantischen wie der katholischen». Die Legende von den Jesuiten als den Feinden des bürgerlichen Lebens, die Beichtkindern und Schülern einflüstern, dass sie sich an Treu und Glauben nicht zu halten hätten, verschaffte denen, die sie glaubten und verbreiteten, ein gutes Gewissen. Dagegen entrollt Fritz Mauthner im Artikel «Eid» seines sprachkritischen «Wörterbuchs der Philosophie» ein Unsittenbild der bürgerlichen Gesellschaft: Die Rechtssprache eröffnet Spielräume der Vieldeutigkeit, mit deren Nutzung sie rechnet. Längst ist in der Rechtspraxis die förmliche Bekräftigung der Wahrheit einer Aussage ein Vehikel zur Verbreitung einer Unwahrheit geworden. «Die *reservatio mentalis* ist also keine Erfindung der Jesuiten.»

Nur im Schiitentum wurde das Prinzip der Taqiya nach Goldzihers Darstellung zur Doktrin entwickelt. Im innerislamischen Konfessionskrieg hatten es die Getreuen der Familie Alis, des Schwiegersohns des Propheten, fast überall mit sunnitischen Mehrheiten zu tun. Die Erlaubnis, sich zum Schein zur herrschenden Irrlehre zu bekennen, war die ethische Seite der esoterischen Geschichtstheologie, die den wahren Imam in der Verborgenheit ansiedelte. Aus der Situation einer im Geheimnis verbundenen verfolgten Minderheit erklärt Goldziher, dass die Verstellung den Schiiten nicht wie den Sunniten als Konzession an die Schwachen gegolten habe, sondern als «unerlässliche Pflicht, die niemand aus Übereifer unterlassen darf». Allerdings sei das Leben in der Verstellung als schwere Last empfunden worden. «Der innere Kampf, den der durch dies Takijja-Verhalten hervorgerufene falsche Schein dem Gemüt der ehrlichen Gläubigen verursacht, wird dem Religionskrieg gleichgestellt.» Es blieb bei der Bindung an die Lebensgefahr; die Täuschung hatte den Zweck, die Gemeinschaft der unerkannt lebenden Gläubigen zu schützen. Als ketzerische Übertreibung ordnet Goldziher von der sunnitischen Propaganda überlieferte Meinungen ein, dass auch zum privaten Vorteil in vermögens-, blut- und eherechtlichen Angelegenheiten falsch Zeugnis abgelegt werden dürfe.

Die antijesuitische Polemik der liberalen Kulturkämpfer sah darüber hinweg, dass es unter den Moraltheologen des Ordens auch Kritiker der Lehre vom Mentalvorbehalt gegeben hatte. Gleichwohl wurde der Kampf bis in die Konversationslexika hinein philologisch geführt, mit Belegstellen aus den Lehrbüchern der Moraltheologie. Die Islamkritiker bleiben entsprechende Belege für ihre These einer gesamtislamischen, entgrenzenden Rezeption der Doktrin der Taqiya schuldig. Bassam Tibi hat in mehreren Publikationen behauptet, sunnitische Islamisten hätten von den Schiiten die Praxis der Taqiya gelernt, ohne einschlägige zeitgenössische Rechtsautoritäten zu zitieren. Dabei liegen die Schwierigkeiten der Anwendung selbst der schiitischen Lehre auf Gesellschaftsverhältnisse ohne Glaubenszwang auf der Hand. In einem sunnitischen Polizeistaat wie Ägypten mögen heimische Islamisten ähnlicher Repression ausgesetzt sein wie früher die schiitischen Gegner der sunnitischen Kalifen. Aber im Westen genießen Islamisten Glaubensfreiheit. Es wäre also zu erklären und zu dokumentieren, ob heutige Lehrer der Taqiya die seit der Urzeit festgehaltene Bedingung der äußersten Bedrängnis aufgegeben haben oder ob sie den Frommen einreden, ihr bloßes Dasein in indifferenter Umgebung sei für sie quasi lebensgefährlich. Tibi bezieht sich auf konspirative Praktiken fanatischer Feinde des säkularen Staates, die im Horizont der Täter wahrscheinlich gar keine spezifische theologische Begründung brauchen – und jedenfalls samt ihren etwaigen sektiererischen Gründen bei den allermeisten Muslimen auf Ablehnung stoßen. Warum spricht Tibi trotzdem von Taqiya? Mit der Legende vom gängigen Lehrstück der gemeinmuslimischen Moraltheologie lassen sich alle Muslime unter Verdacht stellen. Der

Befund, dass die meisten Muslime in westlichen Staaten friedlich leben und auf Anpassung bedacht sind, wird umgebogen zum Indiz des Gegenteils. Im islamkritischen Internet werden alle Äußerungen von Muslimen, die keine Aufrufe zum Dschihad sind, als Taqiya etikettiert.

Das wirksamste Gift

Keine andere Parole der Islamkritik hat das alltägliche Zusammenleben so nachhaltig vergiftet. Necla Kelek schrieb 2007 in einem Zeitungsaufsatz zum Kölner Moscheebau: «Die Zahl der Sekten und konkurrierenden Glaubensrichtungen des Islam ist kaum zu überschauen, doch wird vorgegeben, man trete gemeinsam auf und es wird die *taqiyya*, die Kunst der Verstellung und des Verschweigens der wahren Haltung gegenüber ‹Ungläubigen› praktiziert.» Wenn diese ohne jede Einschränkung geäußerte Warnung ihre guten Gründe hat, dann ist sie nicht nur im Umgang mit dem Kölner Bauherrn, der Ditib, zu beachten. Die Verlässlichkeit dieses Verbandes müsste eigentlich im Staatsinteresse der Türkei liegen. Wenn aber alle Erfahrungen, die deutsche Kommunen seit vielen Jahren mit der Ditib gemacht haben, wirklich nicht zählen sollen, dann gilt erst recht für jeden kleinen Moscheebauverein, dass man auf Zusagen muslimischer Vertragspartner im Zweifel nichts geben kann. Und genau mit dieser Verweigerung des Vertrauensminimums unter Mitbürgern sehen sich überall in Deutschland Lokalpolitiker und Kirchenvertreter konfrontiert, die in Bürgerversammlungen für das Recht der Muslime auf Moscheebauten eintreten. Wenn ihnen entgegengehalten wird, man wisse nicht, ob der Imam den freundlichen Demokraten nicht nur spiele, sprechen daraus keine schlechten Erfahrungen mit Muslimen. Vielmehr ist dem Willen, erst gar keine Erfahrungen mit Muslimen zu machen, jede Entschuldigung recht. Man hat sich weismachen lassen, dass der alltägliche Ausnahmezustand gegeben ist, den die Jesuitenfeinde beschworen: Niemand kann sicher sein, dass Muslime sich bei einem Versprechen innerlich nicht gerade das Gegenteil dessen vornehmen, was sie laut aussprechen; jede Wahrhaftigkeit des Verkehrs ist zerstört. Die Muslime will man sich als Fremde im elementaren Sinne vorstellen, die nicht akzeptieren, dass die Wechselseitigkeit von Gesprächen und Geschäften Pflichten begründet. Auch bei Thilo Sarrazin ist zu lesen, «die Ungläubigen» dürften «bei Bedarf getäuscht und belogen werden». Beleg: unnötig.

Ralph Giordano behauptet, die Bekenntnisse muslimischer Vertreter zu den Prinzipien der säkularen Demokratie könnten nicht ehrlich sein, «wenn es doch die Taqiyya gibt – also die ausdrücklich religiös sanktionierte Erlaubnis zu Täuschung und Verstellung». In einem Gespräch mit der «Frankfurter Allgemeinen Zeitung» verneinte Wolfgang Schäuble im Mai 2008 die Frage, ob die Erfahrungen mit der Islamkonferenz den von Giordano gestreuten Verdacht bestätigt hätten. Unter Berufung auf die deutsche Islamwissenschaft nannte es der Innenminister «eine Legende, dass die Muslime sich alle verstellen». Ihm komme die Frage, ob man ihnen glauben könne oder nicht, «merkwürdig bekannt vor». In der deutschen Geschichte hätten Katholiken und Protestanten einander jahrhundertelang wechselseitig der theologisch legitimierten Verlogenheit bezichtigt. Dabei hätten die Protestanten doch auf ihren Kirchtürmen einen Hahn, um an die Verleugnung Jesu durch Petrus und damit an die Wetterwendigkeit des Menschen zu erinnern. Gerade die Deutschen sollten «eigentlich jetzt klug genug sein», sich kein neues Objekt für die alten Vorurteile aus den Konfessionskriegen zu suchen. Den islamkritischen Generalvorbehalt gegen die Glaubwürdigkeit muslimischer Gesprächspartner bezeichnete Schäuble als «institutionalisierte Dummheit». Dass ausgerechnet Schäuble, damals als Tag- und Nachtwächter um die Sicherheit der Republik besorgt, eine so entschiedene Entwarnung gab, wies ihn in den Augen der Islamkritik als den für den Feind nützlichsten Idioten aus. Er bestritt, dass man hinter dem Sozialverhalten von Muslimen eine Kriegslist vermuten muss, und spielte eben dadurch die Rolle, die die Kriegslist ihm zugedacht hatte.

Amboss oder Hammer sein

Der Krieg, den die Islamkritik führt, muss mit einem Sieg zu Ende gehen, dem vollständigen Sieg der einen Partei oder der anderen. Ayaan Hirsi Ali sagte im Gespräch mit Rogier van Bakel: «Es kommt der Augenblick, da man den Feind zerquetscht. Und wenn man das nicht tut, muss man damit leben, dass man von ihm zerquetscht wird.»

Diesem totalen Begriff des Krieges entspricht, dass die Entscheidung an allen Orten und mit allen Mitteln gesucht wird – auch, zuerst und zuletzt im Alltag. Im ersten Kapitel der «Himmelsreise» zitiert Necla Kelek den katholischen Theologen Hans Küng, der in seiner umfassenden religionskomparatistischen Monographie über den Islam postuliert: «Heute muss es darum gehen, so gut wir können, von innen zu verstehen, warum Muslime Gott und Welt, Gottesdienst und Menschendienst, Politik und Recht und Kunst mit anderen Augen sehen, mit anderen Herzen erleben als etwa Christen.» Kelek wirft Küng vor, eine Methode der Einfühlung zu propagieren, mit der er «die Plattform rationaler Erkenntnis» verlasse. Nicht analysieren wolle er, sondern glauben. «Was theologisch erlaubt sein mag, ist in einem politischen Diskurs nicht hinnehmbar.» So betreibt die wehrhafte Aufklärungsgesellschaft Vorwärtsverteidigung auf dem weiten Feld der hermeneutischen Gemeinplätze. Wenn schon Küngs harmlose Anknüpfung an einen Urgedanken der aufgeklärten Religionsvergleichung politisch nicht hinnehmbar ist, welcher Freiraum bleibt dann der historischen Quellenkritik, für die man die Muslime doch gewinnen will? Küng wird verurteilt wegen Feigheit vor dem Feind in einem Weltbürgerkrieg, der nicht nur am Hindukusch geführt wird, sondern auch in den Schwimmbecken der deutschen öffentlichen Schulen: «Im harten integrationspolitischen Alltag ist eine solche ‹verstehende› Haltung faktisch eine Kapitulationserklärung vor jeder Freiheitsenteignung, die sich auf ‹religiöse Gebote› beruft.»

Ayaan Hirsi Ali hat der englischen Übersetzung ihrer Autobiographie den Titel «Infidel» gegeben, weil sie für das Recht der Muslime kämpft, ihrem Glauben abzuschwören. Das korrespondierende Recht der Ungläubigen, sich zum Islam zu bekehren, will sie suspendieren – für die Zeit, bis der Islam unschädlich gemacht ist: «Man muss damit anfangen, dass man die Ausbreitung der Ideologie aufhält. Zur Zeit gibt es eingeborene Bürger des Westens, die zum Islam konvertieren, und sie sind häufig die größten Fanatiker.» Auch die Freiheit von Forschung und Lehre und die Versammlungsfreiheit möchte Hirsi Ali für die Dauer des Krieges eingeschränkt sehen. Das öffentliche Verbrennen von Symbolen – eine Form des Protests, die in den Vereinigten Staaten selbst bei Verwendung der Landesflagge den Schutz der Verfassung genießt – soll der Westen verbieten, um mit dieser Antwort auf die Provokationen seinerseits ein Zeichen zu setzen. «Man blickt dem Feind ins Auge, lässt seine Muskeln spielen und gibt ihm eine letzte Warnung: Wir nehmen das nicht mehr hin.»

Der Sphäre der symbolischen Selbstdarstellung wächst auf dieser Linie geradezu kriegsentscheidende Bedeutung zu. Am Tragen oder Ablegen von Kleidungsstücken, am Dulden oder Verbieten architektonischer Gesten zeigt sich der Siegeswille der Kriegsparteien. Der Bürgerkrieg, dessen Ausbruch laut Hirsi Ali längst hinter uns liegt, ist ein Partisanenkrieg mit umgekehrtem Vorzeichen: Die Muslime sind in den Augen der Islamkritik nicht einfach im Westen anwesend, sondern streben in die Sichtbarkeit, okkupieren den öffentlichen Raum. In kleinen Schritten kommen sie voran, aber auf breiter Front, und eben das Unaufdringliche des Vormarschs im Schutz allgemein akzeptierter Vorstellungen vom Radius der privaten Lebensgestaltung macht drakonische Gegenmaßnahmen erforderlich. Muslimischen Verhüllungsvorschriften antwortet der Enthüllungsbefehl der Islamkritik. Die Kopftuchpflicht ist in Staaten säkularen Rechts eine Sache der persönlichen Entscheidung. An der Freiwilligkeit kann man zweifeln, aber dieser Zweifel bleibt Vermutung im Einzelfall oder in einer begrenzten Menge von Fällen. Ein Kopftuchverbot kommt dagegen von vornherein nur dort zum Tragen, wo es mit Zwang durchgesetzt werden muss. Diese Illiberalität ihrer Maßregeln nimmt die Islamkritik in Kauf, ja, sie mag ihr als Zeichen der Dringlichkeit ihres Anliegens sogar willkommen sein. Gerade im nachbarschaftlichen Alltag schlagen die Islamkritiker einen aggressiven Ton an, dem man ablesen soll, dass sie in Notwehr tätig werden. So mobilisierte Ralph Giordano den Unmut gegen den Kölner Moscheebau, indem er im Fernsehstudio der Lokalzeitung sagte: «Auf dem Wege hierher hatte ich einen Anblick, der meine Ästhetik beschädigt und gestört hat: eine von oben bis unten verhüllte Frau, ein menschlicher Pinguin.»

Andere Bürger stört der Anblick einer von oben bis unten unverhüllten Frau, auch wenn es sich um ein Werbeplakat oder ein Kunstwerk handelt. Im Gespräch mit der «Frankfurter Allgemeinen Zeitung» beklagte sich Ayaan Hirsi Ali 2006 darüber, dass in holländischen Diskussionen über die Grenzen des Schicklichen muslimische Vertreter immer für die Entfernung von Aktdarstellungen einträten. «Vor zehn Jahren wären solche Debatten in Holland noch unvorstellbar gewesen.» Sie nannte keine Beispiele für Kunstwerke, die nach Eingaben muslimischer Sittlichkeitswächter im Depot verschwunden wären. Die bloße Tatsache, dass muslimische Repräsentanten ihre Ansicht äußern konnten, diente ihr zur Illustration der «Untergrabung der freiheitlichen Gesellschaft», die «ein Prozess in mehreren Stufen» sei. Kam es also auf die Ergebnisse der kunstpolitischen Debatten an Ort und Stelle gar nicht an? Ist die Zurschaustellung von Nacktheit ein aufklärerischer Wert an sich, der schon befleckt wird, wenn ein Betrachter sein Unbehagen nicht verbirgt? In der Zeit, als sich in Holland angeblich niemand vorstellen konnte, die Normalität der öffentlichen Entblößung von Frauenkörpern zu einem politischen Thema zu machen, kämpfte Alice Schwarzer in Deutschland unbeirrbar gegen die Pornographie und gegen die pornographische Ästhetik in der Hochkultur – ohne bei ihren Protestaktionen in ein Pinguinkostüm zu schlüpfen.

Schleichwege der Scharia

Dass Moralvorstellungen aus verschiedenen Zeiten und Welten aufeinandertreffen, tut der Phantasie der freiheitlichen Gesellschaft gut: Über das Anstößige muss gesprochen werden. Kunstpolitik hat sich in der Demokratie mit dem Geschmack der Bevölkerung auseinanderzusetzen, hier und da neuerdings eben auch mit einem muslimischen Spießertum. Auf diesen Sachverhalt nahm Hirsi Ali Bezug, um die Frage der F.A.Z. nach den Erfolgen des Dschihad in Europa zu beantworten. Insgesamt gab sie drei Beispiele für das, was sie mit einem wirkmächtigen islamkritischen Topos «die schleichende Scharia» nannte, die stillschweigende Anpassung der europäischen Sitten an das islamische Recht. Beispiel zwei: In «manchen Gegenden Frankreichs» gebe es nur noch einen islamischen Supermarkt, ohne Schweinefleisch und ohne Alkohol. Der Begriff der Gegend umgrenzt in der Geographie der Scharia-Schleichwege die zu Fuß erreichbare Umgebung einer Wohnung. «Dort muss man nun also mit dem Bus fahren, wenn man eine Flasche Wein kaufen will.» Auch in manchen Gegenden Schwedens müssen Weinliebhaber ein Busticket lösen, weil alkoholische Getränke nicht im Supermarkt verkauft werden, sondern nur in den Monopolläden in Staatsbesitz. Das ist vom Gesetz so bestimmt und gewollt. Wenn dagegen der große Lebensmittelladen in einem fast ausschließlich von Muslimen bewohnten Viertel einer französischen Stadt keinen Alkohol ins Regal stellt, ist das eine Entscheidung gemäß dem Kalkül von Angebot und Nachfrage. Der Supermarktbesitzer wird überschlagen, wie viele Kunden er durch die Erweiterung seines Flaschenrepertoires anziehen und abschrecken würde. Wenn er bei der Bestückung des Getränkeecks, der Fleischtheke oder des Zeitschriftenständers seinen persönlichen Präferenzen folgt, ist das sein Risiko. Im niederländischen Parlament gehörte Hirsi Ali der Fraktion der rechtsliberalen VVD an, in Washington arbeitet sie für die Denkfabrik American Enterprise Institute. Es ist schon kurios, dass sie den individuellen Einzelhändler verpflichten möchte, die Grundversorgung der Bevölkerung mit Alkoholika sicherzustellen.

Allerdings tun sich auch andere Freunde des freien Unternehmertums schwer damit, die Dispositionsfreiheit des Eigentümers als Grund und Folge der moralischen Neutralität des Privatrechts in allen Konstellationen zu verteidigen. Das Allgemeine Gleichbehandlungsgesetz, das im Privatrechtsverkehr die Diskriminierung aufgrund der Religion untersagt, wird als Anschlag auf die Privatautonomie verurteilt. Als aber der Vermieter von Geschäftsräumen eines Hochhauses in Berlin-Charlottenburg von Mietinteressenten verlangte, den Mietzins nicht mit Glücksspiel, Pornographie, Prostitution, Alkohol, Schweinefleisch oder Massenvernichtungswaffen zu erwirtschaften, da machte die «Bild»-Zeitung mit der Schlagzeile auf: «Erster Mietvertrag mit Islam-Klausel! Wenn Multi-Kulti zum Irrsinn wird». Immerhin wurde eine Woche nach Christian Wulffs Bremer Rede noch zugestanden, dass Multi-Kulti nicht immer Irrsinn ist. Im Kleingedruckten des Artikels stand, dass das gewerbliche Mietrecht dem Eigentümer fast völlig freie Hand lässt, der bestimmte Nutzungen ausschließen möchte und die daraus folgende Schrumpfung des Pools potentieller Mieter hinnimmt. So ist die vermeintliche Anpassung des Rechtsstaats an die Scharia nichts als die Wahrnehmung von Gestaltungschancen, die der Rechtsstaat den Rechtssubjekten eröffnet. Dass sich jemand bei der Ordnung seiner Besitz- oder Familienverhältnisse von moralischen Vorstellungen leiten lässt, die in einem islamischen, christlichen oder sozialistischen Staat Rechtsqualität hätten, ist weder illegitim noch systemfremd. Der Ordre public, die Gesamtheit der

Normen, die der privaten Verfügungsgewalt prinzipielle Grenzen ziehen, ist im Rechtsstaat eben kein Katalog von Anweisungen für jede Lebenslage. Im Rahmen und mit den Mitteln des Rechts kann sowohl eine Kommune als auch eine Hausfrauenehe begründet werden. Diese Freiheit beugt kommunistischen Komplotten und patriarchalischem Ressentiment vor.

Ein Fehlurteil, das es nicht gab

Die Zeitschrift «Cicero» druckte die Rede ab, die Ralph Giordano für die abgeblasene Kölner Demonstration von Udo Ulfkottes Verein Pax Europa am 11. September 2007 geschrieben hatte. Giordano hatte seine Verachtung für das muslimische Recht kundtun wollen: «Ich will sagen dürfen, dass ich die Scharia, das Gesetz des Islam, für notorisch grundgesetzwidrig halte, für einen skandalösen Anachronismus, das Fossil einer überholten geistesgeschichtlichen Epoche und ein schweres Hindernis auf dem Wege zur Reformierung und Modernisierung des Islam.» Die «schleichende Islamisierung» beschrieb Giordano als Strategie von Verbänden wie der Ditib, die dank Helfershelfern unter den Hütern des Grundgesetzes aufgehe. Er schimpfte über eine «verheerende Nachsicht der Justiz bei Straftaten», bis hin zum «Versuch, Teile der Scharia in die deutsche Rechtsprechung einzuspeisen». Im März 2007 hatte sich die Republik über eine Frankfurter Familienrichterin empört, die in einem Scheidungsverfahren ein im Koran verankertes Züchtigungsrecht des Ehemanns berücksichtigt hatte. Der Richterin am Amtsgericht lag der Antrag auf Prozesskostenbeihilfe einer Frau vor, die von ihrem gewalttätigen Ehemann sofort geschieden zu werden wünschte. Nach Paragraph 1565 des Bürgerlichen Gesetzbuches ist die Scheidung von Eheleuten, die noch nicht ein Jahr lang getrennt leben, nur dann möglich, wenn die Fortsetzung der Ehe eine «unzumutbare Härte» bedeutet. Das Gericht hatte gegen den Ehemann bereits ein Kontaktverbot verhängt. Die Richterin unterrichtete die Antragstellerin schriftlich darüber, dass sie die gesetzlichen Voraussetzungen eines Härtefalls nicht für erfüllt hielt, und schlug vor, den Antrag auf Kostenbeihilfe bis zum Ablauf des Trennungsjahres zurückzustellen. Nach der Pressemitteilung des Amtsgerichts erwähnte sie in diesem Schreiben den Umstand, «dass die Parteien aus dem marokkanischen Kulturkreis stammen, für den es nicht unüblich sei, dass der Mann gegenüber der Frau ein Züchtigungsrecht ausübe». Die Ehefrau, eine deutsche Staatsbürgerin, stellte daraufhin einen Befangenheitsantrag. In ihrer dienstlichen Erklärung zum Ablehnungsgesuch erläuterte die Richterin ihre Einschätzung der Sache «unter Bezugnahme auf eine konkrete Koranstelle», Sure 4, Vers 34: «Und jene, deren Widerspenstigkeit ihr befürchtet: ermahnt sie, meidet sie im Ehebett und schlagt sie!» Der für die Ablehnungsentscheidung zuständige Amtsrichterkollege gab dem Ablehnungsantrag statt. Von einem Fehlurteil oder Skandalurteil war in der Presse zu lesen, obwohl kein Urteil gefällt worden war.

Alice Schwarzer verbreitete die Ansicht, der Vorgang sei symptomatisch für die deutsche Justiz: «Es hat in den vergangenen Jahrzehnten zahlreiche Urteile gegeben, die Täter im Namen ‹anderer Sitten› oder eines anderen ‹Kulturkreises› freigesprochen haben. Das geltende Rechtssystem wird seit langem von islamistischen Kräften unterwandert. Eine Richterin, die sich auf den Koran beruft, spricht Recht im Namen der Scharia und nicht im Namen des Grundgesetzes. Sie hat an einem deutschen Gericht nichts zu suchen.» Die Berliner Rechtsanwältin Seyran Ateş äußerte, man müsse der Richterin «fast dankbar sein, dass sie sich klar auf den Koran bezogen hat». Nach ihrer Erfahrung sei es die Regel, dass Gerichte die Wertvorstellungen muslimischer Subkulturen mildernd berücksichtigten, diese Milderungsgründe in den Urteilen aber nicht erwähnten. «In Frankfurt wurde zum ersten Mal ausgesprochen, was viele denken.» Der lautlosen Islamisierung der Parallelgesellschaft entspricht in diesem Szenario das Stillschweigen der Richter über Auslegungsmaximen, die nach Frau Ateş von der Frankfurter Amtsrichterin «nur auf die Spitze getrieben» worden sind. Doch warum sollten Richter hermeneutische Grundsätze verschweigen, die im Kollegenkreis angeblich auf Zustimmung stoßen? Insbesondere in den höheren Instanzen müsste diese Zurückhaltung überraschen. Was nicht im Urteil steht, kann keine Präzedenzwirkung entfalten.

Der Pressesprecher des Frankfurter Amtsgerichts gab der Öffentlichkeit Einblick in die Denkprozesse der Richterin, die ihr Bedauern ausrichten ließ. Demnach wollte sie auf Ablehnung der vorzeitigen Scheidung entscheiden und suchte für die Begründung der kulturkreisgemäßen Zumutbarkeit des Abwartens bis zum Ende des Trennungsjahrs einen Beleg im Koran. Sie sei dann stolz gewesen, das Gesuchte tatsächlich zu finden. Wenn es so war, mag man ihr Vorgehen tatsächlich für justiztypisch halten: Als sie wusste, wie die Sache ausgehen sollte, suchte sie die passende Norm dazu, unglücklicherweise im falschen Buch. Die Antragstellerin musste doch wissen, worauf sie sich bei Eingehung der Ehe einließ: So lässt sich der Gesichtspunkt paraphrasieren, der die Familienrichterin leitete, als sie dem unzweideutigen Willen des Gesetzgebers Geltung zu verschaffen versuchte, dass die Ehe nur im akuten Notfall fristlos geschieden werden soll. Dass sie auch ohne Rechtsquellenstudium davon ausging, im «marokkanischen Kulturkreis» müsse es ja wohl ein Gewohnheitsrecht des prügelnden Ehemanns geben, deutet darauf hin, dass sie islamkritische Auffassungen rezipiert hatte, als Teil des allgemeinen Bildungswissens, wie es für heutige Zeitungsleser normal ist. In der Annahme einer unmittelbaren eherechtlichen Geltung der einschlägigen Koranverse kommen Islamkritik und Islamismus überein. Das 2005 im Sinne westlicher Standards reformierte marokkanische Familienrecht führte die Richterin nicht an. Stattdessen legte sie in der dienstlichen Erklärung zum Ablehnungsgesuch dar: «Die Ehre des Mannes ist im Koran, einfach ausgedrückt, an die Keuschheit der Frau gebunden. Das heißt im Grunde genommen, dass für einen islamisch erzogenen Mann das Leben einer Frau nach westlichen Kulturregeln bereits einen Tatbestand der Ehrverletzung erfüllt.» Seyran Ateş und Necla Kelek sagen dasselbe und drücken es ebenso einfach aus.

Die Koranauslegung des Frankfurter Amtsgerichts war eine amateurtheologische Exkursion ohne kundige Führung. Für wie wahrscheinlich hält man es, dass die Berliner Richter, mit denen Frau Ateş zu tun hat, in großer Zahl einen ähnlichen religionsethnologischen Ehrgeiz entfalten, dann aber in ihren schriftlichen Urteilen die Fundstellen und sogar jeden Hinweis auf den Koran weglassen? Seyran Ateş genießt hohes Ansehen, weil sie auf der Seite des Guten steht und 1984 lebensgefährlich verletzt wurde, als ein Mann in der Kreuzberger Beratungsstelle für misshandelte Frauen, in der sie arbeitete, eine Frau erschoss. Als sie 2006 vorübergehend ihre Anwaltszulassung zurückgab, sahen einige Kommentatoren den Rechtsstaat gefährdet. Auch Anwälte, die sich nur von der guten Seite mandatieren lassen, gewinnen nicht jeden Prozess. Wenn der Text des Urteils dann keinen Ansatzpunkt für eine Rüge bietet, erzählen Strafverteidiger, die Richter seien gegen den Angeklagten voreingenommen gewesen. Und Opferanwälte ziehen über die Milde verlogener Liberaler her, die ihre Gründe noch nicht einmal offenzulegen wagten.

Falschmeldungen über Ehrenmordprozesse

Der «Spiegel» nahm den Frankfurter Fall zum Anlass einer Titelgeschichte: «Mekka Deutschland – Die stille Islamisierung». Das Titelbild zeigte das Brandenburger Tor unter Halbmond und Stern auf nachtschwarzem Hintergrund. Der Artikel trug die Überschrift «Haben wir schon die Scharia?» Armin Laschet, der Integrationsminister von Nordrhein-Westfalen, ließ sich mit einem schrillen Satz zitieren: Die Frankfurter Entscheidung sei das «vorläufig letzte Glied einer Kette erschreckender Urteile deutscher Gerichte». Laschet, der immerhin das erste juristische Staatsexamen abgelegt hat, hatte mit dem Begriff des Urteils also auch seine Schwierigkeiten. Auf Nachfrage des «Tagesspiegel» nannte Laschet kein einziges weiteres Glied der Schreckenskette, sondern verwies auf eine ominöse «Liste ‹kulturbedingter Straftaten›», aus der er ein Beispiel anführte: Richter hätten «Ehrenmorde nur als Totschlag» gewertet. Das war wenigstens genauer als Alice Schwarzers Bild von den zahlreichen aufgrund kultureller Umstände freigesprochenen Verbrechern – ein Phantasieprodukt aus dem Gangsterfilm.

Seit der Ansiedlung der ersten Gastarbeiterfamilien in der Bundesrepublik befassen sich Rechtsprechung und Rechtswissenschaft mit der Frage, wie bei Gewalttaten im Namen der Sippenehre der Wertehorizont des Täters im Urteil zu berücksichtigen ist. Dass die Gerichte die Gemeinschaftsvorstellungen hinter solchen Akten der Selbstjustiz zu berücksichtigen haben und nicht einfach ignorieren können, ergibt sich aus dem Schuldgrundsatz des Strafrechts. Nicht der objektive Verstoß gegen die Rechtsordnung wird bestraft, sondern die dem Täter vorwerfbare Tat. Für die Grenzziehung zwischen Mord und Totschlag, den beiden Delikten vorsätzlicher Tötung, kommt es auf die Motive des Täters an. Eines der Mordmerkmale des Strafgesetzbuchs sind die niedrigen Beweggründe, üblicherweise tautologisch definiert als Tatantriebe, die sittlich auf tiefster Stufe stehen und nach allgemeinen Wertmaßstäben besonders verachtenswert erscheinen. Wie sind Antriebe zu bewerten, die sich als Pflichten innerhalb einer Ethik darstellen lassen, die mit unserer Ethik unvereinbar ist? Ist die subjektive oder formale ethische Qualität solcher Beweggründe ein Grund, sie nicht auf die tiefste Stufe zu stellen – weil man die Mordlust des Amokläufers für noch verächtlicher halten möchte? Mit solchen Erwägungen droht sich die Strafjustiz in selbstgemachte Probleme zu verstricken, die nicht mit einer politischen Bevorzugung bestimmter Delinquentengruppen zu tun haben, sondern mit der Präferenz des Rechtssystems für Norm und Ordnung überhaupt. Ein Ehrenkodex ist immerhin noch ein Kodex.

Wo über die schlimmsten Taten gerichtet wird, fließen Recht und Moral, sonst um der Freiheit willen getrennt, wieder zusammen. Mit der Höchststrafe drückt die Rechtsgemeinschaft ein absolutes Unwerturteil aus. Wenn das Rechtssystem sich mit einem Gegen-Recht konfrontiert sieht, mag es für einen Moment geneigt sein, darin seine eigene Vergangenheit wiederzuerkennen, die ursprüngliche Einheit von Recht und Moral. Die Klassiker der Rechtssoziologie waren bürgerliche Wissenschaftler im goldenen Zeitalter des Bürgertums, das heißt selbstkritisch veranlagt. Ihre Idealtypenbildung hatte einen nostalgischen Zug, dem archaischen Recht der Männergemeinschaften gaben sie, klassisch gebildet, eine homerische Färbung. Mag sein, dass solche kulturkritischen Figuren sich noch in den siebziger und achtziger Jahren unter die Gedanken von Strafrichtern mischten, die aus ihren Lehrbüchern den strafwürdigen, aber sittlich hochstehenden Gewissenstäter kannten. Es hat jedoch in der höchstrichterlichen Rechtsprechung zur Einstufung der Beweggründe des mörderischen Ehrenschutzes einen Wandel gegeben. Die maßgebliche Leitentscheidung des Bundesgerichtshofs stammt aus dem Jahr 1994. Dort steht: «Der Maßstab für die Bewertung eines Beweggrundes ist den Vorstellungen der Rechtsgemeinschaft in der Bundesrepublik Deutschland zu entnehmen, vor deren Gericht sich der Angeklagte zu verantworten hat, und nicht den Anschauungen einer Volksgruppe, die die sittlichen und rechtlichen Werte dieser Rechtsgemeinschaft nicht anerkennt.» Eine Tötung, bei der sich der Täter «gleichsam als Vollstrecker eines von ihm und seiner Familie gefällten Todesurteils über die Rechtsordnung und einen anderen Menschen erhebt, ist als besonders verwerflich und sozial rücksichtslos anzusehen», zumal er in der Bundesrepublik die Todesstrafe nicht zu befürchten hat.

Bei der Bewertung der Mühe, die sich die Gerichte mit der Begründung der Mordmerkmale machten, ist zu bedenken, dass sie ihre Lehre anhand von Fällen entwickelten, in denen es um Blutrache ging. Die vom Gericht zu bestrafende Tötung war häufig die Antwort auf eine vorhergehende Tötung. Gefühlsregungen wie Zorn, Hass und Rachsucht kommen nach der Rechtsprechung des BGH «nur dann als niedrige Beweggründe in Betracht, wenn sie ihrerseits auf niedrigen Beweggründen beruhen, also nicht menschlich verständlich, sondern Ausdruck einer niedrigen Gesinnung des Täters sind». Wenn die Rachsucht dagegen «auf dem (berechtigten) Gefühl erlittenen schweren Unrechts» beruht und damit einen «beachtlichen, jedenfalls einleuchtenden» Grund hat, «spricht dies gegen eine Bewertung als ‹niedrig› im Sinne der Mordqualifikation» – die lebenslange Freiheitsstrafe kann in solchen Konstellationen unverhältnismäßig erscheinen. Die jüngeren Ehrenmordfälle, die die Phantasie der Öffentlichkeit beschäftigen, liegen von vornherein anders. Die Presse schreibt gerne, eine junge Frau habe sterben müssen, weil sie wie eine Deutsche oder selbstbestimmt habe leben wollen. Den Bruch der Tochter mit väterlichen Moralvorstellungen mögen Eltern und Brüder als schlimme Kränkung, ja als erlittenes schweres Unrecht empfinden – der Rechtsstaat kann dieses Gefühl unmöglich berechtigt nennen. Nach dem Bundesgerichtshof wird ein niedriger Beweggrund in den Fällen «ohne weiteres anzunehmen sein, in denen allein die Verletzung eines Ehrenkodex als todeswürdig angesehen wird».

Der sogenannte Ehrenmord ist also nach der für die Strafgerichte verbindlichen Auffassung des Bundesgerichtshofs wirklich ein Mord. Die Berufung auf die Familienehre wird von den Gerichten nicht mildernd berücksichtigt. Das Gegenteil ist der Fall: Der Anspruch, mit der Bluttat die Familienschmach getilgt zu haben, weist sie als Mord aus. Allerdings kommt ausnahmsweise auch eine Verurteilung wegen Totschlags in Betracht, «wenn dem Täter bei der Tat die Umstände nicht bewusst waren, die die Niedrigkeit seiner Beweggründe ausmachen, oder wenn es ihm nicht möglich war, seine gefühlsmäßigen Regungen, die sein Handeln bestimmen, gedanklich zu beherrschen und willensmäßig zu steuern». Mit dieser Ausnahme öffnet der BGH aber keine Hintertür in ein Reservat der Töchterschinder. Nicht die fremde Lebensform wird geschont; der einzelne Täter kann von der Höchststrafe verschont bleiben, wenn ihm die Steuerungsfähigkeit fehlte und er nicht verstand, was er tat. Dafür genügt dem BGH nicht, dass «der Täter in einer anderen Vorstellungswelt lebt». Es muss sich sozusagen um einen Besucher vom anderen Stern handeln, der sich nur körperlich in Deutschland aufhält und den Deutschen als moralischer Kretin erscheint. In einem Land, das die Rache geächtet hat, schützt der absolute Individualismus des Rechtsstaats im Zweifel auch das Individuum, das den Rechtsstaatsfeinden als willenloses Werkzeug diente.

Das Grundsatzurteil des Bundesgerichtshofs zu den Beweggründen des Bluträchers war dreizehn Jahre alt, als Armin Laschet den «Spiegel»-Lesern weismachte, die Urteile deutscher Gerichte in Ehrenmordverfahren fielen serienweise gruselig aus. Solche pauschale Richterschelte zerstört das Vertrauen in den Rechtsstaat. Die freiheitssichernde Funktion der Beweisanforderungen des Strafverfahrens wird verleugnet, indem suggeriert wird, die Richter ließen sich von falschen Gefühlen leiten. Als nordrhein-westfälischer Minister für Generationen, Familie, Frauen und Integration saß Laschet 2009 der Gleichstellungs- und Frauenministerkonferenz der Länder vor. In seiner Bilanz der Jahrestagung hob Laschet hervor, die Minister wollten «Klartext in Sachen Frauenrechte reden». So dürfe es bei den sogenannten Ehrenmorden keinen «kulturellen Rabatt» geben. Wenn Klartext angekündigt wird, weiß man schon, dass etwas Unklares kommt. An wen war die Forderung nach dem Rabattverbot adressiert? Schwerlich an potentielle Täter. An die Justiz? Aber gab es denn Belege für einen kulturrelativistisch begründeten Strafnachlass für Ehrenmörder in der Urteilspraxis des Jahres 2009? Welche Gerichte waren von den Vorgaben des Bundesgerichtshofs abgewichen? Die Wahrheit ist: Das Schlagwort vom kulturellen Rabatt bietet Politikern eine bequeme Möglichkeit, sich als Verteidiger der freiheitlich-demokratischen Grundordnung in Szene zu setzen – gegen die Organe der Rechtspflege.

Eisberg voraus!

Als das Berliner Landgericht 2006 die beiden älteren Brüder der ermordeten Hatun Sürücü aus Mangel an Beweisen freisprach, verlangten Islamkritikerinnen, das Gericht hätte die Beweislücken mit kulturellem Wissen über die typische Genese eines Ehrenmordes füllen müssen. Die Islamkritik behauptet, für die Rechte des Individuums zu streiten, gibt aber die fundamentale Rechtsschutzgarantie preis, das Schuldprinzip, wonach dem einzelnen Täter die einzelne Tat nachgewiesen werden muss. Im September 2010 brachte Alice Schwarzer das Taschenbuch «Die große Verschleierung» heraus, eine Sammlung von «Emma»-Artikeln verschiedener Autorinnen. In einem Beitrag der Islamwissenschaftlerin und Volkswirtin Rita Breuer von 2007 heißt es: «Inzwischen gibt es zahlreiche Beispiele für den Einzug islamischen Rechtsdenkens in die deutsche Praxis. Dabei ist der jüngste skandalöse Fall in Frankfurt, wo eine Amtsrichterin die Gewalt eines Marokkaners gegen seine in Deutschland geborene Frau als zumutbar bezeichnete, weil dies so im Koran stehe, nur die Spitze des Eisbergs.» Einige Beiträge wurden für das Buch überarbeitet, dieser nicht. So blieb eine falsche Darstellung stehen: Die Richterin hatte nicht die Gewalt als zumutbar bezeichnet, sondern den Fortbestand der Ehe bis zum Ablauf der gesetzlichen Frist unter Geltung des vom Gericht verhängten Kontaktverbots. Dass eine Allparteienkoalition erregter Feministen von Hans-Christian Ströbele bis Edmund Stoiber die Richterin darüber belehrte, dass sie in Deutschland deutsches Recht anzuwenden habe, wurde 2007 nicht erwähnt und 2010 nicht nachgetragen. Das Bild vom Eisberg ist aberwitzig. Warum soll ein riesiger Unterbau schariakonformer Urteile nicht bemerkt worden sein? Wie konnten diese Urteile die Überprüfung durch die Obergerichte überstehen, deren Urteile in Fachzeitschriften publiziert und kommentiert werden? Gerichtsverhandlungen sind öffentlich, Gerichtsurteile werden öffentlich verkündet. Verhandlungen in Familiensachen sind nicht öffentlich, was die unterlegene Partei nicht daran hindert, die Öffentlichkeit zu suchen. Die Anwältin der Deutschmarokkanerin musste nur die Presse informieren: Am Tag nach der ersten Veröffentlichung in der «Frankfurter Rundschau» gab das Amtsgericht ihrem Befangenheitsantrag statt.

Wenn die Koranrezeption der Richterin wirklich so repräsentativ war, warum sprang ihr dann kein Experte bei? Etwa Mathias Rohe, Islamwissenschaftler und Ordinarius für Bürgerliches Recht an der Universität Erlangen, einer der Lieblingsfeinde der «Emma»? Um zu dokumentieren, dass «der Prozess der ‹Schariasierung› des deutschen Rechtsstaates» mit Billigung höchster Regierungsstellen vorangetrieben werde, setzt sich Alice Schwarzer in «Die große Verschleierung» mit einer von Rohe mitverfassten Handreichung zu schulpraktischen Fragen auseinander, die 2009 als Teil des Zwischenresümees der Deutschen Islamkonferenz vervielfältigt wurde. «In diesen vom Innenministerium veröffentlichten ‹Handreichungen› wird einfach behauptet, die Religionsfreiheit habe Vorrang vor dem staatlichen Bildungs- und Erziehungsauftrag.» Der Satz, den Frau Schwarzer hier meint und offenbar nur flüchtig gelesen hat oder absichtlich verzerrt, bezieht sich auf ein bestimmtes Problem, den gemeinsamen Sportunterricht von Jungen und Mädchen. Das Papier schlägt eine nach Altersstufen differenzierende Lösung vor: «Bei Schülerinnen ab Beginn der Pubertät, also etwa ab der Jahrgangsstufe 5, überwiegt in der Abwägung ihre Religionsfreiheit gegenüber dem staatlichen Bildungs-/Erziehungsauftrag durch Sport- einschließlich Schwimmunterricht.» Die auf Antrag im Einzelfall gewährte Befreiung von der Teilnahmepflicht trage in dieser Phase der Schullaufbahn «der unterschiedlichen Entwicklung von Jungen und Mädchen ab der Pubertät» Rechnung.

Zum entgegengesetzten Ergebnis, von Frau Schwarzer überlesen oder unterschlagen, kommt die Abwägung bei jüngeren Kindern, die zunächst «grundlegende Erfahrungen von Abgrenzung und Distanz zum anderen Geschlecht wie Gemeinschaftlichkeit und Nähe» machen sollen. «Gegenüber diesen Bildungs- und Erziehungszielen der öffentlichen Schule müssen hier grundsätzlich die Glaubensfreiheit der Schülerinnen und Schüler und das elterliche Erziehungsrecht zurücktreten, d. h. es besteht weder ein Anspruch auf getrennte Unterrichtung noch auf Befreiung vom Sport- bzw. Schwimmunterricht aus religiösen Gründen.» Auch Ansprüche auf Befreiung vom Sexualkundeunterricht und von Klassenfahrten werden verneint. Allgemein stellt das Papier fest, der staatliche Bildungs- und Erziehungsauftrag aus Artikel 7 des Grundgesetzes und die Grundrechte der Eltern und Schüler aus den Artikeln 6 und 4 könnten «in bestimmten Situationen des Schulalltags in Kollision geraten» und müssten dann «zu einem schonenden Ausgleich im Sinne einer praktischen Konkordanz gebracht werden» – weil eben keiner der beiden Seiten in allen Situationen der Vorrang zukommt.

Ein Feldzug Alice Schwarzers

In der Kampagne der Börne-Preisträgerin und «Bild»-Autorin gegen den Erlanger Juristen hat das irreführende Zitieren Methode. Immer wieder wird Rohe ein Zitat aus einem Interview vorgehalten, das er 2002 nach dem Urteil des Bundesverfassungsgerichts zum Schächten der «Frankfurter Rundschau» gegeben hatte: «In Deutschland wenden wir jeden Tag die Scharia an. Wenn Jordanier heiraten, dann verheiraten wir sie nach jordanischem Recht. Die Menschen haben in diesen privaten Verhältnissen Entscheidungsfreiheit.» Frau Schwarzer setzt in «Die große Verschleierung» hinzu, dies habe Rohe «noch vor einigen Jahren kritiklos» erklärt. Er gebe sich «an etlichen Punkten neuerdings auch durchaus kritisch». Das «neuerdings» ist eine Zutat des Buches gegenüber der Erstveröffentlichung in Emma Nr. 5 von 2009. Nahegelegt wird die Botschaft: Der akademische Advokat der Scharia-Importeure weiß sich zu verstellen, wie seine Klienten. In einem Artikel mit dem Titel «Muslim-Freund Möllemann & und die neuen KonvertitInnen» hatte die «Emma» 2002 auch Rohe abgebildet und in der Bildunterschrift die Frage gestellt, ob er ein «verdeckter Konvertit» sei. In einer Richtigstellung musste die Zeitschrift diese Unterstellung zurücknehmen. Von einem Wandel in Rohes Äußerungen über Bedingungen und Grenzen der Scharia-Anwendung im rechtsstaatlichen Rahmen kann keine Rede sein. Die angeblich kritiklosen, unter den Islamhassern von Blog zu Blog herumgereichten Interviewsätze waren eine harmlose Aussage zum geltenden Recht.

Teil der deutschen Rechtsordnung ist das Internationale Privatrecht, im wesentlichen kodifiziert im Einführungsgesetz zum Bürgerlichen Gesetzbuch (EGBGB). Es bestimmt, welches Recht die deutschen Behörden und Gerichte anzuwenden haben, wenn ein Sachverhalt mehrere Rechtsordnungen berührt. Rohe paraphrasierte den Artikel 13 des EGBGB. «Die Voraussetzungen der Eheschließung unterliegen für jeden Verlobten dem Recht des Staates, dem er angehört.» Entsprechendes bestimmen die folgenden Artikel für die allgemeinen Ehewirkungen, den Güterstand und die Scheidung. Den Hinweis Rohes, Spanien habe «in seinem neuen Personenstandsrecht die islamische Form der Eheschließung als Option anerkannt», erläuterte Alice Schwarzer 2007 in einem Artikel zum «Frankfurter Justizskandal» mit der Parenthese «also die Polygamie» – ohne sich darüber zu wundern, dass Proteste spanischer Feministinnen ausgeblieben waren. Es ging um den Akt der Eheschließung nach islamischem Recht, den Vertragsabschluss in Gegenwart zweier vertrauenswürdiger Zeugen.

Artikel 6 des EGBGB deklariert, dass die Anwendung ausländischen Rechts stets unter dem Vorbehalt der deutschen Öffentlichen Ordnung, des Ordre public, steht: «Eine Rechtsnorm eines anderen Staates ist nicht anzuwenden, wenn ihre Anwendung zu einem Ergebnis führt, das mit wesentlichen Grundsätzen des deutschen Rechts offensichtlich unvereinbar ist. Sie ist insbesondere nicht anzuwenden, wenn die Anwendung mit den Grundrechten unvereinbar ist.» Im FR-Interview erläuterte Rohe, dass etwa eine einseitige Verstoßung der Ehefrau ohne Trennungsphase in diesem Sinne unerträglich wäre. Er betonte die «Letztherrschaft des Verfassungsrechts» und stellte fest, dass die Übernahme der Körperstrafen der Scharia ins deutsche Strafrecht selbst bei einer muslimischen Bevölkerungsmehrheit mit dem Grundgesetz unvereinbar wäre – dass er aber auch noch keinen Muslim getroffen habe, der diese Strafen hier einführen wolle. Nach der Todesstrafe für Apostaten gefragt, verwies Rohe zunächst auf die historisch-kritische Umdeutung des Delikts zum Hochverrat in der modernen islamischen Rechtswissenschaft. Dass diese Auskunft die säkulare Öffentlichkeit nicht zufriedenstellen konnte, hielt er für vernünftig: Das bloße Vorhandensein der Norm in den Quellen sei ein «rechtskulturelles Problem», auch wenn der Glaubensabfall nur noch in den rückständigsten Ländern verfolgt werde. «Deswegen wünsche ich mir sehr, dass die Muslime in Europa die Scharia auf solch heikle Punkte hin untersuchen und sich auf eine Interpretation verständigen, die mit unserem Grundgesetz und den europäischen Menschenrechtsgrundsätzen vereinbar sind.»

Verfassungsfeinde aus Gottestreue

Der Erzbischof von Canterbury hat Hass und Spott auf sich gezogen, weil er darüber nachzudenken anregte, ob das englische gemeine Recht der Scharia für geeignete Materien den förmlichen Status eines wahlweise verfügbaren alternativen Rechtsweges einräumen könnte. Ein Grundgedanke des Internationalen Privatrechts begegnet hier in der britischen Variante einer in imperialen Zusammenhängen bewährten Maxime des Gewährenlassens: Man lässt Minderheiten in Angelegenheiten, die keine Außenstehenden betreffen, das Recht anwenden, das sie aus ihrer Herkunftswelt mitgebracht haben. Im Milieu der Islamfeinde gilt Rowan Williams seitdem als weltfremder Schwachkopf, als rauschebärtige Verkörperung der Malaise des alten Europa. Dabei kann man ernsthaft allenfalls darüber diskutieren, ob die in Jahrhunderten erprobten Erfahrungsregeln freundlicher Koexistenz, von denen sich der Waliser Williams bei seinem Vorschlag leiten ließ, den heutigen Bedingungen der Existenz muslimischer Minderheiten in Europa noch angemessen sind: ob nicht in die meisten vermeintlichen Binnenkonflikte Außenverhältnisse hineinspielen, so dass einem Sonderrecht der abgesonderte Geltungsbereich abginge, ob nicht die dauerhafte Ansiedlung eingewanderter Muslime es verbietet, sie nach dem Muster von Kaufmannskolonien zu behandeln. Die Vorstellung aber, aus dem Inhaber des Bischofsstuhls des Augustinus von Canterbury und Ehrenvorsitzenden der anglikanischen Weltgemeinschaft spreche nicht eine möglicherweise anachronistische Staatsklugheit, sondern Naivität, verrät ihrerseits eine Naivität, die charakteristisch ist für die Islamkritik, nicht nur in den vulgären Varianten.

Necla Kelek warnt davor, beim Begriff der Scharia «allzu schnell» an «Steinigungen und Peitschenhiebe» zu denken. Das Ausmalen dieser Greuelbilder könnte die Illusion nähren, die Scharia sei durch humanitäre Strafrechtsreformen zu entschärfen. Eine Ächtung grausamer Strafen ließe «das eigentliche Grundprinzip» intakt, «die religiöse Normsetzung». Rohe definiert die Scharia als «die Gesamtheit aller religiösen und rechtlichen Normen, Mechanismen zur Normfindung und Interpretationsvorschriften des Islam». Er will damit ausdrücken, dass die Scharia kein Normensystem nach Art einer Kodifikation ist, wie der «Zeit»-Herausgeber Josef Joffe voraussetzte, als er verkündete, die Debatte um die Islamkritik erledige sich, sobald man frage, ob man der Scharia den Vorzug geben wolle oder dem BGB. Was das Prinzip der Scharia angeht, stimmt Rohe mit der Islamkritik überein: Das Wort bezeichnet nicht mehr als den Grundsatz, dass das gesetzte Recht mit der Offenbarung harmonieren soll, beziehungsweise umgekehrt, dass die religiösen Pflichten für den Gläubigen auch rechtliche Verbindlichkeit gewinnen. «Die» Scharia, die anstelle des Grundgesetzes in Deutschland eingeführt werden könnte, liegt also in keiner Schublade parat.

Auch wer dem Erzbischof von Canterbury im rechtspolitischen Ergebnis nicht folgt, kann in der Rechtlichkeit der Glaubenswelt, die der Begriff der Scharia als Wesensmerkmal islamischer sozialer Ordnung auszeichnet, einen Grund dafür sehen, den Muslimen, wenn man denn so allgemein reden will, eine positive Integrationsprognose auszustellen. Das bloße Bekenntnis zum Gesetzesgehorsam macht noch nicht den Rechtsstaat. Er ist angewiesen auf die Rechtsgesinnung seiner Bürger, auf die zur Einstellung verfestigte Einsicht, dass die Forderungen des guten Lebens mit gutem Grund die Form von Rechtspflichten annehmen. Necla Kelek findet nun aber gerade in Rohes Scharia-Definition die Denkungsart bezeichnet, von der kein Weg zur rechtsstaatlichen Gesinnung führe. Die Scharia koppelt «rechtliche Regelung» an «religiöse Verpflichtung». Ihr ist schleierhaft, so Kelek sarkastisch, wie «sich das mit dem Rechtsstaat vereinbaren lässt, nach dem ein Bürger dieser Republik die Gesetze zu befolgen hat, die von gewählten und damit legitimierten Abgeordneten verabschiedet werden». Im Kölner Moscheenstreit hatte Giordano die Muslime mit einem Normsystemvergleich in mittelalterlicher Manier herausgefordert: «Ich lese den Koran – und verstumme. Eine Lektüre des Schreckens und der Fassungslosigkeit, mit ihren unzähligen Wiederholungen, Ungläubige zu töten, besonders aber Juden. Ich frage mich, wie jemand, dem der Koran, diese Stiftungsurkunde einer archaischen Hirtenkultur, heilig ist, auf dem Boden des Grundgesetzes stehen kann.» Es ist nach Giordano also der Inhalt des Korans, der es dem gläubigen Muslim unmöglich macht, sich ohne Selbstverleugnung zum Grundgesetz zu bekennen. Wäre den arabischen Hirten ein Gesetzbuch der Völkerfreundschaft offenbart worden, sähe Giordano im Islam kein Problem.

Necla Kelek sieht das anders. Der Norminhalt einzelner als Bestimmungen der Scharia ausgegebener Normen ist in ihren Augen nur sekundär problematisch. Das wahre Problem ist die Normquelle. Dass der gläubige Muslim einem von Gott gesetzten Recht folgt, macht ihn als Staatsbürger ungeeignet, zum Verfassungsfeind aus Gottestreue. Das gilt, noch bevor sich die Frage stellt, ob der Gläubige die von ihm als unbedingt verbindlich erkannten Regeln auch seinen Mitbürgern vorschreiben will. Es gilt unabhängig davon, ob diese Regeln nur die Formen der Gottesverehrung oder auch das bürgerliche Leben betreffen, und vor allem unabhängig davon, ob sie mit den Regelungen des bürgerlichen Lebens in den bürgerlichen Gesetzbüchern inhaltlich übereinstimmen oder nicht. Kelek kann keine Stärkung des Rechtsstaats darin erkennen, dass die Frommen der unterschiedlichsten Religionen zusätzliche Gründe zum Gehorsam gegenüber dem staatlichen Recht haben, weil die Verbote von Mord, Diebstahl und falschem Zeugnis auch von ihren Göttern als unverrückbare Rechtsnormen statuiert worden sind. Sie postuliert nicht nur einen Vorrang des säkularen Gesetzes. Nur bei dem durch gewählte Volksvertreter gesetzten Recht soll es sich überhaupt um Recht handeln. Gemäß der Vermutung, dass alle prägnanten Begriffe der Staatslehre aus der Theologie stammen, handelt es sich bei dieser Theorie des Rechtsstaats um eine rechtspositivistische Ableitung des Monotheismus. Die republikanische Legislative sagt dem Bürger: Wir sind das Volk, dein Gesetzgeber; du sollst keine anderen Gesetzgeber neben uns haben.

Kelek propagiert eine Säkularisierung des Islam, wie sie nach ihrer Auffassung am Christentum schon vollzogen worden ist. Ein Blick ins Gesetzbuch zeigt, dass diese Auffassung sich nicht mit den historischen Tatsachen deckt. Wenn der Rechtsstaat die Scharia als Prinzip religiöser Legitimierung von Rechtsnormen nicht wohlwollend betrachten oder auch nur neutral beobachten kann, dann darf dieser Staat auch kein Kirchenrecht gelten lassen, selbst wenn dieses Recht seine Geltung auf die Gläubigen beschränkt, die der Kirche durch freie Wahl angehören. Dass der deutsche Staat an seinen Universitäten Lehrstühle für Kirchenrecht unterhält, muss man in der Perspektive der Islamkritik als bestenfalls historisch erklärbare Selbstschädigung bewerten.

Der Drohbrief eines anonymen Kreuzritters

Mathias Rohe hatte im FR-Interview 2002 die Frage erörtert, ob «eine religiös orientierte Sonderrechtsordnung» wünschenswert sei – mit negativem Resultat. «Dafür spricht, dass sich Muslime damit besonders akzeptiert fühlen. Dagegen spricht, dass damit Illusionen gefördert werden, Muslime könnten sich von der allgemein gültigen Rechtsordnung verabschieden. Das darf nicht sein.» Für Hans-Peter Raddatz ist Mathias Rohe dennoch der Oberschariarichter im Wartestand: «Erste Schritte in Richtung einer Rechtsprechung im Sinne des Islam sind erkennbar gemacht, inzwischen beherzt verstärkt vom Erlanger Juristen Rohe, der zusammen mit anderen ‹fortschrittlichen› Kollegen richtungweisend für das Entstehen eines parallelen Rechtswesens werden könnte.» Am 18. Juli 2007 hielt Rohe in München ein Referat auf einer von der Stadt München und der bayerischen Landeszentrale für politische Bildungsarbeit veranstalteten Tagung zum Thema «Scharia und Grundgesetz». Sein Vortrag wurde von Zwischenrufern gestört, die ihn in der anschließenden Diskussion so lange mit pöbelhaften Beschimpfungen bombardierten, bis die Veranstaltung abgebrochen werden musste. Die Leser einer Internetseite, die «Deus vult» als Namen führt, das Motto des ersten Kreuzzugs, waren aufgerufen worden, den Vortrag dieses «Gutmenschen» zu besuchen und ihm «Paroli zu bieten».

Rohe erhielt hinterher viel Elektropost, darunter folgenden anonymen Brief: «Einen möglichst schlechten Tag wünsche ich Ihnen. Sie sind also auch einer von jenen verbrecherischen Hochverrätern, die Deutschland und die Deutschen an den faschistoiden, totalitär-militaristischen und zutiefst imperialistischen Islam verraten und verkaufen möchten? Ich sage Ihnen was, es ist mir völlig gleichgültig, ob Sie das tun, weil Sie dumm wie ein Toastbrot sind, oder aber ob Sie ein gekaufter Quisling, ein Judas der Deutschen sind. Für ein Tun wie Ihres kann und darf es nur eine Strafe geben, den Tod. Und darum hoffe und bete ich, dass ich den Tag noch erlebe, an dem Ihresgleichen, jene schmierigen Subjekte, die uns Deutschen das Millionenheer des gewaltkriminellen, barbarischen Bodensatzes der dritten Welt importiert und vor die Türe gekippt haben und noch die Chuzpe besitzen, uns diesen Völkermord auf Raten auch noch als Bereicherung zu verkaufen, an dem Ihresgleichen seine gerechte Strafe erhält. Ich werde mich unglaublich bereichert fühlen, wenn Ihresgleichen, am Halse aufgehangen, am Baukran baumelt. Von mir aus auch an einer Straßenlaterne oder an einem Ast, auf jeden Fall aber aufgehangen. Und wenn Ihnen dann die Visage blau anläuft, die Zunge aus dem Maule und die Augen aus dem Kopfe quellen, wenn Ihr Schließmuskel versagt und Sie ein letztes Mal unter sich machen, dann ja dann, werde ich bereichert sein. Bereichert, glücklich und zufrieden. Dieser Tag wird ein Feiertag sein. In der Hoffnung auf Ihr baldiges Ableben... Ein Einheimischer.» Die Anrede lautete: «Sie schmieriger Dhimmi».

Das Dhimmitum und seine Prophetin

Das arabische Wort für die «Schutzbefohlenen», die Angehörigen der vorislamischen monotheistischen Religionen, deren Gemeinschaften im klassischen islamischen Gemeinwesen ein Status minderen Rechts garantiert wird, ist das Lieblingsschimpfwort der Islamhasser und ein Schlüsselbegriff des islamkritischen Weltbilds. Zwischen den Behauptungen der Islamkritik über die unaufhaltsame Unterwanderung der westlichen Gesellschaften und dem Alltagswissen über die tatsächliche Machtverteilung klafft eine Lücke. Nirgendwo haben die Muslime eine Partei nach dem Vorbild des politischen Katholizismus gegründet; es fehlt ihnen das Führungspersonal, das in der christlich-indifferenten Umwelt das nötige kulturelle Standing genösse. Die Dhimmi-Legende schließt die Lücke. Erzählt wird, die Wegbereiter der muslimischen Machtübernahme in Europa seien gar keine Muslime, sondern maßgebliche Repräsentanten der politischen und kulturellen Eliten, die sich in vorauseilender Anpassung schon wie Schutzbefohlene verhielten, obwohl die islamische Herrschaft im Westen noch gar nicht förmlich errichtet worden ist. Das bizarre Konstrukt eines vor der Zeit und aus freien Stücken etablierten Regimes der Kollaboration stützen die Islamkritiker mit sozialpsychologischen Spekulationen über den Selbsthass des Westens, der angeblich in den Schichten der Erfolgreichen besonders weit verbreitet ist.

Als Dhimmitum wird nicht nur das gesamte interkulturelle Dialogwesen verächtlich gemacht, sondern jedes Bemühen von Amtsträgern und anderen Personen des öffentlichen Lebens, Muslimen mit Verständnis zu begegnen und Vorstellungen der nicht-muslimischen Gesellschaft so zu formulieren, dass Muslime sie verstehen können. Dhimmi muss sich jeder schimpfen lassen, der den Kriegszustand zwischen dem Islam und der freien Welt bestreitet. Die islamkritischen Vokabeln «Dhimmi» und «Taqiya» gehören zusammen. Die Beschwichtiger sind dafür verantwortlich, dass die Täuschung unentdeckt bleibt. Diese Rhetorik des Verdachts und der Verachtung will Selbstverständlichkeiten des zivilisierten Umgangs beseitigen. Die Höflichkeit, die dem Gegenüber den eigenen Standpunkt nicht aufdrängt, und die Klugheit, die Gemeinsamkeiten im Praktischen sucht, sollen keine Tugenden mehr sein. Immer wenn vom Islam die Rede ist, soll ausgesprochen werden, dass er eine falsche Religion ist, undemokratisch und unaufgeklärt. Merkwürdigerweise wird gleichzeitig beklagt, dass der Preis des Schutzes der Dhimmis unter der Scharia genau eine solche förmliche Bekräftigung der Unwahrheit ihres Glaubens war.

Die Prominenz der Figur des Dhimmi in der Islamkritik beruht auf den Schriften einer einzelnen Autorin, der aus Ägypten gebürtigen Historikerin Gisèle Littman, die unter dem Pseudonym Bat Ye'Or (hebräisch: Tochter des Nils) schreibt. Ihre ersten Bücher über das Schicksal der orientalischen Christen unter der islamischen Herrschaft wurden noch in Fachzeitschriften besprochen. Sie prägte den Begriff der «dhimmitude», der nicht nur einen sozialen und rechtlichen Zustand bezeichnen soll, sondern auch eine Mentalität – die kollektive Variante des Stockholm-Syndroms. Ausdrücklich dienen alle ihre Schriften der historischen Selbstvergewisserung des Zionismus, der eine orientalische Vorgeschichte erhält. Der jüdische Staat ist in dieser Sicht nicht das Produkt eines in die Region importierten westlichen Nationalismus, sondern das legitime Resultat der Emanzipation der Juden vom Dhimmitum. Mit dem Titel ihres 2005 publizierten Buches «Eurabia: The Euro-Arab Axis» fügte sie dem islamkritischen Lexikon einen weiteren ungeheuer wirkmächtigen Begriff hinzu. Das Buch hat einen so bedeutenden Historiker wie Sir Martin Gilbert zum Fürsprecher, den offiziellen Biographen Churchills und Autor zahlreicher Bücher zur jüdischen Zeitgeschichte. Wie Daniel Pipes, der neokonservative amerikanische Meinungsbildner, im Klappentext schreibt, zeichnet es «eine nahezu geheime Geschichte Europas der letzten dreißig Jahre» nach. Es gehört in die Gattung der Arkanhistorie, die in den höfisch-konfessionellen Staaten des Ancien Régime florierte. Die Verfasserin deckt hinter der von der Islamkritik vorausgesagten sozialen Revolution durch demographische Eroberung eine politische Verschwörung auf, freundlicher formuliert: ein Projekt von Technokraten. Seit der Ölkrise von 1973 sollen EU-Beamte mit arabischen Abgesandten über den Masterplan der Verwandlung Europas in den Appendix eines antiamerikanischen, antichristlichen und antisemitischen Blocks beraten haben. Venedig 1977, Rimini 1979, Hamburg 1983: Die meisten Europäer dürften noch nie von diesen Konferenzen gehört haben – aber das ist eben ein Indiz für den Erfolg der Verschwörung.

In der journalistischen Rezeption der Islamkritik kommt das Schlagwort Eurabia als eine satirisch-prophetische Überspitzung an. Bei Bat Ye'Or bezeichnet es eine geopolitische Einheit, ein tatsächliches Objekt politischer Planung. Die «okkulte Maschinerie» des Euro-Arabischen Dialogs soll eine «unumkehrbare Verwandlung» Europas bewirkt haben. Durch eine von den europäischen Institutionen geförderte Kulturpropaganda, inklusive der Verbreitung der «Protokolle der Weisen von Zion», kontrolliert und zensiert der Islam schon heute die Meinungen und Gedanken in Europa. «Eine neue eurabische Kultur kommt zum Vorschein, mit ihren eigenen Dogmen, Predigern, Axiomen und Regeln.» Der flamboyante englische Historiker Niall Ferguson, Harvard-Professor und Weltwirtschaftsweiser, sagt voraus, künftige Historiker würden diese Analyse prophetisch nennen.

Robert Irwin, der englische Orientalist und Kritiker Edward Saids, rezensierte Bat Ye'Ors Buch «Islam and Dhimmitude: When Civilizations Collide» von 2001 in der Zeitschrift «Middle Eastern Studies». Die kompromisslos kritische Sicht der Autorin auf Zwangskonversionen und Heilige Kleinkriege wollte Irwin durchaus als hilfreich gelten lassen: als Korrektiv apologetischer Tendenzen der westlichen Islamwissenschaft. Tatsächlich habe etwa Said, ein palästinensischer Christ, Forschung über die Schutzbefohlenen als politisch unwillkommen abgelehnt. Als Werk der Wissenschaft konnte Bat Ye'Ors Buch in Irwins

Augen allerdings nicht bestehen: durchgängig polemisch, bitter und konfus. Um alle Einseitigkeiten und Manipulationen richtigzustellen, schrieb er, müsste die Rezension so lang werden wie das Buch. Die Tatsachen seien meistens korrekt, aber der Kontext fehle. Irwin rügte eine Methode der Gleichmacherei: Die Autorin ziehe einen Bogen von der Vertreibung der Juden aus Medina bis zur heutigen schlechten Presse des Staates Israel und unterscheide nicht zwischen religiöser Diskriminierung und administrativem Opportunismus, Normen und Praktiken, Obrigkeit und Mob. Dem Zerrbild einer durch das Recht zugleich kaschierten und gesteigerten Willkürherrschaft setzte Irwin ein Zitat von Bernard Lewis, einem weiteren Hauptgewährsmann der Islamkritik, entgegen: «Für den Bürger einer liberalen Demokratie wäre der Status eines Dhimmi zweifellos unerträglich – aber viele Minderheiten in der heutigen Welt würden die Schutzbefohlenen um ihre Autonomie und ihre beschränkten, aber anerkannten Rechte beneiden.»

Der Theologe David Thomas von der Universität Birmingham besprach 1998 im «British Journal of Middle Eastern Studies» Bat Ye'Ors Buch «The Decline of Eastern Christianity under Islam, from Djihad to Dhimmitude». Er wies darauf hin, dass die Historikerin alle Christen, die es unter den Sultanen zu Macht und Reichtum brachten, als Kollaborateure und Volksverräter abstempeln müsse, um ihre These durchzuhalten. Die alles bestimmende historische Kraft ist bei ihr die Rechtsnorm. Ohne weiteres nimmt sie an, wie Thomas notiert, dass ein ungerechtes Gesetz immer ungerecht angewandt werden müsse. Dieser Normativismus kennzeichnet die Denkungsart der Islamkritik. Es kann keinen Frieden mit Muslimen geben, lehrt sie mit Bat Ye'Or, weil das islamische Völkerrecht die Welt in das «Haus des Islam» und das «Haus des Krieges» einteilt und der Friede dadurch eintreten wird, dass das Haus des Krieges verschwindet. Der Dhimmi-Status suspendiert den Krieg um den Preis der Einwilligung in das Recht des Siegers, jederzeit wieder in den Krieg einzutreten, um ihn zu Ende zu führen. In diesem Sinne nennt Bat Ye'Or den Genozid an den Armeniern «das natürliche Ergebnis einer Politik, die der politisch-religiösen Struktur des Dhimmitums innewohnt».

Ihr englischer Ehemann, Übersetzer und Mitautor David Littman ist als Lobbyist bei den Vereinten Nationen in Genf tätig. Als junger

Mann ließ er sich 1961 in geheimer Mission nach Casablanca schicken. Marokko verbot damals die Ausreise von Juden. Getarnt als Repräsentant einer Kinderhilfsorganisation, schmuggelte Littman 530 Kinder über die Schweiz nach Israel. In Casablanca gaben sich Littman und seine Frau als Christen aus. 2009 ließ der israelische Geheimdienst ihm den Orden eines «Helden des Schweigens» verleihen: als einem «verdeckten Krieger, der sein Leben riskiert und einer heiligen Sache des israelischen Volkes und Staates gedient hat». Im Februar 2006 traten die Eheleute Littman als Redner einer Konferenz auf, die im Gedenken an Pim Fortuyn, den 2002 ermordeten islamkritischen Parteigründer, im Haag stattfand. Unter den anderen Rednern waren der unter dem Pseudonym Ibn Warraq schreibende pakistanische Apostel der Ex-Muslime, Daniel Pipes, und Robert Spencer. Einige der Referenten trafen sich im Jahr darauf in Brüssel wieder, auf einer «Counterjihad»-Konferenz, als deren Gastgeber Filip Dewinter vom Vlaams Belang auftrat. Den Landesbericht für Deutschland präsentierte Stefan Herre, der Betreiber von «Politically Incorrect». Israel wurde durch Arijeh Eldad vertreten, den Gründer der Hatikva-Partei, die Verhandlungen mit den Palästinensern ablehnt und 2008 in der Knesset den Antrag stellte, die arabische Bevölkerung von Hebron zum Schutz der jüdischen Siedler zu deportieren. Der evangelikale Prediger Patrick Sookhdeo, in Britisch-Guyana geborener Konvertit, rief den Westen auf, der islamischen Theologie den Krieg zu erklären, und verlangte von den islamischen Theologen eine radikale Reformation des Islam. Bat Ye'Or nahm auf der Konferenz einen Preis in memoriam Oriana Fallaci entgegen. Die atheistische Journalistin hatte in ihren letzten Büchern die geheime Geschichte der Verwandlung Europas in Eurabien dem großen Publikum bekannt gemacht.

Die Werkzeuge werden vorgezeigt

Über die Sprengung des Münchner Vortragsabends mit Mathias Rohe wurde bei «Politically Incorrect» unter der Überschrift «Dhimmi-Veranstaltung in München abgebrochen» berichtet. Der an den «schmierigen Dhimmi» adressierte Drohbrief wurde im Kommentarbereich von «Politically Incorrect» publiziert, aber wieder von der Seite genommen. In einem anderen Eintrag hieß es dort: «Künftige Teilnehmer eines Vortrags von Herrn Rohe sollten immer die passende Ausrüstung mitnehmen: Wischmopp und Eimer, Kamera, ein schönes großes Kreuz, eine fertige Erklärung, in der das Ableben des Referenten mit den Jahrhunderten islamischer Ausbeutung christlicher Länder sowie dem unverzeihlichen Dschihad gegen Hamburger Schnitzel begründet wird, eine Handvoll Schmerztabletten wegen der Humanität und schöne scharfe Messer.» Rohes Fazit lautete: «Das eigentlich Bedenkliche an solchen Vorgängen scheint mir zu sein, dass es – angesichts der Schlichtheit der konkret agierenden Personen – auch ein Umfeld an geistigen Brandstiftern gibt, die solche Fanatisierung erst ermöglichen.»

Einige Vordenker der Islamkritik sagen voraus, dass zivile Methoden wahrscheinlich nicht genügen werden, um den von ihnen erkannten Feind unschädlich zu machen. Diese Einschätzung ist realistisch – sobald man akzeptiert, dass der Islam tatsächlich der Faschismus unserer Zeit ist. Alice Schwarzer stellte im Jahre 2002 fest: «Die Parallelen zu 1933 drängen sich auf.» War der 30. Januar sogar schon verstrichen? Sie fragte: «Ist es noch fünf vor zwölf – oder schon später? Sind die Kreuzzügler auf dem Weg zur islamistischen Weltherrschaft noch zu stoppen – und ist die aufgeklärte Welt überhaupt noch zu retten?» Wenn sie gerettet werden will, darf sie jedenfalls nicht zimperlich sein. Mit Betschwestern und Heulsusen ist der Krieg nicht zu gewinnen. Die Islamisten haben «schon beunruhigend viel Terrain gewonnen – und werden vermutlich leider nicht mehr mit nur demokratischen Mitteln zu stoppen sein». Es sei denn, man versteht unter Demokratie dasselbe wie Ralph Giordano.

In einem langen Interview mit der christlich-jüdischen Internetzeitschrift «Compass» sprach der Schriftsteller 2009 darüber, wie sein islamkritisches Engagement in seine politische Biographie passt. Der Autor der Bücher «Die zweite Schuld oder Von der Last Deutscher zu sein» von 1987 und «Wird Deutschland wieder gefährlich?» von 1993 hat die von Rechtsextremisten propagierte Position übernommen, dass die Erinnerung an die NS-Vergangenheit die Deutschen an der Artikulation ihrer freien Meinung zu nationalen Existenzfragen hindere: «Deutschland hat bis heute keine Abwehrhaltung, die nötig ist, um die schleichende Islamisierung zu verhindern. Der Erfolg, den mein Protest hatte, ergibt sich daraus, dass ich etwas gesagt habe, öffentlich gesagt habe, was Millionen sagen möchten, aber nicht sagen können, weil eben dieser Schulddruck noch auf ihnen lastet.» Giordano löst den Belasteten die Zunge. Alles muss raus! «Ich verteidige die demokratische Republik, die dafür steht, dass ich als Publizist jederzeit sagen und schreiben konnte, was ich wollte.»

Diese Freiheit soll aber nicht für jedermann gelten. Es treibt ihn auf die Barrikaden, dass muslimische Verbandsfunktionäre «hier auf dem Bildschirm» sagen, die Scharia sei vereinbar mit dem Grundgesetz. Aus dem Munde Aiman Mazyeks, des langjährigen Generalsekretärs und späteren Vorsitzenden des Zentralrats der Muslime, hatte Giordano diese Aussage gehört, und als er ihm auf Einladung Guido Knopps bei den «Aschaffenburger Gesprächen» wiederbegegnete, stellte er ihn zur Rede. Er, Giordano, sei Zeuge gewesen, und Necla Kelek sei Zeugin gewesen, als er, Mazyek, gesagt habe, die Scharia sei mit dem Grundgesetz vereinbar. Ob er diesen Satz vor Publikum und Kameras wiederholen wolle? Mazyeks Antwort: Ja. Was hatte Giordano erwartet? Mazyek ist Medienberater von Beruf und Mitglied der FDP. Der smarte Aachener verwendet große Sorgfalt darauf, dass die Selbstdarstellung seines Verbandes mit dem Gesellschaftsbild der religionsfreundlichen Schule der liberalen Staatsrechtslehre der Bundesrepublik harmoniert. Natürlich wollte Mazyek den Satz des Anstoßes so verstanden wissen, wie Rohe die Perspektiven einer Schariarezeption in den Schranken des Grundgesetzes umreißt: Muslime können in Deutschland ihr Leben an den Leitlinien des islamischen Rechts ausrichten, ohne mit Menschenrechten, Demokratie und Rechtsstaatsprinzip in Konflikt zu geraten.

Alle über die fünf Grundpflichten (Glaubensbekenntnis, Gebet, Fasten, Almosen, Pilgerfahrt) hinausgehenden Vorschriften erklärte Mazyek in Aschaffenburg für «disponibel». Wie viele der hergebrachten, von Rechtsgelehrten eingeschärften Verhaltensregeln der Zentralrat in Verhandlungen mit den Behörden tatsächlich zur Disposition gestellt hat, steht auf einem anderen Blatt. Für Giordano war aber schon Mazyeks Bekenntnis zur Möglichkeit eines grundgesetzkonformen und schariageleiteten muslimischen Lebens eine unerträgliche Provokation, ein Anschlag auf die Verfassung durch Verbreitung einer evidenten Unwahrheit über sie: «Taqiya in Reinkultur». Im Interview mit «Compass» legte Giordano dar, dass mit einem solchen Verbalattentäter kurzer Prozess gemacht würde, wenn es nach ihm ginge. Die Aussage, Scharia und Grundgesetz seien nicht unvereinbar, müsste automatisch die Ausweisung nach sich ziehen, auch bei einem deutschen Staatsbürger wie Mazyek. «Meine Auffassung von Demokratie ist: am Kragen gepackt, raus aus Deutschland. Das ist meine Auffassung von Demokratie.»

Von Frankreich lernen

Alice Schwarzers Auffassung von Demokratie ist jakobinisch. In Paris hat sie vor 1968 studiert und nach 1968 als Korrespondentin gearbeitet. Heute ist ihr Idol der Erbe des Generals de Gaulle, Nicolas Sarkozy. Schon das schneidige Auftreten des Innenministers brachte sie zum Schwärmen. Sarkozy habe die Jugendgewalt in den Vorstädten als kulturelles Problem erkannt und benannt – und damit die Macht der von den Revolutionsnostalgikern unter den Linksintellektuellen errichteten Tabus des Multikulturalismus gebrochen. Als Sarkozys Verdienst feierte Frau Schwarzer das Kopftuchverbot für Schülerinnen. Nachdem er auch das Burkaverbot zu seiner Sache gemacht hatte, das nicht auf die staatliche Sphäre der Schulen und Behörden beschränkt ist, konnte sie zufrieden Bilanz ziehen: «Präsident Sarkozy ließ sich nicht einschüchtern.» Eines der Kapitel in «Die große Verschleierung» heißt «Exempel Frankreich». Inwiefern soll der französische Laizismus der Ära Sarkozy Deutschland ein Beispiel geben? In Frankreich, schrieb Alice Schwarzer im April 2003, gebe es «eine Regierung, die begriffen hat, worauf es ankommt: auf die Unterstützung der überwältigenden Mehrheit der nicht gläubigen, nicht fundamentalistischen MuslimInnen, die selbstverständlich für eine Trennung von Staat und Kirche und gegen die Gottesstaatlerei sind». Zuerst glaubt man an einen Druckfehler. Müsste es für die französische Regierung nicht auf die republiktreuen gläubigen Muslime ankommen, wenn sie die Fundamentalisten isolieren will? Nein: Die Gläubigen, und zwar aller Religionen, müssen sich sagen lassen, im Zweifel sei auch ohne sie und gegen sie Staat zu machen. Es kommt nicht auf sie an: Das ist sowohl normativ gemeint als auch machtpolitisch, arithmetisch. «Nur zehn bis zwanzig Prozent der französischen Muslime sind überhaupt religiös aktiv, und nur ein geringer Teil dieser Gläubigen wiederum sind Fundamentalisten.» Frankreich definiert sich als eine und unteilbare Republik. Nach der jakobinischen Auslegung dieses Prinzips soll die Gesellschaft so homogen sein wie der Staat: Die Mehrheitsherrschaft gebietet, dass alle Lebensordnungen im Sinne der Mehrheitsmoral umgestaltet werden.

1991 erschien in «Emma» ein Artikel von Elisabeth Badinter mit dem Titel «Das Kopftuch ist ein politisches Symbol!» Die Philosophin, die mit Robert Badinter verheiratet ist, der als Justizminister unter Präsident Mitterrand die Abschaffung der Todesstrafe ins Werk setzte, wurde berühmt mit ihrem Buch über die Mutterliebe, die sie für eine kulturelle Fiktion hält. Sie kritisiert im Namen des Universalismus der Menschenrechte alle Richtungen des Feminismus, die an den Unterschied und nicht an die Gleichheit der Geschlechter politische Forderungen knüpfen. Der Kopftuch-Artikel ist ein immer wieder nachgedruckter Klassiker: In unüberbietbarer Klarheit entfaltet der kurze Beitrag die Gründe einer Verbotspolitik, die über die Schule hinausdrängt und konsequenterweise zuletzt auch das privat getragene Kopftuch nicht mehr dulden kann. Wenn zwei Mädchen in der Pubertät dasselbe tun, ist es nicht dasselbe: «Eine zerfetzte Jeans anziehen, sich die Haare gelb oder blau färben, das sind Befreiungsakte gegen die geltenden Konventionen. Aber seine Haare unter einem Kopftuch verstecken, das ist ein Akt der Unterwerfung. Er überschattet das ganze Leben einer Frau, ihr Vater oder ihr Bruder werden ihr einen Mann aussuchen, der mehrere Frauen heiraten darf.» Ist wirklich jedes Mädchen, das ein Kopftuch überzieht, damit zu einem Nebenfraudasein verdammt? Statistisch muss dieser Zusammenhang nicht belegt werden. Auf das Zeichen kommt es an. So bekämpfte der Staat der Französischen Revolution den Nonnenschleier. Die Frauenklöster wurden aufgehoben, weil die Nonnen ein schlechtes Beispiel der Untätigkeit und des Aberglaubens gaben. Nur die arbeitende Frau ist für diese französische Ideologie ein vollständiger und gleichwertiger Mensch, daher müssen Sonderwelten weiblicher Frömmigkeit verschwinden.

Elisabeth Badinter stellte 1991 fest, die muslimischen Frauen seien besser integriert als die Männer. Interessant ist die Liste der von ihr aufgezählten Vorteile: «Schule, Verhütung, Abtreibung». Alice Schwarzer schlug 2009 die Brücke zur anderen großen «Emma»-Kampagne und beschwor die Kontinuität des laizistischen Kampfes:

«So wie bei den Vertretern Jesu die Abtreibung steht bei den Vertretern Mohammeds das Kopftuch im Fokus.» Nicht nur die frommen Christen unter den Sympathisanten der Islamkritik dürften an dieser Stelle ins Grübeln geraten. Der Liberalisierung des Abtreibungsrechts lag die Einsicht zugrunde, dass ein strafrechtliches Verbot die Motive der abtreibenden Frau als verwerflich abstempelt und ihr insofern im übertragenen Sinne das rechtliche Gehör verwehrt. So geht das Kopftuchverbot über die Motive der Trägerin hinweg – und das bei einer Handlung, die nur sie selbst betrifft. Im Widerspruch zum liberalen Begriff des Rechtsstaats qualifiziert das Gesetz die Handlung als unfrei, auch wenn äußerer Zwang nicht nachzuweisen ist. Der Kreuzzug der «Emma» gegen die Muslime beiderlei Geschlechts ist ein bemerkenswertes Datum in der Geschichte des Feminismus. Wie eine Religion oder eine andere soziale Bewegung zu staatlichen Kulturgesetzen steht, das variiert mit ihrer eigenen Machtposition. In der Diaspora tritt die katholische Kirche besonders eifrig für die Religionsfreiheit ein. Die Frauenbewegung sieht sich heute offenbar ein für allemal auf der Seite der Sieger: So kann Alice Schwarzer der Minderheitenschutz egal sein. Die von Sarkozy befohlene Räumung der Roma-Lager im Sommer 2010 zog die letzte Konsequenz aus Elisabeth Badinters Kritik am postmodernen Artenschutz für kulturelle Differenzen.

Der antiliberale Geist des jakobinischen Feminismus manifestiert sich bei Alice Schwarzer auch im Stil. Ständig begegnet die islamkritische Standardwendung von der falschen oder falsch verstandenen Toleranz. Das eigene Verständnis ist natürlich das richtige. Fremd ist diesem fanatischen Rationalismus, dass zur Meinungsfreiheit das Experimentieren gehört, dass sich oft erst aus der Debatte, im Zuge von Rechtsstreitigkeiten und in der Praxis herausstellt, was eine freie Gesellschaft dulden kann und will. Wenn Alice Schwarzer und ihre Mitstreiterinnen die islamistische Unterwanderung der Justiz beschwören, dann glauben sie wahrscheinlich nicht, dass die Bartträger unter den hohen Richtern sich in Hinterzimmern von Moscheen treffen wie Spitzenkader des französischen Staates in den Freimaurerlogen. Ihrem rigorosen Laizismus ist es schon ein Ärgernis, dass Gerichte überhaupt prüfen, ob der Religionsfreiheit zuliebe Ausnahmen von der Befolgung gesetzlicher Pflichten gemacht werden können. Wenn es um das Kopftuch oder den Schwimmunterricht geht, setzt Frau Schwarzer das von

Musliminnen reklamierte Recht in Anführungszeichen. Rechte existieren aber nur dadurch, dass sie in Anspruch genommen werden. Wenn ein Gericht den Anspruch in letzter Instanz verneint, heißt das nicht, dass die Klärung überflüssig war und der rechtstreue Bürger das von vornherein hätte wissen müssen.

Der Rechtsweg als Kriegspfad

Auch Johannes Kandel, der evangelisch engagierte Dialogexperte der Friedrich-Ebert-Stiftung, rückt Muslime, die den Rechtsweg beschreiten, in ein sinistres Licht. Muslimische Verbände schaden nach Kandel der Integration, wenn sie als «Lobbyisten religiöser und kultureller Identität» Klägern in Musterprozessen beratend zur Seite stehen. Als agierten Gewerkschaften und Umweltschutzverbände nicht in derselben Weise – und als wäre nicht das gesamte staatlich subventionierte Kirchenwesen ein verzweigtes System des Identitätslobbyismus! Kandel fragt: «Warum verfolgten muslimische Spitzenverbände mit eiserner Beharrlichkeit bis zum Bundesverfassungsgericht die Durchsetzung ihrer Interpretation des rituellen (betäubungslosen) Schlachtens (Schächten)?» Man möchte nicht glauben, dass ein von der EKD zu Rate gezogener Fachmann für Kulturdifferenzen nicht selbst auf die Antwort kommt: weil Speisevorschriften und die entsprechenden Regeln des Schlachtens einerseits in den innersten und ältesten Bereich der Religionsausübung fallen und andererseits das moderne säkulare Bewusstsein zutiefst befremden, so dass eine Klärung durch das zur letztverbindlichen Auslegung der Grundrechte befugte Gericht wünschenswert war, zur Wahrung des sozialen Friedens. Mit größerem Recht könnte man fragen: Warum verfolgten Bischof Huber und Kardinal Sterzinsky in ökumenischer Sturheit bis zum Bundesverfassungsgericht die Durchsetzung ihrer Interpretation der Sonntagsruhe, obwohl keine Kirche schließen muss, wenn die Geschäfte geöffnet werden?

Man stelle sich vor, ein eifriger Beamter bei einer Tierschutz-Überwachungsbehörde käme auf die Idee, wegen der Aufnahme des Tierschutzes unter die Staatsziele einem jüdischen Metzger die Ausnahmegenehmigung zum Schächten zu entziehen. Wenn dann der Zentralrat der Juden in Deutschland den Metzger beim Gang vors Verwaltungsgericht unterstützen würde, ließe kein Experte für den christlich-jüdischen Dialog den guten Rat drucken, die Juden sollten nicht ohne Not die moralische Empfindlichkeit der Mehrheitsbevölkerung provozieren. In der Rezension eines Buchs zum Kopftuchstreit, die er gemeinsam mit einem Kollegen verfasste, hat Kandel geschrieben: «Der demokratische Staat ist qua Rechtsstreit gezwungen worden, auf einen religiösen Anspruch zu reagieren, der die Verhüllung von Frauen als zeitlos gültige Vorschrift dekretiert und kompromisslose Akzeptanz dieses Anspruches auch für Schulen und Behörden einfordert.» Das stellt nun alles auf den Kopf. Baden-Württemberg hat das Kopftuch als abstrakte Gefährdung des Schulfriedens definiert und die pragmatische Konfliktlösung der Einzelfallprüfung abgelehnt. So wollte das Land Fereshta Ludin zwingen, entweder auf das Kopftuch zu verzichten oder auf die Tätigkeit im Staatsdienst. Sie wehrte sich gegen einen Verwaltungsakt auf dem dafür vorgesehenen Weg – und wird deshalb von Kandel in die Rolle des Aggressors gesteckt. Unbedingt abwehrbereit ist dieser professionelle Dialogwächter, ein Dr. Seltsam des Kulturkriegs, der die inneren Feinde der Demokratie erfinderisch vermehrt.

Schaukampf im Schwimmbad

Schulunterricht findet im Klassenverband statt. Aus pädagogischer Sicht ist es immer zu bedauern, wenn einzelne Schüler auf Wunsch der Eltern an einzelnen Gemeinschaftsaktivitäten nicht teilnehmen. Wenn Politiker dafür werben, dass muslimische Eltern ihre Töchter in den Schwimmunterricht und auf Klassenfahrten schicken, setzen sie sich für das pädagogisch Wünschenswerte ein und verstoßen insoweit nicht gegen das Gebot der religiösen Neutralität des Staates. Es ist aber problematisch, solche Fragen des persönlichsten Empfindens ausdrücklich zum Test der Integrationsbereitschaft zu machen. Die Schamvorstellungen von Eltern, die nach Maßgabe heiliger Schriften und Traditionen künstliche Vorkehrungen zum Schutz ihrer heranwachsenden Töchter treffen, mögen irritieren. Von der Erörterung dieser Befangenheiten ist freilich wenigstens ein Minimum an Takt zu verlangen. Durch dauernde Thematisierung sind Probleme mit höchster symbolischer Bedeutung aufgeladen worden, die ihre Lösungen im Schulalltag finden müssen. Der ideologische Blick verfremdet

Phänomene, die von der Alltagsvernunft sehr wohl eingeordnet werden können.

Tendenziös sind schon die gängigen Formulierungen, die Eltern wollten die Töchter vom Schwimmunterricht fernhalten oder dem Sportunterricht entziehen, wenn sich ihr Monitum nicht auf die Leibesübungen bezieht, sondern auf die Koedukation in diesem Fach. Zum Gleichheitsproblem wird die Sportfrage erst, wenn man die Alternative ignoriert, die Einrichtung eines nach Geschlechtern getrennten Unterrichts. Und diese Alternative ist nicht etwa eine abstruse Zumutung, die die Effektivität des Unterrichts beschädigen müsste. Vielerorts ist es durchaus üblich, dass Jungen und Mädchen nach dem Eintritt in die Pubertät getrennte Sportstunden haben. Warum so viel Aufhebens um die Motive bestimmter Eltern, dieses bewährte Modell attraktiv zu finden? Ähnlich liegen die Dinge bei den Klassenfahrten. Selten kann an einer Klassenfahrt die ganze Klasse teilnehmen. Die Entschuldigungsgründe sind vielfältig. Wenn es in einer Schule die Tradition der Skifreizeit in der sechsten und siebten Klasse gibt und Eltern ihre Kinder nicht mitfahren lassen, weil sie Skiunterricht für Zwölfjährige für Geldverschwendung halten, verdient diese Wertung dann mehr Respekt als die Ableitung des Höchstradius einer Busfahrt aus der Tagesleistung eines Kamels? Die Daheimgebliebenen sind in jedem Fall isoliert und können den Rückstand im außerplanmäßigen Schulstoff der Gemeinschaftserfahrungen nicht aufholen. Der Gedanke, dass auf einer Klassenfahrt etwas passieren kann, beschäftigt alle Eltern, und es ist dann eine Frage des Alters der Kinder und des elterlichen Horizonts, welche Sorte Missgeschick man sich ausmalt. Die Pubertät der Kinder ist für die Eltern ein Abenteuer, das Stoff für ein Untergenre der Elternratgeber hergibt. Es geht also nicht um ein Sonderproblem von Muslimen.

Nur wenn die übervorsichtigen Eltern sich der Einsicht öffnen, dass ihre Sorgen übertrieben sind, ist zu vermeiden, dass das Mitschwimmen und Mitfahren erzwungen werden müssen. Und diese Einsicht muss allmählich im Schulalltag wachsen, wird sich in den seltensten Fällen plötzlich beim Koranstudium einstellen. Die Schülerinnen sollten nicht darauf warten müssen, dass die von Seyran Ateş propagierte sexuelle Revolution im Islam ihre Eltern erreicht. Vertrauen in die Schule wird dort entstehen, wo man den Bedenken der Eltern mit

Respekt begegnet und nicht von vornherein jedes Entgegenkommen in den praktischen Arrangements verweigert.

Im Februar 2006 legte Necla Kelek eine «Expertise» zu den Kollisionen zwischen Schulpflicht und Glaubensfreiheit vor, die sie im Auftrag des Bundesamts für Migration und Flüchtlinge angefertigt hatte. Im bewährten Verfahren der Anekdotencollage stellte die Expertin ein dramatisches Bild her. Am Telefon, erzählte Frau Kelek, habe sie von der Schulsekretärin der Moses-Mendelssohn-Schule in Berlin-Mitte erfahren, es würden keine Anträge auf Befreiung mehr gestellt. Seit so viele Mädchen Kopftuch trügen, akzeptiere die Schule ohnehin, dass sie nicht zum Schwimmen kämen. Unter Berufung auf die stellvertretende Schulleiterin einer Grund- und Hauptschule in Hamburg-Veddel behauptete Frau Kelek, so lägen die Dinge überall an Schulen mit hohem Ausländeranteil. Schwimm- und Sportunterricht finde «praktisch ohne weibliche Beteiligung statt». Aus der Expertise selbst ergibt sich, dass diese Verallgemeinerung falsch ist. Die Direktorin der Erika-Mann-Schule im Wedding, Türkenanteil 55 Prozent, gab an, alle müssten am Schwimmunterricht teilnehmen, die Kopftuchträgerinnen trügen im Wasser eine Plastikhaube. «Ausnahmen werden nicht gemacht.» Auch der Leiter der Moses-Mendelssohn-Schule sagte: «Schwimmen ist kein Problem. Ausnahmen sind mir nicht bekannt.» Obwohl auch andere Lehrer ausführlich darüber berichtet hatten, wie sie auf Eltern einwirkten, damit die Töchter zum Schwimmen geschickt wurden, interpretierte Frau Kelek die Erhebung der Berliner Schulverwaltung, wonach im Schuljahr 2004/05 nur fünfzehn Befreiungsanträge gestellt worden waren, im Sinne ihrer These, förmliche Gesuche seien gar nicht nötig. Das Fazit der Studie: Von «erheblichen Verweigerungsquoten» sei auszugehen. Frau Kelek forderte ein «einheitliches Meldesystem für Kulturkonflikte», das sie wohl auf Bundesebene ansiedeln wollte, um den Schulen ein «klares Regularium» und ein «einheitliches Instrumentarium» zur Verfügung zu stellen. In Frau Keleks schwarz-rot-goldener Pädagogik erzeugen Wertkonflikte keinen lokalen Vermittlungsbedarf, sondern einen nationalen Entscheidungszwang. Durch «eindeutige Antworten» auf höchster Ebene sollte die Schule zur Anstalt der «integrationspolitischen Steuerung» werden.

Martin Spiewak, bildungspolitischer Redakteur der «Zeit», unterzog Necla Keleks Expertise im Dezember 2006 einer Überprüfung. Er holte Stellungnahmen von Kultusministerien und Schulbehörden ein, sprach mit einigen der von Frau Kelek befragten Lehrer und erkundete die Lage an weiteren Schulen mit einem besonders hohen Anteil muslimischer Schüler. Das Ergebnis von Spiewaks Recherchen: «Die These vom breiten Unterrichtsboykott muslimischer Eltern scheint nicht haltbar.» Der Vorwurf der bewussten Integrationsverweigerung von Muslimen sei mittlerweile «eine feste Argumentationsfigur in der deutschen Öffentlichkeit und Politik», stütze sich aber auf Vermutungen oder Einzelbeobachtungen. Mit Verblüffung nahm der Leiter der Moses-Mendelssohn-Schule zur Kenntnis, dass Frau Kelek unter Berufung auf die Schulsekretärin ein Regime des Wegschauens geschildert hatte, so dass die Leser der Expertise ihn entweder für unwissend oder für einen Lügner halten mussten. Zum Zeitpunkt der Visite der Expertin habe im Sekretariat eine Aushilfskraft Dienst getan. Aus Hamburg hörte Spiewak, die größten Schwierigkeiten habe man mit christlichen Fundamentalisten. 2007 richtete der Interkulturelle Rat in Deutschland, eine Dachorganisation von Verbänden, die sich für den religionspolitischen Dialog einsetzen, eine Anfrage zum Schwimmunterricht an die Kultusministerien. Die Antworten fielen einheitlich und eindeutig aus: Muslimische Mädchen, die nicht mitschwimmen, sind Einzelfälle, das Problem spielt keine wichtige Rolle. Seit dem Jahr 2000 hatte es ein einziges Gerichtsverfahren gegeben; die Eltern einer Schülerin der dritten Klasse unterlagen vor dem Verwaltungsgericht Hamburg. Wie konnte Necla Kelek in ihrer Expertise dann behaupten, «dass zunehmend die Gerichte angerufen werden, um die widerstreitenden Werte zu gewichten»?

In scheinempirischen Aussagen dieser Art verdrängt die islamkritische Erwartung die nachprüfbare Erfahrung. Nach Überzeugung von Frau Kelek muss die integrationsfeindliche Ausnutzung der Religionsfreiheit sich ausbreiten, wenn sie von der republikanischen Obrigkeit nicht eingedämmt wird. Die Werte des Islam – so steht es in der Expertise: nicht die Werte der fundamentalistischen, traditionellen oder herrschenden Islamauslegung, sondern die Werte des Islam – «sind mit unserer demokratischen Verfassung und Zivilgesellschaft nicht in Einklang zu bringen». Ein praktischer Kompromiss wie die Berücksichtigung von Speisevorschriften auf Klassenfahrten ist für Frau

Kelek ein Akt der Kapitulation. Sie beurteilt die Bedeutung der muslimischen Religion im deutschen Alltag nach der Logik des Partisanenkrieges: Der innere Feind siegt, wenn er sich festgesetzt hat. So braucht sie keine statistischen Belege und keine Auskünfte der Kultusministerien, um zu verbreiten, dass die Grundrechte der Artikel 4 und 6 des Grundgesetzes «von immer mehr Muslimen in Deutschland gegen die herrschende Schulpraxis in Anspruch genommen» werden. Gesetze und Gerichte lassen «eine eindeutige Haltung vermissen», dann muss die Gefahr ja wachsen. Sie werden immer mehr, immer fremder und immer frecher: So viel weiß die Islamkritik über die Muslime.

Dass eine Integrationspolitik, die zur Verletzung religiöser Gebote verpflichten will, kontraproduktiv sein könnte, schließt Frau Kelek aus. Jedes Entgegenkommen stärkt die Position eines Gegners, mit dem sich nicht verhandeln lässt: Die «Zielkonflikte» werden umso schärfer, «je weniger dezidiert die gesellschaftlichen (und staatlichen) Vorgaben sind». Im Juni 2009 veröffentlichte das Bundesamt für Migration und Flüchtlinge eine repräsentative Untersuchung zum muslimischen Leben in Deutschland, die auf 6000 Telefoninterviews beruht. Nüchtern charakterisieren die Autorinnen im Unterkapitel «Religion und Teilnahme an schulischen Unterrichtsangeboten» die Expertise, die Necla Kelek drei Jahre zuvor dem Bundesamt vorgelegt hatte: Dort würden «die Motive einzelner Mädchen beleuchtet»; es fehlten die «für eine objektive Diskussion über die Thematik» nötigen Zahlen. Den Zahlen der Repräsentativstudie liegen Angaben über 3283 Schüler zugrunde. Der Anteil der muslimischen Schülerinnen, die am koedukativen Schwimmunterricht nicht teilnehmen, wird mit 7 Prozent angegeben. Beim sonstigen Sportunterricht sinkt der Wert auf 1,25 Prozent. Dass eine so kleine Minderheit durch ihr abweichendes Verhalten eine prägende, für die Integration schädliche Wirkung innerhalb der Gruppe der muslimischen Schülerinnen entfalten kann, ist nur plausibel, wenn man das Dogma der Islamkritik akzeptiert, dass die strengsten Muslime die wahren Muslime sind und die Lauen durch ihre bloße Anwesenheit unter permanenten Druck setzen. Jörg Lau nennt das Mitschwimmverbot für muslimische Mädchen «eine *urban legend* des Einwanderungslandes».

Das legendäre Sparschweinschlachten

Die Geschichten, mit denen die Islamkritik die Unterwanderung der Zivilgesellschaft und den Defätismus der tonangebenden Kräfte illustriert, erweisen sich regelmäßig als Wanderanekdoten und haltlose Gerüchte. So auch das dritte der Beispiele für die schleichende Scharia, die Ayaan Hirsi Ali 2006 im Gespräch mit der F.A.Z. nannte. Da waren die Supermärkte in gewissen Gegenden Frankreichs. Die Kulturausschüsse in gewissen Städten Hollands. «Und in Großbritannien geht es nun soweit, dass die Sparkassen keine Sparschweine mehr aufstellen, um die Gefühle der Muslime nicht zu verletzen, für die Schweine ja unrein sind.» Diese Geschichte geht zurück auf einen Artikel, der am 21. Oktober 2005 auf Seite 6 des «Lancashire Evening Telegraph» erschien, einer in Blackburn verlegten regionalen Boulevardzeitung mit einer Auflage von 35 000 Exemplaren. Unter der Überschrift «‹Anstößige› Sparschweine werden geschlachtet» wurde berichtet, aus Rücksicht auf muslimische Kunden würden in Bankfilialen in der Innenstadt von Blackburn Sparschweine aus den Schaufenstern entfernt. Blackburn hat 105 000 Einwohner. Der Anteil der Muslime liegt bei einem Viertel und damit höher als in jeder anderen englischen Stadt. Der Artikel zitierte namenlose Sprecher zweier großer Filialbanken, der Bausparkasse Halifax und der National Westminster Bank, die die Säuberungsaktion «zugegeben» hätten. Als der Medienreporter der Finanzmarktseiten des «Guardian» bei den beiden Banken nachfragte, bestritten sie das Sparschweinschlachten. Halifax gab an, schon seit einigen Jahren keine Sparschweine mehr als Werbemittel zu verwenden. Und Nat West konnte darauf verweisen, dass gerade erst eine landesweite Anzeigenkampagne mit einem Sparschweinmotiv zu Ende gegangen war.

Als die Notiz im «Guardian» erschien, war die von der großen Londoner Boulevardzeitung «Daily Express» übernommene Nachricht längst um die Welt gegangen. Blogger, Radiomoderatoren und andere Knallbonbondealer hatten sich mit der bedrohten Tierart solidarisiert. Aus Bausparkassenfilialen in der Innenstadt von Blackburn wurden dabei die britischen Sparkassen überhaupt. In dieser Form verbreitete Ayaan Hirsi Ali die Geschichte weiter, elf Monate nach dem Dementi. Dabei hatte sogar Robert Spencer, der Oberaufseher über die gesamte

Islamistenbrut, in seinen Blog «Jihad Watch» eine Korrekturmeldung eingerückt.

Henryk M. Broder veröffentlichte Anfang 2007 zur Feier von sechzig Jahren «Der Spiegel» seinen Beitrag zu einem beliebten Subgenre der islamkritischen Satire, einen prophetischen Bericht aus dem islamisierten Deutschland der Zukunft. Mit einer solchen Vision aus der deutschen Provinz Eurabiens endet Thilo Sarrazins Buch «Deutschland schafft sich ab»; mit einem Pendant beginnt das Taschenbuch «Allahs Weltordnung», das publizistische Vermächtnis von Rainer Glagow, dem pensionierten Leiter des Hauptstadtbüros der Hanns-Seidel-Stiftung und wissenschaftlichen Berater der Bürgerbewegung Pax Europa. Bei Glagow ist Bundespräsident Johannes von Scheelemann am 18. Januar 2071 in der Berliner Zentralmoschee, dem ehemaligen Dom, ohnmächtiger Zeuge, als Mustafa Osmanlikci, gewähltes Oberhaupt der Muslime in Deutschland, von der Kanzel aus mit dem Schlachtruf «Ein Glaube, ein Volk, ein Reich» die endgültige Umwandlung Deutschlands in einen Kalifatsstaat verkündet. Zu spät hatte der Präsident erkannt, dass es ein fataler Fehler der politischen Klasse gewesen war, den Muslimen die Anwendung der Scharia zuzugestehen und am Bundesverfassungsgericht einen Scharia-Senat einzurichten. Bei Glagow setzt die Partei der Muslime in Deutschland (PMD) die Öffnung der deutschen Grenzen durch, bei Sarrazin beginnt der muslimische Marsch durch die politischen Institutionen in Duisburg, wo die SPD einer islamischen Wählervereinigung das Amt des Dezernenten für Kultur und Abfallwirtschaft überlässt. Als in Sarrazins Weimar 2045 noch einmal die Anna-Amalia-Bibliothek brennt, haben Muslime inzwischen die ostdeutschen Bundesländer wiederbevölkert. «Der Oberbürgermeister, ein nachdenklicher, tiefreligiöser Mann mit arabischem Migrationshintergrund, machte sich die Sache nicht leicht. Am Ende aber trat er vor die Presse und verkündete, das Vorrecht auf dieser Welt gebühre den Lebenden und nicht den Toten. Die knappen Städtebauförderungsmittel seien daher in der Gestaltung des Vorplatzes für die neue Moschee besser angelegt.»

Dass die Kaiserdome von Speyer, Mainz, Worms und Bamberg, das Ulmer Münster, die Münchner Frauenkirche und der Kölner Dom zu Moscheen umgewidmet werden, ist eine konservatorische Idee, die Sarrazins Kulturstaatsminister 2095 bei einem Besuch der Hagia Sofia einfällt. Bei Broder spricht schon 2067 ein Bundespräsident mit dem Namen Mahmoud Watan-Sadr die Neujahrsansprache. Längst ist der Plan «eines inzwischen vergessenen grünen Abgeordneten» Wirklichkeit geworden und Mohammeds Geburtstag staatlicher Feiertag. Pornokinos und Spielhallen sind verboten, im Umkreis von tausend Metern um eine Moschee wird kein Schweinefleisch verkauft, und kein Kirchturm darf höher sein als das nächstgelegene Minarett. Der Weg in die muslimische Leitkultur führte wie in allen westeuropäischen Ländern über ein Autonomie-Statut, das den Muslimen erlaubte, ihre Angelegenheiten nach der Scharia zu regeln. Den Kaffeesatz, aus dem Broder die phantastische Historie vom Bundespräsidenten Watan-Sadr las, bildeten wahre Geschichten aus den vermischten Nachrichten der Jahre 2005 und 2006. Mehr oder weniger wahre: «Britische Banken wollen ihren Kunden keine ‹Sparschweine› mehr anbieten, weil Schweine im Islam als unrein gelten.» Besonders lustig: Dieses «Zeichen der Zeit» soll zunächst «keine größeren Schlagzeilen» hervorgerufen haben.

Am 25. Februar 2007 wurde im Internetjournal «Perlentaucher» ein Essay von Ulrike Ackermann publiziert, der den Titel «Lob der Dissidenz» trug. Lob spendete die Verfasserin Ayaan Hirsi Ali und Necla Kelek, den «Dissidentinnen des Islam», mit Tadel übergoss sie Timothy Garton Ash und Ian Buruma, die daran erinnert hatten, dass auch die Kirche Voltaires ihre Zeloten hat. Frau Ackermann ereiferte sich über diese zersetzende Ironie. Denunzianten und Schönredner seien die Kritiker der Islamkritikerinnen, Verräter an der Sache der offenen Gesellschaft. So hätten «wohlmeinende Intellektuelle» schon die antikommunistischen Dissidenten Ostmitteleuropas als Störenfriede disqualifiziert, um in aller Ruhe den Dialog mit Diktatoren kultivieren zu können. Nach der «Bild»-Zeitung braucht jede Wahrheit einen Mutigen, der sie ausspricht. Nach Ulrike Ackermann auch einen Chor, der sie mitspricht. Für die «leidenschaftliche Verteidigung eines selbstbestimmten Lebens, der Freiheit des Individuums gegenüber einem religiösen, domestizierenden Kollektiv» forderte sie «endlich lautstarke Unterstützung». Eine Dissidenz, die sich mit abweichenden Meinungen begnügt, bleibt leisetreterisch. Laut und deutlich nahm Frau Ackermann das Recht auf die abweichende Tatsache in Anspruch. Broder hatte die Legende vom Sparschweinmassaker Anfang Februar

2007 noch einmal in einem Videoblog unters Fanvolk gebracht. Der Blogger Stefan Niggemeier hatte die Sache noch einmal richtiggestellt. Zwei Wochen später folgte zur Warnung vor der «Verharmlosung des Islam» die Lautsprecherdurchsage von Ulrike Ackermann: «In Großbritannien werden die Sparschweine aus den Banken geräumt, weil sie die religiösen Gefühle der Muslime verletzen könnten, die im Schwein ein unreines Tier sehen.» Und weil's so laut war, stellte sie ihr «Lob der Dissidenz» auch bei Broders «Achse des Guten» ein.

2008 wurde Ulrike Ackermann zur Professorin der Fachhochschule Heidelberg ernannt, an der sie 2009 ein John-Stuart-Mill-Institut für Freiheitsforschung gründete. Aufklärung, möchte man meinen, hat etwas zu tun mit dem Überprüfen, Nachgucken und Hinsehen, mit dem Unterschied von Beobachtung und Einbildung. Warum hat Frau Ackermann sich nicht vergewissert, ob es in den britischen Banken wirklich zum Syoklasmus gekommen war? John Stuart Mill erklärt das Phänomen im fünften Buch seines «Systems der deduktiven und induktiven Logik», das von den Fehlschlüssen handelt. Wie kommt es, dass Schlüsse gezogen werden, die einfache Beobachtungen als Irrtümer hätten entlarven müssen? «Die größte aller Ursachen von Nichtbeobachtung ist eine vorgefasste Meinung. Diese Ursache ist es, welche zu allen Zeiten das ganze Menschengeschlecht fast ganz unaufmerksam auf alle Tatsachen machte, welche dem ersten Anschein oder einem als wahr angenommenen Satz widersprachen, mochten diese Tatsachen noch so zahlreich und augenfällig sein.» Die Macht der Vorurteile bezeichnet für Mill sozusagen die Kulturgrenze innerhalb der Zivilisation. Naturwissenschaftliche Paradigmen und politische Parteistandpunkte trotzen wie die abergläubischen Weltbilder der Barbaren allen unbequemen Tatsachen. Ein schönes Beispiel für den «Einfluss vorgefasster Meinungen» bei den «unkultivierten Völkern» bieten die Schwarzen, die eine Koralle als Amulett tragen und behaupten, die Farbe des Talismans wechsele mit dem Gesundheitszustand des Trägers und werde bei Krankheit heller.

Die abseitigen Geschichten, mit denen die Islamkritik ihr Publikum erschreckt und unterhält, sind immun gegen empirische Widerlegung. Sie passen sich gegebenenfalls an, durch Verlegung oder Umdatierung des Geschehens oder durch Tilgung von Namen. Und wenn eine diskreditierte Story einmal in der Versenkung verschwindet, kehrt sie früher oder später im Triumph wieder. Bassam Tibi pflegte zu erzählen, dass dem Bischof von Hildesheim bei einem Moscheebesuch der Koran als Geschenk überreicht worden sei, der Imam jedoch die Bibel als Gegengabe abgelehnt habe. Als der Pressesprecher des Bistums die Geschichte ins Reich der Fabel verwies, degradierte Tibi den Bischof zum namenlosen Pfarrer.

Udo Ulfkotte behauptete in seinem Standardvortrag, beispielsweise am 9. März 2007 auf Einladung der CDU des Lahn-Dill-Kreises, vor allem auf Wochenmärkten komme es immer öfter vor, dass Muslime auf die Auslagen mit Schweinefleisch spuckten. Zwar erklärte der von der «taz» befragte Sprecher des Deutschen Fleischer-Verbands, er höre die Geschichte zum erstenmal und hätte sie bestimmt schon gehört, wenn sie wahr wäre. Aber laut Ulfkotte hatten die Metzger, die sich ihm anvertraut hatten, von einer Anzeige abgesehen, um keine Kunden zu verlieren. Tatsächlich hatte man die Geschichte in Deutschland schon einmal gehört, sie darf einem, mit Wolfgang Schäuble zu sprechen, merkwürdig bekannt vorkommen. Am 22. Januar 1901 verurteilte das Landgericht Schweinfurt den Bäckermeister Johann Schmidt aus Nordheim am Rhein wegen falscher Anschuldigung und verleumderischer Beleidigung zu sechs Monaten Gefängnis. Schmidt hatte über den Metzger Aron Baum verbreitet, er habe ihn dabei beobachtet, wie er im Schlachthaus das Hinterteil eines frisch geschlachteten Tiers besudelt habe. Als eine Zeitung das Gerücht aufgriff, war das Geschäft des Metzgers in kurzer Zeit ruiniert. Das Gericht bezeichnete die ganze Sache als «erdichtet und erlogen» und stellte fest, «durch das maßlose und niederträchtige konfessionelle Hetzen» gewisser Presseorgane gegen die Juden sei «dem Schmidt das Gift zu dieser Verleumdung eingegeben worden».

KAPITEL 7

Nach dem Tabubruch. *Was will die Islamkritik?*

Wie gern möchte er, dass sich Deutschlands Regenten zu dieser heilsamen Absicht mit ihm vereinigten! Er predigt ihnen süß und sauer, er stellt ihnen Himmel und Hölle vor. Nun, wenn sie nicht hören wollen: so mögen sie fühlen.

Anti-Goeze, d.i. Fünfter notgedrungener Beitrag zu den freiwilligen Beiträgen des Herrn Pastors Goeze

Laut Henryk M. Broder «führt eine direkte Linie von der Al Qaida im Irak und der Intifada in Palästina zu den Jugendlichen mit ‹Migrationshintergrund› in Neukölln und Moabit». Broders Welt ist übersichtlich: Es gibt nur einen Krieg, nur einen Feind, nur eine Front. Diese radikale Vereinfachung der Weltverhältnisse macht die Attraktion der Islamkritik aus. In Stadtvierteln, wo muslimische Einwanderer weitgehend unter sich bleiben, können die Prediger der islamischen Weltrevolution untertauchen und Rekruten werben. Aber polizeiliche Bestandsaufnahmen solcher Gelegenheiten der Radikalisierung verfehlen den Punkt der islamkritischen Quartierssoziologie. Die Verbindung von Palästina und Moabit bleibt indirekt, wenn soziale Bedingungen der Hinwendung zur politischen Gewalt untersucht werden – das ist die Perspektive von Sozialarbeitern. Genau umgekehrt geht es darum, den politischen Charakter des sozialen Problems zu erkennen. Asoziale Taten chancenarmer Berliner Jugendlicher mit türkischer und arabischer Familiengeschichte sollen als Bürgerkriegshandlungen gedeutet werden. Die Staatsmacht hat es nicht mit Zuständen der Gesetzlosigkeit zu tun, sondern mit dem Versuch, einem anderen Gesetz auf deutschem Boden Geltung zu verschaffen, dem Gesetz Allahs. Wenn der Islam das Problem ist, wie Ralph Giordano und Ayaan Hirsi Ali lehren, dann können Moscheen nie etwas zur Lösung beitragen. Die Sicherheitsbehörden setzen darauf, dass potentielle Staatsfeinde in den Moscheegemeinden vor dem Abdriften bewahrt werden. Aber fromme Muslime, die den Konflikt mit dem staatlichen Gesetz vermeiden, bilden nach der Logik der Islamkritik auf Dauer die viel größere Gefahr. Die Bürger müssen nur den Koran lesen und die Fernsehnachrichten verfolgen, tönt es aus den Lautsprechern der Gegenmuezzine, dann werden sie dahinterkommen, dass die Schulschwänzer in Neukölln Kampfgenossen der Selbstmordattentäter von Bagdad sind.

Ein Moment wie bei Dan Brown

Eines Tages im Juni 2010 erlebten die Islamkritiker plötzlich, was vor langer Zeit Abonnenten des «Neuen Deutschland» periodisch vergönnt war: In der Zeitung wurde die Wahrheit ihrer Weltanschauung bekanntgegeben – nicht in einem Debattenbeitrag im Feuilleton, sondern unter den politischen Nachrichten. Es war ein Moment wie im letzten Kapitel eines Romans von Dan Brown, wenn hinter dem Zifferblatt von Big Ben der Zeitplan der freimaurerischen Weltverschwörung entdeckt wird und der Detektiv schwarz auf weiß sieht, dass wirklich alle Fäden zusammenlaufen. Alle Aggressionen von Muslimen sind Ausdruck der aggressiven Natur des Islam: Für diese simpelste These der Islamkritik, für die nach aller Erfahrung nichts spricht außer ihrer Simplizität, wurde ein wissenschaftlicher Beweis präsentiert. Aus seriöser Quelle: Das Kriminologische Forschungsinstitut Niedersachsen (KFN) hatte im Auftrag des Bundesinnenministeriums die Gewalterfahrungen Jugendlicher untersucht. Der dreihundertvierundzwanzigseitigen Studie hatte die Institutsleitung freundlicherweise eine zweiseitige Kurzzusammenfassung beigegeben, die ein Resultat heraushob: Bei jungen Muslimen gehe «die zunehmende Bindung an ihre Religion mit einem Anstieg der Gewalt einher».

Dieser Satz stellt die Ergebnisse der Untersuchung falsch dar. Die Zusammenfassung erwähnte, dass der Anteil der Gewalttäter bei den «sehr religiösen» muslimischen Jugendlichen am höchsten sei, unterschlug aber, dass er bei den «etwas religiösen» niedriger sein soll als bei den «nicht religiösen». Eine Sozialpädagogik, die am Leitfaden der KFN-Studie etwas für die Befriedung der Schulhöfe tun wollte, müsste sich also das Ziel setzen, Söhnen muslimischer Eltern «etwas»

Religion zu vermitteln, aber nicht zu viel. Für die Wirkung der Studie war wichtig, dass das schlagzeilenträchtige Resultat scheinbar durch die Gegenprobe bestätigt wurde. «Für junge Christen gilt, dass sie mit steigender Religiosität weniger Gewalttaten begehen.» Auch mit dieser Formulierung der Zusammenfassung gingen die Autoren über auffällige Ausschläge der Datenkurven hinweg, um eine einfache Korrelation zu behaupten. So sind bei den christlichen Migranten mehr Mehrfachtäter unter den «religiösen» als unter den nur «etwas religiösen» Jugendlichen erfasst worden. Bei den ostdeutschen Protestanten aus deutschem Elternhaus gibt es sogar eine Verdreifachung des Mehrfachtäteranteils auf dem Weg von den «etwas religiösen» zu den «sehr religiösen» Befragten. Die Kinder von Pietismus und Bürgerrechtsbewegung: die verkannte Gewaltrisikogruppe?

In Gary Larsons «Far Side Gallery» gibt es einen Cartoon mit der Legende «Einstein entdeckt, dass Zeit tatsächlich Geld ist». Wir sehen Einstein im Forscherkittel vor einer Tafel mit einer unendlich komplizierten Gleichung stehen. Hinter das Gleichheitszeichen hat er das Dollarsymbol gesetzt. Er hat die Hände in die Seiten gestützt, und seine Haltung verrät, dass er seiner sensationellen Rechenleistung nicht so recht traut. Christian Pfeiffer, dem Direktor des KFN und vielgefragten Sozialpathologen, sind solche Skrupel offenbar fremd. Sein Ehrgeiz, seinen Befund fasslich zu präsentieren, war jedenfalls stärker. Als Profi der Öffentlichkeitsbearbeitung weiß er, dass Feinheiten nicht zu vermitteln sind. So besorgte er die Vergröberung gleich selbst. In der «Süddeutschen Zeitung» ließ er sich mit der Aussage zitieren, nach dem Herausrechnen anderer faustlockernder Faktoren bleibe «ein signifikanter Zusammenhang zwischen Religiosität und Gewaltbereitschaft». Die Studie sagt das Gegenteil. In der empirischen Sozialforschung ist «signifikant» ein *terminus technicus*. Die Autoren legen dar, zwar steige mit stärkerer religiöser Bindung die Gewaltbereitschaft tendenziell an. Da «dieser Zusammenhang aber als nicht signifikant ausgewiesen» werde, sei von keinem unmittelbaren Zusammenhang zwischen der Religiosität und der Gewaltdelinquenz auszugehen. Wie soll man Pfeiffers seltsame Bearbeitung der eigenen Arbeitsergebnisse charakterisieren? Er hat sie warenförmig gemacht. Islamkritische Meinungen gehen gut.

Das angekündigte Erdbeben

Um das Maximum an Aufmerksamkeit zu erzielen, verband Pfeiffer die Ankündigung der Publikation seiner Studie mit der Information, dass er sie zunächst noch nicht publizieren könne. Die «Rheinische Post» zitierte eine Mitteilung Pfeiffers aus dem Januar 2010: «Der Befund ist zwar eindeutig, aber vor der Veröffentlichung müssen wir uns erst noch mit dem Bundesinnenministerium abstimmen, wie wir die brisanten Ergebnisse öffentlich darstellen, ohne ein Erdbeben auszulösen.» Wie immer diese Abstimmung ausgesehen haben mag (dem Ministerium wird schwerlich recht gewesen sein, dass Pfeiffer den Eindruck erweckte, im Hause Schäuble erwarte man bei heiklen Auftragsforschungen die Absprache von Sprachregelungen): Bei der öffentlichen Darstellung der Ergebnisse engagierte sich Pfeiffer keineswegs als Brisanzbremser. Nach langen Jahren des Seismographendienstes muss die Versuchung übermächtig gewesen sein, einmal als Erdbebenmacher zur Tat zu schreiten. Nach getaner Tat wechselte er prompt wieder in die Pose des Naturforschers. Als die erwartete Aufregung da war, ließ er wissen: «Ich bringe nur Fakten an den Tag.» Aus dem Munde eines Sozialwissenschaftlers, zumal wenn er mit Umfragen arbeitet, ist dieser Satz eine Dreistigkeit. Der «etwas religiöse» und der «sehr religiöse» junge Muslim sind Typen, die durch Pfeiffers Untersuchung definiert werden. Befragt wurden Fünfzehnjährige.

Der Einstufung nach Frömmigkeitsgraden lagen die Antworten auf vier Fragen zugrunde: nach der Häufigkeit des Betens und des Besuchs des «Gotteshauses», nach der Wichtigkeit der Religion in der elterlichen Erziehung und im persönlichen Alltag. Aufgrund dieser Selbstauskünfte wurden 25,4 Prozent der befragten Muslime als «sehr religiös» eingeordnet, aber nur 3,4 Prozent der Christen. Umgekehrt lag der Anteil «nicht religiöser» Befragter unter den Katholiken bei 27,0 Prozent und unter den Sunniten bei 1,5 Prozent. Die Religion hat also für die jungen Muslime eine viel größere Bedeutung als für ihre christlichen Mitschüler. Allerdings klafft diese Schere bei der subjektiven Einschätzung der Wichtigkeit der Religion sehr viel weiter auseinander als bei der Erfüllung objektiver Pflichten. Insoweit bestätigt die KFN-Studie die Doktorarbeit von Necla Kelek. In der Gruppe der sehr Religiösen gehen 14,9 Prozent der Muslime einmal wöchentlich in die Moschee und 7,5 Prozent der Christen, also genau halb so viele, einmal wöchentlich in die Kirche. Als sehr wichtig für den Alltag bezeichnen den Glauben merkwürdigerweise nur 7,9 Prozent der sehr religiösen Christen, aber 59,2 Prozent der sehr religiösen Muslime. Muslimische Religiosität erweist sich also bei den von der KFN-Studie erfassten Jugendlichen ganz entscheidend als eine Sache der Selbstzuschreibung. Nicht nur haben sich die Forscher auf die Angaben der Befragten verlassen, ohne objektive Kontrolldaten zu erheben. Im Selbstverständnis steht das individuelle Bekenntnis zu einer pauschalen Lebenswichtigkeit der Religion auch ganz eindeutig im Vordergrund gegenüber der förmlichen Observanz. Nur jeder Fünfte der sehr religiösen Muslime betet täglich, obwohl das fünffache Ritualgebet eine der fünf Säulen des Islam ist. Es liegt nahe, dass ein Jugendlicher gerade dann geneigt sein mag, religiösen Geboten eine überragende, aber nicht näher bestimmte Wichtigkeit zuzusprechen, wenn er weiß, dass er sich mit der Einhaltung weltlicher Gesetze eher schwertut – und dass er sich Fragen zu diesem Thema zu stellen hat. Indem er sich als religiös beschreibt und damit die Erfüllung der in der Herkunftswelt seiner Familie fundamentalen Verhaltensnorm signalisiert, beharrt er auf einer intakten Identität als guter Charakter, obwohl er sich objektiv Delinquenz attestieren lassen muss.

Auf den starken Anteil des Willens am Bekenntnis, der aus den Daten hervorgeht, gehen Pfeiffer und seine Mitautoren nicht ein. Sie suchen die Ursache für die Gewaltaffinität der angeblich Frommen bei den Imamen, die aus ihren Heimatländern traditionelle Vorstellungen von den geheiligten Machtverhältnissen im Familienleben in die Moscheen trügen. Doch wie soll von den Predigern ein solcher bestimmender Einfluss auf das Alltagsverhalten ausgehen, wenn selbst unter den sehr religiösen Jugendlichen nur einer von sieben jeden Freitag in die Moschee geht? Die Religiosität ist in der KFN-Studie eine statistische Größe. Überlegungen über Formen und Inhalte muslimischer Glaubensunterweisung fehlen. Der Autor eines Buchs über die deutschen Imame, auf den Pfeiffer sich beruft, hat der Schuldzuweisung an die Vorbeter widersprochen. Jugendliche, so Rauf Ceylan, die sich über das Freitagsgebet hinaus am Gemeindeleben der Moscheen beteiligten und die dortigen religiösen Bildungsmöglichkeiten nutzten, integrierten sich auch besser in die bürgerliche Gesellschaft. «Aufgrund der Sozialkontrolle der Gemeinden ist delinquentes Verhalten eingeschränkt.»

Liberale Gewaltphantasien

Der Artikel der «Süddeutschen Zeitung», der die Öffentlichkeit mit Pfeiffers Studie bekannt machte, trug die Überschrift «Die Faust zum Gebet». Als vergleichsweise sachlich durften nach dieser Debatteneröffnung die Überschriften von «Berliner Zeitung», «Financial Times Deutschland» und «Bild» gelten: «Je gläubiger, desto gewaltbereiter», «Je gläubiger, desto gewalttätiger» und «Je gläubiger, desto brutaler». Die Schlagzeile von «Welt online» präsentierte das vermeintliche Ergebnis der Studie als Gleichung: «Muslime – Mehr Religiosität = Mehr Gewaltbereitschaft». Gerade liberalen Medien gefiel ein martialischer Tonfall. Der «Tagesspiegel» titelte: «Allah macht hart», die «taz» geradezu verächtlich: «Beten hilft nicht». Offenbar hatte die Botschaft, in die Pfeiffer seine Studie verpackte, auch liberale Journalisten in dem bestätigt, was sie insgeheim vom Islam dachten. Im linksbürgerlichen Milieu ist ohnehin der Verdacht verbreitet, jede Religion sei sozialschädlich. Nach eigenen Angaben hatte Pfeiffer seine These der Öffentlichkeit kaum zumuten wollen. Dabei hatte jedenfalls die professionelle Öffentlichkeit nur gewartet auf diese wissenschaftliche Beglaubigung des Vorurteils. Die Aufdeckung der Widersprüche und methodischen Mängel der Studie überließen die Zeitungsredaktionen den Medienbeobachtern der Internetseite Bildblog, Leserbriefschreibern sowie der Statistikexpertin von Deutschlandradio Wissen. Solche Aufklärungsbemühungen nahm natürlich kaum jemand zur Kenntnis. Der Institutsdirektor verbreitete seine Interpretation der Studie weiter, in Zeitungsartikeln und Talkshows, ohne sich vom Nachweis der Ungereimtheiten irritieren zu lassen. Das vorgebliche Wissen über die Korrelation von Bet- und Prügelhäufigkeit blieb in der Welt. Man kann sich das einfach zu gut merken: Mehr Religiosität = Mehr Gewaltbereitschaft. Mit KFN-Zertifikat, dem Gütesiegel für alle, die es zu genau nun auch wieder nicht wissen wollen, vergleichbar dem Bio-Aufkleber im Supermarkt.

Angela Merkel sieht ein Problem

In den Tagen des Sturms der Empörung über die Behandlung Thilo Sarrazins durch die Spitzenpolitiker wurde die Bundeskanzlerin von der «Bild am Sonntag» befragt und mit Lesermeinungen konfrontiert. Den Hinweis eines Lesers auf die «besonders hohe Kriminalitätsrate unter türkischen und arabischen Jugendlichen» ergänzte der Interviewer mit einem Verweis auf das Kriminologische Forschungsinstitut Niedersachsen. Das Institut sage, 23,5 Prozent der sehr religiösen muslimischen Jugendlichen neigten zur Gewalt. In dieser Form war die Angabe Nonsens. 23,5 Prozent der als sehr religiös eingestuften muslimischen Fünfzehnjährigen aus der Stichprobe hatten im zurückliegenden Jahr mindestens eine Gewalttat begangen. Wenn sich die Neigung zur Gewalt einer so präzis zu beziffernden Gruppe zuweisen ließe, müsste man sie ja nur unter Quarantäne stellen. Frage der «Bild am Sonntag» an die Kanzlerin: «Beunruhigt Sie das?» Angela Merkel antwortete: «Das ist ein großes Problem, und wir können offen darüber sprechen, ohne dass der Verdacht der Fremdenfeindlichkeit aufkommt. Aber ich warne davor, Gewalt mit einer bestimmten Religion zu verbinden. Das führt in die Irre. Gewalt bei jungen Menschen ist oft ein Zeichen dafür, dass sie keine Perspektive für sich sehen. Und da hilft nur Bildung, Bildung, Bildung.»

Vermutlich bezog sich der Satz vom großen Problem auf den allgemeinen Zusammenhang von Schulabbruch und Kriminalität unter Zuwanderersöhnen mit türkischer oder arabischer Familiengeschichte. Im Fluss des Interviews schien Frau Merkel aber dem Pfeiffer-Institut zu bescheinigen, mit der Gewaltaffinität streng muslimisch erzogener Heranwachsender ein großes Problem identifiziert zu haben, über das gesprochen werden müsse. Dass sie hinzusetzte, Gewalt solle aber nicht mit einer bestimmten Religion assoziiert werden, dürften die Sarrazin-Fans unter den Lesern der «Bild am Sonntag» als die typische gutmenschliche Klausel verstanden haben, die das Gesagte wieder entwertete. Frau Merkel hätte den KFN-Befund als zweifelhafte Hypothese kennzeichnen können, um zu verdeutlichen, dass sie nicht nur aus moralischer Vorsicht vor der Verknüpfung von Jugendgewalt und Bekenntnis im politischen Streit warnte, sondern die Verbindung in der Sache keineswegs gesichert ist. Wahrscheinlich aber erinnerte sich auch sie nur an die Schlagzeilen aus dem Juni und meinte, dass Pfeiffer wohl doch irgendwie seriöser sei als Sarrazin. «Welt online» stellte die von einer Nachrichtenagentur gelieferte Zusammenfassung des Interviews der Springer-Kollegen unter die Überschrift «Problemviertel – Merkel warnt vor rechtsfreiem Raum». In diesem Referat hieß es: «Merkel forderte, die statistisch höhere Gewaltbereitschaft strenggläubiger muslimischer Jugendlicher nicht zu tabuisieren.» Wo die Kanzlerin festgestellt hatte, es gebe kein Tabu, man könne offen über Ursachen der Kriminalität von Migranten sprechen, da wurde verbreitet, sie habe in der Manier der Unterstützer Sarrazins vor der Errichtung eines Tabus gewarnt. Und die von Frau Merkel nicht ausdrücklich in Zweifel gezogene tendenziöse Hypothese der KFN-Studie wurde in dieser Wiedergabe eines Wortlautinterviews der Bundeskanzlerin zum statistisch nachgewiesenen Faktum.

Die Bürgerkriegsgewinnlerin

Kristina Schröder, Bundesministerin für Familie, Senioren, Frauen und Jugend, ist unter den deutschen Berufspolitikern das erste Beispiel für eine Karriere auf dem Ticket der Islamkritik. Sie führte in kurzer Zeit nach fast ganz oben. Als junge Hinterbänklerin profilierte sich die Bundestagsabgeordnete aus Wiesbaden, indem sie sich die Fachgebiete Islam, Integration und Extremismus zulegte. Im Herbst 2009 nahm sie bei «Hart, aber fair» an einer Diskussion über das Sarrazin-Interview teil. Frank Plasberg fragte sie nach der Wirkung dieses Kompetenzprofils auf Besucher ihrer Internetseite. «Geht das in Ihrer Partei nur in diesem Dreiklang?» Die Antwort der Politologin, die der aus dem Fernsehen bekannte Wahlforscher Jürgen Falter mit einer Untersuchung über die Gerechtigkeitsideale der CDU-Bundestagsabgeordneten promoviert hat: «Das sind einfach drei Politikfelder, für die ich verantwortlich bin.» Ein Zusammenhang, gab sie zu verstehen, werde durch die Aufzählung nicht suggeriert. Das war eine offenkundige Irreführung. In ihren Pressemitteilungen brachte die Abgeordnete regelmäßig das Kunststück fertig, alle drei Felder ihres Verantwortungsbereichs abzudecken. Mit besonderer Hartnäckigkeit warnte sie dabei vor der Unehrlichkeit muslimischer Verbands vertreter.

Frau Schröder gehört wie ihre Fraktionskollegin Erika Steinbach der Selbständigen Evangelisch-Lutherischen Kirche (SELK) an, die etwa 36 000 Mitglieder in Deutschland hat. Diese altkonfessionelle Kirche steht in der Tradition der altlutherischen Orthodoxen, die sich im neunzehnten Jahrhundert vom preußischen Staatskirchentum lossagten, das sie in die Hände der Rationalisten und Liberalen gefallen sahen. Der Ökumenereferent der SELK, Propst Gert Kelter, veröffentlichte im Januar 2010 eine Stellungnahme zum Schweizer Minarettverbot, die Figuren der traditionellen Apologetik mit Motiven der modernen Islamkritik kombinierte. Es könne durchaus Angst gewesen sein, was die Schweizer mehrheitlich für ein Minarett-Verbot habe stimmen lassen. «Die Frage ist nur: Ist solche Angst vielleicht gar nicht so unbegründet?» Kelter führte aus, es sei religiöse Pflicht des Muslims, den islamischen Herrschaftsbereich auszudehnen. Die Muslime strebten daher danach, überall die Bevölkerungsmehrheit zu stellen. Angesichts von Einwanderung und Geburtenrate sei die Furcht vor der Islamisierung in der Tat begründet. Von den Großkirchen sei «nichts weiter zu hören als politisch korrektes, mehrheitsfähiges Empörungsgehabe». Dabei habe auch Papst Benedikt XVI. früher vor der muslimischen Gefahr gewarnt. Dass der Heilige Stuhl gegen die Schweizer Verfassungsänderung protestierte, deutete Kelter als Symptom der fortgeschrittenen Islamisierung: In Wahrheit teile der Papst die Angst der Schweizer. Den Vergleich des Minaretts mit dem Glockenturm wollte der Pfarrer der Heilig-Geist-Gemeinde Görlitz und Herausgeber des Feste-Burg-Kalenders nicht gelten lassen. Der Muezzin rufe nicht nur zum Gebet, sondern rufe ausdrücklich den «islamischen Absolutheitsanspruch» aus. «Offensichtlich will sich der Islam gerade nicht an unsere Kultur anpassen, sich nicht integrieren, sondern seine Kultur und seine Gesellschaftsvorstellung exportieren.» Die Gemeinde von «Politically Incorrect» feierte den Propst als kerndeutschen Gotteskrieger von echt lutherischem Schlag, die Antwort der wahren Volkskirche auf die falsche Bischöfin Käßmann.

Kristina Schröders permanente Betätigung der Alarmklingel wurde belohnt: Mit dreiunddreißig Jahren wurde die Tochter eines Oberstaatsanwalts am 30. November 2009 zur Bundesministerin ernannt. Zum hessischen Landtagswahlkampf 2008, in dem die CDU die Angst vor kriminellen Ausländern schürte und Zweifel an der nationalen

Zuverlässigkeit der Spitzenkandidaten der Oppositionsparteien säte, hatte die Bundestagsabgeordnete die These von der zunehmenden Deutschenfeindlichkeit unter Einwandererkindern beigesteuert. Dieses Thema griff sie in ihrer Funktion als Jugendministerin wieder auf, wobei sie sich wie schon 2008 auf Forschungen des Kriminologischen Forschungsinstituts von Christian Pfeiffer berief. Frau Schröder hat einen aus der rechtsextremistischen Propaganda bekannten Topos auf die Tagesordnung der Bundesregierung gesetzt. Aus Disziplinproblemen an Schulen, in denen Schüler deutscher Muttersprache in der Minderheit sind und als Schwächere beschimpft und schikaniert werden, wird auf eine angeblich in der jungen Generation ausländischer Herkunft verbreitete Einstellung des Hasses auf die Deutschen geschlossen. Dass die Deutschen nicht als Bevölkerungsteil im Sinne des Volksverhetzungsparagraphen gelten, wird als merkwürdige Gesetzeslücke beschrieben; das verkennt den spezifischen politischen Zweck des strafrechtlichen Minderheitsschutzes, die Verhinderung des Umschlagens der Volksherrschaft in Mobherrschaft. Es soll, folgt man Frau Schröder, ein Gebot der Fairness sein, auch die andere Seite der Xenophobie in den Blick zu nehmen, die Abneigung der Gäste gegen die Wirte. Die politische Logik der Operation setzt freilich die Eingewanderten ins Unrecht. Wer als Deutschenfeind auf deutschem Boden enttarnt ist, nimmt eine perverse Position ein. Er provoziert die Frage, was er in Deutschland verloren hat. Die Ausländerfeindlichkeit wird dagegen durch die Deutschenfeindlichkeit bis zu einem gewissen Grad gerechtfertigt; sie offenbart, wie der Historiker Ernst Nolte formulieren würde, ihren rationalen Kern.

Mobbing unter Schülern ist ein pädagogisches Problem und in extremen Fällen auch ein Gegenstand für Polizei und Gerichte. Wer es unter dem Namen Deutschenfeindlichkeit zum Thema der Politik macht, bedient eine Stimmung, die auf eine Umkehrung der Diskussionsverhältnisse hindrängt. Es gilt als Gebot der ausgleichenden Gerechtigkeit, dass zur Abwechslung und bis auf weiteres die Rede sein soll von den Versäumnissen, Ressentiments und Übergriffen der nichtdeutschen Seite. In den Worten von Ralph Giordano: «Migranten haben nicht nur Probleme. Sie machen auch Probleme.» Das Buch der verstorbenen Berliner Jugendrichterin Kirsten Heisig, «Das Ende der Geduld», war der zweite gewaltige Verkaufserfolg des Sarrazin-Jahres. Die große Öffentlichkeit versteht den Titel so, dass die von Frau Heisig an einer kleinen Gruppe chronisch rückfälliger jugendlicher Straftäter beschriebenen antisozialen Verhaltensformen emblematisch sind für die Lebensweise der Ausländer in Deutschland, jedenfalls für die Muslime. Lange genug hat die Mehrheit sich in Geduld geübt gegenüber der Minderheit; damit muss es nun ein Ende haben. Kristina Schröder beschreibt sich selbst als «Opfer» von Deutschenfeindlichkeit, weil sie als Fachpolitikerin für Islam, Integration und Extremismus unflätige Briefe erhalten hat, in denen die einschlägigen Schimpfwörter verwendet wurden. Eine Eigentümlichkeit dieser Unterdebatte der Integrationsdebatte ist, dass die Täter, die eine Mitschülerin oder Ministerin als «deutsche Schlampe» beschimpfen, nicht als Türken oder Araber, sondern als Muslime identifiziert werden. Den Islam stellt man sich als geschlossene Herkunftswelt vor, als Abstammungsgemeinschaft der Verlierer.

Warnung wider besseres Wissen

Das Schröder-Ministerium vergab im Oktober 2010 zwei Forschungsaufträge an Wissenschaftler, die in sehr kurzer Frist die Einstellungen muslimischer Jugendlicher zur Gewalt untersuchen sollten. Bei der Vorstellung der beiden Studien am 26. November 2010 erklärte die Ministerin: «Wir müssen offen und ohne Tabus über die Probleme in der Integration reden, mit denen viele Menschen in ihrem Alltag konfrontiert sind.» Worin hätte ein Tabu bestehen können? Wenn die Ministerin forderte, etwas offen zu diskutieren, setzte sie voraus, dass es Leute gab, denen das Thema nicht recht war. Nach zwei Sarrazin-Debatten verstand jedermann die von Frau Schröder gebrauchten Codewörter. Eine «sachliche Grundlage für die Diskussion» versprach sie sich von den Expertisen. «Da scheint es einen Zusammenhang zu geben, dass eine erhöhte islamische Religiosität korreliert mit einer erhöhten Zustimmung zu Männlichkeitsnormen, die Gewalt legitimieren.» Hatten die neuen Untersuchungen demnach die These der KFN-Studie erhärtet? Das Gegenteil war der Fall. Sonja Haug von der Hochschule Regensburg und Ahmet Toprak von der Fachhochschule Dortmund konnten nicht bestätigen, dass Muslime zur Gewaltanwendung im Alltag prädisponiert sind.

Um die Rezeption der Studien zu lenken, hatte die Ministerin ihre Interpretation schon am Tag vor der Pressekonferenz über ihre Heimatzeitung, den «Wiesbadener Kurier», und die Nachrichtenagenturen verbreitet, als die Autoren nicht widersprechen und die Journalisten noch nicht nachlesen konnten. «Soziale Benachteiligung und Diskriminierung sind wichtige Faktoren, reichen aber nicht als Erklärung. Es gibt einen Zusammenhang zwischen Religiosität, Machonormen und Gewaltgeneigtheit.» Toprak hat mehrere Bücher über Gewalt und Gewaltbekämpfung in türkischen Familien verfasst. In seiner Expertise für das Ministerium legt er dar, dass ein Ideal des gewalttätigen Mannes, das als islamisch ausgegeben wird, für Jugendliche in prekären sozialen Lagen attraktiv ist. Benachteiligung und Diskriminierung sind die Bedingungen, unter denen die religiöse Verbrämung von Rohheit und Rücksichtslosigkeit ihren Zweck, ein schwaches Ich zu stärken, erfüllen kann. Bei höher qualifizierten Jugendlichen nimmt die Bindung an die traditionellen Ehrvorstellungen im Geschlechterverhältnis ab, und die Bereitschaft, ihre Durchsetzung mit Gewalt zu erzwingen, verschwindet. Frau Haug vergleicht in ihrer Expertise Ursachenszenarien zur Jugendgewalt in Migrantenmilieus, die in der Forschung diskutiert werden. Keiner der vorgestellten Ansätze isoliert in der von der Ministerin nahegelegten Weise den Faktor Religion, um eine vermeintliche Erklärungslücke zu schließen.

Kristina Schröder ist selbst promovierte Sozialwissenschaftlerin, und sie sorgte dafür, dass sie den von ihr beauftragten Experten mit ihrer eigenen, für die Presse formulierten Expertise zuvorkam, die sich nicht auf Daten stützte, sondern auf die Erinnerung an die KFN-Studie und auf den Formelvorrat der Islamdebatte. Die Wirkung des gesprochenen Worts nach Politikerart maßlos überschätzend, stempelte sie mit Pfeiffer die Vorbeter als Schuldige ab: «Wir müssen diejenigen in die Pflicht nehmen, die in der muslimischen Gemeinschaft Werte prägen. Das sind in erster Linie die Imame. Dann würde in den Moscheen bald auch ein anderes Bild der Gesellschaft, der Rolle von Männern und Frauen und von Gewalt vermittelt.» Im Handumdrehen ließen sich demnach aus Deutschenfeinden Deutschenfreunde machen? Man müsste nur einmal die Imame zum Rapport bestellen? Die Pfarrer, auf deren Sezession sich die Selbständige Evangelisch-Lutherische Kirche zurückführt, hatten sich vom preußischen König nicht in die staatspädagogische Pflicht nehmen lassen. Politiker, die mit dem islamkritischen Feuer spielen, agieren in zweifacher Weise leichtfertig, wenn sie einerseits den Ungeist welthistorischer Tiefenkräfte beschwören und andererseits in Aussicht stellen, den Spuk per Gesetz zu vertreiben. Welche Erwartungen sie im Publikum wecken, ist diesen Zauberlehrlingen der Dämonologie wohl kaum bewusst.

Eine junge, eifrige Politikerin wie Frau Schröder mag es sogar für ein Gebot des Berufsethos halten, eine baldige Generalüberholung der mentalen Infrastruktur der Moscheen zuzusagen. Alle vier Jahre wird gewählt. Aus der von Pfeiffer behaupteten Korrelation von Frömmigkeit und Gewalt folgte, dass das Übel ausgehebelt werden konnte. Hatte Pfeiffer recht, so wusste die Politik immerhin, was sie tun musste – auch wenn sie es in den Schranken der herrschenden Auslegung des Artikels 4 des Grundgesetzes vielleicht nicht tun konnte. Als die vom Ministerium eingeladenen Forscher nicht mit der Verifikation der KFN-These dienen konnten, besann sich die Ministerin nicht auf die Warnung der Pfarrerstochter im Kanzleramt, es führe in die Irre, Gewalt mit einer bestimmten Religion zu verbinden. Das Thema der Gefährlichkeit des Islam sollte auf der Tagesordnung bleiben. Daher stellte Frau Schröder ihrer Botschaft an die Leser des «Wiesbadener Kuriers» den Imperativ des islamkritischen Debattenmanagements voran, den sie auf der Pressekonferenz wiederholte: «Wir dürfen hier keine falschen Tabus aufbauen.» Weg mit den Tabus: Mit dieser Parole hatten Sarrazin und seine Jünger Platz geschaffen für angebliche Fakten, die angeblich die Fortsetzung der Debatte erübrigten. Der Befund des Kriminologischen Forschungsinstituts, den Frau Schröder im Gespräch halten wollte, stellte sich im Lichte der Anschlussstudien als dubiose Spekulation dar. Statt dieser von ihr selbst herbeigeführten Klärung Rechnung zu tragen, rief die Ministerin dazu auf, den von Pfeiffer postulierten Zusammenhang nicht zu tabuisieren. Eine Diskussion ohne Tabus: Das hieß in diesem Fall, dass ein Mitglied der Bundesregierung auf dem Recht bestand, ein Vorurteil zu verbreiten.

Walser ging voran

Sollte doch einmal der Versuch gemacht werden, eine Partei der deutschen Islamkritiker zu gründen, die ein größeres Publikum erreicht als die Vereine Udo Ulfkottes oder «Die Freiheit» des Berliner Lokalpolitikers René Stadtkewitz, dann wird der erste Satz des Parteiprogramms verkünden: Keine Tabus! Für «Deutschland schafft sich ab» hat Thilo Sarrazin ein Zitat von Ferdinand Lassalle als Motto gewählt: «Alle politische Kleingeisterei besteht in dem Verschweigen und Bemänteln dessen, was ist.» Kurioserweise stellte auch der frühere Bundesfinanzminister Peer Steinbrück sein zur gleichen Zeit publiziertes Memoirenbuch unter diesen Leitspruch. Heinz Buschkowsky zitiert das Lassalle-Wort gerne in einer aktivistischen Variante: «Jede politische Aktion beginnt mit dem Aussprechen dessen, was ist.» Wer sich der Aktion verweigert, leugnet, was ist, macht sich der Realitätsverweigerung schuldig. Necla Kelek konfrontierte in der «Bild»-Zeitung die von Sarrazins Tönen irritierten Leser mit einer Alternative: «Wer die klaren Worte Sarrazins für Hetze hält, muss sich fragen lassen, ob er die Fakten kennt oder nicht längst aufgegeben hat.» Sie behauptete, Sarrazins Gegner, die «üblichen Verdächtigen», die Migrantenorganisationen und «die Fraktion der Gutmenschen», stellten das Grundrecht auf Meinungsfreiheit zur Disposition: «Kritik an Religion oder Grundrechtsverletzungen durch Migranten sollen wieder ein Tabu werden.»

Klaus von Dohnanyi, der Sarrazin anbot, ihn vor der SPD-Schiedskommission zu verteidigen, stellte ihn als Redefreiheitskämpfer in die Tradition Martin Walsers. Der Schriftsteller hatte 1998 in seiner Dankesrede als Friedenspreisträger des deutschen Buchhandels einen Skandal mit der These provoziert, die fortwährende mediale Erinnerung an die Verbrechen der Hitlerzeit diene als «jederzeit einsetzbares Einschüchterungsmittel» der Unterbindung der freimütigen politischen Diskussion. Dohnanyi diagnostizierte eine fortwährende Selbstbeschränkung der deutschen Souveränität durch informelle Zensur: «Das Verbrechen und Deutschlands große Schuld des Holocaust haben bei uns zunächst Verdrängung und dann eine Vielzahl von Tabus (genannt ‹politische Korrektheit›) bewirkt. Im Schatten unserer Geschichte und eines oft allzu einseitigen Bildes unserer selbst scheuen wir uns vor Debatten und Worten, die bei anderen Völkern gang und gäbe sind. So aber kann eine Gesellschaft den Herausforderungen der Gegenwart kaum begegnen. Also bitte keine Feigheit mehr vor Worten wie Rasse, Juden, Muslime. Es gibt sie. Man darf über sie nachdenken, man darf sie benutzen.» In einem Interview, das Henryk M. Broder. mit Thilo Sarrazin für eine von Migranten redigierte Sonderausgabe der «taz» führte, kam kurioserweise heraus, dass der Autor von «Deutschland schafft sich ab» sich in einem lexikalischen Punkt der von Dohnanyi beklagten Feigheit gebeugt hatte. Auf Anraten des Verlags hatte er «in einer Spätphase» der Arbeit am Manuskript das Wort «Rasse» überall durch «Ethnie» ersetzt.

Die Verheißung der Hemmungslosigkeit

Der Historiker Raphael Gross, Direktor des Leo-Baeck-Instituts, ist der These von der Selbstentmündigung entgegengetreten. Gross erklärt die Konjunktur des Tabubegriffs in der Integrationsdebatte ideologiekritisch, unter Berufung auf Sigmund Freud, der in seinem Buch «Totem und Tabu» herausgearbeitet hat, dass Tabubeschränkungen im Leben primitiver Völker etwas anderes sind als religiöse oder moralische Verbote. Tabuverbote entbehren jeder Begründung, ihre Herkunft ist unbekannt. Freud beschreibt, wie der fremde Beobachter angesichts der Tabus an eine hermeneutische Grenze stößt: «Für uns unverständlich, erscheinen sie jenen selbstverständlich, die unter ihrer Herrschaft stehen.» Diesen Tabubegriff Freuds machte sich auch Sarrazin im Gespräch mit Broder zu eigen: «Ein Tabu ist ja etwas, das man rational nicht hinterfragt. Man zeigt sich nicht nackt in der Rudi-Dutschke-Straße. Obwohl, wenn es heiß ist, warum nicht? Aber es ist ein Tabu. Man tut es eben nicht. Und wenn Tabus verletzt werden, dann kann es auch zu irrationalen Reaktionen kommen.» Gross bestreitet, dass Sarrazin überhaupt ein Tabu übertreten hat. Denn es ist nicht so, dass die Deutschen nicht begründen können, warum es bei ihnen seit 1945 verpönt ist, Bevölkerungsgruppen nach der ererbten Intelligenz zu sortieren und eine Einwanderungspolitik gemäß den Erkenntnissen der Lehre von der künstlichen Zuchtwahl zu fordern. Im Gegenteil gibt es «sehr offensichtliche Gründe, warum man hier biologistische Metaphern und

Argumentationen nicht benutzt»: Man kann «sich an die Folgen noch gut erinnern».

Wer Sarrazin widersprechen will, sollte ihm daher, rät Gross, keine Tabuverletzung vorwerfen, sondern Falsches falsch nennen und Obszönes obszön. Dann kann man den Tabubegriff den Anhängern Sarrazins überlassen, die durch ihr obsessives Reden über das Unsagbare ihre Absicht offenbaren. «In dem Moment, da man über etwas als ein Tabu spricht, deutet man natürlich gleichzeitig auch schon an, dass man ein solches nicht akzeptieren möchte. Wer überall Tabus sieht, der wird geradezu magisch davon beseelt, diese nun endlich zu beseitigen.» Im «Bayernkurier» erschien zum Eklat um das «Lettre»-Interview ein Leitartikel mit dem Tenor, die Bürger müssten nur auf die Straße gehen, um sich davon zu überzeugen, dass Sarrazin die Wahrheit beziehungsweise die Fakten ausgesprochen habe. Der Sozialdemokrat rede «Klartext», und das «Wutgeheul der Gutmenschen» gebe ihm recht. Die Überschrift des Zentralorgans der CSU: «Befreiender Tabu-Bruch in Berlin». Es sind solche Töne, die Leser bedenklich stimmen können, die bürgerlich oder konservativ oder auch christlich zu denken meinen. Die Tabulosigkeit ist die Verheißung der Pornographie. Man glaubte sie in den Kleinanzeigen der Boulevardzeitungen gut aufgehoben. Haben sich Sarrazins Jubelchoristen einmal überlegt, wie es in einer Gesellschaft ohne moralische Hemmungen zuginge?

Ein Aufklärer schreitet zur Tat

Einen Vorgeschmack verschaffte schon im ersten Akt der Sarrazin-Debatte die Folge von «Hart, aber fair», in der am 7. Oktober 2009 auch Kristina Schröder auftrat. Frank Plasberg ließ nicht nur die Frage erörtern, ob die durch die Hitlervergangenheit begründeten Sonderpflichten der Deutschen, die sich in Diskussionen über die erblichen Intelligenzmängel von Minderheiten so störend dazwischen schieben, «zurecht oder zu Unrecht» erhalten geblieben sind. Er forderte auch Ayten Kilicarslan, die Vertreterin des Moschee-Dachverbands Ditib, auf, sie solle in der Sendung ihr Kopftuch ablegen oder ersatzweise dem Publikum erklären, warum sie das nicht tun wolle. Im «Gästebuch» würdigte ein anonymer Fernsehzuschauer Plasbergs

Provokation als politische Tat: «Der Moderator hat recht: Weg mit dem Kopftuch, da fängt es doch schon an! Ein Deutscher würde da nicht mit Basecap oder Hut sitzen, weil das einfach unverschämt ist.» Waldi (35) aus Iserlohn stieß ins selbe Horn: «Es ist ein Zeichen für Unangepasstheit und Intoleranz, in einer deutschen Sendung mit Kopftuch zu erscheinen und von Integration zu sprechen.» Ein Sechzigjähriger gab bündig zu Protokoll: «Mich ärgert es ungemein, dass diese türkische Dame mit Kopftuch da sitzt. Wir sind Deutschland, und Deutschland ist kein islamisches Land.» Ein Dreiundfünfzigjähriger nannte es Realsatire, mit einer Kopftuchträgerin über das Kopftuch zu diskutieren, und fühlte sich durch den «grauen Armeemantel» der Ditib-Abgesandten an das Raumschiff Enterprise erinnert. Ein mit vollem Namen unterzeichnender Kommentator warf ihr vor, die Zuschauer mit dem Kopftuch absichtlich zu provozieren: «Sie will das so, da sie weiß, dass sie dadurch schon eine Ablehnung unserer deutschen Gesellschaft ausdrückt.» Mehrfach wurde der Repräsentantin des mit dem türkischen Staatsislam verbundenen Verbandes das Kopftuchverbot in der Türkei vorgehalten. Eine Fünfundvierzigjährige berichtete von einem Wochenende in Berlin. Weder in der Philharmonie noch in der Oper habe sie eine einzige Kopftuchträgerin gesehen. «Sie kennen weder unsere Literatur, noch unsere Musik. Das sage ich aus Erfahrung.»

Volker (33) appellierte an die deutsche Selbstachtung und wollte aus dem deutschen Engagement für Menschenrechte in Afghanistan Schranken der Toleranz im Inland herleiten: «Deutsche Soldaten sterben, damit muslimische Frauen ihr Kopftuch nicht mehr tragen müssen – in Deutschland treten radikale Muslime im Fernsehen mit Kopftuch auf.» Der Standard des guten Benehmens, dem die Muslime sich anpassen sollten, hatte, soweit Volker sich erinnerte, in Deutschland schon immer gegolten: «Ich musste in der Schule seitenweise Strafarbeiten schreiben, weil ich keinen Anstand besaß und den Klassenraum im Winter mit Mütze betrat!!! Wir sollten wieder Anstand in der Schule fordern.» Otto (48) sprach Frau Kilicarslan direkt an: «Was wollen Sie hier, wenn Sie Ihr Kopftuch nicht abnehmen und sich nicht integrieren wollen?» Die Kopftuchdebatte hat eine Verrohung des öffentlichen Lebens in Gang gesetzt, die in den Moschee- und Sarrazin-Debatten weiter forciert wurde. In der Verteidigung des

Anstands gegen die Verhüllte, die man nicht einmal mehr auf dem Fernsehschirm tolerieren will, vollendet sich die Perversion der guten Sitten. Das Mobbing der Andersgekleideten wird als Akt der Selbstverteidigung empfunden. Zwar haben die Politiker bei der Verabschiedung der Kopftuchgesetze versichert, die Freiheit von Privatpersonen werde durch sie nicht eingeschränkt. Aber wenn die «Gästebuch»-Autoren des Plasberg-Tribunals der Deutschtürkin, die mit Kopftuch über Integration redete, einen offenkundigen Selbstwiderspruch vorwarfen, nahmen sie genau das Argument auf, mit dem das Stuttgarter Oberschulamt den ursprünglichen Ablehnungsbescheid gegen Fereshta Ludin begründet hatte: Das Kopftuch sei «Ausdruck kultureller Abgrenzung».

Die verharmloste Verachtung

Thilo Sarrazin sagte im «Lettre»-Interview: «Ich muss niemanden anerkennen, der vom Staat lebt, diesen Staat ablehnt, für die Ausbildung seiner Kinder nicht vernünftig sorgt und ständig neue kleine Kopftuchmädchen produziert.» Ein erschreckender Satz. Die klassische deutsche Philosophie seit Fichte und Hegel hat den Staat, die Gesellschaft, das menschliche Leben überhaupt auf den elementaren Vorgang der wechselseitigen Anerkennung der Menschen gegründet. Dieses alltägliche Aha-Erlebnis auf Gegenseitigkeit ersetzte die fiktiven Gesellschaftsverträge der älteren Staatslehre. Die Anerkennung ist Erkenntnis und Erfahrung zugleich: Ich erkenne den anderen als Adressaten von Pflichten und Träger von Rechten an, wie ich selbst einer sein will. Der andere ist Person und nicht nur Fall, Hindernis und Gefahrenquelle. Mit dieser Anerkennung ist noch keine Zuerkennung bestimmter Rechte, auf Sozialleistungen oder Aufenthalt, verbunden. Genau diese absolute Anerkennung, die einfachste Achtung, hat Sarrazin siebzig Prozent der türkischen und neunzig Prozent der arabischen Bevölkerung in Berlin ausdrücklich verweigert, offensichtlich unbekümmert um die Tradition eines der ganz wenigen wirklichen Leitbegriffe der deutschen Kultur. So schafft Deutschland sich ab. Leider hat Helmut Schmidt diesen eisigen Ton der Verachtung mit der kühlen Bemerkung verharmlost, Sarrazin hätte sich «ein bisschen tischfeiner» ausdrücken sollen.

Mit untadeliger Feinheit formulierte der «Bild»-Kommentator Ernst Elitz, der den Lesern unter jedem seiner Texte als Gründungsintendant des Deutschlandradios vorgestellt wird, in seinem Kommentar zur Bremer Rede des Bundespräsidenten Bedingungen, die die muslimischen Bürger zu erfüllen hätten, wenn sie als Mitbürger behandelt werden wollten. Er bemühte sogar die modernste Variante des idealistischen Gedankens der wechselseitigen Anerkennung, den Begriff der Gerechtigkeit als Fairness. «Integration braucht nicht nur feierliche, sondern auch deutliche Worte: Wer in deutschen Moscheen betet, muss sich für den Bau christlicher Kirchen auch dort einsetzen, wo bisher nur Minarette erlaubt sind. Wer den Koran in der U-Bahn liest, muss dafür kämpfen, dass in islamischen Staaten der Verkauf von Bibeln und der Übertritt zum christlichen Glauben erlaubt wird. Das verlangt schon die Fairness.» Die islamkritische Lieblingsidee, die hiesige Religionsfreiheit für Muslime auf das Niveau der Religionsfreiheit für Christen in muslimischen Ländern zu senken, operiert mit der Logik der Wechselseitigkeit in der Version des Kriegsvölkerrechts. Friedliche Muslime, die als Muslime verpflichtet sein sollen, alles dagegen zu unternehmen, dass es noch unfriedliche Spielarten des Islam auf der Welt gibt, werden als Geiseln genommen. Wer in der U-Bahn den Koran liest, ohne bei Betreten des Wagens bei den Mitfahrern Geld für verfolgte Christen gesammelt zu haben, muss mit Repressalien rechnen.

Nach Ansicht weiter Teile des bürgerlichen Publikums, darunter auch sehr vieler eingefleischter Anhänger der Regierungsparteien, hätte in der überraschend nötig gewordenen Bundespräsidentenwahl des Jahres 2010 nicht Christian Wulff siegen sollen, sondern der Oppositionskandidat Joachim Gauck. Ihm wurde zugetraut, in der repräsentativen Rede eine in kritischen Lebenslagen bewährte moralische Unterscheidungskraft zur Geltung zu bringen. Im Rahmen seines im «Tagesspiegel» aufgezeichneten Jahresrückblicks verlieh der Gegenpräsident dem Autor von «Deutschland schafft sich ab» ein virtuelles Bundesverdienstkreuz. Mut habe Sarrazin bewiesen. «Er hat über ein Problem, das in der Gesellschaft besteht, offener gesprochen als die Politik.» Aus der Sarrazin-Legende, die nach dem «Lettre»-Interview von der Urgemeinde seiner Anhänger verbreitet wurde, war durch die Resonanz auf das Buch der Sarrazin-Mythos geworden, der auch dort

Glauben fand, wo man Sympathie mit seinem Standpunkt nicht von vornherein erwartet hätte. Inwiefern hatte Sarrazin, wie der Mythos behauptet, offener geredet als die maßgeblichen Politiker? Der Bildungsrückstand türkischer Familien; der Teufelskreis von äußerer Chancenlosigkeit und innerer Fremdheit; das Syndrom materieller Abhängigkeit von einem Staat, mit dessen Leistungen eine private Gegenwelt finanziert wird; das Umkippen der Einzugsgebiete bestimmter Schulen in Auszugsgebiete, die Aufstiegswillige um jeden Preis verlassen wollen – das sind die auch an höchster Stelle ebenso deutlich wie häufig benannten Themen der Integrationspolitik. Neu war, dass ein hochrangiger Amtsträger und gut eingeführter Stichwortproduzent den Personen, auf die die integrationspolitischen Maßnahmen zielen, offen seine Verachtung bekundete.

In der «Bild am Sonntag» sagte Sarrazin: «Wer seine Töchter zum Kopftuchtragen zwingt und sie an Cousins in Anatolien verheiratet, hat in Deutschland nichts zu suchen. Wer als Familienoberhaupt Deutsch spricht, seinen Clan aber daran hindert, unsere Sprache zu erlernen, hat in Deutschland nichts zu suchen. Wer lieber türkisches Fernsehen sieht als deutsches, weil er mit unserer Sprache auf Kriegsfuß steht, hat in Deutschland nichts zu suchen.» Millionen Bewohnern des Landes zu sagen, es sei Blindheit und Fahrlässigkeit gewesen, ihnen überhaupt Ansiedlung und Familiengründung zu gestatten – das ist keine Problembeschreibung, sondern ein Ausweichen vor den Problemen in die Wunschwelt eine alternativen Geschichte, ein als zynische Illusionslosigkeit getarnter Eskapismus. Sarrazin will nur die historischen Tatsachen und die Naturgesetze sprechen lassen. Es ist charakteristisch für den paranoiden Stil, dass der Autor von «Deutschland schafft sich ab» im Gestus des nackten Positivismus phantastische Literatur produziert. Eine «Modellrechnung» zur Bevölkerungsentwicklung Deutschlands ergibt die Voraussage, dass die «Migranten aus Nah- und Mittelost» in der vierten Generation einen Anteil von 71,5 Prozent stellen werden. Das soll «nichts als die mathematisch zwingende Folge» aus Schätzungen der Einwandererzahl und des Unterschieds der Fruchtbarkeit von Eingewanderten und Einheimischen sein.

«Dass die autochthonen Deutschen innerhalb kurzer Zeit zur Minderheit in einem mehrheitlich muslimischen Land mit einer gemischten, vorwiegend türkischen, arabischen und afrikanischen Bevölkerung werden, wäre die logische und zwingende Konsequenz aus dem Umstand, dass wir als Volk und Gesellschaft zu träge und zu indolent sind, selbst für ein bestanderhaltendes, unsere Zukunft sicherndes Geburtenniveau Sorge zu tragen, und diese Aufgabe quasi an Migranten delegieren.» Was ist der Zweck dieser Betrachtung, der Sinn dieses Satzes? Sollen die gebildeten Frauen deutschen Blutes, die immer fleißiger im Beruf, aber immer träger im Kindbett sind, bei ihrer nationalen Ehre gepackt werden? Die Familienpolitik hat sich dieser Gruppe schon zugewandt. Der Wechsel vom Erziehungsgeld zum einkommensabhängigen Elterngeld hat dem Gedanken vorgearbeitet, dass Kinder von besser verdienenden Eltern wertvoller sind. Nachdem aber der erwünschte demographische Effekt dieser Anreize nicht nachweisbar ist, scheint unwahrscheinlich, dass die von Sarrazin vorgeschlagene Gebärprämie für Akademikerinnen aus gutem Elternhaus die Wende bringen wird. Der Autor weiß das wohl selbst. Aber er lässt die Gelegenheit nicht aus, den Migranten mitzuteilen, dass sie bestenfalls Ersatzdeutsche sind. Ihre bloße Existenz ist Beweis dafür, dass die Deutschen ihrer heiligsten Pflicht nicht nachgekommen sind und das Land vor die Hunde geht.

Unterstützung für die Leistungsträger

Nach Ansicht von Joachim Gauck steckt im Erfolg von Sarrazins Buch eine Lektion für die politische Klasse: Sie muss zugeben, dass «ihre Sprache der politischen Korrektheit bei den Menschen das Gefühl weckt, dass die wirklichen Probleme verschleiert werden sollen». Möchte Gauck ernsthaft behaupten, dass wir es mit einem Staatsapparat wie in der DDR zu tun haben, mit einer Verschwörung zur Unwahrhaftigkeit? Dass er sich am Schlechtreden der moralischen Reflexe einer politischen Öffentlichkeit beteiligt, die aus üblen Tönen auf unappetitliche Absichten schließt, stimmt traurig. Gauck hat auch das vom Parteivorstand der SPD gegen Sarrazin eingeleitete Parteiordnungsverfahren kritisiert. Die Partei habe das Recht zu sagen, dass die Position eines Mitgliedes nicht ihrer politischen Auffassung entspricht. «Aber man muss nicht gleich demjenigen Sanktionen androhen, der ein bestehendes Problem offen anspricht.» Hat Sigmar Gabriel den Genossen Thilo demnach mit der Ausschlussdrohung dazu bringen wollen, sich sprachliche Zurückhaltung aufzuerlegen? Dann müsste man dem SPD-Vorsitzenden eine Neigung zum politischen Selbstmord attestieren. Es geht aber im Konflikt zwischen dem Parteivorstand und dem langjährigen Parteimitglied nicht um einen Dissens in einer Sachfrage, sondern um einen Unterschied in der Haltung, im Welt- und Menschenbild, der nach Überzeugung der Parteiführung eine Trennung erzwingt. Die moralische Position der Partei steht auf dem Spiel.

Sarrazin propagiert einen aristokratischen Sozialdarwinismus ohne altadligen Glanz und Schwung. Auch die Tüchtigsten müssen sehen, wo sie bleiben. Dem Leistungsträger, der Hauptfigur der Tugendlehren des neubürgerlichen Eigenlobs, wird eine kosmische Verantwortung übertragen. Das Überleben der Gemeinschaft soll davon abhängen, dass die Starken belohnt werden. Als ehrenamtliches Vorstandsmitglied der Kreditanstalt für moralischen Wiederaufbau der Eliten zahlt Sarrazin rhetorische Vorschüsse auf die Ausschüttungen der strengen und gütigen Natur aus: Die Kräftigen sollen zu noch mehr Kräften kommen, indem sie auf die Kraftlosen hinabsehen. Solange das Bürgertum liberal sein wollte, ohne demokratisch zu werden, speiste sich der Stolz des Bürgers aus der Verachtung für den Pöbel, die Canaille, den Massenmenschen. Das Unglück der Armen galt als selbstgemacht, als Bestrafung für Haltlosigkeit und Antriebsschwäche. Der Weg zur Entgiftung der bürgerlichen Sozialphilosophie war lang. In Krisenzeiten, wenn Anwartschaften auf Glücksdividenden plötzlich nicht mehr honoriert werden und die Abstiegsangst umgeht, besteht Rückfallgefahr. Im drolligen Kostüm eines Lehrmeisters altmodischer Austerität, der mit seinen knochentrockenen Zahlenvorträgen zuerst einmal sich selber züchtigt, hat Thilo Sarrazin das Bedürfnis der relativ Gutsituierten entfesselt, von den Schlechtsituierten schlecht zu reden. Der Empörung hat er standgehalten, weil er scheinbar nie aus der Rolle des Biedermanns gefallen ist. Als Kassenwart des SV Deutschland ist er vor das Volk getreten – der den Mitgliedern mit gepresster Stimme eröffnen muss, dass die Qualität der Mitgliedschaft schon seit Jahrzehnten sinkt und eigentlich nicht mehr zu retten ist.

Einer der unerfreulichsten Aspekte der Islamkritik ist die Polemik gegen staatliche Aufwendungen zur Förderung von Integrationsbemühungen. Wenn sich die fließend Deutsch sprechenden Islamkritikerinnen als Vorbilder des Aufstiegs aus eigener Kraft empfehlen, kommt in ihrem Publikum deutscher Muttersprachler die Botschaft an, dass Transferleistungen für Eingewanderte kontraproduktiv sind. Vor einer Integrationsindustrie wird mit krassen Worten gewarnt, einem Zweig der Staatswirtschaft, der seine Existenz einem parasitären Kalkül verdanke: Demnach halten die Funktionäre ihre Klientel in künstlicher Abhängigkeit, um die eigenen Stellen zu konservieren und zu vermehren. Wie bei den radikalen Republikanern in den Vereinigten Staaten hat der Individualismus der Islamkritik eine wirtschaftspolitische Spitze: Der Wohlfahrtspflege auf Gemeinschaftskosten werden demoralisierende Effekte zugeschrieben. Ein schwäbisches Ehepaar, das Eintrittsgeld für eine Autorenlesung mit Necla Kelek in Neidlingen entrichtet hat, weiß am Ende des Abends, was es ganz konkret und persönlich zur Integration beitragen kann: Mir gebbet nix!

Die Intelligenzlücke als Naturkonstante

Als Frau Kelek am 30. August 2010 im Haus der Bundespressekonferenz das Buch «Deutschland schafft sich ab» der Öffentlichkeit vorstellte, hob sie die Kompetenz des Volkswirts Thilo Sarrazin besonders hervor. Das Buch habe das Zeug zum «Befreiungsschlag» in der Sozialpolitik. Der Autor befreie nämlich «die Diskussion um Armut aus der materiellen Abhängigkeit», gemeint war: aus der Abhängigkeit von materiellen Kategorien. «Im bisherigen Politikverständnis geht man quer durch alle politischen Parteien davon aus, dass sozialer Fortschritt, Gesundheit, Ernährung und letztlich Glück nur durch mehr materielle Zuwendung erreicht werden können.» Mit «dem Blick des Controllers» widerlege Sarrazin die These «Viel hilft viel», um die deutsche Politik endlich zur Abkehr vom Prinzip «Teilhabe ohne Leistung» zu bewegen. Positiv würdigte Frau Kelek, dass sich Sarrazin auf «die amerikanischen Forscher Herrnstein und Murray» beziehe. Der Psychologe Richard Herrnstein von der Harvard-Universität und Charles Murray, ein Publizist in den Diensten der konservativen Denkfabrik American Enterprise Institute, hatten 1994 in ihrem Buch «The Bell Curve: Intelligence and Class Structure in American

Life» zu beweisen versucht, dass die soziale Schichtung ein Spiegel der Intelligenzverteilung ist. Wie Sarrazin warfen sie Politikern und Medien vor, die Tatsache nicht zur Kenntnis zu nehmen, dass Intelligenz zu großen Teilen erblich sei, wie ihr deutscher Schüler forderten sie eine Streichung von sozialstaatlichen Gebäranreizen für die «falschen Frauen». Zwei Kapitel widmeten die Autoren der Frage eines Zusammenhangs von Rasse und Intelligenz. Sie fanden keinen Grund, den Unterschied zwischen den durchschnittlichen Intelligenzquotienten von Weißen und Schwarzen nicht als Naturkonstante zu betrachten. Politisch folgte daraus, dass das für das Hauptprojekt der amerikanischen Bildungspolitik, die Verbesserung der Schulleistungen der Schwarzen, ausgegebene Geld gespart werden konnte. Der Biologe Stephen Jay Gould brachte 1996 eine revidierte Ausgabe seines Buchs «The Mismeasure of Man» heraus, in der er Herrnstein und Murray in die Geschichte des wissenschaftlichen Rassismus einordnete.

Frank Schirrmacher hat auf den höhnischen Unterton aufmerksam gemacht, mit dem Sarrazin Bildung ein Mantra nennt. Der Bildungswille, so fasst Schirrmacher Sarrazins Botschaft zusammen, ist letztlich nicht in der Lage, das Vehikel des intellektuellen Aufstiegs zu werden. «Genetische und ethnische Disposition begrenzen die Fähigkeiten des Individuums ebenso sehr wie die ganzer Völker.» Schirrmacher hat es Sarrazin als Verschleierung vorgehalten, dass er die Namen von Herrnstein und Murray im Haupttext und im Register nicht nennt und auch in den Anmerkungen nicht auf die Einwände gegen ihre Ergebnisse eingeht, die bis zum Vorwurf des Betrugs und der Desinformation reichen. Im Fortgang der Debatte über «Deutschland schafft sich ab» gab Necla Kelek mit verspäteter Vorsicht zu Protokoll, als Soziologin habe sie «keine Ahnung von Genetik» und erst recht keine «Ahnung von Vererbbarkeit von Intelligenz». Sie finde es «schade, das in dem Zusammenhang von Integration zu debattieren». Bei der Buchvorstellung hatte sie dieses Bedauern noch nicht zu erkennen gegeben, sondern erklärt, man brauche keine biologischen Fachkenntnisse, um die Bedeutung der «von Sarrazin aufgezeigten Wechselbeziehung von Intelligenz und Demographie» für sein Thema zu erkennen. Schon «der gesunde Menschenverstand» lege doch nahe, «dass Ethnien wie zum Beispiel die Völker Anatoliens oder Ägyptens, die über Jahrhunderte von den Osmanen daran gehindert wurden,

Lesen und Schreiben zu lernen, bei denen noch heute Mädchen nicht zur Schule gehen dürfen, andere Talente vererbt bekommen als die Söhne von Johann Sebastian Bach». Sarrazin hat der Öffentlichkeit vorgeworfen, über die Inzucht in Migrantensippen nicht sprechen zu wollen. «Man könnte ja auf die Idee kommen, dass auch Erbfaktoren für das Versagen von Teilen der türkischen Bevölkerung im deutschen Schulsystem verantwortlich sind.»

Der Schulhof der Nation

Als das negative Echo auf die Wulff-Rede den Lärm der Sarrazin-Debatte noch einmal anschwellen ließ, glaubten die Politiker in Berlin und den Landeshauptstädten einer Macht gegenüberzustehen, die ihnen keine Wahl der Methoden ließ: Sie mussten sie beschwichtigen. Nun ist in der Diplomatie nach aller Erfahrung das Appeasement, das dem übermächtigen Gegner entgegenkommt, den man momentan nicht überwältigen kann, fast immer die richtige Strategie. München 1938, das zeithistorische Lieblingsexempel der Islamkritik, ist der welthistorische Ausnahmefall. Deshalb war es töricht, vor dem ersten und vor dem zweiten Islamkrieg in Saddam Hussein einen zweiten Hitler sehen zu wollen. Im Umgang mit Stimmungen ist eine andere Art von Vorsicht geboten. Die Volksmeinung erlebt die Beschwichtigung als Bestätigung. Wer den Drachen füttert, wird von ihm verschlungen. Mit triumphaler Häme wurde in den islamfeindlichen Medien vermerkt, dass die Politiker, die Sarrazins Buch nicht hatten lesen wollen, nach wenigen Wochen wie Sarrazin-Klone klangen. Man witterte die Kapitulation: Vielleicht hat die Para-Öffentlichkeit bald schon ihre Schuldigkeit getan und kann mit der Öffentlichkeit verschmelzen.

Die Einwanderer müssen das Ihre tun für die Integration: Dieser Gemeinplatz war längst fest etabliert, für seine permanente Wiederholung in Politikerreden standen mehrere Formeln zur Verfügung. Besonders beliebt: die «Bringschuld». Im Zuge der Sarrazin-Erregung kam es zu einer merklichen Verschärfung des Tons. Der einzelne Politiker adressierte den einzelnen Migranten, der aufgefordert wurde, den guten Willen zu beweisen, ein guter Deutscher zu werden. Die Integrationsdebatte wurde personalisiert und moralisiert. Auch der

SPD-Vorsitzende Sigmar Gabriel redete auf einmal von Sanktionen und vom Durchgreifen, und sogar die Grünen machten das Spiel mit. Ein so umfassendes Vertrauen in Besserungsmaßnahmen, die in direktem Durchgriff verhängt werden, kennt man sonst nur aus der Schule. Der Pädagoge Gabriel, der über die Volkshochschulbürokratie den direkten Weg in die Politik genommen hatte, konnte hier vielleicht erlernte Fertigkeiten ausspielen, die er im bisherigen Berufsleben selten hatte abrufen dürfen. Die Autorität des strafenden Lehrers, seine Fähigkeit, Maßregeln anzuordnen, denen ein Effekt zugetraut werden kann, hängt daran, dass ihm die Übeltäter persönlich bekannt sind. Und so fingierten die Politiker ihre Vertrautheit mit Mentalitäten, über deren Fremdheit doch Klage geführt wurde.

Bei einem renitenten Schüler muss man tatsächlich am Willen ansetzen. In der Schule gibt es das provokante Nichtstun, die antisoziale Symbolhandlung, die sagt: Ich will nicht! Wenn der Schüler dann die Strafarbeit ordentlich ausführt, zeigt er, dass bei ihm noch nicht Hopfen und Malz verloren ist. Die Annahme, dass es bei Einwanderern, die auf dem Arbeitsmarkt oder in der alltäglichen mündlichen Verständigung nicht mit den Einheimischen mithalten können, zuerst und zuletzt am Willen hapert, ist dagegen reichlich dubios. Politiker müssen in der Demokratie eine Sprache des Voluntarismus pflegen. Aber sie müssen dabei doch wissen, dass das eine Redeform für ihre kleine Welt ist, dass es einen Unterschied macht, ob man das «Sie müssen nur wollen!» an die Bundeskanzlerin oder an eine Putzfrau richtet. In der von Sarrazin und Wulff heraufgeführten Unsicherheit entdeckten die Politiker den Integrationsverweigerer. Die Integrationsprobleme konnten nun zugerechnet werden. Bundesinnenminister de Maizière bezifferte den Anteil der Integrationsverweigerer auf zehn bis fünfzehn Prozent. Später verwendete er diese Zahl nicht mehr. Auch auf Nachfrage wollte sein Ministerium nicht angeben, welche Kriterien dieser Schätzung zugrunde lagen. In den Augen großer Teile des Publikums wird der Ansatz viel zu niedrig gewesen sein. Bei Necla Kelek liest man, die Hälfte der Deutschtürken lehne die Integration ab. Um auf einen so hohen Wert zu kommen, muss man schon das Kopftuch als Zeichen der Selbstausschließung deuten, ebenso wohl türkische Kulturvereine und Sportclubs, wahrscheinlich sogar das «Hürriyet»-Abonnement und den Import türkischer Musikkassetten. Bemüht man sich dagegen um eine Definition von Integrationsverweigerung im Sinne der Gesetze, fasst man darunter die absichtliche Nichterfüllung von Rechtspflichten im Zusammenhang der Eingliederung, rutscht man in eine Region des statistisch kaum noch Darstellbaren. Nachfragen der «Süddeutschen Zeitung» bei den Behörden mehrerer Bundesländer ergaben, dass der Abbruch der verpflichtenden Sprach- und Grundwissenskurse nur in Einzelfällen vorkommt.

Was ist aber, wenn Kinder nicht zum Deutschlernen angehalten werden, wenn Arbeitslosen die Zähigkeit abgeht, mit der ein Ausländer die Schicksalsvorteile eines hier geborenen und ausgebildeten Stellungssuchenden ausgleichen müsste? In solchen Fällen fehlt es sicher häufig am Elan, an der Willenskraft, und ein derartiges Versagen des Willens kann vorwerfbar sein. Aber das Recht, solche moralischen Vorwürfe zu äußern, nimmt rapide ab, je weiter der Zensor vom Adressaten entfernt ist. Die älteren Kinder, die entsetzt darüber sind, dass ihre Geschwister die Chancen des Kindergartenbesuchs nicht bekommen sollen, mögen den Eltern eine Szene machen. Vertrauenspersonen außerhalb der Familie sind vielleicht ebenfalls in der Lage, den Eltern ins Gewissen zu reden. Sozialpolitiker mögen aufgrund von Studien und Erfahrungsberichten zu dem Schluss kommen, türkische Eltern täten zu wenig für die frühe Förderung ihrer Kinder. Aber solange sie ins Gesetz keine Kindergartenpflicht schreiben, müssen sie informieren, aufklären, werben, da ihre Drohungen leer sind. Es ist schäbig, Menschen, die sich unter dürftigen materiellen Bedingungen an das Vertraute halten, Verrat am Gemeinwohl vorzuwerfen, weil sie noch nicht gelernt haben, ihre Chancen als Chancen zu erkennen.

Die andere Seite der Parallelgesellschaft

Die Rhetorik der Einschüchterung richtet sich allerdings gar nicht wirklich an die Zugezogenen, sondern an die Eingesessenen. Ein Trost ist das nicht. Mit den lauten Sprüchen, fortgesetzte Verweigerung müsse Konsequenzen haben, wecken die Politiker Erwartungen mit unabsehbaren Folgen. Es ist heikel genug, dass sie ihre Wiederwahl mit der wirtschaftlichen Prosperität zu verknüpfen pflegen. Das volkswirtschaftliche Geschehen ist immerhin ein überpersönliches, das Gesetze in gewissen Grenzen beeinflusst. Im Übrigen ist das Spekulieren auf die Konjunkturkurve eine Lotterie, die moderne Variante der antiken Orakellesekunst. Doch wenn sie der Integrationsverweigerung den Kampf ansagen, binden sie ihren Erfolg an die Verhaltensänderungen von Privatleuten. Hartmut Esser weist darauf hin, dass der Prozess der Übernahme von Verhaltensmustern und Einstellungen eine Sache von mehreren Generationen ist. Was soll geschehen, wenn die Sanktionen nicht greifen? Die beschwichtigenden Politiker und die besorgten Bürger verstehen Unterschiedliches unter Verweigerung. Auf der Seite der Politik wird man eine kleine Gruppe im Auge haben, die durch ein hochgradig asoziales Verhalten auffällt und regelmäßig mit dem Gesetz in Konflikt gerät. Im Publikum kommt die Botschaft an, die sichtbare Fremdheit größerer Kreise der äußerlich gesetzestreuen Neubürger werde verschwinden. Das einkalkulierte Missverständnis mag fürs erste einen beruhigenden Effekt haben. Auf Dauer ist Enttäuschung programmiert.

Als der Demographieforscher Reiner Klingholz Anfang 2009 eine Untersuchung vorstellte, die Deutschtürken die größten Bildungsrückstände im Vergleich der Einwanderergruppen bescheinigte, erklärte der Integrationsbeauftragte von Nordrhein-Westfalen, der Christdemokrat Thomas Kufen, ihn überrasche der Befund nicht. Türken blieben häufig unter sich, bildeten Parallelgesellschaften. Niemandem, der «wachen Auges» durch nordrhein-westfälische Städte gehe, könne das verborgen bleiben. Der Augenschein wurde von Kufen in tendenziöser Weise interpretiert. Aus der mutmaßlichen Tatsache immer stärker getrennter Wohnverhältnisse schloss er auf den Willen zur Absonderung. Die Türken bleiben unter sich. Ergänze: Sie wollen unter sich bleiben. Repräsentative Befragungen der Eingewanderten haben aber ergeben, dass die große Mehrheit der Türken keineswegs das Wohnen in hauptsächlich von Ausländern bewohnten Bezirken vorzieht. Wenn junge Türken nach den Nachbarn ihrer Wahl gefragt werden, setzen sie die Deutschen an die erste Stelle. Junge Deutsche umgekehrt wollen mit den Türken so wenig wie möglich zu tun haben. Aber wozu sozialwissenschaftliche Untersuchungen, wenn ein Spaziergang durch Köln-Mülheim oder Duisburg-Marxloh genügt, um zu sehen, was bei der Integration im Argen liegt? Mit arroganter Nonchalance lassen sich Politiker zu einem Problem ein, das die Politik seit vier Jahrzehnten kennt. 1973, im Geburtsjahr von

Thomas Kufen, war im «Spiegel» die Titelgeschichte «Gettos in Deutschland: Eine Million Türken» erschienen.

Der Artikel unter der Überschrift «Die Türken kommen – Rette sich, wer kann» begann mit einem Ortstermin: «Die Kneipe am Kottbusser Tor war mal echt Kreuzberg, Ecklage, Berliner Kindl, Buletten, Sparverein im Hinterzimmer. Heute rotiert am Buffet der Hammelspieß senkrecht, der Kaffee ist süß und dickflüssig, aus der Musikbox leiert orientalischer Singsang.» Und die Kneipe hatte jetzt auch einen neuen Namen: «Hisar», deutsch «Festung». Eine Sternstunde investigativer Drohkulissenschieberei! Die demographische Gefahr blieb nicht unbemerkt: «Fast alle bleiben im Lande und mehren sich redlich.» Im Kreuzberger Urban-Krankenhaus waren schon ein Drittel der Neugeborenen «Kleinst-Türken». Dass die «Gastarbeiter» wirklich nur zu Gast seien und in ihre Heimatländer zurückkehren würden, bezeichneten die Autoren als «Legende», als «amtlich immer noch genährte Fiktion». Der Buschkowsky von damals hieß Günther Abendroth, Bezirksbürgermeister von Kreuzberg. «Wenn das so weitergeht», zitierte ihn der «Spiegel», «ersaufen wir einfach.» Die Zusammensetzung der Wohnbevölkerung änderte sich quasi naturgesetzlich: «Es gehört zur Eigendynamik des Getto-Wuchses, daß ungestümer Zuzug von Ausländern den Einheimischen das angestammte Quartier verleidet, der dadurch ausgelöste Auszug der Deutschen aber wiederum Platz für die Fremden schafft – was nur den Exodus der Einheimischen weiter beschleunigt.» Die «Türkenflüchtigen» beanstandeten nach Angaben der Behörden Lärm, Küchengerüche und «die fremden Bräuche auf dem Etagenklo». Folge: ein Ausländeranteil in den Schulklassen der «Slumviertel» von bis zu fünfzig Prozent. Ein türkischer Lehrer in Frankfurt warnte, man ziehe Analphabeten in zwei Sprachen heran.

Absatz für Absatz könnte unter Korrektur der einen oder anderen Zahl in eine Integrations-Story aus der Gegenwart übernommen werden, auch der Hinweis, bei der Deutung der Verbrechensstatistik sei zu beachten, dass das Bild der Deutschen «durch zahlenstarke gesetzesfromme Gruppen» wie «Greise und Besitzbürger» geschönt werde. Der Artikel stellte auch dar, dass ein unheilvolles Bündnis von Stadtplanern und Spekulanten die Einwandererströme in die Arbeiterviertel gelenkt hatte: Die Verelendung durch Herunterwohnen war gewünscht, denn die alten Häuser sollten weichen. An deutlichen Problembeschreibungen aus berufenem Mund hat es nie gefehlt. Hans-Jochen Vogel hatte als Münchner Oberbürgermeister festgestellt, dass es «kleine Harlems auch schon bei uns» gebe. Und das «Rette sich wer kann» der Überschrift war ein Zitat des Leiters des Kreuzberger Stadtplanungsamtes.

Wer in Berlin eine Reportage über Parallelgesellschaften schreiben will, steigt auch heute noch am U-Bahnhof Kottbusser Tor aus. Dabei sollten die Reporter genauso durch Wilmersdorf oder Zehlendorf gehen. Wie das mathematische Bild sagt, gehören zur Herausbildung von Parallelgesellschaften immer zwei Seiten. Die einen bleiben oder ziehen zu. Die anderen ziehen weg, aber auch nicht irgendwohin, sondern in bestimmte andere Viertel. Die einen schotten sich angeblich ab. Die anderen können guten Gewissens versichern, sie stünden weiterem Nachzug offen gegenüber und hießen alle willkommen, die sich die Mieten leisten könnten. Hartmut Esser hat der deutschen Mittel- und Oberschicht, die schon Grundschule und Kindergarten für ihre Kinder strategisch wählt, in der «Zeit» eine beträchtliche Mitschuld an den Integrationsproblemen gegeben. Eine solche Schuldzuweisung wird man aus dem Mund eines Politikers nie hören, und das mag in einem freien Staat, der den Bürgern die Lebensentscheidungen nicht abnimmt, so gut und richtig sein. Es ist dann aber auch sachlich unrichtig und moralisch unzulässig, für die Probleme der an den Problemschulen verbleibenden Schüler in erster Linie den Elternwillen verantwortlich zu machen.

Religionsfreiheit unter Vorbehalt

Worauf will die Islamkritik hinaus? Soll die Religionsfreiheit der Muslime eingeschränkt werden? Necla Kelek proklamiert zwar ein Recht der Muslime «auf ihre Gebetsräume, ihre Moscheen», allerdings unter dem Vorbehalt: «sofern diese freigehalten werden von allen Missbräuchen des politischen Islam». Der Missbrauch, von dem die Gebetsräume gereinigt werden sollen, erschöpft sich nicht in den antizionistischen oder christenhasserischen Tiraden, deren Mitschnitte von Zeit zu Zeit die Öffentlichkeit zu Recht erschrecken. Frau Kelek hat mehr im Sinn als eine Wiederbelebung des Kanzelparagraphen im Strafgesetzbuch, der von 1871 bis 1953 Geistliche mit Haftstrafen bedrohte, die «Angelegenheiten des Staates in einer den öffentlichen Frieden gefährdenden Weise zum Gegenstande einer Verkündigung oder Erörterung» machten. Nicht erst an dem, was in einer Moschee gepredigt wird, erkennt man, ob in ihr der politische Islam herrscht. Schon die übliche Sitzordnung, die Trennung nach Geschlechtern, zementiert das System der Macht. «Solange die Moscheen nicht das gleichberechtigte Miteinander pflegen, sondern hinter dem *hijab*, dem Schleier, archaische und patriarchalische Strukturen befördern, solange es nicht Orte sind, an denen Männer und Frauen gleiche Rechte haben und gleich behandelt werden, sind solche Häuser demokratie- und integrationsfeindlich.» Das müsste dann allerdings auch für die Synagogen mit Ausnahme der liberalen gelten und erst recht für katholische Kirchen, an deren Altären keine Priesterinnen das Messopfer feiern dürfen.

Ins Positive übersetzt, lautet die Bedingung der Missbrauchsunterbindung, an die Necla Kelek die Freiheit zum Moscheebau knüpft, dass Moscheen «der Pflege des spirituellen Glaubens dienen sollen». Es fällt ins Auge, dass die spirituellen Bedürfnisse der Gläubigen nicht genügen sollen, um althergebrachte Üblichkeiten der Gottesdienstfeier als innere Angelegenheit der Glaubensgemeinschaft zu rechtfertigen, die vielleicht nur deren Angehörigen schlüssig erscheinen, aber auch nur ihnen schlüssig erscheinen müssen. Die Missbrauchskontrolle der aufgeklärten Gesellschaft greift durch auf Formen und Inhalte der Verkündigung und des Gebets. Es ist undenkbar, für die Trennung von Männern und Frauen während des Gottesdiensts einen spirituellen Sinn in Anspruch zu nehmen, darin ausgedrückt sehen zu wollen, dass Gott die Geschlechter unterschiedlich geschaffen und mutmaßlich Unterschiedliches mit ihnen im Sinn habe – selbst wenn die Prediger sich verpflichten sollten, den Gläubigen nicht zu befehlen, solche Zeichen von Geschlechterrollen auch nach außen zu tragen, weil in der Welt der Ungläubigen der geistliche Sinn dieser symbolischen Ordnung unverständlich sein müsste. Kopftücher nur in der Moschee: Diese Reform wäre kein Signal der Trennung von bürgerlicher und religiöser Sphäre, sondern würde den Schleier nur fester binden, der den Patriarchalismus, dem in der Moschee gehuldigt wird, schützt.

Ihre Resonanz verdankt die Islamkritik zu guten Teilen einer Verunsicherung gerade in den bürgerlichen Kreisen, in denen man die eigene sozialmoralische Identität noch als christlich bestimmt. Die zivilreligiöse Umdeutung der Traditionselemente des christlichen Staates hat man hingenommen, zumal sie der innerchristlichen Ökumene diente – so bei der von christdemokratischen Schulpolitikern vorangetriebenen Überleitung der Konfessionsschule in die Gemeinschaftsschule. Aber jetzt, da die im Grundgesetz stehende Gleichberechtigung der Religionen dem Islam zugute kommen soll, wie es sich aus Wortlaut und Sinn der Glaubensfreiheit wohl zwingend ergibt, ist man irritiert; man meint, die historische Identität Deutschlands als eines christlichen Landes müsse auch in den Verbindlichkeiten des geltenden Rechts zum Ausdruck kommen. In diesem Sinne erklärte der Bischof von Limburg, Franz-Peter Tebartz-van Elst, in seiner Replik auf den Bundespräsidenten, die Zeit sei noch nicht reif für die Gleichberechtigung des Islam. Das wichtigste Beweisstück für die bischöfliche These von der Verbindlichkeit christlicher Verhaltenslehren auch für nichtchristliche Bürger sollten «unsere Rechtsstaatlichkeit und Rechtsauffassung» sein, die sich «einem christlichen Menschenbild» verdankten.

Dass islamische Neubürger in den Quellen ihres Glaubens analoge anthropologische Gründe für ein positives Verhältnis zu unserem Recht finden könnten, zog Tebartz-van Elst in Zweifel. «Nach wie vor ist die Frage nach dem Verhältnis des Islam zu den universalen Menschenrechten und zu unserem Rechtsstaat weithin ungeklärt.» Das hielt dem Islam der Amtsträger einer Kirche vor, die fast zweitausend Jahre alt ist und ihr eigenes Verhalten zu den universalen Menschenrechten genau fünfundvierzig Jahre vor dem «Focus»-Artikel des Bischofs geklärt hatte, mit der Verabschiedung der Pastoralkonstitution «Gaudium et Spes» am letzten Sitzungstag des Zweiten Vatikanischen Konzils. Der evangelische Theologe Friedrich Wilhelm Graf hat daran erinnert, dass man die Menschenrechte auch im Protestantismus bis weit in die fünfziger Jahre hinein als «liberalistische Verirrung des modernen Menschen» ansah. Im Missbrauchsskandal hatte es die katholischen Bischöfe noch erhebliche Mühe gekostet, den Eigensinn weltlicher Rechtsverfahren und das Interesse der Mitbürgerschaft an institutioneller Transparenz anzuerkennen. Darüber, wie eine Religion sich durch die subtilen Zwänge permanenter Reibung mit der weltlichen Öffentlichkeit öffnet und wandelt, könnten Katholiken Muslimen jedenfalls viel erzählen.

Papst Leo XIII., der die katholische Soziallehre zum Programm erhob, hatte Glaubens-, Rede-, Lehr- und Pressefreiheit mit der Begründung verworfen, es widerspreche der Vernunft, «dass das Falsche gleiches Recht haben soll wie das Wahre». Die Diskussion um die Priesterbruderschaft St. Pius X., die an dieser Lehre festhält, hat uns, wie der katholische Staatsrechtler Christoph Möllers in der Islam-Debatte des Deutschen Juristentags anmerkte, «das Phänomen des Verfassungsfeindes aus christlicher Überzeugung in bedauerlicher, aber eben auch aufschlussreicher Art und Weise vor Augen geführt». Dem Heidelberger Völkerrechtler Karl Doehring, der die gesamte Geschichte der Bundesrepublik als scharfzüngiger Kommentator begleitet hat, ist dieses Phänomen entfallen. In einem Aufsatz für die «Frankfurter Allgemeine Zeitung» behauptete er, ein muslimischer Religionslehrer könne nicht verfassungstreu sein. Hingegen sei «mit Recht bisher nicht behauptet worden, dass die christliche Religionsvermittlung mit dem Grundgesetz in Konflikt kommen könnte». So hat die Schärfe der Islamdebatte einen Grund darin, dass den Leitkulturschützern nicht mehr präsent ist, welche Gehorsamsforderungen der christliche Gott erhebt.

Der Wertediskussion fehlt die Phantasie

Selbst ein hochgelehrter Islamwissenschaftler wie Tilman Nagel hat einen erstaunlich simplen Begriff von der eigenen Kultur. Seine These, Muslime, die aus der Heilsbotschaft des Korans die gebotenen Konsequenzen zögen, müssten im Westen Fremde bleiben, hat zwei Seiten. Sie ist ein Argument über den Koran und setzt zugleich ein bestimmtes Bild des Westens ohne weiteres voraus. Nach Nagel stoßen Muslime in unseren Breiten auf «eine Gesellschaft, die eine im Glauben begründete Bindung des Menschen allenfalls als eine Art der individualistischen Selbstverwirklichung, nicht aber als eine über das Individuum hinausgreifende Verpflichtung auf ein gottgewolltes Gesetz gelten lässt». Nicht nur die Pius-Brüder werden sich hier nicht wiederfinden. Die Lehre der katholischen Kirche steht ebenso im Widerspruch zu diesem Bild wie der eminente Einfluss der protestantischen politischen Theologie auf die verschiedensten sozialen Bewegungen.

In seiner Antwort auf den Bundespräsidenten stellte der Bischof von Limburg eine rhetorische Frage im Stil des von Benedikt XVI. in Regensburg zitierten byzantinischen Kaisers: «Was könnte der Islam denn beitragen, was das Christentum und das Judentum nicht bereits geleistet haben?» Das fiel hinter das Zweite Vaticanum zurück, das mit Hochachtung von den Muslimen gesprochen hat, weil sie sich wie Abraham Mühe geben, «sich auch Gottes verborgenen Ratschlüssen mit ganzer Seele zu unterwerfen». Die Konzilserklärung «Nostra Aetate» wünscht sich das gemeinsame Eintreten von Christen und Muslimen «für Schutz und Förderung der sozialen Gerechtigkeit, der sittlichen Güter und nicht zuletzt des Friedens und der Freiheit für alle Menschen» und rechnet offenkundig damit, dass dabei auch die muslimische Frömmigkeit der vorbehaltlosen Unterwerfung unter den Willen Gottes als Ferment nützlich sein kann.

Dass Gottes Ratschlüsse verborgen sind, lässt sich in die Sprache der deutschen Kulturwissenschaft übersetzen, deren klassisches Thema die Soziallehren der Religionsgemeinschaften sind: Moralische Einstellungen lassen sich nicht aus Dogmen deduzieren – in der Evolution religiöser Mentalitäten muss mit Überraschungen gerechnet werden. Der Calvinismus setzte eine ungeheure Dynamik der Selbstgestaltung des sozialen Lebens frei, obwohl oder weil Calvin einen fast islamischen Begriff der tyrannischen Allmacht Gottes verkündet hatte. Die Leitkulturdebatte krankt an einem eklatanten Phantasiemangel in der Frage, wie man sich die Verwandlung religiöser Gewissheiten in kulturell ausstrahlende und fortwirkende Werte eigentlich vorzustellen hat. In diesem Punkt werden auch die Politiker konkret werden müssen. Sie müssen Aussichten eröffnen und Beispiele nennen, wenn Wolfgang Schäubles Satz vom Islam als Teil Deutschlands seine dialektische Überzeugungskraft entfalten soll. Es war die Schwäche von Wulffs Rede, dass er es bei der Feststellung der Zugehörigkeit beließ. Dabei sollte es gar nicht so schwer sein, positive soziale Effekte muslimischer Werte wie der Gottesfurcht und der geregelten Lebensführung anzudeuten.

Als Wulff im November 2010 Christopher Clark, dem aus Sydney gebürtigen und in Cambridge lehrenden Geschichtsschreiber Preußens, in München den Preis des Historischen Kollegs überreichte, sprach er über die preußische Toleranz. Vom Grundgesetz führe eine gerade Linie zurück zum Artikel 11 der Preußischen Verfassung vom 20. Dezember 1848: «Der Genuss der bürgerlichen und staatsbürgerlichen Rechte ist unabhängig von dem religiösen Bekenntnisse.» Der preußische Staat der Reaktionsära sei schon weiter gewesen als Teile des liberalen Publikums unserer Zeit. Wulff ging auch auf einen Artikel ein, der am Tag der Preisverleihung in der «Frankfurter Allgemeinen Zeitung» erschienen war. Rainer Hermann, lange Jahre Korrespondent in Istanbul, erörterte dort, aus welchen Quellen der Volksfrömmigkeit und Theologie die Soziale Marktwirtschaft in der Türkei schöpfen kann. Für das anatolische Wirtschaftswunder, dem die AKP von Recep Tayyip Erdogan und Abdullah Gül ihre Schubkraft verdankt, hat sich die Wendung vom muslimischen Calvinismus eingebürgert.

In einem Leserbrief zur Wulff-Rede machte die F.A.Z.-Leserin Carmen Dallendörfer aus Hankensbüttel darauf aufmerksam, dass Wertunterschiede quer zu Konfessions- und Kulturgrenzen verlaufen können. Die Muslime fühlten sich einem «Wertesystem» verpflichtet, «in dem der Glaube an Gott und ethische Normen eine hohe Priorität haben», und sähen sich nun einer offenbar dem Konsum und dem Körperkult verfallenen Kultur gegenüber. «Bedeutet Integration, dass muslimische Kinder an Partys teilnehmen, Alkohol trinken, Miniröcke tragen und frühzeitige sexuelle Beziehungen eingehen? Sind das unsere ‹christlichen Werte› beziehungsweise die Vorstellung von Freiheit?» Nach dem Verzicht auf einen Gottesbezug in der EU-Verfassung müsse «die plötzliche Betonung des Christlichen» überraschen. «In einem wirklich an christlichen Werten orientierten Land hätten Muslime weniger Schwierigkeiten sich zu integrieren, als es jetzt den Anschein hat.»

Der Glaube an den Staat

Den Beschwörungen einer christlichen Leitkultur kommt die Islamkritik scheinbar entgegen, wenn sie die Muslime belehrt, sie hätten sich den hiesigen Sitten und Normen anzupassen, und sich dabei als islamische Selbstkritik nach christlichem Vorbild gibt, als Avantgarde einer muslimischen Reformation. Aber für christlich-konservative

Staatsrechtslehrer, die einen Kulturvorbehalt zugunsten des Christentums ins Grundgesetz hineinlesen, ist die Islamkritik eine falsche Freundin. Die These der Unvereinbarkeit von Islam und Grundgesetz hat nicht nur Annahmen über das Wesen des Islam zu Voraussetzungen, sondern auch unverhandelbare Forderungen an eine säkularitätskonforme Auslegung des Grundgesetzes. Die Islamkritik ist die jüngste Gestalt einer Religionskritik, deren Mittel und Zweck die Allmacht des Staates ist.

Der Historiker Hans-Ulrich Wehler hat die SPD aufgefordert, die ursozialdemokratischen Züge von Sarrazins Weltanschauung nicht zu verleugnen. Es gibt solche altroten Reste in der Farbmischung von Sarrazins Ressentiments. Dazu gehört das antiklerikale Geschichtsbild: «Am Ende setzte die säkulare Staatsmacht überall die Säkularisierung *gegen* die Kirchen durch, nicht im Dialog mit den Kirchen, sondern durch Entscheidung des Monarchen beziehungsweise der Bürger gegen die Kirchen.» In der Debatte, die das Internetjournal «Perlentaucher» über die Frage veranstaltete, ob es einen Fundamentalismus der Aufklärung gebe, hat Pascal Bruckner die historische Einordnung der Islamkritik vorgenommen. «Wie sind Europa und Frankreich laizistisch geworden? Durch den unablässigen Kampf gegen die Kirche und ihren Anspruch, über die Geister zu herrschen, die Widerspenstigen zu bestrafen, Reformen zu blockieren, die Einzelnen, vor allem die ärmsten, im Schwitzkasten der Resignation und der Angst gefangen zu halten.» Muslimische Minderheiten bringen nach Bruckner die heutigen Rechtsstaaten in die Situation, in der sich in der frühen Neuzeit die protestantischen Obrigkeiten gegenüber katholischen Enklaven sahen oder auch protestantische und katholische Obrigkeiten gegenüber den Juden. «Man vergisst, dass es einen regelrechten Despotismus von Minderheiten gibt, die sich gegen die Assimilation sträuben, solange diese nicht mit einem Status der Exterritorialität und mit Sonderrechten verknüpft ist. So macht man diese Minderheiten zu Nationen innerhalb der Nationen, die sich dann zum Beispiel zuerst als Muslime und dann erst als Engländer, Kanadier oder Holländer ansehen: Identität gewinnt die Oberhand über Staatsangehörigkeit.» Umgekehrt gilt für diesen Laizismus als Republikanismus: Die Staatsangehörigkeit, in die man zufällig hineingeboren wird, verlangt den Vorrang vor der Religionszugehörigkeit, die doch in einer Zivilisation der Grundrechte als Ergebnis einer freien Wahl ihre Dignität hat. Es genügt also nicht, sich in dem Staat, in dem man sich wiederfindet, wenn man zu politischer Mündigkeit erwacht, als rechtstreuer Bürger zu verhalten, die ordnungsgemäß zustande gekommenen Gesetze zu befolgen und gegebenenfalls ändern zu wollen. Man macht sich verdächtig, wenn man bekennt, dass die Bindung an den Staat nicht die letzte ist, dass es höhere, natürliche Pflichten gibt, deren Verletzung der Staat nicht gebieten kann – wenn jemand sich also zuerst als Christ ansieht, weil das Evangelium den Weg zum ewigen Leben weist, und dann erst als Engländer, dem die Queen-in-Parliament trotz der Existenz einer Staatskirche nur in zeitlichen Dingen Vorschriften machen kann. Oder wenn Eltern glauben, dass sie ihr Recht zur Erziehung ihrer Kinder nicht nur kraft Delegation des Staates wahrnehmen.

Wo Menschen ihre Religion als einen ewigen Bund und den Staat als ein Provisorium betrachten, da droht laut Bruckner der Separatismus von «Nationen innerhalb der Nationen», stellt sich also das Problem, für das die alteuropäische Staatslehre den Begriff des «imperium in imperio» hat. Den Katholiken wurde in protestantischen Ländern nachgesagt, sie bildeten einen Staat im Staate, weil sie Befehle von einem ausländischen Souverän empfingen, dem Papst in Rom, der sich vorbehalte, sie von ihren bürgerlichen Pflichten zu entbinden. Mit demselben Illoyalitätsverdacht wurden die Juden überzogen, weil sie ihre Angelegenheiten nach dem jüdischen Religionsgesetz regelten. Heute verweisen Antisemiten darauf, dass sich Juden auf der ganzen Welt dem Staat Israel verpflichtet fühlen. Die Anerkennung der gleichen staatsbürgerlichen Rechte der Katholiken wurde möglich durch die Trennung der Sphären von staatlichem und kirchlichem Recht. 1850 löste die liberale Regierung Russell eine Panik in der englischen Öffentlichkeit aus, als der Papst wieder Bischöfe für England ernannte, obwohl diese katholischen Hirten nicht die Bischöfe der Kirche von England verdrängen sollten und deshalb mit anderen Bischofssitzen ausgestattet wurden. Auf dem Niveau dieser amtlichen Agitation gegen «päpstliche Aggressionen» bewegt sich die Islamkritik, wenn sie die Selbstorganisation frommer Muslime gemäß den Spielräumen des deutschen Religionsverfassungsrechts skandalisiert. In der weltlichen Öffentlichkeit mag man dankbar sein für Hinweise auf dubiose

Hintermänner der Verbände, die auf staatliche Anerkennung nach dem Muster der Kirchen drängen. Aber wenn Necla Kelek die religiöse Versammlungsfreiheit auf Moscheen beschränken will, in denen ein spiritueller Glaube praktiziert wird, dann spricht sie aus, dass sie Vereinigungen, die die vom Grundgesetzgeber etwa zum Zweck der Organisation des Religionsunterrichts erwarteten verbindlichen Auskünfte über die islamische Glaubenslehre würden erteilen wollen, als Verschwörungen zum Schaden der Freiheit von Gläubigen und Ungläubigen ablehnen müsste.

Der Bundespräsident in Ankara

Am 19. Oktober 2010 sprach Bundespräsident Wulff in Ankara vor dem türkischen Parlament. Drei Tage später erschien im Feuilleton der F.A.Z. ein Verriss der Rede von Necla Kelek. Ihr hatte schon nicht gefallen, wie der Gast ans Rednerpult getreten war, «mit vorsichtigen Schritten», den Blick «stur geradeaus gerichtet». An der Wortwahl hatte sie so viel auszusetzen, als wäre sie Jurorin bei einer Casting-Show für Nachwuchsredner. Wulff hatte die Eingliederungsprobleme der Einwanderer zum Thema gemacht und als erstes Übel vor «Kriminalitätsraten, Machogehabe, Bildungs- und Leistungsverweigerung» das «Verharren in Staatshilfe» erwähnt. Necla Kelek warf ihm «Verharmlosung» vor. «Wer Sozialbetrug als ‹Verharren in Staatshilfe› verniedlicht, der kann nicht ernsthaft davon ausgehen, dass die Aufforderung, dass sich Migranten an die geltenden Regeln halten müssen, durchgesetzt werden könnte.» Forderte Frau Kelek, dass sich der Staatsgast der Krawallsprache eines Talkshowgastes hätte bedienen sollen? Worüber soll man sich mehr wundern? Darüber, dass sie die Abhängigkeit türkischer Einwanderer von mutmaßlich legal bezogener Staatsunterstützung mit einem Straftatbestand gleichsetzte, als wäre Betrug nicht noch etwas anderes als ein verwerflicher Mangel an bürgerlicher Selbständigkeit? Oder darüber, dass sie vom Bundespräsidenten provozierenden Klartext in dem Stil verlangte, für den nun gerade Ministerpräsident Erdogan berüchtigt ist?

Dass das deutsche Staatsoberhaupt vor den türkischen Abgeordneten soziale Schwierigkeiten türkischer Staatsbürger oder sogar ehemaliger türkischer Staatsbürger in Deutschland ansprach, war nach allen diplomatischen Gepflogenheiten nichts Selbstverständliches. Die Möglichkeiten der Abgeordneten zur Einflussnahme auf das Alltagsverhalten ihrer ausgewanderten Landsleute sind begrenzt. Dass Wulff das Thema trotzdem ansprach und damit rechnen durfte, Gehör zu finden – nun, Frau Kelek wird es nicht gefallen, aber das ist wohl ein Zeichen des wechselseitigen Respekts. Ein Wort hätte die Kritikerin ersatzlos gestrichen, wenn ihr das Bundespräsidialamt die Rede vorgelegt hätte: das Wort «Christentum». Wulff hatte seinen Kritikern demonstriert, dass er seinen Satz, der Islam gehöre zu Deutschland, nicht zurückzunehmen gedachte, indem er das Pendant in den Saal der türkischen Nationalversammlung stellte: «Das Christentum gehört zweifelsfrei zur Türkei.» Er sprach vom Islam und vom Christentum, nicht nur von Muslimen und Christen, und hatte laut Frau Kelek dadurch «der Rückkehr der Religion als Kategorie der Politik das Wort geredet». Aber wie will man die Lage der Christen in der Türkei verbessern, wenn man vom Christentum nicht sprechen darf? Sie müssen ja nicht das Recht zur individuellen Pflege ihrer spirituellen Religiosität durch häusliches Bibelstudium einklagen, sondern verlangen das Recht, in ihren Kirchen Gottesdienst zu feiern – die Religionsfreiheit, die für den einzelnen nicht existiert, wenn sie nicht auch ein Recht der Religionsgemeinschaft ist.

Rhetorisch fragte Necla Kelek im Sinne von Pascal Bruckner: «Sind wir keine Deutschen, Türken, sondern zuerst Christen, Juden oder Muslime; keine Bürger, sondern Gläubige oder Ungläubige?» Ein Christ müsste antworten: Ja, ich bin zuerst Christ und dann Deutscher oder Türke. Denn als Christ bin ich um meine ewige Seligkeit besorgt, als Bürger kümmere ich mich um die vorletzten Dinge. Den Satz «Man muss Gott mehr gehorchen als den Menschen» kann er nicht preisgeben, und er kann nicht sicher sein, dass er sich nie zwischen der Treue zu Gott und der Loyalität zum Staat wird entscheiden müssen, obwohl die Staaten heute verkünden, dass sie nichts anderes im Sinn haben als die Durchsetzung der allgemeinen Menschenrechte. Die Auffassung, dass der Staat das Höchste ist und es für den Frommen nie eine Gewissenspflicht zum Widerstand geben kann, haben in Deutschland zuletzt die Deutschen Christen vertreten. Für Necla Kelek ist der Vorrang des Staates selbstverständlich – nicht nur auf dem Boden des weltlichen Rechts, sondern auch im Identitätsmix der

Menschen. Sie meinte, den katholischen Bundespräsidenten bei einer Ungeheuerlichkeit erwischt zu haben. In Wahrheit steht sie auf einem exzentrischen Standpunkt, bewertet sie die religionspolitischen Dinge von einer Warte, auf der ihr allenfalls die paar verbliebenen Staatsgläubigen unter den organisierten Freidenkern Gesellschaft leisten werden. Ihre Basis ist der dogmatische Kemalismus.

Necla Kelek wird nicht müde, das Land zu loben, für das sie sich in freier Wahl entschieden hat, nachdem ihre Eltern sie hierher gebracht hatten. Dieses gelobte Land, ihr Deutschland, ist für sie die bessere Türkei. Was Atatürk nur versprochen hat, eine weltliche Ordnung, die die ungeteilte Liebe und den letzten Einsatz der Bürger verdient, ist hier Wirklichkeit geworden. Auf der vorletzten Seite von «Die fremde Braut» schreibt Necla Kelek: «Ich bin in diesem Land angekommen, schätze seine Verfassung, habe einen deutschen Pass und glaube an die frohe Botschaft der Freiheit.» In ihren Büchern, Artikeln, Reden und Interviews verkündet sie dieses Evangelium.

Die neue soziale Frage

Als die Öffentlichkeit im Laufe des neunzehnten Jahrhunderts entdeckte, dass in den Fabrikstädten eine Bevölkerung herangewachsen war, die in jämmerlichster materieller und moralischer Not dahinvegetierte, wurde die Zivilisierung dieser verelendeten Massen als zivilgesellschaftliches Projekt in Angriff genommen – im Wettbewerb der Institutionen, die sich zur Erziehung zur Selbsthilfe berufen glaubten. Die Kirchen nahmen sich vor, die Proletarier noch einmal zu christianisieren. Die Arbeiterbewegung gründete Häuser der Arbeiterbildung, in denen gelehrt wurde, dass es keinen Gott gebe und keinen Grund, Priestern zu gehorchen. Die Christen beschimpften die Atheisten als Lehrer der Unmoral. Die Atheisten beschimpften die Christen als Prediger des falschen Trostes. Beide Seiten versuchten den Staat für ihre Kampagne zu gewinnen. Im Ergebnis wurde die Konkurrenz nicht unterbunden. Alle Erzieher wurden gebraucht. In den von der Industrie geräumten Großstädten, in Vierteln, denen zunächst die Einheimischen den Rücken kehren und dann diejenigen Eingewanderten, die es sich leisten können, stellt sich heute eine neue soziale Frage. Die Islamkritik warnt vor jeglicher Kooperation mit den Dienern der Religion, zu der sich die Mehrheit der Bewohner in den vom Verfall der Sozialität betroffenen Quartieren bekennt. Alle Disziplin, die sich durch Koranstudium und Moscheebesuch einüben und verinnerlichen ließe, wäre zu teuer erkauft. Je ernster die Einschätzung der Lage, die man für richtig hält, desto genauer sollte man sich überlegen, ob die Warnungen der Islamkritik plausibel sind. Die Schriftstellerin Monika Maron hat hinter der Kritik der Islamkritik «das Interesse all derer» ausgemacht, «die einen größeren Einfluss der Kirchen wünschen, denen der Säkularismus nicht erstrebenswert ist». Aber wo Alphabetisierungsmaßnahmen davon abhängig gemacht werden, dass die Adressaten sich zum Säkularismus bekehren, verfolgt die Religionskritik ein sektiererisches Privatinteresse. Wenn die Integrationsprobleme so gravierend sind, wie die Islamkritik behauptet, dann ist die Islamkritik ein Luxus.

Michael Bertrams, der Präsident des Oberverwaltungsgerichts und des Verfassungsgerichtshofs in Münster, ist nach seinem vielbeachteten F.A.Z.-Beitrag zum Karlsruher Kopftuchurteil noch einmal als Islamkritiker hervorgetreten. In einem Vortrag legte er 2009 dar, das Grundgesetz verpflichte den Staat, nur mit solchen Religionsgemeinschaften zu kooperieren, die die Grundlagen der freiheitlichen Ordnung «vorbehaltlos bejahen und stärken». Das seien in erster Linie die beiden großen Kirchen, deren «christlich-jüdisches Menschenbild» dem Staat des Grundgesetzes zugrunde liege. Islamische Organisationen versicherten in der Regel zwar öffentlich, auf dem Boden des Grundgesetzes zu stehen, verträten «nach Innen» jedoch häufig Positionen im Widerspruch zu den Grundwerten der Verfassung. Das Handlungsmuster der Doppelzüngigkeit, das die Islamkritik Taqiya nennt, setzte Bertrams ohne Beleg, ja sogar ohne den Begriff, als Normalfall voraus.

Der Anlass des Vortrags war der fünfundsiebzigste Jahrestag der Barmer Theologischen Erklärung, mit der die Bekennende Kirche dem von den Deutschen Christen bejahten Totalitätsanspruch des Staates widersprach. Bertrams setzte sich mit dem Tübinger Theologen Eberhard Jüngel auseinander, der mit dem Barmer Bekenntnis eine Pflicht der Kirche begründet, sich für die positive Religionsfreiheit anderer Glaubensgemeinschaften einzusetzen und den Staat in die Schranken der Toleranz zu weisen. In Verfolgung dieser Argumentationslinie hatte sich Jüngel gegen ein Kopftuchverbot ausgesprochen. Der Sozialdemokrat Bertrams glaubt, dass der in Barmen gemachte Vorbehalt gegenüber dem staatlichen Befehl sich nur auf den verbrecherischen Staat bezogen habe und im demokratischen Rechtsstaat obsolet sei. Diese Auslegung des Barmer Bekenntnisses läuft auf eine Restauration des Bündnisses von Thron und Altar hinaus. Doch unabhängig von allen theologischen Streitfragen gibt es für Ungläubige und Gläubige gute Gründe der historischen Erfahrung und der liberalen Philosophie, mit der Barmer Synode die Lehre als falsch zu verwerfen, «als solle und könne der Staat über seinen besonderen Auftrag hinaus die einzige und totale Ordnung menschlichen Lebens werden».

Ayaan Hirsi Ali behauptet, von einem gläubigen Muslim sei ein Verständnis des Grundrechts auf Leben gemäß Artikel 2 des Grundgesetzes nicht zu erwarten. «Im Islam beginnt das Leben erst im Jenseits. Sie müssen sterben, um zum Leben zu gelangen. In unseren Rechtsstaaten schützt der Staat das Leben. Dazu verpflichten ihn die Gesetze, und die Gesetze werden vom Volk gemacht. Das ist ein vernünftiger Aufbau, eine säkulare Verfassung. Im Islam gibt es so etwas nicht. Der Islam anerkennt individuelle Rechte nicht als Wert an sich. Man unterwirft seinen Willen dem Willen des Propheten und erhält erst dadurch Rechte und Pflichten.» Müssen die Muslime also den Gehorsam gegenüber dem Propheten aufkündigen, um sich dem Rechtsstaat einzufügen? Tatsächlich stimmt Ayaan Hirsi Ali der These zu, eine Vereinbarkeit von Islam und liberaler Gesellschaft hätte zur Bedingung, dass die Muslime sich nicht an den Islam hielten. Die Nichtbefolgung der Gebote des Propheten ist das Ziel der von der Islamkritik ausgerufenen Reformation des Islam.

Wie hat man sich diese Reformation vorzustellen, wenn sie nicht bloß eine Vision sein soll wie die «Himmelsreise» von Necla Keleks Buchtitel, die Reise Mohammeds nach Jerusalem, sondern jener historische Vorgang, auf den die islamische Welt in der Vorstellung der Islamkritik wartet, ein Vorgang in Raum und Zeit? In den Tagen des gelenkten Aufruhrs gegen die Prophetenkarikaturen aus Dänemark im Februar 2006 hielt Ayaan Hirsi Ali in Berlin eine Rede, in der sie den Geist der Stadt anrief. In Berlin sei in kommunistischer Umzingelung vor den Augen der Welt die Freiheit am Leben erhalten worden. «Trotz der Selbstzensur vieler im Westen, welche den Kommunismus idealisierten und verteidigten, und der brutalen Zensur im Osten wurde diese Schlacht gewonnen.» So müsse die offene Gesellschaft auch in der Schlacht gegen den Islamismus siegen. Ayaan Hirsi Ali sprach als islamische Dissidentin, zog die moralische Parallele zwischen Antikommunismus und Antiislamismus aber nicht ins Feld der politischen Phantasie, entfaltete kein Programm der Veränderung der islamischen Gesellschaften durch dissidentische Fermente. Stattdessen berichtete sie über den Wandel ihres eigenen Glaubens. «1989, als Khomeini dazu aufrief, Salman Rushdie zu töten wegen Beleidigung Mohammeds, dachte ich, dass er Recht hätte. Jetzt glaube ich das nicht mehr. Ich glaube, dass der Prophet im Unrecht war, als er sich und seine Ideen über kritisches Denken gestellt hat. Ich glaube, dass der Prophet Mohammed Unrecht hatte, als er die Frauen den Männern unterordnete.» Die Rednerin legte in aller Form ein Glaubensbekenntnis ab, das Bekenntnis einer Konvertitin. Und wie im christlichen Taufritus der Täufling bis heute den heidnischen Götzen abschwört, so widersagte Ayaan Hirsi Ali in Berlin dem, was sie früher geglaubt hatte. «Der Prophet war im Unrecht, als er gesagt hat, dass Abtrünnige getötet werden müssen. Er war im Unrecht, als er behauptete, nur auf seinen Ideen könne man eine gute Gesellschaft aufbauen.» Und so weiter.

Die Verneinung der Politik

Thomas Steinfeld hat den Islamkritikern die Frage gestellt, was eigentlich aus der These der Unvereinbarkeit von Koran und Grundgesetz folgt. Wenn sie das in Europa aus den konfessionellen Kriegen herausgewachsene System der Religionsfreiheit verwerfen, «den Aufstand der Mehrheit gegen eine Minderheit organisieren wollen und das Ende der Toleranz für den Islam verlangen – was geschieht dann, ganz praktisch betrachtet»? Eine Antwort hat Steinfeld nicht erhalten. Die Islamkritik hat keinen Anlass, Szenarien einer humanistischen Erneuerung des Islam im Bündnis mit solchen Kräften der weltlichen Klugheit zu entwerfen, wie sie zu den entscheidenden Trägern der Reformation Luthers und Calvins gehörten. Die Überzeugungskraft der aufgeklärten Gesellschaft, glaubt man, muss sich nur zur Wirkung bringen. Der Westen hat die Wahrheit auf seiner Seite, gegen die auch ein seit anderthalb Jahrtausenden bestehendes System des Rechtslehrertrugs am Ende nichts wird ausrichten können. Die Islamkritik ist die ins Apokalyptische gesteigerte Neuauflage der Magnettheorie des Kalten Krieges.

Hier tritt der religiöse Charakter dieser radikalen Religionskritik ans Licht. Den Werten der aufgeklärten Gesellschaft wird ausdrücklich der Status letzter Prinzipien zugesprochen. Es handelt sich um eine Intellektuellenreligion, die sich einen sozial unschädlichen Glauben nur denken kann nach dem Modell der komplett vergeistigten Endformen des deutschen oder amerikanischen Protestantismus, als Spiritualismus der reinen Innerlichkeit. Jede Akkomodation wird abgelehnt, weil das Grundgesetz selbst an die Stelle des Korans treten soll. Die Reformation des Islam stellt sich die Islamkritik als Bekehrung der halben Welt vor. Solche Schwärmerei mag uns harmlos vorkommen. Seit Oliver Cromwells Zeiten beten schließlich auch die bibelwortgläubigen Protestanten für die Bekehrung der Juden, um das Ende der Welt zu beschleunigen. Freilich haben wir davon gehört, dass solche Gebetsintentionen sich in unserer Zeit mit geopolitischen Interessen verbinden.

Was geschieht in der Zwischenzeit, während die Auflösung der Umma, der Gemeinschaft der Gläubigen, auf sich warten lässt? Das ist die Frage nach dem Umgang mit den Muslimen, die vor der Botschaft der Islamkritik die Ohren verschließen. Mit Verachtung wird von den Islamkritikern überzogen, wer es an Zorn und Eifer für die aufgeklärte Sache fehlen lässt. Sie richten sich im Meinungskampf nach dem heiligen Wort aller Proselytenmacher: Die Lauen werde ich ausspeien. Als kleinmütig werden von der *critica militans* einfachste Klugheitserwägungen abgetan, so der Hinweis auf die Grenzen der Durchsetzbarkeit von Zwangsmaßnahmen, die auf die Köpfe zielen. Die Buße für die Übertretung eines Anti-Burka-Gesetzes kann die Adressatin des Verbots vermeiden, indem sie die Burka ablegt. Oder indem sie die Wohnung nicht mehr verlässt.

Henryk M. Broders Formel «Hurra, wir kapitulieren» ist eine der erfolgreichsten Erfindungen der Islamkritik. Der Witz ist, dass sich schon des Defätismus überführt, wer sich die zaghafte Rückfrage gestattet, ob wir uns wirklich im Krieg gegen den Islam befinden. Das Politische im politischen Diskurs, den die Islamkritik betreibt, bezeichnet den Bezug auf diesen Endkampf zwischen Aufklärung und Finsternis. Unerwünscht ist das Politische im zivilgesellschaftlichen Sinne des Erkundens von Zwischenlösungen, Spielräumen und Arrangements auf Zeit. An dieser Unduldsamkeit gegenüber dem Zweifel im eigenen Hinterkopf erkennt man den Fanatismus. Der Druck im Kessel muss künstlich konserviert werden, sonst geht die existenzielle Dringlichkeit flöten. Wer die Intoleranz zur Doktrin erhebt, setzt sich selbst unter Zugzwang. Was soll denn nun aus Ralph Giordanos Einsicht folgen, dass ein aufrichtiger Muslim sich entscheiden muss, dass er entweder dem Koran gehorchen kann oder dem Grundgesetz? Thomas Steinfeld hat einige Maßregeln zur Diskussion gestellt: «Ausweisung aller bekennenden Muslime nach Asien oder Afrika? Einrichtung von Ghettos innerhalb Deutschlands? Oder eine gigantische Umerziehung nach dem Modell der Entnazifizierung, eine Zwangsbekehrung zum Säkularen?» Die polemische Zuspitzung bringt an den Tag, dass die Islamkritik auf die Frage nach dem gebotenen Umgang mit den Verstockten keine Antwort hat. Dass man auf osmotische Prozesse der Zivilisierung, auf Hybridbildungen des Frommen und des Säkularen, auf die Zeit setzen soll – das kann ja ihre Antwort nicht sein.

Wenn der Glaube an eine vom Staat unabhängige Instanz der Rechtsetzung den Staat gefährdet, dann muss die Islamkritik eigentlich eine Theorie der abgestuften Religionsfreiheit vertreten, wie sie die katholische Kirche im Zweiten Vatikanischen Konzil hinter sich gelassen hat: Freiheit zur Wahrheit, nicht zum Irrtum. Da einer Differenzierung der bürgerlichen Rechte nach Graden der Aufgeklärtheit aber unüberwindliche grundrechtliche Hindernisse entgegenstehen, ersetzt informelle Diskriminierung die förmliche. Es ist in Deutschland schon so weit, dass man beim Anblick jeder Studentin, die ein Kopftuch trägt, unwillkürlich denkt: Auf den Dienst für den Staat, der sie ausbildet, legt sie offensichtlich keinen Wert.

Im November 1879 erörterte Heinrich von Treitschke, der berühmte Geschichtsprofessor der Berliner Universität, in einem Aufsatz in den nationalliberalen «Preußischen Jahrbüchern» unter den Aussichten der Zeit auch die «leidenschaftliche Bewegung gegen das Judentum», die durch die Einwanderung von Juden, die an ihrem Religionsgesetz festzuhalten gewillt schienen, die Integration des nationalen

Staates im Zeichen des bürgerlichen Rechts gefährdet glaubte. Der Historiker, der in seiner «Deutschen Geschichte im neunzehnten Jahrhundert» die öffentliche Meinung als umwälzende Kraft geschildert hatte, berichtete aus der guten Gesellschaft: «Bis in die Kreise der höchsten Bildung hinauf, unter Männern, die jeden Gedanken kirchlicher Unduldsamkeit oder nationalen Hochmuts von sich weisen würden, ertönt es heute wie aus einem Munde: die Juden sind unser Unglück!» Micha Brumlik hat Thilo Sarrazin einen Treitschke des frühen einundzwanzigsten Jahrhunderts genannt, weil der Historiker den modernen, nicht mehr theologisch, sondern mit Rassenlehre und Sprachwissenschaft begründeten Antisemitismus mit der demographischen Angst zusammengeführt habe. Die «Reaktionsmuster» im bürgerlichen Publikum damals und heute seien dieselben. Treitschke vermied die Berührung mit dem Unflat des gemeinen Judenhasses und vermerkte doch mit Genugtuung, dass die Kloake der rassistischen Hetzerei das Tabu hinweggeschwemmt hatte: Die «natürliche Reaktion des germanischen Volksgefühls gegen ein fremdes Element, das zu unserem Leben einen allzu breiten Raum eingenommen hat», habe «zum mindesten das unfreiwillige Verdienst, den Bann einer stillen Unwahrheit von uns genommen zu haben; es ist schon ein Gewinn, daß ein Übel, das Jeder fühlte und Niemand berühren wollte, jetzt offen besprochen wird».

Von «unseren israelitischen Mitbürgern» forderte Treitschke: «Sie sollen Deutsche werden, sich schlicht und recht als Deutsche fühlen – unbeschadet ihres Glaubens und ihrer alten heiligen Erinnerungen, die uns allen ehrwürdig sind; denn wir wollen nicht, dass auf die Jahrtausende germanischer Gesittung ein Zeitalter deutsch-jüdischer Mischkultur folge.» Golo Mann hat 1961 angemerkt, dass der Antisemitismus, als er auf der Bühne der Geschichte erscheint, zunächst nicht das ist, was wir uns nach Auschwitz unter ihm vorstellen. «Er verlangt nicht Ausschließung, sondern völlige Angleichung und Bescheidenheit in der Angleichung; er verlangt Ausschließung nur derer, die sich nicht angleichen wollen.»

Was ist los in Deutschland? Der Frankfurter Architekt Salomon Korn, Vizepräsident des Zentralrats der Juden, hat daran erinnert, dass die deutsche Geschichte schon seit 1806 eine Geschichte der Niederlagen war. Die Sehnsucht nach einem starken Nationalbewusstsein kompensiert ein verleugnetes Gefühl der Schwäche. «Wer keine gefestigte Persönlichkeit besitzt, sucht Menschen, auf die er hinabschauen kann. Früher waren das vor allem die Juden. Heute greifen in der Causa Sarrazin ähnliche Mechanismen: Hier wir Deutsche, dort die Muslime.»

Ein Jahr nach Treitschkes Aufsatz zog sein nicht minder berühmter Fakultätskollege Theodor Mommsen ein Resümee der von Treitschke ausgelösten Debatte. «Ohne Zweifel hat Herr von Treitschke diese Woge und diesen Schaum nicht gewollt, und es fällt mir nicht ein, ihn für die einzelnen Folgen seines Auftretens verantwortlich zu machen. Aber die Frage ist doch unerlässlich: was hat er gewollt? Jene ‹tiefe und starke Bewegung› hatte doch wohl irgend einen Zweck? Herr von Treitschke ist ein redegewaltiger Mann; aber er selbst hat doch wohl kaum geglaubt, dass auf seine Allokution hin die Juden nun, wie er es ausdrückt, sämtlich deutsch werden würden. Und wenn nicht, was dann? Ein kleines klares Wort darüber wäre nützlicher gewesen als all die ziellosen großen. Nur so viel ist klar: Jeder Jude deutscher Nationalität hat den Artikel in dem Sinne aufgefasst und auffassen müssen, dass er sie als Mitbürger zweiter Klasse betrachtet, gleichsam als eine allenfalls besserungsfähige Strafkompanie. Das heißt den Bürgerkrieg predigen.»

Nicht wie aus einem Munde, aber immer lauter ertönt es heute: Der Islam ist das Problem. Was wollen diejenigen, die diese Parole lancieren? Ralph Giordano und Henryk M. Broder sind redegewaltige Männer. Aber sie haben wohl kaum geglaubt, dass sämtliche Muslime deutscher Nationalität nach Lektüre der Autobiographie von Ayaan Hirsi Ali vom Glauben abfallen würden. Aber wenn nicht – was dann?

Danksagung

Dieses Buch führt Überlegungen zusammen, denen ich über die Jahre in Artikeln in der «Frankfurter Allgemeinen Zeitung» nachgegangen bin. Meinen Kollegen in der Feuilletonredaktion und dem für das Feuilleton zuständigen Herausgeber Frank Schirrmacher danke ich für eine belebende Atmosphäre der kritischen Diskussion. Karen Krüger und Reinhard Müller gaben wichtige Hinweise zu einzelnen Kapiteln. Im Zusammenhang konnte ich einige Erwägungen in der Katholischen Akademie zu Berlin, in einer Berliner Rede zur Religionspolitik an der Humboldt-Universität und in den «Blättern für deutsche und internationale Politik» zur Debatte stellen. Hier gilt mein Dank Joachim Hake, Rolf Schieder und Albrecht von Lucke. Barbara Wenner hat meine Buchidee mit Enthusiasmus zu ihrer Sache gemacht. Es freut mich, dass mein Buch bei C. H. Beck erscheint und von Detlef Felken lektoriert worden ist. Vielen Kollegen verdanke ich Anregungen und Anstöße, namentlich Gustav Falke, Christian Geyer, Rainer Hermann, Lorenz Jäger, Alexandra Kemmerer, Jürgen Kaube, Mechthild Küpper, Jörg Lau, Wolfgang Günter Lerch, Stefan Niggemeier, Martin Otto, Edo Reents, Thorsten Gerald Schneiders, Konrad Schuller, Eberhard Seidel-Pielen, Claudius Seidl, Mark Siemons, Kay Sokolowsky und Rüdiger Soldt.

Frankfurt, am 31. Dezember 2010

Nachwort zur Taschenbuchausgabe

Gegenstände, die aufeinander oder deren Teile aufeinander folgen, heißen überhaupt Handlungen.

Laokoon oder Über die Grenzen der Malerei und Poesie

Seit dem 22. Juli 2011 kennt die Menschheit den islamkritischen Terrorismus. Anders Behring Breivik erschoss am späten Nachmittag dieses Tages innerhalb von 60 Minuten 69 Menschen, die am alljährlichen Zeltlager der Jugendorganisation der norwegischen Arbeiterpartei teilnahmen. Der Schauplatz des Massakers war die in einem See 30 Kilometer nordwestlich von Oslo gelegene Insel Utøya. Um die Arglosigkeit seiner von jeder Hilfe abgeschnittenen Opfer auszunutzen, trug der Massenmörder eine Polizistenuniform. Vorher hatte er, um die Behörden abzulenken, im Regierungsviertel von Oslo eine Autobombe gezündet, durch die acht Menschen zu Tode kamen. Anderthalb Stunden vor der Explosion hatte Breivik an 1003 Elektropostempfänger ein PDF-Dokument versandt, auf der Titelseite ausgewiesen als «A European Declaration of Independence» unter der Jahreszahl 2083 und dem roten Kreuz der Tempelritter. Als Publikationsort war London angegeben. Dort soll nach Angaben des Verfassers im April 2002 der 1312 von Papst Clemens V. aufgelöste Templerorden wiedergegründet worden sein, als Geheimbund zur Rettung des Abendlands vor dem Islam. Breivik bezeichnet sich selbst als Mitglied. Das Typoskript, das ein bis zum Tag der Tat geführtes Tagebuch des Täters einschließt, breitet die Gründe für die Morde aus, die Breivik auch in den Vernehmungen vorgetragen hat.

Die Rechtfertigungsschrift wurde sogleich Gegenstand einer erregten Debatte unter Meinungsmachern der ganzen Welt. Häufig war von Breiviks «Manifest» die Rede. Das führt in die Irre. Zwar kündigt der Bezug auf die Unabhängigkeitserklärung der Vereinigten Staaten einen Text an, der Tat sein will, der vollzieht, was er begründet. Aber für ein Manifest im Sinne einer Programmschrift ist Breiviks Werk viel zu dick. Legt man diese 1483 Seiten neben das Kommunistische Manifest von Marx und Engels, dann braucht man, so scheint es, den Autor gar nicht erst ernstzunehmen. Breivik selbst nennt seine Schrift ein Kompendium, und das trifft die Sache. Der Tempelritter übermacht seinen Mitkämpfern ein Handbuch des für die Niederwerfung und Vertreibung der Muslime notwendigen Wissens. Breivik hat an alles gedacht, bietet sozialpsychologische Analysen des Geschlechterverhältnisses ebenso wie ethische Erörterungen zur Tötung Unschuldiger und natürlich Tipps zum Bombenbasteln. Trotz der Themenfülle fällt ins Auge, dass der Verfasser den methodischen Aufbau liebt, elaborierte Hierarchien und Stufenpläne. Darin verrät sich einerseits der Einfluss der Management- und Selbsthilfeliteratur und andererseits das Vorbild der Freimaurerei, deren Rituale der Legende nach auf den Templerorden zurückgehen. Breivik, der Freimaurer war und den dritten Grad (Meister) nach schwedischem Ritus erreichte, lobt die Maurer als Hüter des kulturellen Erbes; die Bibliotheken der Logen seien wichtig für die Forschungen des antimuslimischen Widerstands. Er empfiehlt seinen für den ritterlichen Notdienst gewonnenen Lesern, sich in der Phase der dezentralen Selbstorganisation des neuen Templerordens Orden und Uniformstücke über den freimaurerischen Versandhandel zu beschaffen.

Der Kompendiencharakter erklärt auch die Eigenschaft von Breiviks Werk, die den meisten Debattenstoff lieferte: Es ist weitgehend kompiliert. Mit übernommenen Ideen müsse man sich nicht befassen, gaben einige Kommentatoren in intellektueller Betriebsblindheit zu verstehen. Wenn der Massenmörder auch ein Plagiator ist, meinte man, dann sagen seine Bekenntnisse über seine Motive womöglich gar nichts aus. Dabei ist nichts typischer für die islamkritische Propaganda als das Kopieren und Zusammenkleben. In der einleitenden Gebrauchsanweisung legt Breivik offen, dass etwa die Hälfte des Textes nicht von ihm stammt, sondern von «zahlreichen mutigen Individuen überall auf der Welt». Dass er auf das Urheberrecht keine Rücksicht nehmen konnte, soll als Zeichen der Notzeit gedeutet werden, die Thema, Form und Vertriebsweg des Werkes diktiert hat. Wie Breivik die Botschaften seiner mutigen Mitautoren kopiert und montiert hat, so sollen die Leser, denen das Buch vielleicht erst nach dem Tod des Verfassers unter die Augen kommt, es weiterverbreiten und ergänzen. «Der Inhalt des Kompendiums gehört wahrhaftig jedermann und darf in jeder Form und auf jedem Weg weitergegeben werden.» Der gelehrte Kreuzritter fand seine Quellen im Internet und glaubt an die Utopie des geistigen Gemeineigentums. «Die meisten in den drei Büchern des Kompendiums präsentierten Informationen werden den europäischen Völkern von unseren Regierungen und den politisch korrekten Mainstream-Medien mit Bedacht vorenthalten.» Breivik hat alles hineingestopft, damit nichts verlorengeht. Die schiere Menge der umlaufenden Informationen soll zeigen, dass die Unterdrückung der Wahrheit scheitern muss. «Das Kompendium dokumentiert auf mehr als 1000 Seiten, dass die Furcht vor der Islamisierung alles andere als irrational ist.» Es ist die Summe des offenkundigen Geheimwissens der Menschheit, die übermenschliche Fleißarbeit einer globalen Gegenöffentlichkeit.

Man tue die Kapitel zur Einführung in die Geschichte der Religionen und Genozide nicht als nutzlos ab, nur weil sie aus der Wikipedia übernommen sind: Sie sind wohl für Ritter gedacht, die sich das Kompendium ausdrucken, weil es für Untergrundkämpfer keinen garantierten Internetzugang geben wird. Die ewigen Wiederholungen machen die Lektüre zäh, aber die Endlosschleife ist nun einmal der Erkennungsrhythmus der islamkritischen Rhetorik, im Kommentarbereich der grobschlächtigen Internetseiten wie im feministischen Salon. Die Eingeweihten bedrückt ein Übergewicht der vermeintlichen Kenntnisse gegenüber den Handlungsoptionen: So viel weiß man über die bösen Absichten des Islam, und so wenig wird getan, um sie zu vereiteln. Die schieren Textmassen drängen von selbst zur Tat, zur Beglaubigung der Proklamation des Ernstfalls. In den Überzeugungsgemeinschaften vernetzter Computernutzer greift die soziale Kontrolle der wirklichen Welt nicht. Die Machart von Breiviks Kompendium illustriert die Wirkungsweise der islamkritischen Netzagitation: Sie ist üble Nachrede, die sich unter Zugzwang setzt, unverantwortliches Geschwätz, das sich an der eigenen Bosheit berauscht. Insoweit kommt es bei der Frage nach der intellektuellen Ermöglichung der Morde von Utøya gar nicht auf den einzelnen Stichwortgeber an. Hans-Peter Uhl, CSU-Abgeordneter im Deutschen Bundestag, brachte die fatale Logik der Schwarmdummheit auf den Punkt: «In Wahrheit wurde diese Tat im Internet geboren.»

Der islamische Terrorismus ist nicht erst seit dem 11. September 2001 ein welthistorisches Phänomen. Es ist ein Gebot des politischen Realismus, für den das vorliegende Buch eintritt, ihn beim Namen zu nennen. Karen Hughes, einst Cheferklärerin der Außenpolitik des zweiten Präsidenten Bush, sprach im Streit um die Moschee in der Nähe von Ground Zero von «Mördern, die sich Muslime nannten». Mit Recht rügte Leon Wieseltier in der «New Republic» diesen Euphemismus: «Sie nannten sich nicht Muslime. Sie waren Muslime.» Ob Mohammed Atta und seine Mittäter sich zu Unrecht auf den Koran beriefen, ist eine theologische Frage für die zuständigen muslimischen Autoritäten. Zeitgenossen und Historiker müssen von der Tatsache ausgehen, dass Attas Unternehmen, wie Wieseltier schrieb, «die Verwirklichung einer im Islam angelegten Möglichkeit» repräsentiert, «eine transnationale apokalyptische Bewegung», die unter dem Eindruck der Dauerkrise der meisten Staaten mit muslimischen Bevölkerungsmehrheiten aus der Lehre vom Heiligen Krieg die Pflicht zum globalen Entscheidungskampf gegen den Westen ableitet. Viele Kommentatoren, die angesichts dieser Bedrohung jahrelang darauf gepocht hatten, dass Gesinnungstäter aus einem geistigen Milieu hervorgehen und dass auch die scheinbar spontane Radikalisierung eines Einzelgängers mit sozialen Beziehungen zu tun hat, wollten von solcher Ursachenforschung plötzlich nichts mehr wissen, als es um den Mörder von Utøya ging. Die Bannerträger und Schönredner der Islamkritik taten Breivik als Einzeltäter auch im geistigen Sinne ab. Das ist genau die Ablenkung vom Offenkundigen, die sie islamischen Funktionären als feige Verlogenheit vorzuwerfen pflegen, wenn ein besonders eifriger Konsument salafistischer Tonbandbotschaften ein Selbstmordattentat verübt.

Schon die Jahreszahl im Titel zeigt an, dass Breivik seinen Beitrag zu einem Subgenre der islamkritischen Literatur abliefert: der prophetischen Historie des einundzwanzigsten Jahrhunderts, wie sie auch Henryk M. Broder und Thilo Sarrazin geschrieben haben. Da sich in 1500 Seiten elektronischem Text am bequemsten nach einzelnen Wörtern suchen lässt, wurde in den Anfangstagen der Breivik-Studien hauptsächlich über die in der Tat aufschlussreichen Namen der zitierten Autoren diskutiert. Die billigste Ausflucht der antidschihadistischen Strategen, deren Geistesabdrücke über das gesamte Manuskript verteilt sind: die Behauptung, Breivik habe wahllos zitiert. Rainer Grell, der Erfinder des baden-württembergischen Muslim-Tests, protestierte dagegen, dass der «Stern» die Autoren der tonangebenden deutschen Islamhassersеite «Politically Incorrect» in die Nähe von Breivik gerückt hatte: «Warum nicht auch Churchill, Kafka und andere, die Breivik in seinem Manifest zitiert?» Auf die gleichen Entlastungszeugen wie der pensionierte Beamte und Funktionär der Bürgerbewegung Pax Europa e.V. verwies die Schriftstellerin Monika Maron: «Er wird bei Kafka so fündig wie bei Churchill oder Merkel oder sonst wem im Internet.» Was entnimmt Breivik den Klassikern der Weltliteratur? Dasselbe wie Grell in seinem Buch zum Thema: goldene Worte als abendländische Schmuckelemente. Es ist allerdings durchaus bezeichnend, dass Breivik dem Kapitel über die «Psychologie der Kulturmarxisten» das gleiche Churchill-Motto voranstellt wie Henryk M. Broder seinem Buch «Hurra, wir kapitulieren!»: «An appeaser is one who feeds a crocodile, hoping it will eat him last.» Dank des Appeasement-Vergleichs ließ sich die islamkritische Botschaft als eingängige Story verbreiten. Bruce Bawer, der in Oslo lebende, durch Beiträge zur Schwulenemanzipation bekanntgewordene amerikanische Literaturkritiker, nannte sein erstes islamkritisches Buch «While Europe Slept» – in Anspielung auf Churchill, der 1938 in seinem Buch «While England Slept» den Fortschritt der deutschen Aufrüstung dargestellt hatte. Broder greift in seiner Version der Story auf Stilmittel satirischer Ausmalung zurück, die den Lesern nahelegen, dass sie jede kleine Unhöflichkeit gegenüber einem Muslim als Akt des alltäglichen Widerstands gegen die Hitlers von nebenan auffassen dürfen.

Broder wird im Kompendium an zwei Stellen zitiert – und damit viel seltener, als seinen Verdiensten um die islamkritische Mobilisierung der europäischen Öffentlichkeit angemessen wäre. Breivik hatte offenbar keinen direkten Zugang zu deutschen Quellen. Zudem rechnet er nicht damit, dass Deutschland eine Führungsrolle im letzten Kreuzzug übernehmen wird: Das Land leide noch immer unter dem Trauma des Nationalsozialismus und sei zur Selbstverteidigung schlichtweg unfähig. Dass der deutsche Schuldkomplex die nationale Abwehrbereitschaft schwäche, beklagen auch deutsche Islamkritiker wie Necla Kelek. Gemeinsam mit ihrer Freundin Monika Maron äußerte sich Frau Kelek wenige Tage nach Utøya in der «Welt», um Thilo Sarrazin als Helden des furchtlosen Worts zu rühmen – nun erst recht. Der Autor von «Deutschland schafft sich ab» habe den «richtigen Ansatz» verfolgt, stellte Frau Kelek fest, indem er «die Interessen Deutschlands» in den Vordergrund gerückt habe. «Mir fällt auf, dass gerade die Deutschen sich so wenig mit ihrer Gesellschaft identifizieren.»

Obwohl der frühere Bundespräsident Roman Herzog im Kompendium häufiger angeführt wird, konzentrierte sich die deutsche Diskussion sofort auf Broder, der in seinem Blog «Die Achse des Guten» keine Gelegenheit zum Anprangern auslässt, wenn er Widersacher irgendwo in der weiten Welt des Netzes in peinlichen Situationen angetroffen hat. Bei einzelnen liberalen Journalisten wurden ungute Erinnerungen an die Sympathisantenfahndung in der hohen Zeit des Linksterrorismus wach. Im Rückblick wird man allerdings festhalten müssen, dass die Frage nach der Begünstigung der linksextremistischen Gewalt durch linksintellektuelle Tendenzen berechtigt war, auch wenn einzelne Personen ungerechterweise unter Verdacht gestellt wurden. Die spätmarxistische Gesellschaftstheorie beschrieb die politische Wirklichkeit als totalitäres System, das von innen heraus nicht verändert werden könne. Ein in Gewaltmetaphern schwelgender soziologischer Feuilletonismus nährte Gegengewaltphantasien. Den Klassenfeind wollte man sich nicht mehr als Menschen vorstellen. Die radikale Analyse schlug um in die Sehnsucht nach diesseitiger Erlösung. Solche intellektuellen Anreize zur Entgrenzung und Enthemmung produziert auch die Islamkritik.

Eine politische Publizistik, die dem liberalen Ideal vom Kampf der Ideen verpflichtet ist, tut sich nicht leicht mit der Klassifikation des gesunkenen Kulturguts, aus dem Breivik sein Kompendium collagiert hat. Albrecht von Lucke warnte in der «taz» vor dem Begriff der Mittäterschaft. «Das von Breivik ins Netz gestellte Manifest ist ein erstaunliches Sammelsurium, in dem neben narzisstischen Interviews des Täters mit sich selbst Zitate von Henryk M. Broder, aber auch von Klassikern des liberalen Denkens stehen, etwa von John Stuart Mill. Hier beginnt das Problem: Offenbar ist ein bestimmter intellektueller Auslöser für die monströse Tat gar nicht auszumachen.» Broder und

Mill erfüllen in Breiviks Grundkurs für Kreuzritter ganz unterschiedliche Funktionen. Broder, vorgestellt als deutscher Journalist, ist der Frontberichterstatter, der Gewährsmann für die Verheerungen, die der alltägliche Dschihad in den Köpfen der Appeaser angerichtet hat. Einen Interviewer aus Holland hatte Broder auf einer Berliner Terrasse mit einem melancholischen Seitenblick auf arglose Shopper wissen lassen, dass er den Europäern den Willen zum Widerstand gegen die Islamisierung nicht zutraue. Zur allegorischen Figur des alten Kontinents wird in Broders Weissagung, wie sie der holländische Kollege wiedergibt, die «dumme blonde Schriftstellerin», die ihm in einer Diskussion entgegnet habe, es sei manchmal das kleinere Übel, als Vergewaltigungsopfer stillzuhalten. Das Schlusswort des Terrassenpropheten: Junge Leute sollten nach Australien auswandern; er selbst sei dafür zu alt. Vom «Tagesspiegel» nach Breiviks Interesse an seinen Expertisen befragt, bekräftigte Broder den Rat, dass Freiheitsfreunde emigrieren sollten.

Wie man als Breivik-Leser solche fatalistischen Depeschen mit den Sentenzen John Stuart Mills zusammenbringen soll, ist nun gar kein besonderes Problem. Broder ist für die Ernüchterung zuständig, Mill für die Inspiration. Breivik zitiert den Autor von «On Liberty» als Herold des Nonkonformismus, der den Gesinnungstäter ermutigt, gegen die Tyrannei der Dummheit zu rebellieren. So muss Mill an einer privaten Fachhochschule in Heidelberg als Patron einer Freiheitsforschung herhalten, die die demoskopische Reproduktion des neoliberalen Schreckbilds vom staatsfrommen Deutschen als zeitgemäße Form des Dissidententums vermarktet. Der Journalist Hannes Stein, Autor der «Achse des Guten», nahm Anstoß an Broders Weigerung, Breivik als Islamkritiker gelten zu lassen. Wie der linksliberale Antikommunismus George Orwells und der kryptofaschistische Antikommunismus der italienischen Loge P2 nebeneinander bestanden hätten, so gebe es «eine demokratische und liberale Kritik am Islam und eine rechtsradikale». Zu ergänzen ist, dass die rechtsradikale Islamkritik Versatzstücke der liberalen Philosophie verwendet und nach außen sogar als liberale Bewegung auftritt – daher der Name der Parteien von Geert Wilders und seinem deutschen Jünger René Stadtkewitz.

Manche rechten Flügelmänner der Islamkritik kultivieren in der Tradition des technokratischen Rechtskonservatismus eine rationalistische Denkungsart, die den Brückenschlag zum atheistischen Humanismus erleichtert, aber mehr mit dem Kulturmarxismus gemein hat, als Breivik geheuer sein sollte. Dessen Kompendium illustriert unter allen anderen Obsessionen der Islamkritik freilich auch diese Tendenz. Zwar fordert Breivik, um die Macht der Frankfurter Schule zu brechen, die Abschaffung des Studienfachs Soziologie. Doch an die Stelle der kulturmarxistischen Leitdisziplin soll ein Kurs mit folgender Lektüreliste treten: Die Bibel, Machiavelli, George Orwell, Thomas Hobbes, John Stuart Mill, John Locke, Adam Smith, Edmund Burke, Ayn Rand, William James. Das sind, die machiavellistisch als Kompendium des Priestertrugs zu lesende Heilige Schrift eingeschlossen, die großen Bücher einer auf die Renaissance zurückgehenden Staatswissenschaft mit individualistischem Design unter dem Leitgedanken der Selbsterhaltung. Dem Andenken an Ayn Rand, die Hohepriesterin des rationalen Egoismus, hat Pamela Geller, die Primadonna der amerikanischen Islamkritik, ihren Blog gewidmet. «Logik und rationalistisches Denken», erläutert Breivik, sollten «das Fundament unserer Gesellschaften» sein, nötig sei «ein gewisser Grad von nationalem Darwinismus».

Ob es für die monströse Tat einen bestimmten intellektuellen Auslöser im Sinne eines einzelnen Lektüreerlebnisses gab, mag das Gericht interessieren. Es ist aber nicht wahrscheinlich und für das politische Verständnis der Tat und ihrer Bedingungen auch nicht erheblich. Entscheidend ist: Das Kompendium breitet die Gründe für den Massenmord aus, die den Mörder offenkundig tatsächlich bestimmt haben, und er hat diese Gründe in den Schriften der islamkritischen Internationale gefunden, deren wichtigste Autoren die Historikerin Bat Ye'Or (ein Pseudonym Gisèle Littmans) und die Blogger Pamela Geller und Robert Spencer sind. Über weiteste Strecken ist das Kompendium eine Zusammenstellung der Theorien dieses Autorenkreises: Sammelsurium ist ein falscher Begriff für Breiviks fanatische Fleißarbeit. Breivik übernimmt Dutzende von Artikeln des norwegischen Bloggers mit dem Pseudonym Fjordman, eines in der islamkritischen Gegenwelt hochgeschätzten Multiplikators, der die fortlaufenden Nachrichten der Dschihadwächter mit kulturkritischen Glossen versieht und eine Art Volksausgabe von Bat Ye'Ors Geschichte des Eurabia-Komplotts herstellte. Im Januar 2012 gab Pamela Geller die

Gründung eines Weltdachverbands der Antidschihadisten bekannt: Stop the Islamization of Nations (SION). Im Beirat sitzt neben zwei «Ex-Muslimen» und einem pensionierten israelischen Geheimdienstoffizier Stefan Herre, der Gründer von «Politically Incorrect». Wie im vorliegenden Buch dargelegt, unterscheidet sich die Weltsicht des Geller-Netzwerks nur in den verschwörungstheoretischen Details von der Einschätzung der islamischen Gefahr, die Sachbuchautoren seriöser Verlage und Kolumnisten seriöser Zeitungen im bürgerlichen Lesepublikum populär gemacht haben. Das Spektrum der Islamkritik ist viel schmaler, als Stilunterschiede vermuten lassen, die sich aus der Natur der verschiedenen Medien erklären. Die westliche Lebensform werde durch die Sitten von Einwanderern zurückgedrängt, in denen die kriegerische Natur des Islam zum Vorschein komme: Diese Behauptung der evidenten Unversöhnlichkeit ist der Inhalt der Islamkritik, die eine Wende in der Religions- und Zuwanderungspolitik der Rechtsstaaten fordert.

Manfred Kleine-Hartlage, Verfasser eines Buches mit dem Titel «Das Dschihad-System. Wie der Islam funktioniert», berichtet, dass er nach seinen Vorträgen im bürgerlichen Protestmilieu von Zuhörern häufig zu hören bekomme, sie verstünden nun endlich, was um sie herum vorgehe. Gerade die Anknüpfung an vermeintliche Alltagsprobleme rechtfertigt in der Islamkritik die Verachtung pragmatischer Lösungsansätze: Wenn man sich nur auf der Straße umsehen muss, um die Dringlichkeit der Sache zu begreifen, dann ist es für politisches Handeln womöglich schon zu spät. Die Islamkritik ist wie der militante Islamismus eine transnationale apokalyptische Bewegung. Von Fjordman bezieht Breivik den Gedanken, in Westeuropa sei der Fall einer Auflösung der Regierung im Sinne John Lockes eingetreten: Die Staatsgewalt könne das Eigentum nicht mehr schützen und dürfe daher keinen Gehorsam mehr verlangen. Das ist die akademische Rationalisierung einer Überzeugung, die sich in Leserbriefen und Blogkommentaren Bahn bricht: dass die bloße Anwesenheit von Neubürgern mit fremden Vorstellungen vom guten Leben einer Enteignung der Einheimischen gleichkomme. Nachdem Fjordman als Hauptlieferant von Textbausteinen für das Kompendium in Verdacht geraten war, mit Breivik im Bunde oder gar identisch zu sein, gab er sein Inkognito auf. Dahinter steckte Peder Jensen, ein 1975 geborener Sozialarbeiter. Ein rechtsintellektueller deutscher Verlag brachte im Herbst 2011 unter dem Titel «Europa verteidigen» ein Buch mit Artikeln unter der Autorenmarke Fjordman heraus. Einer der beiden Herausgeber: Manfred Kleine-Hartlage. Er porträtiert Jensen als ehemaligen Linken, der sich vom Amerikabewunderer zum Zivilisationskritiker gewandelt habe. In jüngeren Texten nehme die kulturpessimistische Verdüsterung zu. Kleine-Hartlage, der zur eigenen Person angibt, er sei früher Mitglied der SPD gewesen, platzierte sein «Dschihad-System» im Programm des Resch-Verlags in Gräfelfing, neben Bat Ye'Ors «Niedergang des orientalischen Christentums unter dem Islam» und den gesammelten Werken des angeblichen Konvertiten Mark A. Gabriel.

Als Coup wurde es in der kleinen Welt der konservativ-revolutionären Publizistik gefeiert, dass Tilman Nagel, der hochdekorierte Fachmann für die Mohammed-Überlieferung, dem «Dschihad-System» eine Rezension widmete. Publiziert wurde sie im Internet mit dem Werbehinweis, dass sie den großen Zeitungen nicht genehm gewesen wäre. Nagel rühmt das Buch als das Werk eines Sozialwissenschaftlers, der sich nicht mit historischen Differenzierungen abgebe, sondern zu den «kulturellen Selbstverständlichkeiten» des Islam vordringe. Diesen Begriff liebt auch Necla Kelek seit ihrer Dissertation. Die Formel entlastet von der Mühe, Muslime verstehen zu wollen, die sich hier und heute zu ihrer Religion bekennen. Wenn sie den Islam als Aufforderung zur friedlichen Aufklärung über den guten Willen des Schöpfers verstehen, werden sie unter Verweis auf Selbstverständlichkeiten korrigiert, die für sie keine sind. So erweist sich die dem Islam vorgeworfene Unterordnung des Individuums unter die kollektive Kultur als methodische Operation der Islamkritik. Gemäß der «impliziten Logik des Islam», wie Nagel sie darstellt, ist Verständigung ausgeschlossen. Unbekehrte hätten «sich in die unaufhaltsame Machtübernahme der Verfechter der göttlichen Wahrheit zu schicken». Von der «strukturellen Friedensunfähigkeit» des Islam spricht mit der allergrößten Selbstverständlichkeit nicht etwa ein Mensch, dem am Frieden der Religionen nichts gelegen wäre. Das Gegenteil ist der Fall: Nagel ist Meister vom Stuhl der 1810 gegründeten Göttinger Freimaurerloge Augusta zum Goldenen Zirkel, die für eine «dogmenfreie, weltbürgerliche, aufgeschlossene Grundhaltung und ein auf Ausgleich bedachtes Denken» eintritt und jeden «freien Mann von gutem Ruf» einlädt, seinen Beitrag zum «Bau des Menschheitstempels» zu leisten.

Der Islam ist unfähig zum Frieden: Das ist die Urthese der militanten Islamkritik, aus der Breivik die letzte Konsequenz gezogen hat. Nur die Vernichtung eines solchen Feindes kann Frieden herstellen; präventive Abwehr mit allen Mitteln ist jederzeit das Gebot der Stunde. Nagels Rezension über das «Dschihad-System» zeigt, dass sich die Tiraden aus den Echoräumen der Fjordman-Welt in eine akademische Fassung übersetzen lassen, die denkbar respektabel daherkommt. Typisch für die implizite Logik der Islamkritik ist die Kontamination der Erkenntnis durch das zeitkritische Ressentiment. Die Thesen über den vermeintlichen Gegenstand der Kritik werden mitgeformt durch vorauseilende Mutmaßungen über ihre Rezeption. Dieser Kontrollverlust schlägt selbst bei einem Wissenschaftler vom Rang Nagels durch. Er eröffnet seine Rezension mit der Prognose, dass Kleine-Hartlages «Ergebnisse» in «unserem von politischer Korrektheit geknebelten Geistesleben nur noch von den wenigen Vorurteilsfreien zur Kenntnis genommen» werden dürften. Nagel behauptet, die Spekulationen über eingeschleppte unverträgliche Selbstverständlichkeiten fänden im Alltag der Migrationsgesellschaft ihre Bestätigung. «Das aggressive Dominanzstreben bekundet sich nach wie vor ungebrochen und bestimmt unter anderem das Verhältnis zahlloser muslimischer Einwanderer zu den aufnehmenden nichtislamischen Ländern und Kulturen.» Wer diesen Befund bestreitet, macht sich einer Leugnung des Offensichtlichen schuldig, die zum eigenen, ja, zum vorrangigen Gegenstand der islamkritischen Welterklärungsbemühungen wird. Kleine-Hartlage, lobt der Rezensent, findet «bereits am Beginn seiner Untersuchungen plausible Erklärungen» für den «Umstand», dass «politische und mediale Eliten» vor den Tatsachen «die Augen zu verschließen» pflegen. Besonders wichtig ist dem Göttinger Emeritus der von Kleine-Hartlage geführte Nachweis, dass es sich bei diesem Elitenversagen nicht um eine deutsche Krankheit handelt. «Dem Dominanzstreben des Islams, so lautet sein der Wirklichkeit ins Auge blickendes Fazit, haben die europäischen Gesellschaften nichts entgegenzusetzen, da ihren Eliten die hierzu unentbehrlichen Einsichten und der unerlässliche Überlebenswille fehlen.» Mit dieser nationaldarwinistischen Volte schreibt der berühmte Gelehrte die Göttinger Tradition des antibürgerlichen Untergangsprophetentums fort, für die sein orientalistischer Fachkollege Paul de Lagarde steht.

Der Großmeister des Norwegischen Freimaurerordens teilte nach Bekanntwerden der Mitgliedschaft des Mörders von Utøya mit, dass Breivik «mit sofortiger Wirkung» ausgeschlossen worden sei. «Die Werte, die ihn für diese Tat motiviert haben, sind völlig unvereinbar mit dem, für was wir stehen.» Wertvergessenheit ist eine der kulturkritischen Standardformeln, mit denen Islamkritiker zu erklären versuchen, dass ihr Pessimismus gerade gut informierte, weitgereiste, mit politischen und wirtschaftlichen Entscheidungen betraute Zeitgenossen nicht überzeugt. Breivik hat an den Anfang des Kompendiums eine Geschichte der Frankfurter Schule gestellt, weil er Herbert Marcuse und Kollegen für «eine radikale Umwertung der Werte» verantwortlich macht. Die Kontroverse um die Textlieferanten der «European Declaration of Independence» war keine Wertedebatte. Broder und Jensen wurden nicht der klammheimlichen Freude über den Mord an den Nachwuchsfunktionären einer Partei des multikulturellen Optimismus verdächtigt. Was folgt politisch und intellektuell für die Islamkritik daraus, dass der Massenmörder zu seiner Rechtfertigung eine Zusammenfassung ihrer Lehren verschickt hat? Diese Frage unterstellt keine Gemeinschaft in der verwerflichen Gesinnung. In die Motivierung politischer Handlungen gehen nicht nur Werte ein, das heißt Wünsche, Absichten und Einstellungen. Die Ideologie, die Gestalt der festen Gewissheit, gibt sich als bewährtes Wissen, das gemeinschaftliches Handeln trägt und Einzelne zu maßlosen Aktionen verleitet. Sie ist ein Gebäude von Annahmen, ein Gefüge aus Voraussetzungen und Schlüssen. Geschichtsbilder und Hochrechnungen geben Szenarien vor. Festlegungen haben Folgen. Der Drang zur Tat und der Wille zur Konsistenz steigern einander wechselseitig.

Ist eine Selbstkritik der Islamkritik denkbar? Dieses Buch wirbt dafür, den Listenreichtum der Vernunft nicht zu unterschätzen, den pädagogischen Witz der bösen Überraschungen, die Dogmatiker aller Farben erleben, die in einer liberalen Öffentlichkeit mit neuen Argumenten und neuen Tatsachen konfrontiert werden. Der Geist der Freiheit, hat der amerikanische Richter Learned Hand in einer zivilreligiösen Festrede gesagt, ist der Geist, der sich nicht zu sicher ist, dass er recht hat. Eine selbstkritisch gewordene Islamkritik hätte das Ideologische an ihrem Projekt ins Auge zu fassen – und müsste deshalb ihrer Intuition ja nicht abschwören, der Vermutung, dass die millionenfache Ansiedlung von Muslimen auf abendländischem Boden das Religionsregime des liberalen Individualismus auf den Prüfstand stellt. Zumutbar dürfte das Zugeständnis sein, dass das Oxymoron Fundamentalismus der Aufklärung seinen aufklärerischen Sinn hat, dass damit wirklich, wenn man dem Westen den Beruf der Werbung für den Universalismus zuschreibt, ein Berufsrisiko der liberalen Zivilisation bezeichnet ist. Wer wie der Journalist Josef Joffe verkündet, die Aufklärung könne unter keinen Umständen in Gängelung umschlagen, weil sie ja mit dem Zweifel anfange, sollte sich als Banause enttarnt haben. Auch die historische Kritik, von deren Wirkungen auf das Christentum Islamkritiker Wunderdinge zu berichten wissen, scheint nicht gefeit gegen die fundamentalistische Anfechtung: Ein Geschichtsforscher wie Nagel, der aus umfassender Kenntnis der Quellen die Dynamik der charismatischen Anstalt erklärt hat, als die die von Mohammed gestiftete Religion auf der welthistorischen Bühne erschien, möchte glauben, dass die im täglichen Gebet gestiftete Einheit für alle Zeiten ein asoziales Gesellschaftssystem bleiben muss. Hier droht der erschlossene Islam den historischen zu verdrängen. Dass ein Modell auch zu schlüssig ausfallen kann, dürfte dem Autor einer Monographie über «Triumph und Scheitern des islamischen Rationalismus» kein ganz fremder Gedanke sein. Thilo Sarrazin hingegen bleibt befangen im eingebildeten Sachverstand des gekränkten Beamten, wenn er sich die Ablehnung der Vorschläge seines Buches nur als Verleugnung des unabweisbar Vernünftigen erklären kann: «Wenn man den Gedanken folgte, konnte man sich den Konsequenzen meines abstrakten Räsonierens nicht entziehen. Und das löste die Wut aus.»

Christian Bommarius zitierte nach Utøya die Maxime einer pragmatischen Ideologiekritik, die Broder in «Hurra, wir kapitulieren!» aufgestellt hatte: «So gilt für den Islam das Gleiche wie für den Kommunismus. Es kommt nicht darauf an, was Bebel, Lassalle und Marx gemeint, sondern was Stalin, Mao, Enver Hodscha und Walter Ulbricht daraus gemacht haben.» Wer in diesem Sinne danach fragt, was Breivik aus der Islamkritik gemacht hat, der hat es laut Monika Maron auf die Wiedereinführung der Zensur abgesehen: «Auf die Art kann man jede nicht opportune oder auch nur nicht genehme Meinung unterdrücken, weil ein Wahnsinniger wie Breivik sich seinen Wahn in allem suchen kann, was an Gedanken durch die Welt fliegt.» Auch Necla Kelek beklagte, es werde, und das sei typisch für Deutschland, sogleich wieder «über Verbote und Schuldige geredet». Typisch für die deutsche Islamdebatte ist, dass Kritik an der Islamkritik als Versuch denunziert wird, die Debatte zu unterbinden. Wissenschaftler und Journalisten, die auf das schablonenhafte Weltbild und die fingierte Empirie in den volkstümlichen Berichten aus dem Inneren des muslimischen Lebens aufmerksam machen, kennen das Spiel seit Jahren: Ihren wird vorgeworfen, sie wollten Aufklärern einen Maulkorb verpassen und tapfere Frauen mundtot machen. Wer kritisiert, will verbieten und muss gemaßregelt werden? In solchen Reflexen verrät sich eine autoritäre Sozialisation. Sie werde nicht schweigen, pflegt Necla Kelek ihren Anhängern zu versichern. Das hat auch niemand verlangt. Man hat sie nur darum gebeten, Einwänden mit Argumenten und Fakten zu begegnen.

Warum hat der Muslimhasser Breivik sein Schnellfeuergewehr nicht auf Moscheegänger beim Fastenbrechen gerichtet, sondern auf Jungsozialisten am Lagerfeuer? Sein tiefster Hass gilt den Bürgern, die an die zivilisierende Kraft der geselligen Lebensformen glauben, an die integrierende Wirkung der Einladung zum Mitmachen. Sozialdemokraten, bemerkte Nils Minkmar, gaben für Breivik die «logischen Ziele» ab: «Sie sind immer das Gegenteil aller selbstberufenen Weltrettungsritter, aller schneidigen Futuristen und Denker des jeweils neuen Menschen, gelten jeder extremistischen Seite als Verräter.» Um den Bann der politischen Korrektheit zu brechen, so begründet Breivik die Wahl seiner Opfer, musste er ein Exempel an den Funktionären der Gesinnungsdiktatur statuieren. Zu tief war das Gift der Rücksichtnahme schon in die Hirne eingedrungen, als dass der Tempelritter auf die Waffen der Disputation hätte vertrauen können. Hat sich Europa in einem Delirium des Selbstzweifels in die Kapitulation vor dem Islam hineingeredet? Das erzählt uns die Islamkritik auf beiden Seiten des Atlantiks. Zu den unerquicklichsten Aspekten ihres Erfolgs gehört, dass im Zuge der Kampagne gegen das Kartell der politisch Korrekten die Hetzreden gegen die Humanitätsduselei wieder intellektuelle Mode geworden sind. Broder hat den Spott über die treudoofen Gattungsgenossen, die doch wirklich noch an das Gute im

Menschen glauben, zur Massenunterhaltung gemacht. Nils Minkmar schrieb eine Woche nach Utøya: «Wer mit intellektuellem Werkzeug handelt, das dazu dient, die Schwelle des Respekts vor dem anderen abzutragen, darf nach so einem Anschlag nicht bloß mit den Schultern zucken oder sich seinerseits zum Opfer erklären.»

Hartmut Krauss, Chefdenker der deutschen Sektion der marxistischen Islamkritik, drehte tatsächlich den dialektischen Spieß um. Auf den «Psychopathen» Breivik müsse «die massenmedial inszenierte Verharmlosung und realitätswidrige Schönfärbung der islamischen Herrschaftskultur wie eine aggressionsfördernde Aufputschdroge» gewirkt haben. Die Kritik der Islamkritik trage «eine entscheidende Mitverantwortung für diese schreckliche Tat». Mit einem zynischen Salto verabschiedete sich Broder vom Diskursschlachtfeld. Die Frage nach den politischen Wirkungen der islamkritischen Publizistik seines Stils sei falsch gestellt. «Wenn das gesagte und das geschriebene Wort die Wirkung hätte, die ihm angeblich innewohnt, dann wäre in Deutschland, der Hochburg des Humanismus, das Nazi-Pack nie an die Macht gekommen.» Das heißt also, die von Broder jahrelang unters Lesevolk gebrachten Warnungen vor dem islamischen Faschismus hatten gar nicht den Zweck, die Machtergreifung eines neuen Nazi-Packs abzuwenden? Kläglicher geht es nicht.

Monika Maron und Hartmut Krauss griffen den Gerichtspsychiatern vor, indem sie Breivik als Wahnsinnigen und Psychopathen einstuften. Im gleichen Sinne erklärte Manfred Kleine-Hartlage am Rande einer Festveranstaltung der rechtsextremistischen Wählervereinigung Pro Köln, was vor Breivik richtig gewesen sei, sei auch nach Breivik richtig. «Ein Verrückter kann keine Wirkung auf mich haben.» Wer sich wie der «Spiegel»-Kolumnist Jan Fleischhauer damit beruhigt, Breivik als «verwirrten Geist» abzutun, der «sich eine Wahnwelt zusammengezimmert» habe, sieht hinweg über die «monströse Rationalität» (Minkmar) des von Breivik fabrizierten Textes und des Zusammenhangs von Text und Tat. An einer Stelle seines Buches legt Breivik die Zurückhaltung des Kompendienmachers ab: Nach Jahren der entsagungsvollen Fron des Herauskopierens macht er eine verächtliche Bemerkung über Gleichgesinnte, die dann doch nur weitere kulturkonservative Essays schreiben und nichts tun. Der Mörder von 77 Menschen hat den Bluff der Islamkritik aufgedeckt, die von Thomas

Steinfeld beschriebene Verlegenheit, dass sie in dem von ihr ausgerufenen Notstand keine Maßnahmen vorzuschlagen weiß, die den Rechtsstaat nicht zerstören würden. Die Islamkritik kalkuliert ihre politische Erfolglosigkeit ein, um an der Schraube der selbstgemachten Panik weiterzudrehen. Tilman Nagel wünscht sich Kleine-Hartlages «Dschihad-System» als «Pflichtlektüre der Entscheidungsträger in der Innen-, Rechts- und Bildungspolitik». Die Aufklärung, die der Koranforscher mit seinem Buchtipp vorgeblich befördern möchte, erklärt er im selben Federzug für unmöglich: Er bringe «vergebliche Hoffnungen» zum Ausdruck. Auch wenn die berufenen Leser die Lektüre verweigern werden, soll der «Mut» des Autors aber nicht ohne Lohn bleiben: «Ungehört werden seine Aussagen nicht verhallen.» So hört es sich an, wenn sich ein Gelehrter am Aufwiegeln beteiligt. Sollen die Praktiker ruhig die Handreichungen über den geheimen Dschihad als nicht hilfreich zurückgehen lassen – der Islamkritik kommt es auf den Lärm an, den sie macht, und auf das Echo. Niemand tut etwas – also wird etwas geschehen.

Broder hat den islamkritischen Ausarbeitungen des Schreckensmanns von Oslo jede Bedeutung abgesprochen – und sogar bestritten, dass es sich bei Breivik um einen Terroristen handelt. «Ich glaube, dass dahinter schlicht die Lust am Töten steht.» Das Buch über Europas Rettung im Jahre 2083 beweist aber, dass Breivik, der sich an islamischen Gotteskriegerkommandos ein Beispiel nahm und für den deutschen Film «Der Baader-Meinhof-Komplex» schwärmt, das Lehrbuchbeispiel des Terroristen ist. Er setzte ein Zeichen, adressiert an ein weltweites Publikum mutmaßlicher Unterstützer, die er durch Schockbehandlung aus der Apathie reißen wollte. Am Tag nach der Tat hieß es auf der Seite «Politically Incorrect» in einem redaktionellen Kommentar über Breivik: «Was er schreibt, sind großenteils Dinge, die auch in diesem Forum stehen könnten.» Verfasst hatte den ungezeichneten Beitrag die Schweizer Pfarrerin Christine Dietrich, der ihr Synodalrat unterdessen die Weisung erteilt hat, die mit der Stellung einer Pfarrerin unvereinbare Mitarbeit bei einem Mitteilungsorgan für Islamhetzer zu unterlassen. Als die Nachricht von Terroranschlägen in Oslo einging, hatte die «PI»-Gemeinde an einen muslimischen Täter geglaubt. Die Wahrheit bewertete die anonym bloggende Pfarrerin Dietrich als «konservative Katastrophe». In der Auseinandersetzung mit den organisierten Islamhassern geht es auch um den Begriff des Konservativen. Der 22. Juli 2011 war der 11. September der Islamkritik.

Frankfurt, am 15. Februar 2012

Quellennachweise

Seite 8 «Wir haben in unserem Land»: Kirche im Dorf. Wolfgang Schäuble im Interview, Wirtschaftswoche, 11. September 2006; **Seite 10** «Ditib-Vertreter lösen sich»: «Wir ertragen uns». Innenminister Wolfgang Schäuble über den Dialog mit den Muslimen, taz, 22. Juni 2009; **Seite 12** «Warum hofieren Sie»: Bürger beschweren sich bei Christian Wulff: Warum hofieren Sie den Islam so, Herr Präsident? Bild, 6. Oktober 2010; **Seite 14** «objektive Aufgabe» bis Seite 19 «Auf Wahrheit»: Peter Sloterdijk, Aufbruch der Leistungsträger, Cicero 11/2009; **Seite 20** «Dass die Steuer- und Abgabenlast»: Alan Posener, Verteidigung der politischen Korrektheit, Die Welt, 9. Dezember 2009; **Seite 22/23** «Die Medien lieben es», siebzig Prozent der Türken: Klasse statt Masse. Von der Hauptstadt der Transferleistungen zur Metropole der Eliten. Thilo Sarrazin im Gespräch, Lettre International 86, 2009; **Seite 23** «man eine schöpfen»: Stefan Klein, Zartbitter. Heiße Schokolade in Charlottenburg: Ein halbes Jahr schwieg der Bundesbänker Thilo Sarrazin nach seinen wuchtigen Äußerungen über arbeitsscheue Hartz-IV-Empfänger und Migranten. Jetzt legt er wieder los – diesmal sind Wissenschaftler und Westerwelle dran, Süddeutsche Zeitung, 1. März 2010; **Seite 23** «Die erste Vorstufe», «nicht weiter massenhaft», «Die Schulen müssen»: Thilo Sarrazin im Gespräch, Lettre International 86; **Seite 25** «Die Natur kennt kein Vakuum», «Hätten die Indianer»: «Es war ein langer und lauter Furz». Henryk M. Broder interviewt Thilo Sarrazin, taz, 7. Dezember 2010 (ungekürzte Version: www.taz.de/1/debatte/kommentar/artikel/1/es-war-ein-langer-und-lauter-furz); **Seite 25** «osteuropäische Juden»: Thilo Sarrazin im Gespräch, Lettre International 86; **Seite 25** «Ghostwriter einer verängstigten Gesellschaft», «Sarrazin argumentiert»: Frank Schirrmacher, Ein fataler Irrweg, Frankfurter Allgemeine Sonntagszeitung, 29. August 2010; **Seite 26** «Nehmen wir den letzten Aufreger», «Ich habe»: Birk Meinhardt, Mensch ärgere Dich. Er ist Sozialdemokrat, aber manche nennen ihn deutschnational. Davor hat Heinz Buschkowsky, der Bürgermeister des Berliner Bezirks Neukölln, keine Angst. Vielmehr fürchtet er Leute, die alles schönreden – und nicht wahrhaben wollen, dass es Probleme gibt mit einer Unterschicht, die nie in Deutschland angekommen ist, Süddeutsche Zeitung, 21. November 2009; **Seite 26** «Man stößt gegen viele»: Thilo Sarrazin im Gespräch, Lettre International 86; **Seite 26** «keifen und hetzen»: Sloterdijk, Aufbruch der Leistungsträger; **Seite 27** «etwas Richtiges», «doch gar nicht zum Volk»: Verstehen Sie das, Herr Schmidt? Zeit-Magazin, 12. November 2009; **Seite 27** «diskriminierende Äußerungen»: Norbert Häring, Vorstand gerügt: Sarrazin-Äußerungen empören Bundesbank, Handelsblatt, 30. September 2009; **Seite 27** «in Zukunft bei öffentlichen»: Sarrazin muss sich entschuldigen, Zeit online, 1. Oktober 2009; **Seite 27** «Sehschärfe der Deutschen» usw.: Thilo Sarrazins drastische Thesen über unsere Zukunft: Deutschland wird immer ärmer und dümmer! Bild, 23. August 2010 = Thilo Sarrazin, Deutschland schafft sich ab. Wie wir unser Land aufs Spiel setzen, München 2010, Seite 7; **Seite 28** «unmöglich»: BILD-Interview mit Schriftsteller Martin Walser (83): «Die Politik hat Sarrazin töricht schnell verurteilt», Bild, 9. November 2010; **Seite 28** «ganze Gruppen»: Alle gegen Sarrazin! Merkel schimpft! – SPD will ihn rauswerfen – Bundesbank distanziert sich, Bild, 31. August 2010; **Seite 28** «Die Vorabpublikationen»: «In der CDU kann jeder seine Meinung sagen», Frankfurter Allgemeine Zeitung, 18. September 2010; **Seite 29** «ersichtlich gegen seine Verpflichtungen» usw.: Schäuble: Sarrazin redet Unsinn, Frankfurter Allgemeine Zeitung, 2. September 2010; **Seite 30** «Ich glaube, dass jetzt»: Bundesbank beantragt Entlassung Sarrazins, Frankfurter Allgemeine Zeitung, 3. September 2010; **Seite 34** «Man muss sich auch»: Wowereit fordert bessere Integration, Der Tagesspiegel online, 25. Juni 2010; **Seite 35** «eine unterschiedliche Vermehrung» usw.: Einwanderer-Schelte. Sarrazin erklärt die Verdummung der Deutschen, Spiegel online, 10. Juni 2010; **Seite 35** «Ich sage», «Es ist richtig»: Fühlen Sie sich von der FDP erpresst, Frau Bundeskanzlerin? Bild am Sonntag, 13. Juni 2010; **Seite 35/36** «Ich stütze mich»: Deutschland schafft sich ab, Seite 11; **Seite 37** «Ich gehöre nicht zu denjenigen»: Im Gespräch: Der FDP-Vorsitzende, Außenminister Guido Westerwelle. «Erfolgreiche Außenpolitik ist keine Schau», Frankfurter Allgemeine Zeitung, 11. Oktober 2010; **Seite 37** «Wortmeldungen, die Rassismus»: Streit um Sarrazin. Die Sarrazin-Schlacht, Bild am Sonntag, 29. August 2010; **Seite 37** «Wir brauchen in unserem Land» usw.: «Westerwelle hat seinem Land gut gedient». Das sollen die Bürger später einmal sagen. Doch FDP-Krise, Reformdebatten und das Sarrazin-Buch stören diesen Plan, Welt am Sonntag, 5. September 2010; **Seite 38** «Gerade kontroverse»: Jürgen Kaube, Bücher an der Schmerzgrenze, FAZ.net, 5. Oktober 2010; **Seite 38** «ein solches Buch» usw.: Interview: FDP-Chef Guido Westerwelle zufrieden mit Ausgang der Atom-Gespräche in der Koalition, Wiesbadener Kurier, 8. September 2010; **Seite 38** «An den Wortmeldungen» usw.: Guido Westerwelle: «Ich habe mich in der FDP nie einsam gefühlt», General-Anzeiger Bonn, 30. August 2010; **Seite 40** «Der Islam ist Teil»: Frankfurter Allgemeine Zeitung, 11. Oktober 2010; **Seite 41** «Zwar ist der Islam»: Wulffs Islam-Rede: So denken die Deutschen, Bild, 5. Oktober 2010; **Seite 41** das Grundgesetz taufen: Wir sollten das Grundgesetz nicht taufen. Islam-Debatte: Wie «christlich-jüdisch» sind Deutschlands Werte? Ein Gespräch mit dem Theologen Friedrich Wilhelm Graf, Süddeutsche Zeitung, 13. Oktober 2010; **Seite 41/42** Minarettverbot, «Wir brauchen eine Politik»: «Ich habe deutsche Interessen wahrzunehmen». Vizekanzler und Außenminister Westerwelle über eine Regierung vom Mars, falsche Wahrnehmungen, seinen Patriotismus, die Genetik der FDP, sein Urteil über die Schweiz und andere Fragen, die man nach seinem Lehrmeister nicht immer dann beantworten sollte, wenn sie einem gestellt werden, Frankfurter Allgemeine Zeitung, 5. Dezember 2009; **Seite 41** «Wenn ich mir ein»: Udo Wengst, Thomas Dehler 1897-1967, München 1997, Seite 223; **Seite 42** «Guido, bis heute Mitglied»: Majid Sattar, «und das bin ich!» Guido Westerwelle. Eine politische Biografie, München 2009, Seite 17; **Seite 43** «Der Islam ist Teil»: «Der Islam ist Teil der Wirklichkeit in Deutschland». Bildungsministerin Annette Schavan über Wulffs Äußerungen zu Muslimen und den Dialog zwischen den Religionen, Der Tagesspiegel, 11. Oktober 2010; **Seite 46** «Der Islam ist Teil» usw.: «Die Irrwege sind breit gewesen». Hessens Ministerpräsident Volker Bouffier plädiert für Integration, aber gegen Multikulti, Frankfurter Rundschau, 26. November 2010; **Seite 48** Londoner U-Bahn: Stefan Weidner, Manual für den Kampf der Kulturen. Warum der Islam eine Herausforderung ist, Frankfurt am Main 2008, Seite 29 bis 40; **Seite 49** 8000 Leser: Hakan Turan, Wie islamfeindlich sind die Deutschen wirklich? Zeit online, 17. Oktober 2010; **Seite 49/50** «Menschen über das hinaus» usw.: Hans-Jürgen Irmer, Kleine Geschichte des Wetzlar Kurier (http://wetzlar-kurier.eu); **Seite 50** «eine ausgeprägte Neigung» usw.: Adolf Kühn, Ein rechter Grenzgänger. Für den Fraktionsvorsitzenden Jung ist der Fall Irmer erledigt, Frankfurter Allgemeine Zeitung, 9. März 2005; **Seite 51** «Fehlentscheidung» usw.: Irmer nennt Özkans Ernennung eine «Fehlentscheidung», Wetzlarer Neue Zeitung, 28. April 2010; **Seite 52** «Die Türken erobern»: Thilo Sarrazin im Gespräch, Lettre International 86; **Seite 52** «...und Sarrazin hat doch recht!»: Wetzlar Kurier 11/2009; **Seite 52** «klug» usw.: Gisela Kirschstein, «Ich verfluche Satellitenschüsseln – ohne die wären wir weiter». Thilo Sarrazin nimmt beim Disput mit Hessens Integrationsminister kein Wort seiner Kritik zurück und entschuldigt sich doch – ein bisschen, Die Welt, 11. März 2010; Rassist in Nadelstreifen. Thilo Sarrazin war der Star einer Talkrunde zum Thema Integration, Neues Deutschland, 11. März 2010; **Seite 53** «im Grunde wegen Hochverrat»: Grüne EU-Kommissarin sahnt 10000 Euro monatlich ab, Wetzlar Kurier 10/2004; **Seite 53** «Er fordert eine Gleichberechtigung»: Aus dem Hessischen Landtag: CDU beschloss Verbot des islamischen Kopftuchs. SPD und Grüne für Gleichstellung mit Christen, Wetzlar Kurier 3/2004; **Seite 54** «Kein Mensch kann dauerhaft»: Die Landtagswahl am 7. 2. 1999 ist die einzige Chance, die doppelte Staatsbürgerschaft zu verhindern. Wer Rot/Grün wählt, wählt die doppelte Staatsbürgerschaft, Wetzlar Kurier 2/1999; **Seite 54** «einmal sachkundig machen»: Hans-Jürgen Irmer, Die doppelte Staatsbürgerschaft löst keine Probleme, sie ist gegen staatliche Interessen, Wetzlar Kurier 1/1998; **Seite 55** «Klärung» usw.: Franz-Peter Tebartz-van Elst, Es gibt eine christliche Leitkultur, Herr Bundespräsident, Focus, 11. Oktober 2010; **Seite 55** «auf absehbare Zeit»: De Maizière: Islam in Deutschland nicht auf gleicher Stufe wie christlich-jüdisches Religionsverständnis, Deutschlandradio Kultur, 7. Oktober 2010; **Seite 56** «fundamentalen Irrweg»: www.csu.de, 7. Oktober 2010; **Seite 57** «Diejenigen, die gestern»: Die Harald Schmidt Show, 11. November 2010; **Seite 57** «muss ein entsprechender» usw.: Bundesverfassungsrichter wirbt für Ja zu Kindern, idea, 24. November 2010; **Seite 59** «Wir haben ein Problem»: Hans-Jürgen Irmer, In eigener Sache, Wetzlar Kurier 6/2010; **Seite 59** «Danke, Schweiz»: Hans-Jürgen Irmer, Danke, Schweiz. Minarette sind politische Symbole. Christenverfolgung in islamischen Ländern die Regel, Wetzlar Kurier 1/2010; **Seite 59** «Ein Mann, der vieles klar erkennt»: Gunter Hasselbach, Der Plasterschisser. Eine Kolumne für Wetzlar, Wetzlar Kurier 12/2009; **Seite 60** Vortrag: siehe auch Irmers Leitartikel im Wetzlar Kurier 4/1996, Der Islam – eine Gefahr für Deutschland und Europa. Sure 2, 187 «Erschlagt sie, wo immer ihr auf sie stoßt»; **Seite 62** «berühmten ‹goldenen Zeitalter›»: Deutschland schafft sich ab, Seite 21; **Seite 62/63** «Siegeszug des Islam», «dass sich der Denkansatz» usw.: Islam-Experte Udo Ulfkotte in Wetzlar: Siegeszug des Islam geht über die Kreissäle, Wetzlar Kurier 4/2004; **Seite 63** «Tsunami der

Islamisierung» usw.: Dr. Udo Ulfkotte warnt vor der Aufgabe christlich-jüdischer Werte sowie der Gewöhnung an die Veränderungen und gründet Verein «Pax Europa» mit Sitz in Wetzlar, denn: «Die schleichende Islamisierung Deutschlands und Europas ist in vollem Gange», Wetzlar Kurier 4/2007; **Seite 64** «Dass der Islam»: Ralph Menz, Staatsanwalt ermittelt nach Irmer-Zitat, Wetzlarer Neue Zeitung, 11. Mai 2010; **Seite 64** «an Harmlosigkeit» usw.: Aktuell – Frage der Woche: Der CDU-Abgeordnete Irmer und der Islam, Frankfurter Allgemeine Zeitung, 3. Mai 2010; **Seite 66** Glückwunsch: Wetzlar Kurier, 150. Ausgabe, zitiert nach taz, 6. November 2000; **Seite 67/68** «weltläufige Professor» usw.: In Herborn: Prof. Dr. Bassam Tibi fordert die Politik auf, sich endlich mit den drängenden Problemen zu beschäftigen. Deutscher Moslem sieht in Islamismus, Multi-Kulti, mangelndem Zivilisationsbewusstsein und Beliebigkeit große Gefahren für Deutschland und Europa, Wetzlar Kurier 6/2005; **Seite 68/69** «Wenn beispielsweise» usw.: Dr. Hans-Peter Raddatz im Stadthaus am Dom: Ein ernsthafter und zielführender Dialog mit dem Islam ist nur auf dem Boden des Grundgesetzes möglich, Wetzlar Kurier 5/2006; **Seite 69/70** «moderate Islam-Repräsentanten»: Die Meinungsfreiheit ist bedroht. Gleich zwei gravierende Fälle in einer Woche: Was darf man noch äußern? Wetzlar Kurier 14/2006; **Seite 70** «Wir Christen sehen schon»: Kirchen stört die Gottesformel in Özkans Amtseid, Welt online, 28. April 2010; **Seite 71** «können Christen einräumen» usw.: Klarheit und gute Nachbarschaft. Christen und Muslime in Deutschland. Eine Handreichung des Rates der EKD. EKD-Texte Nr. 86, Hannover 2006, Seite 18; **Seite 71** «im Herzen verstehen»: Navid Kermani, Warum hast du uns verlassen? – Guido Renis «Kreuzigung», Neue Zürcher Zeitung, 14. März 2009; **Seite 72** «Eine konfliktfreie Zone» usw.: Klarheit und gute Nachbarschaft, Seite 19; **Seite 72** «Diese eindrückliche Szene» usw.: Klaus Berger, Gemeinsam auf die Knie, Focus, 25. Oktober 2010; **Seite 73/74** usw. «Misstrauen gegen muslimische»: Carolin Emcke, Liberaler Rassismus. Die Gegner des Islams tun so, als würden sie Aufklärung und Moderne verteidigen. In Wahrheit predigen sie den Fremdenhass, Die Zeit, 25. Februar 2010; **Seite 73/74** «uneingeschränkt zu begrüßen» usw.: Johannes Kandel, Glaube und Wahn. Es ist nicht rassistisch, auf den Zusammenhang von Islam und Islamismus hinzuweisen, Die Zeit, 15. April 2010; **Seite 74** «Befremden und Abwehr»: Johannes Kandel, «Lieber blauäugig als blind»? Anmerkungen zum «Dialog» mit dem Islam, Broschüre der Friedrich-Ebert-Stiftung, Seite 7; **Seite 74** «Weil wir nicht erfahren»: Johannes Kandel, Christen und Muslime. Über den «weich gespülten Dialog», in: Andreas Dippel, Egmond Prill (Hrsg.), Die schleichende Islamisierung? Beiträge, Fakten und Hintergründe, Holzgerlingen 2. Aufl. 2009, Seite 34; **Seite 74** «nutzen öffentliche Auftritte»: Kandel, Die schleichende Islamisierung? Seite 33; **Seite 74** «instrumentalisieren den Dialog»: Kandel, Die schleichende Islamisierung? Seite 35; **Seite 75** «Islamisten haben deshalb»: Udo Ulfkotte, «Islamisten nicht brav Pfötchen geben», in: Die schleichende Islamisierung? Seite 107; **Seite 75** «ganze Schrankwände»: Ulfkotte, Die schleichende Islamisierung? Seite 110; **Seite 75** «Einknicken aus Respekt vor Minderheiten»: Jörn Schumacher, Das «christliche Abendland» packt ein, in: Die schleichende Islamisierung? Seite 20; **Seite 75** «falsche Zurückhaltung gegenüber den Bestrebungen radikaler Muslime»: Fritz Schmaldienst, «Islam ist Frieden» als Schutzbehauptung, in: Die schleichende Islamisierung? Seite 70; **Seite 75** «mittägliche Aufsagen progressiver Klischees»: Uwe Siemon-Netto, Christus mal kurz unterschlagen, in: Die schleichende Islamisierung? Seite 112; **Seite 75** «Klartext»: Hermann Gröhe, Nüchternheit tut gut! In: Die schleichende Islamisierung? Seite 43 f.; **Seite 76** «Ich halte Toleranz»: Henryk M. Broder, Kritik der reinen Toleranz, Berlin 2008; **Seite 76** «humorvollen und direkten Art»: http://lhg.julis-bi.de/2010/02/04/henryk-m-broder-zu-gast-in-der-uni-bielefeld-am-23-11-2009; **Seite 76** «Heute bedeutet»: Henryk M. Broder, Hurra, wir kapitulieren! Von der Lust am Einknicken, Berlin 2006, Seite 91; **Seite 76/77** «eine Praxis der allgemeinen»: Hans-Peter Raddatz, Der Islam in der Diaspora – Die neue Herrenklasse in Europa: Konfliktgarantien für die westlichen Demokratien durch muslimische Minderheiten. Zugeständnisse westlicher Instanzen werden als Schwäche ausgelegt, Junge Freiheit, 19. Dezember 1997; **Seite 77** «Vereinfacht lässt sich»: «Islam bedeutet Frieden? Unfug!» Weltwoche 16/2004; **Seite 77** «angeblichen Glauben»: Kandel, Die schleichende Islamisierung? Seite 33; **Seite 77** «zur rechten Zeit»: Brief vom 21. September 2001 an den Verleger, zitiert in der Verlagswerbung; **Seite 77** «theosophisch konditionierte Papst»: Hans-Peter Raddatz, Von Gott zu Allah? Christentum und Islam in der liberalen Fortschrittsgesellschaft, München 2001, Seite 306; **Seite 78** «Liberalisierung der Wahrheit»: Von Gott zu Allah? Seite 333; **Seite 78** «Polit-Esoterik»: Hans-Peter Raddatz, Allahs Frauen. Djihad zwischen Scharia und Demokratie, München 2006, Seite 230; **Seite 78** «Kein Papst, kein Kardinal»: Hans-Peter Raddatz, Von Allah zum Terror? Der Dijhad und die Deformierung des Westens, München 2002, Seite 243; **Seite 78** «Für Raddatz sind»: Werner Höbsch, Diffamierter Dialog. Hans-Peter Raddatz und das christlich-islamische Gespräch, Die neue Ordnung 6/2005; **Seite 79** Riexinger: Martin Riexinger, Gut gemeint tut gar nicht gut. Hans-Peter Raddatz hilft dem Kampf gegen den Islamismus nicht viel weiter, Die Welt, 8. Juli 2006; **Seite 79** «Amerika unter der Führung»: Von Allah zum Terror? Seite 252 f.; **Seite 79** Küntzel: Matthias Küntzel, Eine Kurzkritik, http://honestlyconcerned.info; **Seite 79** «islamisch-amerikanische Elitenallianz»: Hans-Peter Raddatz, Allah und die Juden – Die islamische Renaissance des Antisemitismus, Berlin 2007, Seite 315; **Seite 78** «als Kollaborateur der CIA»: Von Allah zum Terror? Seite 237; **Seite 79** «im US-Interesse per Massenvisum Extremisten importiert»: Allah und die Juden, Seite 317; **Seite 80** «Amtsterror»: Von Allah zum Terror? Seite 238; **Seite 80/81** Hofstadter: Richard Hofstadter, The Paranoid Style in American Politics, Harper's Magazine, November 1964; **Seite 82** «Das Ziel des Kopp Verlags» usw.: Wir über uns, www.kopp-verlag.de; **Seite 83** hochgeschätzte Werk: Von Gott zu Allah? Seite 304 u.ö.; **Seite 83** «in welchen Gemeinden», «mehr als 900 seriösen Quellen»: www.ulfkotte.de; **Seite 82** «aus 550 verschiedenen Quellen»: Henryk M. Broder interviewt Thilo Sarrazin, taz, 7. Dezember 2010; **Seite 83/84** «Die Leistung von Ulfkotte»: Stevie 75, www.amazon.de; **Seite 84** «Schnallen Sie sich an»: E. Seidel, www.amazon.de; **Seite 86** «Deutschland passt sich unterwürfig» usw.: Pressemitteilung von Ulfkotte zur Brüssel-Demo, http://www.pi-news.net/2007/06/dr-udo-ulfkotte-pressemitteilung; **Seite 87/88** «Werte des christlich-jüdischen Europa» usw.: Dr. Udo Ulfkotte gründet Verein «Für Europa – gegen Eurabia», Wetzlar Kurier 3/2007; **Seite 88** «Privilegien für Migranten»: Rot-roter Senat: Privilegien für Migranten, Wetzlar Kurier 7/2010; **Seite 88** «Schüler aus islamischen Ländern»: Gut fürs Klassenzimmer: Schüler aus asiatischen Ländern fördern das Lernklima, Wetzlar Kurier 7/2010; **Seite 88** Dank Mittelhessens: Dank an Thilo Sarrazin. Jetzt diskutiert Deutschland, Wetzlar Kurier 11/2010; **Seite 88** Ulfkottes Berechnungen: Dr. Udo Ulfkotte in seinem neuen Buch: Nettokosten der Einwanderung 1000 Milliarden Euro, Wetzlar Kurier 11/2010; **Seite 88** «zum Ende der Toleranz»: «Das Problem sind nicht die Zuwanderer als Einzelpersonen, das Problem ist der Islam als Religion, der Mensch und Gesellschaft bestimmen will». Sema Merays Rezept: «Integration durch Identifikation», Wetzlar Kurier 12/2010; **Seite 88** «einer von 99 Wüstengeistern aus der arabischen Mythologie»: Dr. Friedrich May aus Wetzlar, Offener Brief an den Bundespräsidenten: Keine Islamisierung Deutschlands, Wetzlar Kurier 11/2010; **Seite 88** «Kinder-Dealer», «Völker-Schlacht»: Gunter Hasselbach, Der Plasterschisser. Eine Kolumne für Wetzlar, Wetzlar Kurier 8/2010; **Seite 88** «auch der letzte Idealist»: Muslima Sema Meray an die Adresse der Deutschen: Schluss mit falscher Toleranz gegenüber dem Islam, der die «Zeit der Ungläubigkeit» beenden will, Wetzlar Kurier 7/2010; **Seite 88** «nach wie vor in einer ‹Parallelgesellschaft›»: Dr. Friedrich May, Offener Brief, Wetzlar Kurier 11/2010; **Seite 89** «Erfrischend klar»: Steffen Gross, Irmer: Ich bin nicht der letzte Mohikaner, Wetzlarer Neue Zeitung, 17. November 2010; **Seite 90** «Tatsächlich ist sie viel»: Hofstadter, The Paranoid Style; **Seite 90** «Es gilt in Deutschland» usw.: Thomas Holl, Mitten im Entfremdungsprozess, Frankfurter Allgemeine Zeitung, 8. Oktober 2010; **Seite 91** «So wie jeder Dammbruch»: Hurra, wir kapitulieren! Seite 163; **Seite 108** Teufel: Alfred Behr, Lehrerin mit Kopftuch? Muslimin beschäftigt den Stuttgarter Landtag, Frankfurter Allgemeine Zeitung, 11. Juli 1998; **Seite 109** «Wir müssen nicht jede Diskussion»: Interview: «Diese Peanuts sind für Gott kein Thema», Profil, 15. November 2003; **Seite 112** «besonders streng Verschleierten»: Deutschland schafft sich ab, Seite 301; **Seite 113** «Gerade die Schüler»: Gabriele Britz, Das verfassungsrechtliche Dilemma doppelter Fremdheit: Islamische Bekleidungsvorschriften für Frauen und Grundgesetz, Kritische Justiz 2003, Seite 101; **Seite 113/114** «Nicht nur in Person»: Martin Morlok, Julian Krüper, Auf dem Weg zum «forum neutrum»? – Die Kopftuch-Entscheidung des BVerwG, Neue Juristische Wochenschrift 2003, Seite 1022; **Seite 114** «So verstanden hätte»: Britz, Das verfassungsrechtliche Dilemma, Seite 97; **Seite 117** «Dies ermöglicht jedoch» usw.: Britz, Das verfassungsrechtliche Dilemma, Seite 100; **Seite 117** «einer die Unterschiede»: Udo Di Fabio, Die Kultur der Freiheit, München 2005, Seite 42; **Seite 118** «Gleichheit ist kein»: Di Fabio, Die Kultur der Freiheit, Seite 109; **Seite 118** «Die Forderung, dass alle»: Di Fabio, Die Kultur der Freiheit, Seite 108 f.; **Seite 118** «Vielleicht wäre die beste»: Di Fabio, Die Kultur der Freiheit, Seite 181; **Seite 118** «Askese»: Josef Isensee, Grundrechtseifer und Amtsvergessenheit, Frankfurter Allgemeine Zeitung, 8. Juni 2004; **Seite 120** Anfang der Doktorarbeit: Neclá Kelek, Islam im Alltag. Islamische Religiosität und ihre Bedeutung in der Lebenswelt von Schülerinnen und Schülern türkischer Herkunft, Münster 2002, Seite 11 f.; **Seite 120/121** «Auch wenn sie sich selbst dafür»: Kopftuch-Streit: «Frauen werden zu Unruhestifterinnen stigmatisiert», Spiegel online, 5. Juli 2006; **Seite 120** «vergleichbar mit dem Judenstern»: Die Islamisten meinen es so ernst wie Hitler. Wir Frauen sind jetzt an einem entscheidenden Punkt: Ein Gespräch mit Alice Schwarzer über Glaubenskriege und Verteilungskämpfe, Frankfurter Allgemeine Zeitung, 4. Juli 2006 ; **Seite 121** «Meine Ansicht ist klar»: Bild am Sonntag, 21. Dezember 2003; **Seite 126** Böckenförde: Ernst-Wolfgang Böckenförde, Nein zum Beitritt der Türkei. Eine Begründung, Frankfurter Allgemeine Zeitung, 10. Dezember 2004; «Freiheit ist ansteckend». Staatsrechtler Ernst-Wolfgang Böckenförde über die jüngste Leitkulturdebatte, über bürgerliche Loyalität und das Recht, ein Kopftuch zu tragen, Frankfurter Rundschau, 2. November 2010; **Seite 129** «geraten die Zweifel des Gesetzes»: Ernst Gottfried Mahrenholz, Das Kopftuch und seine Verwicklungen. Anmerkungen zum Urteil des Bundesverfassungsgerichts vom 24.09.2003, in: Sabine Berghahn, Petra Rostock (Hrsg.), Der Stoff, aus dem die Konflikte sind. Debatten um das Kopftuch in Deutschland, Österreich und der Schweiz, Bielefeld

2009, Seite 216; **Seite 130** «Wo sie eine Wüste»: Tacitus, Agricola, 30, 5; **Seite 133** Dirk Kaesler: Necla Kelek, Die fremde Braut. Ein Bericht aus dem Inneren des türkischen Lebens in Deutschland, Köln 2005, Seite 146 f.; **Seite 134** «Wie viel Verhüllung»: Sharon Chaffin, Wie viel Verhüllung halten wir aus? Die NZ fragte Gegner und Verfechter eines Verschleierungsverbotes, Nürnberger Zeitung, 4. Mai 2010; **Seite 137** «bürgerlichen Parteien»: Anne Will, Chat mit Necla Kelek, Sendung vom 5. September 2010; **Seite 137** «Schiffsladung schöner tscherkessischer Mädchen»: Die fremde Braut, Seite 28; **Seite 137/138** «Die Geschichte ist so wahr»: Die fremde Braut, Seite 27; **Seite 138** «entfesselten Erotomanie»: Die fremde Braut, Seite 37; **Seite 138** «ganz romantisch für seine Jugendliebe»: Die fremde Braut, Seite 36; **Seite 138** «Er zog sie an den Haaren»: Die fremde Braut, Seite 54; **Seite 138** «hoch zu Pferde»: Die fremde Braut, Seite 14; **Seite 138** «ärmlichen Verhältnissen»: Die fremde Braut, Seite 123; **Seite 138/139** «Bis heute»: Die fremde Braut, Seite 125; **Seite 140** «dunkles Traumschloss»: Die fremde Braut, Seite 50; **Seite 140** «In der rechten Hand»: Die fremde Braut, Seite 51; **Seite 140** «ein geradezu despotisches Selbstbewusstsein»: Die fremde Braut, Seite 62; **Seite 141** «Als er sie am Fenster», «Leman schrie», «Möge Allah mir»: Die fremde Braut, Seite 70; **Seite 142** «Deutschland schien als»: Die fremde Braut, Seite 178; **Seite 142** «Jetzt sitzt sie vor mir»: Die fremde Braut, Seite 182; **Seite 142** «Seit ich bete»: Die fremde Braut, Seite 183; **Seite 143** «individuellen Bezug»: Islam im Alltag, Seite 131; **Seite 145/146** «Schließlich hat sich jeder», «Sie haben sich längst»: Die fremde Braut, Seite 258; **Seite 146** «mit den schlimmsten Angstphantasien»: Elisabeth Beck-Gernsheim, Türkische Bräute und die Migrationsdebatte in Deutschland, Aus Politik und Zeitgeschichte, Heft 1-2, 2006, Seite 36; **Seite 146** «türkische Migranten»: Deutschland schafft sich ab, Seite 10; **Seite 146** Allensbach: Zuwanderer in Deutschland. Ergebnisse einer repräsentativen Befragung von Menschen mit Migrationshintergrund. Durchgeführt durch das Institut für Demoskopie Allensbach im Auftrag der Bertelsmann Stiftung, 2009, Seite 83; **Seite 146** Fortschrittsbericht: Christian Babka von Gostomski, Fortschritte der Integration. Zur Situation der fünf größten in Deutschland lebenden Ausländergruppen. Forschungsbericht 8 des Bundesamts für Migration und Flüchtlinge, 2010, Seite 105; **Seite 147** «Das kann ich nicht verstehen»: Die fremde Braut, Seite 258; **Seite 148** «Respekt ist neben der Ehre»: Die fremde Braut, Seite 236; **Seite 149** Vorrang des Kollektivs: Die fremde Braut, Seite 234 f.; **Seite 149** «eine emotionale, von Ritualität», «deutlich individualisiert»: Islam im Alltag, Seite 166; **Seite 149** «bemerkenswerte Liberalität: Islam im Alltag, Seite 171; **Seite 149** «Aber zum Beispiel»: Islam im Alltag, 168; **Seite 149** «Als Muslim unterwirft man»: Die fremde Braut, Seite 237; **Seite 150** «Wilhelmsburg ist so»: Die fremde Braut, Seite 237; **Seite 150** «Bald wird die Mehrheit Türken», «Die Oberleitung»: Islam im Alltag, Seite 156; **Seite 150** «Jeder hat seinen eigenen Glauben»: Islam im Alltag, Seite 170; **Seite 151** «Wer die Mutter verletzt»: Die fremde Braut, Seite 238; **Seite 153** bis 155: «Necla Kelek schreit» usw.: www.geschwister-scholl-preis.de/preistraeger_2000-2009/2005/laudatio_prantl.php; **Seite 153** «Überraschung durch Empfindung»: Immanuel Kant, Anthropologie in pragmatischer Hinsicht, § 74, Akademie-Ausgabe, Band VII, Seite 252; **Seite 153** «von einer erregenden»: Kant, Anthropologie in pragmatischer Hinsicht, § 76, AA VII, Seite 255; **Seite 155** «Meine Mutter hat nie Kopftuch»: Die fremde Braut, Seite 72; **Seite 156** «gesellschaftlichen Kultur»: Die fremde Braut, Seite 72; **Seite 156** «moderne weltoffene Familie», «Wir hatten die Sitten»: Die fremde Braut, Seite 83; **Seite 156** «Die Kinder wurden nicht von Imamen»: Die fremde Braut, Seite 85; **Seite 157** «Langsam, aber unaufhaltsam»: Die fremde Braut, Seite 131; **Seite 157** «die ihm sehr viel besser», «Denn alle türkischen Familien»: Die fremde Braut, Seite 130; **Seite 157** «Der Islam war bisher»: Die fremde Braut, Seite 131; **Seite 157** «ein kleiner dicker Mann»: Die fremde Braut, Seite 130; **Seite 158** «nicht gelungen»: Die fremde Braut, Seite 126; **Seite 158** «in vieler Hinsicht»: Necla Kelek, Scharia, nein! Die deutschen Türken müssen sich ändern, Die Zeit, 24. November 2005; **Seite 158** «Prinz»: Die fremde Braut, Seite 62; **Seite 158** «Es ging ihm geschäftlich»: Die fremde Braut, Seite 89; **Seite 158** «arbeitete als Kaufmann»: Die fremde Braut, Seite 72; **Seite 158/159** «Wir wussten nicht», «Er gab mehr Geld aus»: Die fremde Braut, Seite 89; **Seite 159** «mit dem Arzt und dem Rechtsanwalt»: Die fremde Braut, Seite 102; **Seite 159** «eine hohe Persönlichkeit»: Die fremde Braut, Seite 22; **Seite 159/160** «Onkel Enischte ist ein kluger Mann»: Seite 23; **Seite 160** Offener Brief: Gerechtigkeit für die Muslime! Die deutsche Integrationspolitik stützt sich auf Vorurteile. So hat sie keine Zukunft. Ein Weckruf, Die Zeit, 2. Februar 2006; **Seite 160** «Nicht Necla Kelek sollte man»: Mariam Lau, Wissenschaftliche Schwachstelle. Mit ihrer Kampagne gegen Necla Kelek wollen Migrationsforscher eine notwendige Debatte verhindern, Die Welt, 8. Februar 2006; **Seite 160** Jürgen Kaube, Zwangsheiratsschwindler. Bitte hier unterschreiben: Wer sind Necla Keleks Kritiker? Frankfurter Allgemeine Zeitung, 9. Februar 2006; **Seite 161/162** «Die Begriffe Tradition und Moderne»: Islam im Alltag, Seite 60 f.; **Seite 162** «Die Tradition frisst», «Islamisierung der türkischen Gesellschaft»: Die fremde Braut, Seite 47; **Seite 163** «einen langen, einen sehr langen»: Die fremde Braut, Seite 22; **Seite 163** «Könnens-Bewusstsein»: Christian Meier, Ein antikes Äquivalent des Fortschrittsgedankens. Das «Könnens-Bewußtsein» des 5. Jahrhunderts v. Chr., Historische Zeitschrift,

Band 226, 1978, Seite 265 bis 316 ; **Seite 163** «Was als modern»: Islam im Alltag, Seite 61; **Seite 164** «die eigenen – und zwar»: Gerechtigkeit für die Muslime! Die Zeit, 2. Februar 2006; **Seite 164** «Als ich 1997 meine ersten»: Glück gibt es nur ohne den Vater. Necla Kelek über das Leid türkischer Söhne und die blinden Flecken der Migrationsforschung, Berliner Zeitung, 25. März 2006; **Seite 164** Verhinderung der Promotion: Judith Lembke, Necla Kelek. Die unbeugsame Braut, Frankfurter Allgemeine Zeitung, 9. Februar 2008; **Seite 166** bis 169 Renate Haas, Integration – Zur Ausblendung von Angst und Regression in Kulturtheorie, Migrationsforschung und Einwanderungskonzepten, in: Ruth Esser, Hans-Jürgen Krumm (Hrsg.), Bausteine für Babylon. Sprache, Kultur, Unterricht. Festschrift zum 60. Geburtstag von Hans Barkowski, München 2007, Seite 160 bis 169; **Seite 167** «Komplexität und Intimität»: Islam im Alltag, Seite 95; **Seite 167** «von den Befragten meist»: Islam im Alltag, Seite 98; **Seite 169** «Das tue ich nicht» usw.: Peter Voß fragt Necla Kelek: Hat Thilo Sarrazin recht? 3sat, 18. Oktober 2010; **Seite 169** «Es liegt an uns Muslimen»: Anne Will, Chat mit Necla Kelek, Sendung vom 5. September 2010; **Seite 169/170** «Glaube ist für mich etwas», «dem Menschen einfach gut getan», «dass eine Religion durchaus»: Das Sonntagsgespräch mit Necla Kelek, Hessischer Rundfunk, 11. April 2010; **Seite 171** «Hervorgehoben hat sie in ihrer»: Ein Schriftwechsel – Freiheitspreis der Naumann-Stiftung an Necla Kelek, http://meryemdeutschemuslima.wordpress.com, 25. September 2010; **Seite 172** bis 174 «Das stand so in meinem türkischen Pass» usw.: Sternstunde Philosophie: Falsche Toleranz? Herrischer Islam, weicher Westen? Necla Kelek klagt an, Schweizer Fernsehen, 6. April 2008; **Seite 172** zur Säkularisierung unfähig: Tilman Nagel, Kann es einen säkularisierten Islam geben? In: Reinhard C. Meier-Walser, Rainer Glagow (Hrsg.), Die islamische Herausforderung – eine kritische Bestandsaufnahme von Konfliktpotenzialen. Hanns Seidel Stiftung, Akademie für Politik und Zeitgeschehen, Aktuelle Analysen, Band 26., München 2001, Seite 9 bis 20; **Seite 174** «Wenn wir genau hinsehen»: Necla Kelek, Die falsche Spur. Aleviten aus aller Welt empören sich über einen deutschen Krimi. Die Gemeinde stilisiert sich als Opfer von Diskriminierung, um unter den muslimischen Vereinen in der Öffentlichkeit ihren Platz zu finden. Dabei entspricht das im Film gezeigte Szenario durchaus der Realität, taz, 21. Januar 2008; **Seite 176** «aller Staatsgewalt abhold», «Die korrekte Bezeichnung»: Rainer Grell, Dichtung und Wahrheit: Die Geschichte des «Muslim-Tests» in Baden-Württemberg. 30 Fragen, die die Welt erregten (nicht nur die islamische), 2006, www.pi-news.net/wp/uploads/2008/02/muslimtest.pdf, Seite 143; **Seite 176** «Tut mir leid, Kollege Gössner!»: Dichtung und Wahrheit, Seite 144; **Seite 177** «Die Antwort des Ministerkomitees»: Dichtung und Wahrheit, Seite 91; **Seite 177** «Ja, lieber Leser»: Dichtung und Wahrheit, Seite 93; **Seite 180** «Zweifel bestehen generell»: Protokoll vom 19. Juli 2005, Dichtung und Wahrheit, Seite 195; **Seite 180** «niemand erkennen kann», «nach unserem westlichen Staatsverständnis»: Protokoll vom 19. Juli 2005, Dichtung und Wahrheit, Seite 196; **Seite 181** «weitaus überwiegende Zahl»: «Ein Gesamteindruck vom Antragsteller ist das Ziel». Innenminister will den Leitfaden erst mal erproben, Stuttgarter Zeitung, 11. Januar 2006; **Seite 181** «Halten Sie es für zulässig» usw.: Bekenntnis zur freiheitlichen demokratischen Grundordnung nach dem Staatsangehörigkeitsgesetz (StAG). Gesprächsleitfaden für die Einbürgerungsbehörden, Dichtung und Wahrheit, Seite 183 bis 187; **Seite 181** «nur gebietet, gleich gelagerte»: Protokoll vom 19. Juli 2005, Dichtung und Wahrheit, Seite 197; **Seite 181/182** «Soweit die Sicht desjenigen»: Dichtung und Wahrheit, Seite 123; **Seite 182** «mit dem Erlass vom 17. Januar»; **Seite 182** «So wie die Wahrnehmung»: Dichtung und Wahrheit, Seite 123 f.; **Seite 182** «von unten»: Dichtung und Wahrheit, Seite 63; **Seite 183** «Man darf beim Schreiben keine Ehrfurcht»: Dichtung und Wahrheit, Seite 160; **Seite 183** «Gerade in dieser fehlenden Verbindung»: Dichtung und Wahrheit, Seite 126; **Seite 183** «treffen die Entscheidungen»: Dichtung und Wahrheit, Seite 127; **Seite 183** «Es liegt ja durchaus»: Deutschland schafft sich ab, 12; **Seite 183** «Im Büro habe ich»: Dichtung und Wahrheit, Seite 126; **Seite 183/184** «den Leser ein wenig»: Dichtung und Wahrheit, Seite 20; **Seite 184** «in diesem Zusammenhang erlaubt»: Dichtung und Wahrheit, Seite 78; **Seite 184** «Eine Lehrerin, die auf dem Tragen»: Fremde Federn: Michael Bertrams, Das Kopftuch: Im Widerspruch zum Grundgesetz, Frankfurter Allgemeine Zeitung, 1. Oktober 2003; **Seite 185** «plötzlich»: Rainer Wehaus, Zu viel Nachsicht mit dem Islam: Erfinder des Muslim-Tests rechnet mit der Politik ab, Stuttgarter Nachrichten, 5. Februar 2007; **Seite 186** «Schminken wir uns zwei Vorstellungen ab»: Rainer Grell, PPP – die geänderten Rahmenbedingungen in der öffentlichen Verwaltung, Speyer 15.05.2007, www.dhv-speyer.de/lba/gasteyer/CliffordChance.pdf; **Seite 187** «für das Bekenntnis einer angehenden Beamtin»: Dichtung und Wahrheit, Seite 63; **Seite 187** «Das Bekenntnis des Einbürgerungsbewerbers» usw.: Erlass vom 22. Oktober 2003, Dichtung und Wahrheit, Seite 176; **Seite 189** «nicht ohne Vorbehalt»: Bertrams, Das Kopftuch: Frankfurter Allgemeine Zeitung, 1. Oktober 2003; **Seite 190** «theologische Auseinandersetzungen»: Dichtung und Wahrheit, Seite 66; **Seite 191** «Doch – doch, Sie sehen nachher»: Protokoll vom 19. Juli 2005, Dichtung und Wahrheit, Seite 196; **Seite 191** Islam-Archiv: Protokoll vom 19. Juli 2005, Dichtung und Wahrheit, Seite 196; **Seite 192** «Natürlich weiß derzeit kein Mensch»: Protokoll vom 19. Juli 2005, Dichtung und Wahrheit, Seite 207; **Seite 192** «Die Mitarbeiterinnen und Mitarbeiter»: Leitbild der Landesverwaltung Baden-Württemberg, Stabsstelle für Verwaltungsreform im Innenministerium Baden-Württemberg, Februar 1996, Seite 3; **Seite 192** «viele Einbürgerungswillige»: Protokoll vom 19. Juli 2005, Dichtung und Wahrheit, Seite 215; **Seite 192** «dass ‹ganz normale› orthodoxe Muslime»: Dichtung und Wahrheit, Seite 162; **Seite 193** «Ein späterer Gesinnungswandel», «Wir halten das aber nicht für tragisch»: Protokoll vom 19. Juli 2005, Dichtung und Wahrheit, Seite 205; **Seite 193** «negativ zu bewerten»: Protokoll vom 19. Juli 2005, Dichtung und Wahrheit, Seite 212; **Seite 193** Laschet: Klaus-Peter Klingelschmitt, CDU uneins über Einbürgerungsfragen. Während Hessen den Test aus Baden-Württemberg nachahmen will, hält ihn Nordrhein-Westfalen für untauglich, taz, 13. Januar 2006; **Seite 194** «die Konstruktion einer hermetisch geschlossenen»: Dichtung und Wahrheit, Seite 102; **Seite 194/195** «Erkenntnisse» usw.: Innenministerium: Keine Diskriminierung islamischer Einbürgerungsbewerber. Es geht um die Akzeptanz der Wertordnung, Pressemitteilung vom 14. Dezember 2005, Dichtung und Wahrheit, Seite 221 ff.; **Seite 194** «desinformative Berichterstattung»: Dichtung und Wahrheit, Seite 3; **Seite 195** «Einer der besten Zeugen» usw.: Dichtung und Wahrheit, Seite 25; **Seite 195** bis 199 Mark A. Gabriel, Ende der Illusion – Islam, Koran und das Christentum, Ethos, Heft 2, 2005; **Seite 199** «Der Angriff auf das World Trade Center», «Ich sehe seine Sympathien»: Spielt nicht mit dem Feuer. Mark A. Gabriel, einst Dozent an der Al-Azhar-Universität in Kairo und Imam in Gizeh, über den Islam, Minarette, Obama und die Begegnung mit Muslimen, Factum, Heft 11, 2009; **Seite 199** «der damit seine Verwandtschaft»: Weidner, Manual für den Kampf der Kulturen, Seite 58; **Seite 200** «Die Mitarbeiterinnen und Mitarbeiter»: Leitbild der Landesverwaltung Baden Württemberg, Seite 5; **Seite 200** «Information ist die systematische Zusammenführung», «Nutzung von Wissen»: Siegfried Mauch, Qualitätsmanagement und lernende Organisation in der Landesverwaltung Baden-Württemberg. Eine Wegbeschreibung zur Förderung der Selbstentwicklungsfähigkeit. Schriftenreihe der Stabsstelle für Verwaltungsreform im Innenministerium Baden-Württemberg, Band 19, Stuttgart 1999, Seite 148; **Seite 200** «Ihre Vorschläge (aus der Sicht der Soziologin)»: Dichtung und Wahrheit, Seite 68; **Seite 201/202** «Ihre Aussage, dass»: Rainer Grell, Es gibt entsprechende Daten, taz, 8. Dezember 2005; **Seite 201** «Die in der deutschen Öffentlichkeit gepflegte», «Hören wir doch auf»: Necla Kelek, Der Pascha-Test. Wer deutscher Staatsbürger werden will, muss in Baden-Württemberg seit Anfang des Jahres Fragen zu seiner Einstellung zur Verfassung beantworten. Ein Plädoyer für die Überprüfung durch den Staat, taz, 16. Januar 2006; **Seite 202** «Ja, der Fragebogen bezieht sich»: «Integration bedeutet auch, sich anzupassen». Die Soziologin Necla Kelek über die Entstehung von Parallelwelten in Hamburger Stadtteilen, Die Welt, 11. Januar 2006; **Seite 202** «außer an die Vernunft»: Dichtung und Wahrheit, Seite 5; **Seite 202** «der zeitlichen Entwicklung angepasst»: Dichtung und Wahrheit, Seite 42; **Seite 202** «zum Steigbügelhalter des Islam»: Dichtung und Wahrheit, Seite 138; **Seite 203** «Begegnung mit Albrecht Hauser»: Dichtung und Wahrheit, Seite 5; **Seite 203** «über Islam oder Islamismus»: Protokoll vom 19. Juli 2005, Dichtung und Wahrheit, Seite 203; **Seite 204** «kein Geringerer als Sayyid» usw.: Dichtung und Wahrheit, Seite 61; **Seite 205/206** Leben des Rechts: Oliver Wendell Holmes, Jr., The Common Law, Boston 1881; **Seite 208** «Staatliche Gewissensprüfungen»: Hans-Jürgen Leersch und Jean-François Tanda, Baden-Württemberg will Fragebogen nicht generell anwenden, Die Welt, 21. Januar 2006; **Seite 209** «zuständige Referatsleiter»: Christian Rath, Deutscher werden – nur auf Bewährung. Der Einbürgerungstest in Baden-Württemberg erleichtert die Rücknahme der deutschen Staatsangehörigkeit. Die Protokolle werden lebenslang aufbewahrt – und können unbefristet zum Nachweis einer Täuschung benutzt werden, taz, 7. Februar 2006; **Seite 209** «reichlich abstrakt»: Dichtung und Wahrheit, Seite 87; **Seite 210** «Der Kollege Innenminister»: Landtag von Baden-Württemberg, Drucksache 13/5141, 8. Februar 2006; **Seite 210** «zunehmend extremistischen Kurs»: Till-R. Stoldt, «Stürmer-Stil»: Publizist Ulfkotte verlässt islamkritische Bewegung, Die Welt, 2. Dezember 2008; **Seite 210** «Wenn solche Entgleisungen»: Till-R. Stoldt, Unter deutschen Islamkritikern tobt ein Karikaturenstreit. Morddrohungen nach Veröffentlichung im Internet, Die Welt, 18. Oktober 2008; **Seite 211** «Die Achse des Guten»: Rainer Grell, Orden, Orden, Orden: Kleine Geschichte einer großen Eitelkeit, 11. August 2009; Rainer Grell, Sarrazin und das freie Wort, 1. September 2009; Rainer Grell, Zehn Fragen an den Islam, 28. September 2009; **Seite 211** «Jargon der MM»: Hart aber fair, Gästebuch vom 3. Dezember 2009, 11:20 Uhr; **Seite 211** «mal mit Kleinigkeiten»: Hanno Kühnert, Datenschutz in Baden-Württemberg. Dunkle Landschaft, wenig Einsicht. Schwere Verstöße allerorten, Die Zeit, 22. Januar 1998; **Seite 212** «Grundmuster können immer wieder»: Mauch, Qualitätsmanagement und lernende Organisation in der Landesverwaltung Baden-Württemberg, Seite 153; **Seite 212** «den Anfängen zu wehren»: Bertrams, Das Kopftuch, Frankfurter Allgemeine Zeitung, 1. Oktober 2003; **Seite 213** «Wenn Sie in liberalen»: Die schleichende Machtübernahme. Die Islamkritikerin Ayaan Hirsi Ali warnt davor, sich von muslimischen Friedensbeteuerungen einlullen zu lassen, Frankfurter Allgemeine Zeitung, 4. Oktober 2006; **Seite 214** Ruud Peters: Eric Hesen, Bouyeri‘s courtroom lecture, Radio Nederland Wereldomroep, 2. Februar 2006; **Sei-**

te 215/216, 221/222 «Nein, der Islam» usw.: Rogier van Bakel, «The Trouble Is the West.» Ayaan Hirsi Ali on Islam, immigration, civil liberties, and the fate of the West, Reason, November 2007; **Seite 216** bis 219 «terminus technicus» usw.: I. Goldziher, Das Prinzip der takijja im Islam, Zeitschrift der Deutschen Morgenländischen Gesellschaft. Band 60, 1906, Seite 213 bis 226 ; **Seite 218** «Die reservatio mentalis ist»: Fritz Mauthner, s.v. Eid, Wörterbuch der Philosophie, Leipzig 1923, Band 1, Seite 332; **Seite 219** Praxis der Taqiya gelernt: Bassam Tibi, Die fundamentalistische Herausforderung. Der Islam und die Weltpolitik, München 4. Auflage 2003, Seite 102; **Seite 220** «Die Zahl der Sekten»: Necla Kelek, Das Minarett ist ein Herrschaftssymbol. Islam in Stein gehauen: Im Streit um den Bau der Moschee in Köln geht es um die Zukunft unserer Städte, Frankfurter Allgemeine Zeitung, 5. Juni 2007; **Seite 221** «die Ungläubigen»: Deutschland schafft sich ab, Seite 272; **Seite 221** «wenn es doch die Taqiyya gibt»: Ralph Giordano, Nicht die Moschee, der Islam ist das Problem, Cicero 10/2007; **Seite 221** «eine Legende» usw.: Wir müssen den Muslimen Zeit geben. Ein Gespräch mit Bundesinnenminister Wolfgang Schäuble, Frankfurter Allgemeine Zeitung, 20. Mai 2008; **Seite 222** «Heute muss es darum gehen» usw.: Necla Kelek, Himmelsreise. Mein Streit mit den Wächtern des Islam, Köln 2010, Seite 12; **Seite 223** «Auf dem Wege hierher»: www.ksta.de/html/artikel/1176113436263.shtml; **Seite 223/224** «Vor zehn Jahren» usw.: Die schleichende Machtübernahme, Frankfurter Allgemeine Zeitung, 4. Oktober 2006; **Seite 225** «Erster Mietvertrag»: Paul Ronzheimer, 1. Mietvertrag mit Islam-Klausel! Wer einzieht, muss diese Regeln akzeptieren: Kein Alkohol! Kein Schweinefleisch! Keine Zins-Geschäfte! Bild, 11. Oktober 2010; **Seite 226** «Ich will sagen dürfen» usw.: Giordano, Nicht die Moschee, der Islam ist das Problem, Cicero 10/2007; **Seite 227** «Es hat in den vergangenen Jahrzehnten»: Interview mit Spiegel Online, 22. März 2007; **Seite 227** «fast dankbar sein» usw.: Haben wir schon die Scharia? Der Spiegel 13/2007; **Seite 228** «Die Ehre des Mannes»: Mariam Lau, Kultureller Rabatt für den Islam. Das Verhalten einer Richterin in einem Scheidungsfall unter Muslimen löst Empörung aus. Es ist längst kein Einzelfall, Die Welt, 23. März 2007; **Seite 229** «vorläufig letzte Glied»: Haben wir schon die Scharia? Der Spiegel 13/2007; **Seite 229** «Liste ‹kulturbedingter› Straftaten»: «Urteil wirft Bemühungen weit zurück»: NRW-Minister über Koran-Richterspruch, Der Tagesspiegel, 29. März 2007; **Seite 230/231** «Der Maßstab für die Bewertung» usw.: Bundesgerichtshof, Urteil vom 7. Oktober 1994 – 2 StR 319/94; **Seite 231** «nur dann als niedrige Beweggründe», «ohne weiteres anzunehmen»: Bundesgerichtshof, Urteil vom 10. Januar 2006 – 5 StR 341/05; **Seite 231** «wenn dem Täter bei der Tat»: Bundesgerichtshof, Urteil vom 20. Februar 2002 – 5 StR 538/01; **Seite 232** «der Täter in einer anderen»: BGH 2 StR 319/94; **Seite 232** «Klartext in Sachen Frauenrechte»: Ministerium für Generationen, Familie, Frauen und Integration des Landes Nordrhein-Westfalen, Pressemitteilung vom 29. Dezember 2009; **Seite 233** «Inzwischen gibt es zahlreiche Beispiele»: Rita Breuer, Die Entfremdung wird größer, Emma 3/2007 (= Alice Schwarzer [Hrsg.], Die große Verschleierung. Für Integration, gegen Islamismus, Köln 2010, Seite 73); **Seite 234** «der Prozess der ‹Schariasierung›»: Alice Schwarzer, Kein Kopftuch in der Schule! Emma 5/2009 (= Die große Verschleierung, Seite 27); **Seite 234**: «In diesen vom Innenministerium»: Schwarzer, Kein Kopftuch in der Schule! Emma 5/2009 (= Die große Verschleierung, Seite 25); **Seite 234** «Bei Schülerinnen», «grundlegende Erfahrungen»: Religiös begründete schulpraktische Fragen. Handreichung für Schule und Elternhaus. Anlage aus: Zwischen-Resümee der Arbeitsgruppen und des Gesprächskreises der Deutschen Islam Konferenz (DIK), Vorlage für die 4. Plenarsitzung der DIK, 25. Juni 2009, Berlin, Seite 5; **Seite 234/235** «in bestimmten Situationen»: Religiös begründete schulpraktische Fragen, Seite 1; **Seite 235/236,** 240 «In Deutschland wenden wir täglich die Scharia an». Interview mit Mathias Rohe, Frankfurter Rundschau, 6. März 2002; **Seite 235** «noch vor einigen Jahren kritiklos»: Schwarzer, Kein Kopftuch in der Schule! Emma 5/2009 (= Die große Verschleierung, Seite 26); **Seite 235** «an etlichen Punkten neuerdings»: Die große Verschleierung, Seite 26, vgl. Emma 5/2009; **Seite 235** «verdeckter Konvertit»: Cornelia Filter, Muslim-Freund Möllemann & und die neuen KonvertitInnen, Emma 4/2002; **Seite 236** «in seinem neuen Personenstandsrecht»: Mathias Rohe, Der Islam – Alltagskonflikte und Lösungen. Rechtliche Perspektiven, Freiburg 2001, Seite 123; **Seite 236** «also die Polygamie»: Alice Schwarzer, Im Namen der Scharia, Emma 3/2007; **Seite 237** Erzbischof von Canterbury: Civil and Religious Law in England: a Religious Perspective, Foundation lecture at the Royal Courts of Justice, 7. Februar 2008, Text: www.archbishopofcanterbury.org/1575; **Seite 237** «allzu schnell» usw.: Kelek, Himmelsreise, Seite 155; **Seite 237** «die Gesamtheit aller religiösen»: Mathias Rohe, Das islamische Recht. Geschichte und Gegenwart, München 2009, Seite 9; **Seite 238** BGB: Josef Joffe, Wo endet Toleranz? Gedankenverwirrung im Streit der Islamversteher und -verächter, Die Zeit, 11. März 2010; **Seite 238** «rechtliche Regelung» usw.: Kelek, Himmelsreise, Seite 156; **Seite 238** «Ich lese den Koran»: Ralph Giordano, Offener Brief an Bekir Alboga, 16. August 2007, www.ksta.de/html/artikel/1187242646812.shtml; **Seite 240** «Erste Schritte in Richtung einer»: Raddatz, Von Allah zum Terror?; **Seite 243** «okkulte Maschinerie», «unumkehrbare Verwandlung»: Bat Ye'Or, Eurabia. The Euro-Arab Axis, Madison, NJ, 2005, Seite 268; **Seite 243** «Eine neue eurabische Kultur»: Bat Ye'Or, Eurabia, Seite 36; **Seite 243** Niall Ferguson: Klappentext zu Bat Ye'Or, Eurabia; **Seite 243/244** Irwin: Middle Eastern Studies, Band 38, 2002, Seite 213 ff.; **Seite 244** Thomas: British Journal of Middle Eastern Studies, Band 25, 1998), Seite 183 ff.; **Seite 244** «das natürliche Ergebnis»: Bat Ye'Or, The Decline of Eastern Christianity under Islam. From Jihad to Dhimmitude, Madison, NJ, 1996, Seite 197 ; **Seite 246** «Das eigentlich Bedenkliche»: www.zr2.jura.uni-erlangen.de/aktuelles/bericht-muc.pdf; **Seite 246** «Die Parallelen zu 1933» und «Ist es noch»: Alice Schwarzer, Die falsche Toleranz, in: Alice im Männerland – Eine Zwischenbilanz, Köln 2002 (auch: www.aliceschwarzer.de/publikationen/aliceschwarzer-artikel-essays/die-falsche-toleranz); **Seite 246/247/248** «Deutschland hat bis heute» usw.: Chaim Noll, Martin Jehle, Nicht die Moschee, der Islam ist das Problem. Ein Gespräch mit dem Schriftsteller Ralph Giordano am 13. Mai 2009 in Köln, Compass online Extra Nr. 111; **Seite 247** «Taqiya in Reinkultur»: 29. Aschaffenburger Gespräche: «Das Kreuz mit dem Halbmond – Zwischen Leitkultur und Multikulti». Guido Knopp diskutiert mit Ralph Giordano, Necla Kelek, Aiman Mazyek, Cem Özdemir und Rafael Seligmann, Phoenix, 8. Dezember 2007; **Seite 248** Jugendgewalt: Alice Schwarzer, Die wahren Gründe der Vorstadtunruhen, Die große Verschleierung, Seite 249; vgl. Frankfurter Allgemeine Zeitung, 17. November 2005; **Seite 248** «Präsident Sarkozy ließ sich nicht»: Alice Schwarzer, Der Schleier der Fundamentalisten. Die muslimische Totalverschleierung ist nicht nur zutiefst menschenverachtend, sie bedeutet auch den endgültigen Sieg des politisierten Islam. Burka, Nikab und Tschador gehören deshalb verboten, Frankfurter Allgemeine Zeitung, 20. Juli 2010 (= Die große Verschleierung, Seite 234); **Seite 248/249** «eine Regierung, die begriffen hat» usw.: Alice Schwarzer, Der Aufstand der Musliminnen!, Emma 4/2003 (= Die große Verschleierung, Seite 256); **Seite 249** «Eine zerfetzte Jeans anziehen» usw.: Elisabeth Badinter, Das Kopftuch ist ein politisches Symbol! Die große Verschleierung, Seite 109 (erstmals in Emma 3/1991, wieder in: Alice Schwarzer, [Hrsg.], Krieg. Was Männerwahn anrichtet und wie Frauen Widerstand leisten, Frankfurt am Main 1992, Alice Schwarzer [Hrsg.], Die Gotteskrieger und die falsche Toleranz, Köln 2002, und in Emma 5/2009); **Seite 250** «So wie bei den Vertretern Jesu»: Alice Schwarzer, Kein Kopftuch in der Schule!, Emma 5/2009 (= Die große Verschleierung, Seite 22); **Seite 251** «Lobbyisten religiöser und kultureller Identität»: Kandel, «Lieber blauäugig als blind»? Seite 3; **Seite 251** «Warum verfolgten»: Johannes Kandel, «Dialog» mit Muslimen – ein kritischer Zwischenruf, in: Hans Zehetmair (Hrsg.), Der Islam im Spannungsfeld von Konflikt und Dialog, Wiesbaden 2005, Seite 331 ; **Seite 252** «Der demokratische Staat ist qua»: Johannes Kandel, Christoph Müller-Hofstede, Rez. Heide Oestreich, Der Kopftuchstreit, www.fes-online-akademie.de; **Seite 254** «praktisch ohne weibliche Beteiligung»: Expertise von Dr. Necla Kelek, Teilnahme von muslimischen Kindern, insbesondere Mädchen, am Sport-, Schwimm- und Sexualkundeunterricht an staatlichen Schulen, Teilnahme an Klassenfahrten, Berlin, Februar 2006, Seite 56; **Seite 254** «Ausnahmen werden nicht»: Expertise von Dr. Necla Kelek, Seite 24; **Seite 254** «Schwimmen ist kein»: Expertise von Dr. Necla Kelek, Seite 13; **Seite 254** «erheblichen Verweigerungsquoten»: Expertise von Dr. Necla Kelek, Seite 44; **Seite 254** «einheitliches Meldesystem»: Expertise von Dr. Necla Kelek, Seite 8; **Seite 254** «eindeutige Antworten»: Expertise von Dr. Necla Kelek, Seite 44; **Seite 254** «integrationspolitische Steuerung»: Expertise von Dr. Necla Kelek, Seite 71; **Seite 255** «Die These vom breiten Unterrichtsboykott»: Martin Spiewak, Ins Schwimmen geraten, Die Zeit, 7. Dezember 2006; **Seite 255** Interkultureller Rat: Ursula Rüssmann, Keine Angst vor Nichtschwimmerinnen. Muslimische Unterrichtsverweigerer? Sind bei uns kein Problem, sagen die Länder-Kultusbehörden, Frankfurter Rundschau, 31. August 2007; **Seite 255** «dass zunehmend die Gerichte»: Expertise von Dr. Necla Kelek, Seite 53; **Seite 255** «sind mit unserer demokratischen Verfassung»: Expertise von Dr. Necla Kelek, Seite 67; **Seite 256** «von immer mehr Muslimen», «eine eindeutige Haltung»: Expertise von Dr. Necla Kelek, Seite 55; **Seite 256** «Zielkonflikte»: Expertise von Dr. Necla Kelek, Seite 72; **Seite 256** «die Motive einzelner Mädchen»: Sonja Haug, Stephanie Müssig, Anja Stichs, Muslimisches Leben in Deutschland. Im Auftrag der Deutschen Islam Konferenz. Bundesamt für Migration und Flüchtlinge, Forschungsbericht 6, 2009, Seite 182; **Seite 256** «eine *urban legend*»: Jörg Lau, Wieviel Islam verträgt Deutschland? Zeit online, 5. Oktober 2010; **Seite 257** «Und in Großbritannien geht es nun»: Die schleichende Machtübernahme, Frankfurter Allgemeine Zeitung, 4. Oktober 2006; **Seite 258** «Ein Glaube, ein Volk, ein Reich»: Rainer Glasgow, Allahs Weltordnung. Der politische Islam als Herausforderung für Demokratie und Gesellschaft, Mering 2010, S. 21; **Seite 258** «Der Oberbürgermeister, ein nachdenklicher»: Deutschland schafft sich ab, Seite 401; **Seite 259** «eines inzwischen vergessenen» usw.: Henryk M. Broder, Euro-Islam 2067: Wehe, wer den Muezzin stört, Spiegel online, 4. Januar 2007; **Seite 259/260** «Dissidentinnen des Islam» usw.: Ulrike Ackermann, Lob der Dissidenz, Perlentaucher, 25. Februar 2007; **Seite 260** «Die größte aller Ursachen»: John Stuart Mill, System der deduktiven und induktiven Logik, Band 2, Braunschweig 3. Auflage 1868, Seite 363; **Seite 260** «Einfluss vorgefasster Meinungen»: Mill, System der deduktiven und induktiven Logik, Band 2, Seite 365; **Seite 261** Bischof von Hildesheim: Bassam Tibi, Selig sind die Belogenen. Der christlich-islamische

Dialog beruht auf Täuschungen – und fördert westliches Wunschdenken, Die Zeit, 29. Mai 2002; **Seite 261** namenloser Pfarrer: Bassam Tibi, Selig sind die Betrogenen. Christlich-islamischer Dialog; – Täuschungen und westliches Wunschdenken. In: Ursula Spuler-Stegemann (Hrsg.), Feindbild Christentum und Islam, Freiburg 2004, Seite 55; **Seite 262** «führt eine direkte Linie»: Broder, Hurra, wir kapitulieren! Seite 115; **Seite 263** «die zunehmende Bindung»: www.kfn.de/versions/kfn/assets/religionintegration.pdf; **Seite 263** bei den «etwas religiösen» niedriger: Dirk Baier, Christian Pfeiffer, Susann Rabold, Julia Simonson, Cathleen Kappes, Kinder und Jugendliche in Deutschland: Gewalterfahrungen, Integration, Medienkonsum. Zweiter Bericht zum gemeinsamen Forschungsprojekt des Bundesministeriums des Innern und des KFN, KFN-Forschungsbericht Nr. 109, 2010, Seite 116; **Seite 264** ostdeutsche Protestanten: KFN-Forschungsbericht, Seite 110; **Seite 264** «signifikanter Zusammenhang»: Roland Preuß, Die Faust zum Gebet. Unabhängig von ihrem sozialen Status pflegen muslimische Jugendliche oft das Bild vom Macho, der auch zuschlagen darf, Süddeutsche Zeitung, 5. Juni 2010; **Seite 264** «dieser Zusammenhang aber»: KFN-Forschungsbericht, Seite 118; **Seite 265** «Der Befund ist zwar eindeutig»: Thomas Reisener, Der Islam und die Gewalt, Rheinische Post, 7. Juni 2010; **Seite 265** «Ich bringe nur Fakten»: Zusammenhang zwischen Religiosität und Gewaltbereitschaft bei jungen Muslimen. Studie: Je religiöser islamische Migranten sind, umso weniger integriert und umso gewalttätiger sind sie – Rolle der Imame kritisiert, Die Welt, 7. Juni 2010; **Seite 266/267** Religiosität: KFN-Forschungsbericht, Seite 83 bis 91; **Seite 267** «Aufgrund der Sozialkontrolle»: «Man muss es differenzierter betrachten». Interview: Prof. Rauf Ceylan zu der medialen Debatte um die Gewalttätigkeit muslimischer Jugendlicher, Islamische Zeitung, 8. Juni 2010; **Seite 268** «besonders hohe Kriminalitätsrate»: Gehen die Politiker deshalb so auf Sarrazin los, weil sie selbst so viele Fehler gemacht haben, Frau Merkel? Bild am Sonntag, 5. September 2010; **Seite 270** «Die Frage ist nur» usw.: Gert Kelter, Wer hat Angst vorm Minarett? SELK Info Nr. 350, Januar 2010, Seite 15 f.; **Seite 270** «Migranten haben nicht»: Interview mit N24, zitiert bei Focus Online, 6. Oktober 2009; **Seite 272** «Wir müssen offen und ohne Tabus» usw.: Bundesministerium für Familie, Senioren, Frauen und Jugend, Pressemitteilung vom 26. November 2010; **Seite 272** Sonja Haug, Jugendliche Migranten – muslimische Jugendliche. Gewalttätigkeit und geschlechterspezifische Einstellungsmuster. Kurzexpertise für das Bundesministerium für Familie, Senioren, Frauen und Jugend, Oktober 2010; Ahmed Toprak, Katja Nowacki, Gewaltphänomene bei männlichen, muslimischen Jugendlichen mit Migrationshintergrund und Präventionsstrategien. Expertise im Auftrag des Bundesministeriums für Familie, Senioren, Frauen und Jugend, Oktober 2010; **Seite 273/274** «Soziale Benachteiligung», «Wir müssen diejenigen», «Wir dürfen hier»: Jugendministerin Schröder: «Gewaltverherrlichende Machokultur» junger Muslime, Wiesbadener Kurier, 26. November 2010; **Seite 275** «Alle politische Kleingeisterei»: Deutschland schafft sich ab, Seite 7; **Seite 275** «Jede politische Aktion beginnt»: Süddeutsche Zeitung, 21. November 2009; **Seite 275** «Wer die klaren Worte Sarrazins»: Die große Debatte über die deutsche Hauptstadt. Sarrazin hat einen klaren Blick, er spricht aus Sorge um Berlin. Das schreibt die türkischstämmige Frauenrechtlerin und Star-Autorin Necla Kelek (51), Bild, 9. Oktober 2009; **Seite 275** «üblichen Verdächtigen», «Kritik an Religion»: Necla Kelek, Warum türkische Gemüsehändler mit Sarrazin kein Problem haben, Sächsische Zeitung, 22. Oktober 2009; **Seite 275/276** «Das Verbrechen und Deutschlands»: Klaus von Dohnanyi, Feigheit vor dem Wort. Anmerkungen zum Fall Sarrazin: Nur in Deutschland macht man sich unmöglich, wenn man das Offensichtliche benennt, Süddeutsche Zeitung, 6. September 2010; **Seite 276** «in einer Spätphase»: taz, 7. Dezember 2010; **Seite 276** «Für uns unverständlich»: Sigmund Freud, Totem und Tabu. Einige Übereinstimmungen im Seelenleben der Wilden und der Neurotiker, in: Studienausgabe, Band 9, Frankfurt am Main 1974, Seite 311; **Seite 276** «Ein Tabu ist ja etwas»: www.taz.de/1/debatte/kommentar/artikel/1/es-war-ein-langer-und-lauter-furz; **Seite 276/277** «sehr offensichtliche Gründe» usw.: Raphael Gross, Erkenntnis bricht kein Tabu. Was richtig oder falsch ist, beurteilt die Wissenschaft, Frankfurter Allgemeine Zeitung, 8. Oktober 2010; **Seite 277** «Klartext» usw.: Heinrich Maetzke, Befreiender Tabu-Bruch in Berlin. Ex-Finanzsenator Thilo Sarrazin (SPD) redet Klartext über Integrations-Unwillen von Türken und Arabern – Wutgeheul der Gutmenschen, Bayernkurier, 10. Oktober 2009; **Seite 279** «Ich muss niemanden anerkennen»: Lettre-Interview ; **Seite 279** «ein bisschen tischfeiner»: Zeit-Magazin, 12. November 2009; **Seite 280** «Integration braucht nicht nur»: Ernst Elitz, Wir brauchen deutliche Worte, Bild, 5. Oktober 2010; **Seite 280/282**, 283/284 «Er hat über ein Problem», «ihre Sprache der politischen Korrektheit» usw.: Stephan Haselberger und Antje Sirleschtov, Runter vom Sofa, Ex-Bundespräsidentenkandidat Gauck wünscht sich Bürger statt Politikkonsumenten und lobt Sarrazin, Der Tagesspiegel, 31. Dezember 2010; **Seite 281** «Wer seine Töchter»: Woher nehmen Sie so viel Zorn, Herr Sarrazin? Bild am Sonntag, 31. Oktober 2010; **Seite 281** «Modellrechnung», «Dass die autochthonen Deutschen»: Deutschland schafft sich ab, Seite 360; **Seite 284** «Befreiungsschlag» usw.: Necla Kelek, Ein Befreiungsschlag. Die Thesen von Thilo Sarrazin zu Bildung und Zuwanderung sollte man diskutieren, nicht den Autor verteufeln. Aber die politische Klasse, der seine Kritik gilt, verweigert sich der Debatte, Frankfurter Allgemeine Zeitung, 30. August 2010; **Seite 285** «Mantra»: Deutschland schafft sich ab, Seite 306; **Seite 285** «Genetische und ethische Disposition»: Schirrmacher, Ein fataler Irrweg, Frankfurter Allgemeine Sonntagszeitung, 29. August 2010; **Seite 285** «keine Ahnung von Genetik» usw.: Anne Will, Chat mit Necla Kelek, Sendung vom 5. September 2010; **Seite 285/286** «von Sarrazin aufgezeigten Wechselbeziehung» usw.: Frankfurter Allgemeine Zeitung, 30. August 2010; **Seite 286** «Man könnte ja auf die Idee»: Deutschland schafft sich ab, Seite 316; **Seite 287** die Hälfte der Deutschtürken: Die fremde Braut, Seite 260; **Seite 288** Behörden mehrerer Bundesländer: Roland Preuß, Justizministerin fordert neues Bleiberecht. «Gut integrierte Jugendliche dürfen nicht abgeschoben werden» / De Maizière hält Zahlen zu Integrationsverweigerern zurück, Süddeutsche Zeitung, 3. November 2010; **Seite 289** Esser: Hartmut Esser, Die Integration der Zweiten Generation: Zur Erklärung kultureller Differenzen, Zeitschrift für Soziologie, Band 18, 1989, Seite 426 bis 443; **Seite 289** Klingholz: Franziska Woellert, Steffen Kröhnert, Lilli Sippel, Reiner Klingholz, Ungenutzte Potenziale. Zur Lage der Integration in Deutschland. Berlin-Institut für Bevölkerung und Entwicklung, 2009; **Seite 289** «wachen Auges»: Detlev Hüwel, Nils Dietrich, Zuwanderungsstudie: Integration in Deutschland dramatisch schlecht, Rheinische Post, 26. Januar 2009; **Seite 290/291** Die Türken kommen – rette sich, wer kann, Der Spiegel 31/1973; **Seite 291** beträchtliche Mitschuld: Türkischunterricht an deutschen Schulen? Ein Streitgespräch über Irrwege der Pädagogik bei der Integration und darüber, was Migrantenkindern am meisten nützt, Die Zeit, 23. September 2010; **Seite 291/292** «auf ihre Gebetsräume», «Solange die Moscheen», «der Pflege des spirituellen Glaubens»: Kelek, Himmelsreise, Seite 106; **Seite 293** «unsere Rechtsstaatlichkeit» usw.: Focus, 11. Oktober 2010; **Seite 293** «liberalistische Verirrung»: Süddeutsche Zeitung, 13. Oktober 2010; **Seite 294** «mit Recht bisher nicht»: Karl Doehring, Niemand kann zwei Herren dienen. Islam und Grundgesetz stehen zueinander in schroffem Gegensatz. Was soll dann islamischer Religionsunterricht vermitteln? Wenn man sich hier nicht entscheidet, droht Chaos, Frankfurter Allgemeine Zeitung, 23. September 2010; **Seite 294** «eine Gesellschaft, die eine im Glauben»: Tilman Nagel, Islam. Die Heilsbotschaft des Korans und ihre Konsequenzen, Westhofen 2001, 136; **Seite 295** «Was könnte der Islam»: Focus, 11. Oktober 2010; **Seite 296** Quellen der Volksfrömmigkeit: Rainer Hermann, Auf ähnlicher Grundlage. Soziale Marktwirtschaft und islamische Wirtschaft haben vieles gemein, Frankfurter Allgemeine Zeitung, 5. November 2010; **Seite 296** «Wertesystem»: Carmen Dallendörfer, Woher plötzlich die Aufregung? Frankfurter Algemeine Zeitung, 12. Oktober 2010 ; **Seite 297** Hans-Ulrich Wehler, Ein Buch trifft ins Schwarze. Anstatt über Sarrazins Thesen zu diskutieren, erteilt die regierende Klasse dem Autor ein politisches Berufsverbot, Die Zeit, 7. Oktober 2010; **Seite 297** «Am Ende setzte»: Deutschland schafft sich ab, Seite 273; **Seite 297/298/299** «Wie sind Europa und Frankreich» usw.: Pascal Bruckner, Fundamentalismus der Aufklärung oder Rassismus der Antirassisten? Perlentaucher, 23. Januar 2007; **Seite 299/300** «mit vorsichtigen Schritten» usw.: Necla Kelek, Wulffs Republik der Gläubigen. Wir sind zuerst Bürger, nicht Christen, Juden oder Muslime: Eine Replik zum Auftritt des Bundespräsidenten vor der Nationalversammlung in Ankara, Frankfurter Allgemeine Zeitung, 22. Oktober 2010; **Seite 301** «Ich bin in diesem Land»: Die fremde Braut, Seite 266; **Seite 302** «das Interesse all derer»: Monika Maron, Die Besserfundis. Prominenten Islamkritikern wird in jüngsten Debatten Fundamentalismus vorgeworfen. Was für ein Unsinn, Der Spiegel 4/2010; **Seite 302** «vorbehaltlos bejahen und stärken» usw.: Michael Bertrams, Zum Verhältnis von Kirche und Staat. 75 Jahre Barmer Theologische Erklärung, http://zelos.zeit.de/gesellschaft/zeitgeschehen/2009-10/Barmer-Theologische-Erklaerung.pdf; **Seite 303** «Im Islam beginnt»: Die schleichende Machtübernahme, Frankfurter Allgemeine Zeitung, 4. Oktober 2006; **Seite 303/304** «Trotz der Selbstzensur» usw.: http://kewil.myblog.de/kewil/art/2874413; **Seite 304/305/306** «den Aufstand der Mehrheit», «Ausweisung aller bekennenden»: Thomas Steinfeld, Was heißt Religionskritik? Einige Anmerkungen zu einer Debatte um den wahren Charakter des Islam und seiner sogenannten Kritiker, Süddeutsche Zeitung, 1. Februar 2010; **Seite 306/307** «leidenschaftliche Bewegung»: Heinrich von Treitschke, Unsere Aussichten, Preußische Jahrbücher, Band 44, 1879 = Der «Berliner Antisemitismusstreit» 1879-1881. Eine Kontroverse um die Zugehörigkeit der deutschen Juden zur Nation. Kommentierte Quellenedition. Bearbeitet von Karsten Krüger, München 2003, Band 1, Seite 10; **Seite 307** «Bis in die Kreise»: Der «Berliner Antisemitismusstreit», Band 1, Seite 14; **Seite 307** «Reaktionsmuster»: Micha Brumlik, Antisemitismus, Islamophobie: Gibt es zwischen den beiden einen Zusammenhang? Frankfurter Rundschau, 16. Dezember 2010; **Seite 307** «natürliche Reaktion»: Der «Berliner Antisemitismusstreit», Band 1, Seite 14; **Seite 307** «unseren israelitischen Mitbürgern»: Der «Berliner Antisemitismusstreit», Band 1, Seite 12; **Seite 307** «Er verlangt nicht Ausschließung»: Golo Mann, Der Antisemitismus. Wurzeln, Wirkung und Überwindung, München 1960, Seite 13; **Seite 307** «Ohne Zweifel»: Theodor Mommsen, Auch ein Wort über unser Judentum, Berlin 1880 = Der «Berliner Antisemitismusstreit», Band 2, Seite 704 f. **Seite 307** «Wer keine gefestigte Persönlichkeit besitzt»: Süddeutsche Zeitung, 27. Januar 2011

dtv zum Thema Wirtschaft: kompetent und aktuell

Chris Anderson
The Long Tail
Nischenprodukte statt Massenmarkt
Das Geschäft der Zukunft
Übers. v. M. Bayer und H. Schlatterer
ISBN 978-3-423-**34531**-6

Christoph Birnbaum
Die Pensionslüge
Warum der Staat seine Zusagen für Beamte nicht einhalten kann, und warum uns das alle angeht
ISBN 978-3-423-**24926**-3

Clausewitz
Strategie Denken
Hg. v. Boston Consulting Group
Zentrale und prägnante Texte von Clausewitz für das heutige Management
ISBN 978-3-423-**34033**-5

Paul Collier
Die unterste Milliarde
Warum die ärmsten Länder scheitern und was man dagegen tun kann
Übers. v. R. Seuß u. M. Richter
ISBN 978-3-423-**34629**-0

Colin J. Campbell
Ölwechsel!
Das Ende des Erdölzeitalters und die Weichenstellung für die Zukunft
Übers. v. H. Roth
ISBN 978-3-423-**34389**-3

Piroschka Dossi
Hype!
Kunst und Geld
ISBN 978-3-423-**24612**-5

Jürgen Fuchs
Das Märchenbuch für Manager
Gute-Nacht-Geschichten für Leitende und Leidende
ISBN 978-3-423-**34417**-3

Dagmar Gaßdorf
Das Märchenbuch für Managerinnnen
Geschichten für Leitende und Leidende
ISBN 978-3-423-**34511**-8

Nicola Holzapfel
Der Bürocoach
Die besten Lösungen für Probleme im Job
ISBN 978-3-423-**34598**-9

dtv zum Thema Wirtschaft: kompetent und aktuell

John Kay
Obliquity
Die Kunst des Umwegs oder Wie man am besten sein Ziel erreicht
Übers. v. F. Reinhart
ISBN 978-3-423-**24830**-3

Kai A. Konrad
Holger Zschäpitz
Schulden ohne Sühne?
Was Europas Krise uns Bürger kostet
ISBN 978-3-423-**34733**-4

Hans Küng u. a.
Manifest Globales Wirtschaftsethos
Manifesto Global Economic Ethic
Konsequenzen und Herausforderungen für die Wirtschaft
ISBN 978-3-423-**34628**-3

Susan Levermann
Der entspannte Weg zum Reichtum
ISBN 978-3-423-**34675**-7

Die Büro-Alltags-Bibel
Alle Regeln und Gesetze für den Job
ISBN 978-3-423-**24762**-7

Jochen Mai
Die Karriere-Bibel
Definitiv alles, was Sie für Ihren beruflichen Erfolg wissen müssen
ISBN 978-3-423-**24651**-4

Katharina Münk
Denn sie wissen nicht, was wir tun
Was Chefs über ihre Sekretärinnen erfahren sollten
ISBN 978-3-423-**34697**-9

Érik Orsenna
Weiße Plantagen
Eine Reise durch unsere globalisierte Welt
Übers. v. A. Gittinger und U. Goridis
ISBN 978-3-423-**34533**-0

Amartya Sen
Ökonomie für den Menschen
Wege zur Gerechtigkeit und Solidarität in der Marktwirtschaft
Übers. v. C. Goldmann
ISBN 978-3-423-**36264**-1

Bitte besuchen Sie uns im Internet: www.dtv.de

Amartya Sen im dtv

Die Identitätsfalle

Warum es keinen Krieg der Kulturen gibt
Übersetzt von F. Griese

ISBN 978-3-423-**34601**-6

Amartya Sen ist geprägt von den Ereignissen seiner Kindheit in den 1940er Jahren, als in Indien aus Nachbarn plötzlich »Hindus« und »Muslime« wurden, die einander gewaltsam gegenübertraten. Die Reduzierung von Menschen auf ihre religiöse Identität fördert Konflikte. Daher plädiert Sen dafür, zu erkennen, dass Menschen nicht nur eine, die religiös geprägte, Identität besitzen.

»Das Denken kommt selten so elegant, so menschenfreundlich und einnehmend des Wegs wie hier.«
Die Zeit

Die Idee der Gerechtigkeit

Übersetzt von C. Krüger

ISBN 978-3-423-**34719**-8

Ein Rundgang durch die Geschichte der Gerechtigkeitslehren von der Antike bis zur Gegenwart.

Ökonomie für den Menschen

Wege zu Gerechtigkeit und Solidarität
in der Marktwirtschaft
Übersetzt von C. Goldmann

ISBN 978-3-423-**36264**-1

Als einer der bedeutendsten Wirtschaftstheoretiker der Gegenwart fordert der Nobelpreisträger die Moral in der Marktwirtschaft ein und packt das Weltproblem Nr. 1 an: die sich immer weiter öffnende Schere zwischen dem global agierenden Turbokapitalismus und der zunehmenden Arbeitslosigkeit und Verarmung.

»Man kann all das Kluge, was Sen vorträgt, gar nicht oft genug sagen und lesen.«
Frankfurter Allgemeine Zeitung

Lust auf Philosophie

Frédéric Lenoir
Was ist ein geglücktes Leben?
Kleine philosophische Anleitung
Übers. v. E. Ranke
ISBN 978-3-423-**24927**-0

Andreas Mussenbrock
Termin mit Kant
Philosophische Lebensberatung
ISBN 978-3-423-**34581**-1

Annemarie Pieper
Glückssache
Die Kunst gut zu leben
ISBN 978-3-423-**30872**-4

Hans-Martin Schönherr-Mann
Simone de Beauvoir und das andere Geschlecht
ISBN 978-3-423-**24648**-4

George Steiner
Der Meister und seine Schüler
Übers. v. M. Pfeiffer
ISBN 978-3-423-**34541**-5

Khalil Gibran
Der Prophet. Der Wanderer
Erstmalig in einem Band
ISBN 978-3-423-**19510**-2

Wilhelm Weischedel
Die philosophische Hintertreppe
Die großen Philosophen in Alltag und Denken
ISBN 978-3-423-**30020**-9

Robert Zimmer
Das Philosophenportal
Ein Schlüssel zu klassischen Werken
ISBN 978-3-423-**34118**-9

Das große Philosophenportal
Ein Schlüssel zu klassischen Werken
ISBN 978-3-423-**34582**-8

Arthur Schopenhauer
Ein philosophischer Weltbürger
ISBN 978-3-423-**24800**-6

Friedrich Nietzsche
Sämtliche Werke
Hg. v. Giorgio Colli
Kritische Studienausgabe in 15 Bänden
ISBN 978-3-423-**59065**-5

Kleine Bibliothek der Weltweisheit

Die Kleine Bibliothek der Weltweisheit versammelt berühmte Werke zur klugen und richtigen Lebensführung.

Die Bände befassen sich mit den zeitlos gültigen Fragen: Was ist Glück? Was müssen wir tun, wie sollen wir handeln? Wie können wir mit den Ratschlägen des Lebens am besten umgehen? Was sind wir den Mitmenschen schuldig? Was ist ein richtiges, ein gerechtes Leben? Jeder dieser Texte ist als Meisterwerk der Weltweisheit und Lebenskunst in das Gedächtnis der Menschheit eingegangen

Marc Aurel
Wege zu sich selbst
Übers. v. C. Cleß
ISBN 978-3-3423-**34376**-3

Hildegard von Bingen
Über die Liebe
ISBN 978-3-423-**34245**-2

Boethius
Trost der Philosophie
ISBN 978-3-423-**34241**-4

Die Reden des Buddha
Übers. v. O. Neumann
ISBN 978-3-423-**34242**-1

Epiktet
Das Buch vom geglückten Leben
Übers. v. C. Conz und B. Zimmermann
ISBN 978-3-423-**34243**-8

Epikur
Philosophie des Glücks
Übers. v. B. Zimmermann
ISBN 978-3-423-**34377**-0

Fabeln des Äsop
Übers. v. N. Holzberg
ISBN 978-3-423-**34522**-4

Sigmund Freud
Über Träume und Traumdeutung
ISBN 978-3-423-**34641**-2

Khalil Gibran
Der Prophet
Übers. v. D. und G. Bandini
ISBN 978-3-423-**34523**-1

Johann W. von Goethe
Maximen und Reflexionen
ISBN 978-3-423-**34378**-7

Baltasar Gracián
Handorakel und Kunst der Weltklugheit
Übers. v. A. Schopenhauer
ISBN 978-3-423-**34244**-5

David Hume
Über den Freitod
Ausgewählt und mit einem Nachwort von Manfred Kühn
ISBN 978-3-423-**34567**-5

Bitte besuchen Sie uns im Internet: www.dtv.de

Kleine Bibliothek der Weltweisheit

Die Kleine Bibliothek der Weltweisheit versammelt berühmte Werke zur klugen und richtigen Lebensführung.

»Ein zierlicher Stapel Lektüre, aus zwölf schmalen Bändchen in schwarz, weiß, rostrot gehaltener Typografie fein zusammen gesetzt, von denen jedes einzelne Buch für keine Tasche zu schwer ist und jedes den geistigen Reichtum des Menschengeschlechts bezeugt ... Die Kleine Bibliothek der Weisheiten umfasst jene klassische Einsichten, die seit dem weisen Chinesen Laotse und bis zu Nietzsches Ecce homo helfen können, ein Leben leidlich gelingen zu lassen.«(ZEIT-Literatur)

Franz Kafka
Betrachtungen über Leben, Kunst und Glauben
Hg. v. Peter-André Alt
ISBN 978-3-423-**34456**-2

Thomas von Kempen
Anleitung zum Leben und Sterben
Aus dem Buch von der Nachfolge Christi
Ausgewählt v. M. Heim
ISBN 978-3-423-**34520**-0

Konfuzius
Gespräche
Übers. v. R. Wilhelm
ISBN 978-3-423-**34246**-9

Laotse
Tao te king
Übers. v. R. Wilhelm
ISBN 978-3-423-**34247**-6

Lektionen der Stille
Klassische Zen-Worte
Ausgewählt von Helwig Schmidt-Glintzer
ISBN 978-3-423-**34453**-1

Michel de Montaigne
Von der Freundschaft
Übers. v. H. Lüthy
ISBN 978-3-423-**34248**-3

Von der Macht der Phantasie
Übers. v. H. Lüthy
ISBN 978-3-423-**34642**-9

Friedrich Nietzsche
Ecce homo
ISBN 978-3-423-**34249**-0

Also sprach Zarathustra
ISBN 978-3-423-**34643**-6

Blaise Pascal
Die Vernunft des Herzens
ISBN 978-3-423-**34644**-3

Kleine Bibliothek der Weltweisheit

Die Kleine Bibliothek der Weltweisheit versammelt berühmte Werke zur klugen und richtigen Lebensführung.

Platon
Symposion
ISBN 978-3-423-**34521**-7

Von der Unsterblichkeit der Seele
ISBN 978-3-423-**34645**-0

Seneca
Von der Kürze des Lebens
Übers. v. O. Apelt
ISBN 978-3-423-**34251**-3

Von der Gelassenheit
Übers. v. B. Zimmermann
ISBN 978-3-423-**34647**-4

Arthur Schopenhauer
Über das Mitleid
ISBN 978-3-423-**34250**-6

Die Kunst glücklich zu sein
ISBN 978-3-423-**34646**-7

Lew Tolstoi
Herr und Knecht
ISBN 978-3-423-**34648**-1

Der Talmud
Ausgewählt, neu übersetzt und mit einem Nachwort von Jeremy Adler
ISNBN 978-3-423-**34566**-8

Voltaire
Candide
Übers. v. W. Tschöke
ISBN 978-3-423-**34252**-0

Die Weisheit des Alten Testaments
Hg. v. Bernhard Lang
ISBN 978-3-423-**34454**-8

Die Weisheit Ägyptens
Hg. v. Hermann A. Schlögl
ISBN 978-3-423-**34455**-5

Die Weisheit der Upanishaden
Übers. v. K. F. Geldner
ISBN 978-3-423-**34379**-4

Biographien bei dtv

Barbara Beuys
Der Große Kurfürst
Friedrich Wilhelm von Brandenburg
ISBN 978-3-423-**34728**-0

Veit-Jakobus Dieterich
Martin Luther
ISBN 978-3-423-**24701**-6

Angela Elis
Mein Traum ist länger als die Nacht
Wie Bertha Benz ihren Mann zu Weltruhm fuhr
ISBN 978-3-423-**34670**-2

Diana Maria Friz
Margarethe Krupp
Das Leben meiner Urgroßmutter
ISBN 978-3-423-**24703**-0

Bertha Krupp und ihre Kinder
Das Leben meiner Großmutter
ISBN 978-3-423-**24905**-8

Rainer Funk
Erich Fromm – Liebe zum Leben
Eine Bildbiografie
ISBN 978-3-423-**34669**-6

Gerd Langguth
Angela Merkel
ISBN 978-3-423-**34627**-6

Heike B. Görtemaker
Eva Braun
Leben mit Hitler
ISBN 978-3-423-**34672**-6

Cem Gülay
Türken-Sam
Eine deutsche Gangsterkarriere
ISBN 978-3-423-**24809**-9

Ferdinand Schlingensiepen
Dietrich Bonhoeffer 1906–1945
ISBN 978-3-423-**34609**-2

Erzähl doch mal von früher
Loki Schmidt im Gespräch mit Reinhold Beckmann
ISBN 978-3-423-**34576**-7

Martha Schad
Elisabeth von Österreich
ISBN 978-3-423-**31079**-6

Ludwig II
ISBN 978-3-423-**31033**-8

Daniel Schönpflug
Luise von Preußen
Königin der Herzen
ISBN 978-3-423-**34729**-7

Theo Sommer
Unser Schmidt
Der Staatsmann und der Publizist
ISBN 978-3-423-**34698**-6

Fritz Stern
Fünf Deutschland und ein Leben
Erinnerungen
Übers. v. F. Griese
ISBN 978-3-423-**34561**-3